中国传媒大学"十二五"规划教材编委会

主任： 苏志武　胡正荣
编委：（以姓氏笔画为序）
　　　王永滨　刘剑波　关　玲　许一新　李　伟
　　　李怀亮　张树庭　姜秀华　高晓虹　黄升民
　　　黄心渊　鲁景超　廖祥忠

播音与主持艺术专业"十二五"规划教材编委会

主任： 鲁景超
副主任：李洪岩
业界顾问：（以姓氏笔画为序）
　　　方　明　李瑞英　沈　力　姚喜双　铁　城
编委会成员：（以姓氏笔画为序）
　　　丁龙江　王　群　王世林　卢　静　白岩松
　　　杜　宪　陈京生　陈晓鸥　周　涛　赵　俐
　　　翁　佳　栾洪金　唐　朝　康　辉

播音与主持艺术专业"十二五"规划教材

广播节目播音主持

中国传媒大学播音主持艺术学院 编著

中国传媒大学出版社
·北京·

目　录

播音主持艺术学的回顾与展望（代序）　鲁景超／1

第一章　广播播音主持概论　／1
  第一节　广播传播的特性　／2
  第二节　广播播音主持的含义和样式　／8
  第三节　广播播音主持的准备　／12
  第四节　广播播音主持的要求　／15

第二章　广播社教节目播音主持　／18
  第一节　广播社教节目概述　／18
  第二节　广播社教节目的策划、制作及播音主持　／20

第三章　广播文艺节目播音主持　／49
  第一节　广播文艺节目的特性与种类　／50
  第二节　广播文艺节目录播　／52
  第三节　广播文艺节目直播　／56
  第四节　广播文艺节目演播　／60

第四章　新闻播音　／80
  第一节　新闻播音概述　／80
  第二节　新闻播音的语言特征　／81
  第三节　新闻稿件的理解　／82
  第四节　新闻稿件的有声语言表达　／87

第五章　新闻评论节目播音主持　/108
　　第一节　新闻评论节目播音主持概述　/108
　　第二节　新闻评论节目的要素及形态　/110
　　第三节　新闻评论节目播音主持的主要方式及要求　/113

第六章　广播现场报道　/133
　　第一节　广播现场报道概述　/133
　　第二节　广播现场报道的选题　/135
　　第三节　广播现场报道的组织　/138
　　第四节　广播现场报道的关键技巧　/140

第七章　广播少儿节目播音主持　/159
　　第一节　广播少儿节目的功能　/159
　　第二节　广播少儿节目的创新编排思维　/161
　　第三节　广播少儿节目播音主持的有声语言表达特点　/167

第八章　广播体育节目播音主持　/181
　　第一节　赛事转播的功能任务　/181
　　第二节　体育解说的内容　/183
　　第三节　体育解说的语言　/192

第九章　广播广告播音　/203
　　第一节　广播广告概述　/203
　　第二节　广播广告播音　/207
　　第三节　广播广告播音应注意的问题　/218

第十章　媒介融合与广播播音主持　/233
　　第一节　媒介融合与广播媒介概述　/233
　　第二节　媒介融合态势下新广播媒介的发展变化　/237
　　第三节　媒介融合态势下的广播播音主持业务　/241

参考文献　/252

编写说明　/254

播音主持艺术学的回顾与展望(代序)

鲁景超

一、播音主持艺术学概述

首先,播音主持艺术学及其专业建设孕育于新中国的人民广播播音事业,经过半个多世纪的风雨历程,不仅在广播电视领域、艺术学领域有着广泛的影响,而且还拓展到语言传播、文化传播等相关领域。

播音主持艺术学是以广播电视有声语言创作主体及其语言传播活动为研究对象,以新闻事实及时传播为根基,以规范、审美为艺术追求,以民族精神、人文精神和社会主义核心价值观为灵魂,以提升国民综合素质为目标的一门科学。它以新闻传播学、艺术学、语言学及应用语言学、文学、心理学及哲学美学等诸多学科作支撑,其中,新闻性是根本属性,艺术性是重要属性,哲学美学是精神旨归,语言是创作领域与手段,文学是提升语言传播文化水平与品位的根基。

虽然它立足于广播电视大众传播的语境,但又能充分汲取自我传播、人际传播的优势,并通过去粗取精、去伪存真的创作过程引领和提升语言的品质;虽然它具有语言文字的工具属性,但又能在"音声化"的过程中,赋予"有声语言"生命的活力、思想的力量,使其具有"人性"的蕴藉和"文化"的灵魂;虽然它具有艺术表现的属性,但又必须严格遵循大众传播规律,在新闻真实性原则的制约下,展开一系列艺术创作活动;虽然它具有哲学美学的属性,但又不以钻研哲学、美学的本体为己任,而是致力于语言表达对创作者人生观、价值观的现实表露,以及对其审美能力、审美尺度的全面把控。

鲜明的文化性和民族性,以及跨学科和交叉性的学科定位,成就了其独树一帜的品牌特色与学科独立性的特征。

其次,学科的独立性是播音主持艺术理论研究的基础,学科的鲜明特色和独特价值规定着播音主持艺术理论研究的范围和领域。

播音主持艺术学以广播电视播音主持语言为主要研究对象,同时关注新媒体中的口语传播活动以及公众表达体系当中的各种口语表达活动,探索播音主持语言及公众口语表达的基本规律、实践方法、传播模式,以及历史和现状、文化内涵、社会影响等问题,它研究的重要领域是"有声语言",而不是"文字语言"。

语言,可以分为"书面语"和"口语"两大类。书面语,从文字书写上体现;口语,从口头言说中呈现,二者有着各自不同的语体特征。"有声语言",不仅包括了口头言说,也包括了文字书写的"音声化"。"有声语言"既可以从文字语言转化而来,也可以从内部语言外化而来;既可以表现书面语的色彩,也可以表现口语的色彩。

相比于书面语,口语的生存空间以日常生活场景为主,因此,过于日常化、生活化、碎片化,内容也过于散乱、琐碎、随意,缺乏主题性、目的性,文化内涵不足,精神价值不高,停留在日常生活中的口语缺乏提高质量和品位的内在动力。书面语以规范、完整、艺术、精辟等优势长期参与于经济、政治、文化生活中,而历史并没有为口语提供那样广泛的参与社会生活的空间,这使得口语长期以来徘徊在公共视野和研究视野之外。信息社会的到来,当然也包括广播电视的发展,使我们迎来了口语研究的春天,以播音主持语言为代表,人们看到了口语对社会的影响和人类的价值,开始思考如何释放其文化含量、挖掘其精神品质。但是,由于我国口语研究的时间较短,历史资料较少,口语典范积累不足,技术水平有限,在浩如烟海的文化典籍中,非常缺少对"有声语言"表达的研究与论述。

播音主持艺术学的价值恰恰在于填补了这个空白。播音主持语言是强势口语资源,有责任在改变口语研究薄弱现状方面发挥作用。通过研究"语"与"文"的融合,把握"有声语言"的本质——人文精神,以提升广播电视语言的表达质量;通过推动国民"语"与"文"能力的均衡发展,以提高全民族的语言文化素养,催生口语表达的典范。

再次,播音主持艺术学研究的主体是"人",是"出声露面,驾驭节目进程的人",是处于语言传播活动"咽喉要道"位置的播音员、主持人。他们的言谈举止,不仅会影响节目的质量、传播的效果,还会引领社会语言生活的潮流,对社会起着极强的示范作用。

几十年来,播音主持艺术学学科已经为新中国的广播电视事业输送了一批批优秀的毕业生,他们当中的许多人活跃在我国主流广播电视媒体的最前沿,他们在重大新闻事件的报道现场,向大众传递政府和人民的声音,他们庄重大气的形象成为中国形象的代表,他们掷地有声的播报和评论成为中国气派话语风格的代表,同时,他们也用精彩的语言创作实践,有力地证明了本学科的生存价值和意义。

播音主持语言所承载的信息传播功能、舆论引导功能、宣传功能、教育功能、娱乐功能、记录历史的功能、凝聚民族精神的功能、标志时代的功能、实现语言规范和传播语言规范的功能,以及传承中华文化的功能等,说到底是要靠"人"来实现的,所以,培养什么人,怎么培养人,始终是本学科研究的重中之重。能否培养出既具有新闻工作者的社会责任感和扎实的职业素养,又具有语言艺术工作者的敏锐、悟性和扎实的"语言功力",还具有明确的文化传承者的身份认同、自觉坚守语言传播文化品位和文化使命的"人",是本学科能否凸显核心竞争力的关键所在。

广播电视实践需要大量高水平、复合型的播音主持精英人才,大学作为教学、科研的重镇所在,理应为培养这样的人才做好充分的理论准备。

最后,形成较为完备的、独特的理论体系,是学科成熟的标志,也是学科建设的核心内容。

播音主持艺术学历经了从无到有、从小到大、从单一到综合的发展历程。学科的理论体系建设，围绕"有声语言"表达"感性—知性—理性—悟性"的独特艺术路径，锤炼语言表达能力，提升"有声语言"艺术感染力和艺术境界。以1994年出版的《中国播音学》为标志，发展至今，逐步形成了独具中国特色的理论体系，国内首创，在国际上也独树一帜。

其主要研究方向及研究内容有：

播音主持发声艺术——以有声语言表达中发声艺术的创作基础及创作方法为研究对象，研究语言发声艺术的物理基础、机体控制、发声方法和语言艺术表达效果之间的关系，以及人们的思想感情与声音表达形式之间的关系。为了适应我国新时期进一步推广普通话的要求，本方向还以普通话教学和水平测试为研究对象，着重研究普通话测试的基本原理以及测试的范围、内容、方法，数字技术在测试中的应用等，为推广普通话服务。本方向除重点进行播音员主持人的发音用声和播音主持语言艺术效果之间的规律性研究外，还兼顾公众的发声艺术，如新闻发言人、企事业机构管理人员、教师以及大型活动主持的语言发声艺术。

播音主持艺术理论——以播音主持艺术创作主体、创作过程、接受主体、艺术效果为研究对象，以广播电视播音员主持人从素材准备到节目播出过程中的创作道路、原则、技巧、规律、风格等为研究范畴，梳理总结播音主持艺术创作过程中的原理、方法，用以指导播音主持艺术创作实践。播音主持艺术是有声语言表达艺术与广播电视语言传播相结合的艺术形式，重点在语言、传播、艺术等交叉领域进行艺术规律的探析，从创作主体和接受主体及其关系的角度将传者、受众和作品纳入研究视野，并对播音主持创作中的心理机制、美学特征等进行深入研究。本方向还将研究广播电视播音主持艺术的历史发展、代表人物、重点作品、风格流派等。

播音主持创作艺术——以播音主持业务为基础，以播音主持实践的动态发展变化为关注点，以各类广播电视节目播音主持创作活动为研究对象，系统研究包括新闻节目、综艺娱乐节目、专题性节目、谈话类节目、体育节目等各类节目播音主持的艺术特征、节目形态、创作方法、创作规律和艺术效果等，用以指导播音主持艺术创作实践。本方向除了研究具体节目的播音主持创作活动及其艺术外，还在宏观上跟踪、勾画广播电视播音主持艺术的发展脉络，并深层次分析不同类型节目播音主持艺术与媒介传播平台的相互影响，探索传媒与艺术之间的关系。

口语传播艺术——重点研究播音员主持人的口语表达的内涵外延、思维方式、创作方法等，以满足并探索此种类型节目的语言传播艺术规律。同时以此为基础，探索研究面对公众的口语表达及人际交流口语表达艺术规律，以提高公众口语表达水准作为主要任务，服务于全社会各领域的口语表达应用之需，如新闻发言人口语表达艺术、教师口语表达艺术等。同时，本研究方向关注世界范围内华语传媒及华语有声语言传播的新变化，为世界范围内的华语传播提供关注课题和参考方向，培养对外宣传和世界华语传播的高端人才，完善国家媒体形象在海内外的传播与建设，提高世界华语传播品质。

以上研究方向和研究内容，构建了本学科的主干理论框架，在此框架下，沿着"有声语言"的运动轨迹，沿着理论与实践紧密结合、动态和静态相结合的研究路径，探索播音主持艺术的特殊规律，探索创新型人才培养的新模式，以回应广播电视媒体和社会对语言传播艺术越来越高的要求。

二、播音主持艺术教育的继承与创新

本学科是一个新兴交叉学科，学科的归属经历了逐步理顺的过程。本科层面在艺术类中的"播音与主持艺术"专业目录下招收学生。硕士层面在1980年申报硕士点之后，一直在"语言学及应用语言学"学科下招收硕士研究生；2007年，本学科开始在"新闻传播学"自主增列"广播电视语言传播"硕士研究方向，同时也在"广播电视艺术学"之下招收硕士研究生。在博士层面，1999年设立博士点之初，本学科在广播电视艺术学之下招收博士研究生，2001年改在语言学及应用语言学之下招收博士研究生，2007年开始在新闻传播学之下招收广播电视语言传播博士研究生。2011年艺术学升为门类，播音主持艺术学在戏剧与影视学一级学科下成功设置二级学科，使本学科在本科教育基础上有了更好地进行硕士、博士人才培养的平台和空间，人才特色更鲜明，学科特色更突出。

"培养什么人"始终是播音主持艺术教育的核心问题。一代代播音员、主持人恪守职责，不辱使命，用声音传播真理、记录历史、讴歌时代、传承文化，忠实地宣传党的方针政策，热情地为广大人民服务。他们的成长历程，最好地印证了"培养什么人"的重要性。

应该说，正是坚持正确的创作道路，牢牢抓住"培养什么人"这个"核心"和"主题"，播音主持人才培养的定位才经受住了时间的检验。

中国传媒大学是教育部直属的国家"211工程"重点建设大学，其下属的播音主持艺术学院是我国培养播音主持艺术精英人才的重要基地。独树一帜的播音主持艺术学，为科研与实践提供了坚实的学科支撑和理论指引，在此基础上，经过以齐越、张颂为代表的几代教育工作者的不懈努力，形成了一套特色鲜明、行之有效的教学模式，积累了"怎么培养人"的宝贵经验，也对"培养什么人"提供了有力的保证。

进入新时期以来，中国传媒大学播音主持艺术学院坚持贯彻党的教育方针，与时俱进地完善自己的教育教学理念；坚持以全球化的视野和国际化的发展定位，创新自己的教育模式、优化人才培养战略；坚持服务和谐社会建设和人的全面发展，提升全民族的语言文化素质；坚持发挥播音主持在建设社会主义先进文化进程中的导向和引领作用；坚持理论和实践相结合的教学方法，开拓创新地完成对高精尖人才的培养和输送。

我们的办学理念是：以融合人文和艺术的大学精神为指导，培养更多更优秀的播音员主持人，更好地执行大众媒体话语权，在党和人民之间架起沟通的桥梁；通过高质量的有声语言传播，塑造表达典范，在"书同文"的基础上，推进实现"语同音"的理想；

发挥语言的文化承载力和精神塑造力,彰显中华民族的优良传统和精神气质。

我们的办学定位是:引领提高全民族的语言能力和文化素养;引领播音主持艺术的专业走向;引领语言传播的高规格和高标准。

我们不断完善课程体系和学科体系建设,坚持以特色课程建设为中心,贯彻以课程特色聚合学科特色的思路,扎扎实实地进行课程建设。根据国家宏观发展战略及广播电视播音主持实践的需求,在继续强化学科主干课程的同时,切实推进播音主持心理学、播音主持哲学、播音主持美学、播音主持教育学等方面的理论研究;积极建设世界华语传播、双语播音主持、口语传播等方向,拓展新的学科方向。在特色主干课"播音创作基础理论"已经建成国家级精品课的基础上,继续建设本学科的其他特色主干课程:"普通话语音与播音发声艺术""广播节目播音主持艺术""电视节目播音主持艺术"等。

目前,播音与主持艺术专业共开设公共基础课、学科基础课、专业基础课、专业课、基础选修课、专业选修课60多门。在强化专业教育的同时,全面提升学生的综合素质。

在教学方法上,融合规范化教学、情感化教学、个性化教学、伴随化教学等多种教学方法。针对播音专业的特性,凸显以下特色:

"一个依托"的办学特色——依托一线发展,引领专业走向;

"两个属性"的人才特色——"新闻性+艺术性";

"三个并重"的师资特色——"重教学+重科研+重实践";

"四个结合"的教学特色——大课+小课,有稿+无稿,感性+理性,教书+育人;

"五个互补"的发展特色——继承+创新,开放+自强,动+静,国内+国际,大众传播+人际传播。

截至目前,已和全国各地的广播电视专业媒体合作共建了十多个校、院级实习基地。通过社会实践、专业见习、专业实习、毕业实习等多种实践途径磨炼学生的专业水平。

与此同时,我们还联合全国开办播音主持专业的各高等院校的力量,共同推进专业教育的深入和学科建设的深化。针对广播电视实践中遇到的实际问题,联合开展科研攻关;邀请一线专家参与本科生、研究生的培养,切实实行双导师制;积极参与中华文化的对外传播,大力推进国际学术交流。

在国家相关部门和学校的大力支持下,建设教学与科研相结合、先进技术设备与一流管理相结合、基础建设与拓展建设相结合、理论发展与实践发展相结合的教学科研实验基地。

随着广播电视事业的不断进步,特别是新技术的不断涌现、新媒体的不断发展,我们的教学内容和教学方法不可能一成不变。对于教学的改革与创新,我们从未停滞过。其改革创新的思路,既要基于学科规律的历史性延展,也要着眼于国内外学科建设现状和社会发展大势的战略性提升。播音主持艺术学院紧扣国家对教育事业的指导方针,把教育创新和对高端人才的培养放在学院工作的首位;把国家和广播电视事业一线对人才的需要作为全院培养人才的重要引领思路,在继承原有优良教学传统的基础上,兼容并蓄,推陈出新,努力提高教学质量。我们认为,未来对人才的培养要向"精深"和"宽广"两个方向同时发展。一方面,要继续深化专业内涵,突出专业优势,倍加重视"语言功力",巩固新闻播音教学强项,提高综艺娱乐、社教服务等方向的教学能力,培养出更多精英人才,继续占领国内媒体及世界范围内华语媒体的高端;另一方面,还要拓展专业外延,顺应媒体融合的新趋势,不断开辟新领域。从大众传播向新媒体和人际传播拓展,培养出能适应复杂媒介环境的复合型精英人才。为此,我们要以"宽口径、厚基础、高素质、强能力"为教学原则,以课程体系为核心,以师资队伍为主导,以科研和管理为保障,探索出特色鲜明的教学、管理模式。

我们正在逐步规划因材施教、教学相长、分类培养、差异发展的教学特色,积极培育新课程,形成不同的课程模块,满足不同学生的成长需求,夯实学生的文化基础,强化学生的专业技能。改变学生的选课模式,由"配给制"到"套餐制"并逐渐发展到"自助式"。通过项目制教学、案例教学、工作室教学,打破封闭式教学,与电台、电视台进行校台合作、联办节目,在实践中锻炼学生的能力。建立教学监督检查和质量监控体系,完善教学质量保障工程。完善招生环节,对学生的培养实施从入口到出口的"一条龙"监控,完善人才质量保障体系建设。一方面,"请进来"——积极聘请各类专家为我院的兼职教授,让教学紧贴一线发展,紧贴学科前沿;另一方面,"走出去"——有计划地派教师和学生出去交流、调研、学习,借鉴先进经验,开阔视野、增强能力。

三、播音主持艺术的理论建设

齐越曾指出:"播音业务跟其他工作一样,总是由实践到认识,再以认识指导实践,这是一个反复的过程。"[①]播音专业从无到有、从小到大,它的每一步发展都与理论建设密不可分。然而,播音主持艺术理论体系的形成并非一蹴而就的。

即使是在战火硝烟的时代,老一辈广播工作者也十分重视对播音工作实践经验的探索和总结,齐越的《播音员日记——解放战争年代的播音工作》就是最真实的佐证。在这篇日记中,齐越总结了自己因片面追求"语气自然"而容易播错的原因,明确提出了不能因为片面地追求播音语言形式而忽视对稿件内容理解的观点,以及通过加强政治学习和锻炼语言功力来提高播音水平的基本构想,对后人有着十分中肯的参考价值。同一时期的文献《新华总社语言广播部暂行工作细则》《XNCR陕北阶段工作的简单总结》《对当前改进语言广播的几点意见》等,都开始对语言规范提出要求。

在人民广播创建之初,有很多人不理解播音工作的重要性,认为只要爱国、会说普通话就能当播音员。针对这种后来被大家总结为"播音无学"的风气,以梅益、左荧、齐越为代表的广播工作者进行了有力的纠正。例如,1955年,梅益在中央台播音业务学习会上指出:"我们从来没有轻视过播音工作,也许有个别人轻视这个工作,那是他

---

① 齐越:《献给祖国的声音》,中国广播电视出版社1991年版,第74页。

的思想有问题。""做好播音工作,首先要有一定的政治觉悟和较好的思想修养,还要有一定的文化水平,再加上必要的技巧。"左荧则在题为《播音是一种语言艺术活动》的报告中明确提出:"播音是一种艺术创作。"①

1955 年中央广播事业局召开全国播音业务学习会,这是新中国成立后召开的第一次全国播音会议。在会上齐越介绍了苏联的播音工作经验,向大会传达了他从苏联学习到的宝贵经验。1959 年,广播事业局翻译的《话筒前的播音员》和《广播业务译丛第三辑——播音业务专辑》出版。1961 年,广播事业局为了"给做播音工作的同志提供一些学习资料",组织中央台及地方台的播音员专门撰写了一部分文章,汇编了一本《全国播音经验汇辑》,出版了汇集中央人民广播电台播音员经验文章的白皮书《播音业务》等。这几本书分别总结了国外(苏联)、中央台和地方台(主要是省台)的播音经验,是对当时播音经验的一次总结和推广,也为播音理论的建立提供了基本的思路,具有重要的理论与实践意义。

1962 年,齐越在上海播音组的讲话成为播音理论的奠基之作。以此为标志,开始了中国播音学的探索。在讲话中齐越提出了"播音工作的三个环节""播音创作的三个出发点""稿件分析的三个要素"等播音理论的概念。其中关于"播音技巧的三张王牌"和"语气为核心"的论述,为《播音创作基础》中"思想感情的表达方式"提供了理论依据。

齐越还强调了播音员应该从党的政策、观点出发深入分析稿件,用恰切的语气去表达稿件的精神内涵。这些观点对我们今天播音理论的深化和播音实践的发展仍有指导意义。

改革开放以后,我国的广播电视事业日新月异。播音员主持人的工作受到更多人的关注,实践的发展创新为理论研究提供了依据,理论研究的规律性总结与对播音工作的前瞻性指导也有力地推动了播音实践的不断进步。

伴随着广播事业和播音教育的发展,相关的教材和理论著述不断涌现。1994 年《中国播音学》的出版,标志着中国播音学理论体系已经形成。这个理论体系,为我国的广播电视实践提供了坚实的理论基础。

当前,宏观媒介环境正在发生巨大变化,传播内容日益广泛,传播形态越发多样,节目高科技含量越来越大,制作水平越来越高,播音主持人才的实战本领和形象包装也较以往更为多样化。域外广播电视节目以各种方式进入我国内地,我们不得不应对域外媒体的竞争、面对"西强我弱"的传播态势。

与此同时,微观的媒介生态格局也发生着惊人的变化:在宽带、移动互联网及 3G、4G 网络迅速蔓延的形势下,智能手机、超级本、平板电脑、掌上电脑、车载移动电视、楼宇电视等新媒体终端极为多样化,新媒体技术不断推陈出新,功能应用层出不穷,虚拟社区、社交网站、微博、微信、易信、网络游戏、网络动画、IPTV、RSS、APP 等新媒体形

---

① 广播电影电视部政策研究室、《当代中国的广播电视》编辑部:《梅益谈广播电视》,中国广播电视出版社 1987 年版,第 68~69 页。

态日新月异。可以说,媒介传播格局早已今非昔比,新媒体技术已经渗透到社会生活的各个领域,打破了传统媒体环境下信息传播的流程,改变了受众的信息接触习惯,甚至成为一种巨大的生产力。

目前,中国互联网普及率已超过42%,网民达6亿。手机用户已突破11亿户,平均每10人拥有8部手机。中国成为名副其实的全球新媒体用户第一大国。在第三产业经济和新技术革命的推动下,新媒体网络化、全球化、全民化、移动化、社会化、融合化发展的态势更为显现。

这些变化,在带给我们巨大生存压力的同时,也给我们提出了新的命题。理论是实践的先导,它有责任回答实践当中的问题,服务实践,引领实践。由此我们确信,这些变化,也必将促进语言传播研究的深化,必将加快播音主持艺术学理论建设的现代化进程。

播音主持艺术领域在飞速发展的同时,也出现了许多始料未及的问题。面对应接不暇的新情况,一批批理论研究成果破土而出,研究触角涉及方方面面,不仅对各种具象性的实践问题进行相应回答,而且进一步拓宽了理论研究的视野,促进了交叉学科理论知识的融合。但是,我们的学科尚显年轻,理论体系不够完善,理论研究不够深入,对于实践中出现的问题,在一些时候还不能作出理论的解释,以至于在层出不穷的具体问题面前,"头痛医头、脚痛医脚",甚至显得有些束手无策。今天的播音主持艺术实践,呼唤着理论研究尽快超越具体的战术层面,而能从宏观的战略层面思考问题,从深层的思想观念入手,找到问题的根源,作出系统的理性回答。这是历史赋予我们的神圣责任。

教材建设是理论建设的重要内容。人才培养目标最终要通过以教材为依据的教学活动才能实现。教材不仅是"一课之本",更是"一科之本"。它是衡量一个学科/专业办学水平的重要标志。播音主持艺术学院将教材建设作为重要抓手,以深化巩固教改成果、完善学科构建、提升教学质量和人才培养质量。经过几年的努力,重新修订的教材终于和大家见面了,这是全院老师教学实践和理论探索的结晶。

新一轮教材建设项目从2007年启动,参照教育部本科教学评估期间专家学者提出的规范性、指导性建议,学院组织各个教研室、教研组开始了前期调研、论证以及策划工作。2009年,以中国传媒大学本科生培养方案的修订为契机,按照学校对本科教学的总体要求,紧紧围绕"实践"展开的思路,以"项目制教学""案例式教学""研讨式教学"等新型教学方式为突破,有步骤地完善了课程体系并对核心专业课程作出了调整。几年来,我们一边密切关注学科理论建设的前沿和广播电视一线的发展变化,一边不断地充实教学内容和教学方法,在此基础上,陆续完成和推出《播音主持语音与发声》《播音主持创作基础》《广播节目播音主持》《电视节目播音主持》。

新版教材有如下特点:

第一,经过了几十年的教学实践,播音主持艺术理论和训练材料中的核心内容是经得住时间检验的。因此,新版教材没有脱离原有的框架,核心内容均被保留。

第二,新版教材适当调整了理论讲述和训练材料的比重。理论部分内容较为翔实,能够充分满足课堂学习的需要;训练内容的选择,既关注经典,又不忽略鲜活的"新"样态,且更注重训练的层次性、实用性和拓展性。理论讲述与训练内容相互印证、相互融合。

第三,新版教材在保留原有核心、经典内容的基础上,为适应传媒一线的新变化,在理论讲述和训练材料两方面都作了更新和发展。

第四,新版教材的参编人员以本院教师为主,还邀请、吸纳了学界和业界的部分专家共同参与。另外,我们还特别成立了一个由老中青教师共同参与的编委会,共同筹划新教材建设。

通过教材的编写,我们进一步统一了教学思想,梳理了学科发展和理论建设的脉络,密切了和传媒一线的联系,也更坚定了在继承传统的基础上,不断改革创新的信念。

有声语言是人类在远古时期就开始广泛使用的一种传播工具。它可以传播民族文化,也可以塑造民族精神。有声语言的发达程度,是一个民族发展水平的重要指标,也是一个国家能否振兴的核心元素。播音主持艺术学院必将在有声语言这一领域不断进取,为实现民族振兴的中国梦奋斗不懈!

第一章 广播播音主持概论

■ **本章要点**

1. 广播播音主持的定义和特性。
2. 广播播音主持的基本样式。
3. 广播播音主持的准备。
4. 广播播音主持的要求。

广播是通过无线电波传输声音符号的电子大众传播媒介。下面简要梳理一下广播发展的概况。

1844年,美国人莫尔斯发出了世界上第一封电报。1876年,美国人贝尔发明了电话。1895年,意大利人马可尼发明了无线电;1916年,他又完成了传播科技史上的重大突破——短波试验,从而奠定了几乎所有现代远距离无线电通信的基础,使广播的诞生具备了技术条件。1920年,美国匹兹堡KDKA电台诞生,这是世界上第一座广播电台。一项科技的发明为大众传播开创了一个新形态、新平台、新时代。一个声音传播的时代就此开始。

作为最早诞生的电子媒介,广播对当时的受众与传媒之间的关系造成了巨大的冲击。20世纪20年代末,广播方兴未艾的势头给"媒介老大"报纸造成了极大的隐忧。30年代初,报纸和通讯社为了削弱广播的竞争力,切断了对其供稿的所有途径。"断奶"的压力迫使广播独立,建立自己的新闻采集机制。"二战"期间,美国哥伦比亚广播公司开创的现场报道的传播方式迅速把受众吸引到广播中来。广播新闻、广播谈话等新鲜生动的形式、及时丰富的内容令广播媒体赢得了社会关注和媒体威信。20世纪三四十年代"广播黄金时代"到来。美国是广播事业开始最早、发展较快的国家,许多国家的广播事业经历了与美国相似的发展历程。

曾经有人认为,广播在20世纪五六十年代面对电视媒介的兴起开始进入低潮,但实际上广播对人们媒介生活的影响并未减弱。自20世纪60年代以来,美国广播进行变革,开始实施频率定位的"小众化"和节目内容的"窄播化"传播策略。50多年来,美国的广播一直延续着这样的模式,处于比较平稳的发展期。信息渠道的多元化、频率定位的"小众化"、节目内容的"窄播化"成为世界广播的发展趋势。

1923年1月23日晚,美国人奥斯邦(E. G. Osborn)与《大陆报》合办的中国第一家无线电公司广播电台(呼号为XRO)在上海首次播音,主要播出音乐、娱乐节目。它与后来美国的新孚洋行、开洛公司开办的电台成为中国内地最早的三家商业电台。美国、英国、法国、意大利等国在上海开办电台,日本在东北开办电台,这些外国人在中国创办的商业电台是中国广播中的第一批面孔。中国自办电台中最早的一家是1926年10月1日在哈尔滨创办的,1927年的5月和10月天津、北京等地也相继开办电台,自此中国官方发展广播事业的历史拉开帷幕。1928年8月1日,国民党在南京成立"中国国民党中央执行委员会广播无线电台"(简称中央广播电台,呼号XKM),1932年后发射功率从500W扩容到75KW,改呼号为XGOA,于11月12日正式开播,成为当时亚洲最大的广播电台。1940年12月30日延安新华广播电台开始播音,标志着我国人民广播事业的开始。[①] 经历了新中国成立初期17年的发展、10年"文化大革命"的停滞与倒退、改革开放30多年的革新与进步,我国的广播事业形成了与世界传媒发展趋势接轨,同时具有中国特色的新格局。

经历了调整、发展的几番潮起潮落,在国家经济后盾和广播持续发展政策的支持下,我国的广播现状呈现如下特点:第一,生产能力不断提升,制作与播出的时长稳定增长。第二,广告收入逐年增加,连年赢利增幅稳步上升。第三,接收工具日渐丰富,移动终端发展势头强劲。[②] 根据有关数据,截至2010年7月,国内现有广播电台234家,广播频率2 704套,广播人口综合覆盖率为96.31%;根据第六次全国人口普查数据,中国以13.4亿的人口数估算,广播的覆盖人口接近13亿。可见,广播的声音在中国大地上依然响亮。据赛立信媒介研究70城市调研数据显示,2010年全国城乡居民广播接触率为59.7%,基本与2009年持平,其中城市居民广播接触率为64%,农村地区的广播接触率是50.3%,较2009年略有下滑。据此估算,2010年全国的听众总规模约是6.6亿,城市听众约4.1亿,可见,城市依然是广播听众的聚集点,也是广播竞争的核心区域。[③]

第一节 广播传播的特性

一、广播的特点

广播之所以没有像有人预言的那样迅速衰落,缘于广播有着报纸和电视不可替代的优点。如:

信息的采集、编辑和传播及时、便捷、高效;

单纯诉诸听觉的声音传播,解放眼睛,弱化视觉的确定性,营造广阔的想象空间;

广播受众及其收听心理、收听行为的流动性强;

广播经营条件门槛低。

---

① 参见赵玉明主编:《中国广播电视通史》(第2版),中国传媒大学出版社2006年版。
② 周晓普、吴盼盼:《中国广播:现状与前瞻》,《传媒》2011年第6期。
③ 梁毓琳:《2010年中国广播市场回顾》,《传媒》2011年第6期。

(一)迅捷性

1. 信息采集迅捷

单纯声音信息的采集相对于电视的声像采集来说要便捷许多,通常只需要一台录音设备和一名工作人员,且声音采集设备使用简单,适应性强。一名工作人员既可以是记者、主持人又可以是录音员。内容采集的设备操作和人员构成简单,机动性强,效率高,能够适应突发事件、气候和环境条件恶劣的新闻现场直播报道。因此,在突发性、灾难性新闻事件发生时,通常都是广播媒体第一时间做出反应。在2008年南方雨雪冰冻灾害报道中,中央人民广播电台(简称"央广")中国之声频率全天候不间断地进行直播,很多受众通过《爱心守望 风雪同行》大型直播才意识到南方雨雪冰冻灾害的严重性和急迫性;央广在当地通讯信号中断的情况下,成为第一家报道310国道、贵新高速公路等地车辆长时间滞留并协助其安全转移的媒体。在2008年"5·12"汶川地震报道中,央广军事记者王亮是第一批到达震中的记者,从5月13日随部队登上救灾飞机开始,就利用手机和海事卫星电话进行现场报道,《首批空降兵到达绵阳,其他部队正源源不断赶往灾区》《北川县受灾严重,部队徒步入城》等重大消息都由他首次发回。

2. 信息编辑和传播迅捷

由于广播单纯诉诸声音传播,其内容的编辑和播出相对来说比较简便,在准备好素材、内容、音乐、音响等的前提下,只需要工作站和精简的工作人员(最少需要导播和播音员主持人)就能保证节目正常播出。广播直播体制的完善,可以使节目内容实时地传达给听众,报道与新闻事件的发生、进展几乎可以同步。无线电波穿透力极强,超越了天气、建筑物、场所、地理等条件的限制,使广播能够最大限度地到达听众。广播接收设备多样且廉价,传统广播通过收音机接收,价格低廉,适合各个消费层次的听众,而新媒体时代中,手机、电脑、平板电脑等都可以成为收听广播的终端。信息科技的进步为自媒体的发展提供了技术支持,有价值的自媒体内容能够比较便捷地被广播所使用;相比之下,电视对自媒体信息的画面、声音质量等要求要严格得多。相对简便的采集、制作和发送流程,使得广播与其他媒介形式嫁接便捷,广播与手机、广播与网络产品(微信、微博、博客、BBS、SNS等)的结合灵活而广泛。

央广在2008年南方雨雪冰冻灾害报道中,演播室节目24小时直播,随时插播现场发回的最新采访报道。在报纸、电视、网络等其他媒介形式都不能到达的情况下,重要的天气信息、救灾信息、政府举措、救灾指挥、新闻报道等舆情都是通过广播发布的,广播成为国务院、民政部、铁道部、中央气象台等部门与灾区群众和广大受众之间最有效的沟通渠道。打通栏目全天候直播的形态,电话连线的方式,聚合多方信息的渠道,信息发布的公信力价值,以及听众接收广播信息的廉价和便捷,使得广播在互联网和新媒体方兴未艾、蓬勃发展的时代具有不可替代性。因此,信息的采集、编辑和传播及时、迅速、高效使广播成为短时间内不可消亡的电子媒体。

(二)诉诸听觉

1. 内容理解性强

声音的线性传播决定了广播内容的编码和发送过程必须做到逻辑周延、简洁、平实、易懂。在语言表达上不使用逻辑复杂、周折的长句,不直接采用专业性强、普及率低的名词、术语;在选题和内容的处理上强调深入浅出、直白质朴。因此,广播内容一般不会像纸媒那样需要受众有一定的阅读能力,有时还需要反复琢磨。理解性强的媒体更加容易接近受众,相应地,受众才有参与媒体传播的愿望和能力。

2. 声音感染力

广播的声音要素包括有声语言、音乐和音响。广播的声音元素有真实可感的感染力。有声语言不仅承载内容,还外显直接可感、丰富复杂的意义和感情。语言表达主体的音色、音质等器质特点和语气、节奏等表达特点能够使内容所蕴含的思想、感情、观点、精神等具有独特的可感性。受众对可听可感的有声语言容易产生共感、共鸣,激发出同情心和同理心。

音乐和音响不仅与受众的联想和想象世界相通,其携带的信息、体现的形象、蕴含的情感和塑造的意象,都会产生鼓动性和感染力,令受众将如临其境、感同身受的心理反应和情感反应投射到广播收听过程中。

在广播中,语言传播主体(这里指代表媒体立场的运用有声语言进行传播的播音员、主持人、记者、评论员等大众传播主体)的表达形式非常丰富:有一人的独播,有两人的对访,有多人的讨论和谈话;有音响报道,有诗文朗诵,有电影录音剪辑,有新闻现场的直播报道,有配乐专题广播,有娱乐现场选秀……这些表达形式一方面传递准确、具体、翔实的信息,另一方面拓展语言作用于受众"只闻其声不见其人""只闻其声不见其事"的联想和想象空间,而传播效果就在受众感性和理性的参与下得以丰富、加强。

3. 塑造情感偏好

"只闻其声不见其人"的听觉认知、感受和判断容易令受众产生情感偏好。由于受众的媒介素养有差别、兴趣爱好不同、知识基础各异、经验阅历分殊,他们对具有"不确定性"的声音及通过声音所传达的内容、形象都会有自己的认知、理解和感受。同时受众对声音的所有心理反应也会反馈、体现到发出声音的语言表达主体身上。在联想、想象和完形心理[①]的作用下,受众对节目内容的反馈充满认知的主观性和感情偏好。举个简单的例子,听众总会把声音浑厚的男播音员主持人想象成外表庄重大气、身材高大魁梧的人,把声音圆润甜美的女播音员主持人想象成外表清秀俏丽的美女。播音员主持人的音色特征或表达特点会触动听众的心弦,甚至令听众凭借内心经验和想象喜爱上这种"表达面貌"。

---

① 完形心理又被称为格式塔心理,有关这方面的研究强调知觉印象随环境而呈现为完善的形式。

(三)流动性

1. 收听行为的流动性

城市化进程的推进致使人们在交通上付出的时间成本越来越多,广播能够使人们在路上的时间变得有意义、有趣味。因此,广播的节目布局越来越受到听众交通出行规律的影响和导引。特别是在城市中,各种交通工具成为听广播的常见场所,广播伴随听众填补空间位移中的时间片段。上车打开收音机,下车结束收听是收听行为的常态。受众在广播传播过程中的流入流出状态与交通出行规律有很大关系。

晨练收听和睡前收听通常是老年听众的收听规律,这种规律受老年人日常生活习惯的影响。而家庭主妇流入广播的时间通常是准备午餐和晚餐的时段。广播受众的另一大群体是学生,特别是中学生,他们流入广播的时段通常是晚间睡前。

相较之下,电视的情况略有不同。"电视时间"成为受众业余休闲生活的保有时间段,受众对电视媒体的依赖更强。一般来说,晚间时段是新闻和电视剧的黄金时间,而上午通常是家庭主妇欣赏肥皂剧的时段,只要时间允许,观众通常是要完整地看完一个或者几个节目。因此,沉迷于电视的"沙发土豆"文化才会成为媒介社会学的研究现象。

2. 收听心理的流动性

由于听广播不受视觉的限制,因而眼睛被解放出来,听众可以边听广播边进行其他活动,比如看报纸杂志、开车、走路、做家务等等,经常处于"一心二用"的状态,与广播内容和表达保持一种间离性的、伴随性的关系,注意和无注意的心理状态常常交替出现。"注意是指心理努力地集中(concentration)和聚焦(focusing)——是一种有选择性、转移性和可分解性的集中。"[①]有的节目能够与听众形成"约会"关系,但大多数情况是听众在搜索频率的过程中寻找习惯收听的电台、该时间段内有声望的节目或者瞬间能令他为之一动的声音,尝试性持续收听一段时间。通常停留在某个节目时听众的注意力也是若即若离的,具有选择性、转移性和分解性。当注意力集中在引发兴趣的声音上时,大脑活动是复杂的,或是对内容的分析、思考,或是对声音的评价和欣赏,或是展开联想和想象,甚至"思接千载"却不察。接着又会继续"无注意—注意—无注意"的循环,直到收听行为告一段落。

3. 收听群体的流动性

总体上看,广播受众的层次复杂多样。既有赋闲在家的老人、家庭主妇,也有工作繁忙关心经济、时事的上班族;既有消费愿望强但能力低的青少年,也有具备坚挺消费能力的中产阶层;既有受教育程度不高的体力劳动者,也有知识丰富、学历高的知识分子;有热爱流行音乐、追逐时尚的年轻人,也有忧国忧民、关注民生的中老年人。新闻性、音乐性、专题性节目的受众群交叉性很强,同一档节目的受众流动性往往很大,例

---

① 〔美〕约翰·贝斯特(John B. Best):《认知心理学》,黄希庭主译,中国轻工业出版社2000年版,第36页。

如,中老年人通常是新闻类节目的目标听众,但当其涉及焦点、热点选题时也会吸引青少年、女性听众;一档音乐节目也许因为每期节目播放的音乐类型不同而吸引或流失部分听众。这种受众群体的流动性会导致栏目定位模糊,因此广播希望通过市场细分和频率细分来锁定忠实听众,提高广播媒体的黏合性,分众化和窄播化的广播观念就是基于这样的思路。

4. 受众角色的流动性

使用移动性、数字化、网络化特点的终端收听广播是大趋势,会促使受众的角色发生转换,具有流动性的特点。

电视和传统广播将受众固定在电视机和收音机前。随着信息技术和互联网技术的发展,广播接收终端的伴随性和空间适应性大大提高。受众可以用随身携带的手机、平板电脑等收听广播,在公共交通、商场等场合接触广播,并且在听广播的同时与身边的环境进行信息交换,使媒介与受众的即时互动和紧密互动成为可能,因此受众的角色就会发生更多样、更复杂的变化。比如,受众在突发新闻事件中是听众,同时也是报道者和评论者。北京交通广播报道北京地铁四号线扶梯出现故障导致乘客伤亡的消息时,身在事故发生现场的听众与广播报道的内容处于同一时空,他们完全可以从被动收听的状态转换为主动反馈或者发布消息的传播状态,通过电话或微信等即时通话工具与直播节目联系沟通,即时同步地报道鲜活事实或发表评论,成为传者。

(四)传播技术相对简单易行

广播的采编播流程简单,技术水平相对要求较低,节目制作队伍精简,节目成本投入少,这就大大降低了广播运营条件的门槛。

在突发的、恶劣的、变动频繁的环境中,广播的信号亦可传送、接收,这就大大降低了广播传播条件的门槛。

受众不受教育水平的限制,需要的接收工具价格相对低廉,这就大大降低了广播接收条件的门槛。

在媒介融合趋势下,广播因技术的便捷和传播流程的简单,极易与其他媒介形式融合并发挥自身优长。

二、广播节目的要素

广播节目的要素专指有声语言、音响、音乐,不涉及技术的要素、传播流程的要素、媒介组织的要素、媒介营销的要素等等。

在技术复杂的电视传播中,画面、音响和音乐有专门的工种负责,播音员主持人只需具备认识、欣赏和鉴别画面、音响、音乐的基本能力,在实际工作中并不需要他们亲自使用和编辑画面、音响、音乐。但在广播传播中,通常主持人必须要善于选择、编辑和使用音响、音乐。

(一)有声语言

广播中的有声语言指与节目有关的所有语言内容和形式,包括记者、主持人、评论员等传播主体的有声语言,也包括被采访报道的同期声和现场听众的声音。本教材以大众传播主体的有声语言表达为主要讲授和探讨的内容。

有声语言的内容与表达形式的关系如一张纸的正反面,不能被割裂对待。不存在脱离内容的表达形式,凡是内容一定需要特定的表达形式来承载,因此,广播播音主持的学习和训练强调有内容、有意味、有美感的表达。

(二)广播音响

广播音响应该是广播节目的主体,新闻节目中有现场音响、录音音响,专题节目中有背景音响、效果音响,文娱节目中有主题音响、背景音响等。音响是体现自然世界、社会生活、新闻现场、新闻人物的"声音记录",真实、生动、丰富,能够丰富听众对事物、场景的认识,引发联想和想象,触动听众的情感世界,可以说没有音响的广播毫无魅力可言。音响一般分为现场音响和录音室音响、主题音响和效果音响、主体音响和背景音响①,等等。广播中使用音响的节目形态大量存在,例如,现场报道、录音专题、录音特写、录音述评等等。运用音响时需要注意的问题主要有:第一,判断和抓住主题音响。第二,发现和用好典型音响。第三,音响的长度、在节目中的位置和次数、使用音响的方式、音响与语言的关系等都要讲究。第四,要注意音响的美感和伦理。

研究音响的特征、功能、类别以及音响与广播其他要素的关系等,是广播播音主持专业的必修内容之一。作为广播节目主持人,必须具备采录、剪辑、选配、驾驭音响的能力,才能创造出一个真实饱满、色彩丰富的声音世界。

(三)广播音乐

音乐在广播节目中有很多功能,地位也不尽相同。音乐可以作为节目内容、节目素材,也可以作为背景音乐、垫乐和片花音乐,甚至可以用一两个乐句作为节目内容的隔断。作为音乐类节目主持人更要对音乐有极大的兴趣,有较强的音乐素养和广博的音乐知识,最好掌握一种到几种音乐方面的技能,比如歌唱或演奏。长期从事音乐节目的主持人还需要对音乐的某个专门领域有深入的研究。

音乐世界的博大精深、美妙神奇是穷尽一生都难以掌握的,非音乐艺术专业的学生学习音乐时不能操之过急,最基础的学习应该从音乐素材运用的基本原则开始:第一,音乐的节奏、表情、曲式和风格等要与节目的时间定位、特色定位、类型定位、格调定位相符合。第二,善于截选并使用特定的旋律为节目的内容和形式服务。第三,要熟悉音乐的创作者、演奏者或演唱者的背景,规避有意识形态嫌疑的音乐。

音乐应该成为专业节目主持人终生学习的必修课,具有深厚的音乐素养是广播节目主持人的重要素质之一。

---

① 直接反映新闻事物特点的音响叫主体音响;起着加强气氛和说明环境作用的音响叫背景音响。

第二节 广播播音主持的含义和样式

一、广播播音主持的定义

广播播音主持是在广播媒体中,以有声语言和副语言为主要媒介,运用音乐、音响等综合表现手段,对节目进程进行驾驭,传达节目内容的大众传播活动。

二、广播播音主持的语言特点

(一)时间性

广播单纯诉诸声音,节目只能被"听",声音在时间轴上行进。广播播音主持的时间性特征最为显著,所谓时间性有以下这样几层含义。

(1)线性传播。声音的线性传播用句俗语解释就是"说出去的话泼出去的水",即"覆水难收",对于不当或者错误的言语,即使迅速察觉并及时补救,也难以消除后果。声音是不可重复的,稍纵即逝,容不得细细斟酌,因此播音主持要符合听觉心理,适应听众"听的习惯",使之一听就懂。比如,语式要简单,少用逻辑复杂的长句、复句、倒装句;用词要普遍,少用陌生化词语、容易混淆的词语;发音要清晰,尤其注意逻辑和感情上的轻重缓急;内容可适当重复和强调,特别是重点内容、容易误解的内容。

(2)有限性。无论节目时间长短,总是有时段的限定。在规定的时间段内主持人选择"说不说""说什么""怎么说",因此必须谨慎甄选内容,提高表达的效率,精密设置表达的布局、结构、细节等,切不可面面俱到或干瘪空洞。要有胆略择其要点,不计其余,或工笔细腻,或泼墨洒脱。

(3)时效性。我们总是喜欢谈论别人不知、别人刚知和别人欲知的话题,强调内容的新鲜性;同时,我们要把最新鲜的内容放在话语链条的最前端,这是遵守时效性原则的技巧。另外,在大众传播领域,我们不仅追求新鲜度,更要保证话语时机,即传播内容要注意时新性、时宜性,而不是一味追求"最新",这样才能得体、恰切,获得更深远、更显著的传播效果。

(二)想象性

"只闻其声不见其人"是广播有声语言表达的总体特征。广播的"只闻不见"虽然在"眼见为实"上不具优势,但却需要受众发挥联想和想象的能力,创造具有个人主观能动性的想象世界,这就是广播的魅力。有声语言的想象性为广播效果塑造出更丰富、广阔的空间感,想象的不确定性使空间感虽不具象,但足以同受众的内心经验、感情偏好、倾向性认知和判断发生千丝万缕的联系,形成特殊的媒介接触关系。广播有声语言所激发的想象大致有三类:一类是对广播内容的设想,即情景再现;一类是由广播内容而生的与其有关或无关的情景或意象等;一类是对播音员主持人的声音形象的审美体验。有声语言不仅是听众想象的材料,也是想象的对象和目标。播音员主持人有声语言表达的音色、气息、语气、节奏、营造的氛围、语言组织习惯、表达方式、语言功力等都可以成为受众想象的材料,并由他们自己创造出独特的感受、评价、意象等。

(三)情感性

广播播音主持的情感性和想象性是紧密关联的,有声语言的情感性依托于想象性而实现,情感性使想象性更加活跃、具体、丰富。

与文字媒介相比,广播有声语言的声音形象产生于播音员主持人的塑造和受众的想象,直接作用于受众的感觉,进而影响受众的理性思考;与电视媒介相比,没有图像的视觉刺激分散听众的注意力,单纯诉诸声音的广播语言更能充分调动受众的感知觉的主动参与。因此,广播有声语言与受众感觉世界的联系更加紧密。

从受众角度来说,他们很容易感知到表达者声音里的语气、感情,收听广播时即使某些非关键词语没听清楚,也不影响他们理解整个话语链条的含义和意图,正所谓"听话要听音"。

从传播主体的角度来说,生活体验和内心经验对于播音员主持人的创作十分重要,可使创作目的明确,创作思路清晰,创作手段多样,创作肌理细致;使播音员主持人能够最大限度地调动听众的感知觉和联想、想象,与他们产生共感和共鸣,进行隐性或显性的情感互动。

(四)主导性

有声语言在广播中不是画外音,而是当之无愧的主角。换言之,播音员主持人的有声语言对节目效果直接负责。由于有声语言是信息获取、娱乐休闲、舆论参考、情感寄托的主要介质,播音员主持人必须有明确的主体意识和娴熟的节目驾驭能力。驾驭节目不仅要从传播内容、方式、技巧、意图、宗旨出发,实现预期效果,更要发挥自身个性特点,赋予节目较高的辨识性和生命力。

(五)互动性

广播播音主持是个系统性创作活动,有声语言表达作为其中的一个要素,与广播传播的其他要素之间时时刻刻存在着千丝万缕的互动关系。

首先,有声语言表达与音响、同期声、音乐等其他广播要素的互动。

在新闻现场报道、录音专题节目中,在基本事实清楚的情况下,尽量多用典型的音响和同期声。同期声(actual sound),是指报道过程中所记录的人物语言、环境背景声、现场声响效果等,它能真实地表达人物的思想情感、性格特征和现场氛围。它所给予听众的现场参与感、感染力和说服力,是主持人语言难以比拟的。但是单凭同期声不足以构成一个完整、准确的节目,播音员主持人的语言需要与之协调互动,才能够既生动真实又完整准确。

播音员主持人对同期声要有驾驭或处理。比如,有方音的、有不良语言习惯的同期声要压混解释或者重复。

有声语言表达的节奏与垫乐的节奏、语言的样态与垫乐的风格要协调；在纯音乐节目中，语言不能压过音乐内容。

其次，广播有声语言表达的互动分为显性互动和隐性互动。

广播直播为播音员主持人与听众的显性互动提供了畅通、便捷和及时的平台。广播互动的方式非常多，比如通信、电子邮件、手机短信、热线电话、微博、微信、论坛等。在传统媒体与新媒体融合的条件下，其中大部分方式实现了即时互动。

当然，显性互动的类型还包括播音员主持人搭档之间，以及播音员主持人与嘉宾（或被采访对象）之间的对话互动。在对话中，播音员主持人要遵守一些基本的原则，如合作原则、礼貌原则、克制原则、幽默原则等。

有声语言表达的隐性互动更是无处无时不在。播音员主持人与"沉默的大多数"——听众之间，存在着看不见、摸不着的互动，需要播音员主持人运用对象感、内在语等表达技巧来实现。

三、广播播音主持与电视播音主持的区别

随着信息技术的飞速发展，互联网平台融合了传统的纸质、电子媒介之后，广播节目可以通过网络直播变成图像直播，而广播的播音员主持人因"以真面目示人"，所以也要面对镜头，也要规范举止，讲究形象。广播播音主持与电视播音主持的差异似乎越来越小。在这里我们只阐释从传统接收工具收听收看节目时，广播播音主持与电视播音主持的区别。我们将汽车收音机、手机收音机姑且归为传统广播收听工具，听众基本处于移动的、伴随式无注意的收听状态。基于这一点，广播播音主持与电视播音主持的区别主要有：

（一）声音素质方面

广播播音主持注重悦耳动听的音色、音质。电视播音主持则对声音、形象、气质等有综合要求，对声音条件的要求略降格以求。

有人反驳这一观点时经常举出北京人民广播电台著名节目主持人苏京平的例子，这位声音沙哑、吐字含混、带有北京话方音的广播节目主持人不仅深受听众喜爱，享有很高的社会声誉，而且还曾获得中国广播播音主持作品一等奖，全国广播"金话筒"金奖、银奖，全国广播十佳主持人称号，曾任北京人民广播电台"首席主持人"。事实上，这样声音条件一般的出色的广播节目主持人在全国十分鲜见。能够令听众忽略他声音不足的是，苏京平在勤奋好学、深入基层、体恤人性、判断力敏锐等方面出类拔萃，胜人一筹。就一般而言，作为基本的职业标准，具有美感的声音是重要条件。

（二）主持形象方面

广播播音主持要具有鲜明的、有个性的声音形象。电视播音主持注重声形兼备的整体效果。

上文阐述中谈到广播媒体是"情感媒体",单一声音通道作用于听众的感知觉令他们能够很快地捕捉和辨析声音形象。声音形象是有声语言表达作用于听众的联想和想象而产生的感性认识。它具有很高的辨识度,并且能够与听众产生感情上的联系,是播音员主持人号召力和影响力的一个重要因素。在电视播音主持中,往往是播音员主持人的图像形象更能够给观众以深刻印象。

(三)创作空间方面

广播播音主持对节目的驾驭感、即兴感较强,电视播音主持的自由创作空间则相对较小。

在多数情况下,广播节目主持人对节目完全负责,内容介入程度非常深,掌控直播的各个环节,推动节目进展、布局节目构架、对内容即时取舍、与嘉宾转换话轮,在这个过程中需要较强的节目驾驭能力和即兴调整能力。相较而言,电视节目的流程复杂,需要多工种协调配合,因此即使是直播也需要按照既定方案进行,主持人能够即兴发挥的空间比较小。

(四)专业化程度方面

目前我国广播的专业化频率虽然并不发达,但专业细化是大势所趋。一个相对细致的专业要支撑一个频率的播出,内容势必得精深丰富。因此,广播播音主持专业化程度相对更高一些。

(五)传受互动方面

在媒介融合趋势下,广播播音主持的互动性更强。电视播音主持也在努力地加强与观众的互动,但由于内容的既定性强,因而互动即时性相对减弱。在这一点上,广播播音主持互动方式的多样性、互动形态的即时性、互动频率的频繁性非常突出。

四、广播播音主持的语言表达样式

在有稿播音和无稿主持中,广播有声语言常见的表达样式有串联、播报、口头报道、评论、讲解、演播、旁白、谈话等。

这里列举的样式是从不同分类角度出发的,在外延上有交叉;播音员主持人在同一期(档)节目中会灵活运用多种表达样式。串联一般指语句简短、内容简单、信息不复杂的承上启下的话语,介绍、衬托、引导出节目的主体内容。比如歌曲之间的串联、相声之间的串联等等。当然,手法可以是叙述、描述,亦可以是抒情、评论。播报、讲解、演播、旁白是与特定内容相匹配的话语样式,通常新闻采取播报式,服务信息采取讲解式,小说、评书等文艺作品采用演播式,旁白式一般应用于电影、话剧、音乐剧等声像艺术作品的解说。现场报道、录音专题、评论节目、谈话节目等类型占据了广播的大部分时段,口头报道式、评论式、谈话式经常运用在这样的节目形态中。口头报道强调信息叙述得简明、准确、清晰、完整,语句平实,语气平易,节奏明快,语速稍快。评论式强调态度鲜明,观点笃定,有理有据,逻辑严密。谈话式口语化强,语调比较自然活泼,句式灵活多变,用词简单,对语境的依赖性较强,强调话轮转换。

第三节　广播播音主持的准备

在社会主义市场经济体制下,作为事业单位的广播媒体具有双重职能:一方面作为党和政府的喉舌承担报道新闻事实,宣传国家政策,上传下达,引导舆论导向的功能;另一方面参与媒介市场竞争,争取在社会效益最大化的前提下实现经济效益最大化。因此,广播电台采取节目招投标和收听率、市场占有率竞争等评价标准体系来决定由谁来主持一档广播节目。节目主持人通常要通过竞标的方式争取赢得时间段和主持权。因此,如何策划一档具有社会效益和市场前景的广播节目是主持人的前期准备工作之一。

一、对工作机制和技术设备的熟悉

广播节目主持人要熟悉广播媒体运行的机制,了解"节目是如何做出来"的,寻求与相关工种协调配合的最佳方式。要明确自己的岗位在媒体运行中的职责、功能、职业标准、纪律和奖惩制度,严格把握日常播出中的安全线。要提高专业知识和素养的适应性,做到活学活用,特别是业务实践中的"小事""小节"绝不能轻视、疏漏。

在广播制度中,安全播出是第一要务。

首先强调的是内容安全。主持人必须对新闻事实、信息源进行核实,不能传播虚假不实信息;内容必须符合党的宣传政策,遵守媒体的宣传纪律,涉及重要时政题材须层层把关;涉及民族、宗教、道德伦理、民俗禁忌等内容时,须谨慎斟酌。

其次主持人要熟练操作工作系统,对媒体工作站的使用,对话筒、镜头运用的技巧都要达到得心应手的程度。节目素材的上传、节目备播和重播的保障等要确保无误,不能空播,不能错漏。

二、栏目和节目主持的前期准备

具体到一档节目或一次节目,主持人所做的前期准备一般指对节目的策划和对节目内容的编写。除了部分节目,主持人一般要负责一档节目的策划、编辑、采访和主持等工作。这也是广播播音主持与电视播音主持岗位职责的区别之一。

(一)构思策划

1. 策划原则

(1)要从市场需求出发

首先,要考虑节目的听众定位,哪些是核心听众,哪些是边缘听众,哪些是流动听众。其次,要考虑谁会为节目投资,节目能吸引哪些广告商。最后,要考虑节目的市场生长点在哪里。

(2) 要从自身可操作性出发

仰望星空固然重要,但脚踏实地才是成功的基础。自身可操作性包括主持人的资源储备量和可开发资源的可能性。比如,节目是否有充足的嘉宾资源;是否拥有与节目内容相关的数据资料库;是否具有可延展性;节目组成员是否稳定、有活力,等等。

(3) 要突出创新性

简单地说,创新就是对旧元素的重新组合和利用。基本分为形态创新和内容创新两种。广播节目的形态创新与电视节目的形态创新有很多共通之处,比如"真人秀"的节目形态在广播和电视媒体上都很流行。但广播还有些形态是"广播化"的,比如大板块轮盘滚动播出(中央人民广播电台中国之声的《央广新闻》)、"资讯＋音乐＋话题＋互动"形态(北京交通广播的《一路畅通》、中国国际广播电台 Easy FM 的《飞鱼秀》)、户外演播室直播(大型活动现场直播《车展直播》),等等。这些形态的创新具有鲜明的广播特色,即陪伴式收听。内容创新一般指事实新鲜、内容原创、角度独特、信息整合等多种思路,因此,"抢新闻""翻旧账""走基层""借脑"成为内容创新的主要手段。

无论是形式创新还是内容创新,主持人必须培养创新思维,摒除人云亦云、亦步亦趋、拾人牙慧的固定模式和懒惰思想,要开放胸怀、打开视野、勤于思考、勇于试错、不畏辛劳。这是一项长期的代际传承工程,不能抱有功利主义的投机思想,不能操之过急,要从现在做起,从搜集信息、积累知识做起。

2. 策划核心

策划的核心要素是对信息的有效把握。这里所说的信息要具有以下特征,即时代性强、本土化强、实效性和适用性强。

(1) 时代性强是指具有时效性和时代感

时效性比较容易理解,多数新闻理论教材对其都有详细阐述。具有时代感的信息是指当下人们普遍关注并且能够反映主流思想、社会风貌和时代特征的人、事、话题。

(2) 本土化强是指符合近地化原则

人们总是最关注和关心与自身利益相关的信息,一场家门口的交通事故比爱琴海的一艘沉船事故更容易占据人们的注意力,与自身文化背景相关联的话题比某个东非部落的风俗更容易引发讨论。近些年,城市广播电台的社会关注度和影响力的提升从一个侧面说明,听众喜欢关注发生在身边的故事。

(3) 实效性和适用性是指"有用性"

我们抛开庸俗的"有用论",将"有用性"信息理解为对人们的日常生活、行为习惯、思维方式、思想观念有所帮助、有所启发、有所提升的信息。

如何对具有上述特征的信息进行有效把握?主持人在准备节目材料时要基本遵循广泛搜集、精挑细选、反复比对、吃透内涵、充分利用的步骤。

3. 策划理念

广播节目的策划理念应当兼顾内容和形式的有机融合以及传播效果的最大化。

第一,关注具有时代特点、普遍意义、地域特色的选题,如果不能兼顾,至少包含其中的一点。

第二，关注人的存在、尊严和价值。

中国传统文化的内核是"仁"，即以人为本，天人和合，"己所不欲，勿施于人"，这些凝练的智慧不仅阐明了人与宇宙、人与自然、人与社会、人与自身的关系本质，也明确勾画了人类社会发展的细节和蓝图。能感动自己的节目在某种程度上也能感动他人。

第三，关注媒介体制和节目制作的发展趋势。

目前比较常见的节目策划模型是新闻节目人物化、娱乐节目话题化、教育节目故事化、服务节目娱乐化、人物节目个性化。

4. 实施方案

这是个务实的步骤。前期策划工作要形之于可见、可感、可操作、可实现的实际成果。在实施方案中至少要包含以下内容，即节目名称、节目类型、节目方针、质量要素、受众定位、播出方案、节目流程、撰稿审查以及编辑、录制、播出的时间表。

节目名称要简短，力求醒耳，具有高辨识度，要朗朗上口，不易混淆，不被误解。所采用的名称能够对节目的内容、形式、定位、风格或者主持人个性进行画龙点睛的概括。

节目类型的表述比较简单，不能用词组概括的类型可以用短语或者短句概括。

节目方针力求用一两句凝练、精准的语句概括，中肯有力。

质量要素是指对主持质量的要求，侧重于对语音、内容、形式等方面的自我期待和目标。

受众定位涉及对核心受众的性别、年龄、阶层、收听习惯（媒介习惯）、收入与消费等方面的分析。

播出方案是指节目播出的时段、时长、制式、频率、主持人姓名和介绍等。

节目流程一方面体现出节目的架构，比如子栏目、板块、样态；另一方面说明宣传版头和栏目头的内容与形式，节目的脉络走向、起承转合等。

撰稿审查是指对撰稿的要求和审查标准、流程的建议。

编辑、录制、播出的时间表按策划初衷撰写即可。

(二) 确定选题

完成栏目的策划之后就开始进入具体节目的策划和实施阶段。

我们在上文阐述了选题的总体特征和要求，具体到每期节目就要挖空心思寻找符合栏目定位的选题。比如，一档城市台的新闻评论节目选题定位是"老百姓关心的身边事、身边人"，那么哪些选题符合这个定位呢？根据专业知识、自身经验、他人建议，我们可以大致勾勒出"选题地图"。这样的选题主要有：城市管理中与市民相关的，比如交通异常、水电事故、公园收费等；经济、金融、房地产政策中与市民相关的，比如物价调整、存款准备金率调整、房地产政策变化等；老百姓日常生活中的新鲜事或者常见事，比如"节日综合征"、商场促销、疾病流行、大学生跳楼等；老百姓茶余饭后的谈资，比如明星吸毒、网络红人、电影、演唱会等话题。

"找选题"总是主持人最费心思的事情。在媒体竞争激烈的情况下,做到选题独特是需要经验和创新的,是学习阶段努力的方向和目标。"找选题"的渠道一般有以下几种:第一,浏览其他媒体,在众多信息中淘沥与栏目定位相关的事实、情节、话语或者线索。第二,与同行、消息人士交谈,提出自己的意向,寻找有关素材。第三,观察生活,发现正常中的异常、异常中的关联。第四,培养自己的消息源,抓具有独家性的材料。

需要注意的是,线索、事实、素材等都不是选题,恰当的选题要经过分析、提炼和定型。确定选题的基本原则是除了选题与栏目定位相契合外,还特别需要确认其是否涉及国家机密和文化安全,是否符合党的宣传政策和纪律,是否顺应当前舆论导向,是否符合伦理规范和品位要求。

(三)处理资料

前文简要说明了主持人如何把握有效信息,实际上那也是资料处理的过程。资料处理的过程首先要从披沙沥金开始。要八方求证,确保信息的真实、准确;选取最典型的信息,要有排他性论据。其次,要有全息的思维,尽量发掘一个事件的不同层次、不同面向,立体、全面地看待事物。再次,不要预设立场、主题先行,不能用固定的标准调取"为我所用"的资料,不计其余。最后,相同的材料在节目结构中的位置、使用分量、表达方式的差异都会导致节目效果的不同,因此选好材料之后要用好材料,否则就会前功尽弃,事倍功半。

(四)撰写提纲(文稿)

很多广播节目没有完整的文稿,特别是在各种题材和形式的谈话类节目中,主持人一般要准备好开始语、结束语、问题和备用的材料。因此,有一个较详细的提纲和节目的"思维地图"是必不可少的,一来备忘,二来机动灵活,可以即兴发挥,增改删减。

有些重要的节目是必须有文稿的,甚至要求主持的时候一字不改。这类稿件有时是由编辑、记者完成的,有时是由撰写班子完成的,即便是由主持人自己撰写的也须经反复修改。

有的主持人需要一份完整的稿件才能保证"心中有底",因此文稿写作应当是主持人的必修技能。本章恕不详述,提些基本的原则和要求。第一,尽量使用口语体。第二,尽量有对象感。第三,尽量简洁、具体、贴切,重点内容可适当重复。第四,主题鲜明,层次分明,逻辑严密,事实准确。第五,如果有个人表达特点,请尽情发挥,但要符合大众传播的语境要求。

第四节　广播播音主持的要求

一、遴选新鲜、翔实的信息内容

这个要求是针对广播播音主持的内容而言的。大众传播的效率意味着媒介影响力的大小。虽然广播诉诸听觉感知需要一定的信息冗余度来帮助听众"听懂",但是这并不意味着信息质量的降低。有质量的信息是准确、清晰、翔实和全面的。这就要求播音员主持人怀有如履薄冰、小心谨慎的心态来筛选、整合信息,不能简单地从其他媒介中照搬照抄。

二、清晰、有致地整合节目

广播播音主持通过有声语言将节目内容按照一定的思路、架构、目标整合起来,使播音员主持人的有声语言同节目的素材在预设的布局架构中有机契合,浑然一体。整合节目的重点是明晰播出目的,确定节目主题,找出内容素材之间的关联,用有声语言串联并表达。将有关联的内容在主题的统领下组织在一起,或者发现内容素材之间的本质联系,是需要发散思维和聚合思维共同起作用的,如果做到出彩、令人耳目一新,还需要有创造性思维的参与。

三、突出传播鲜明、理性的题旨

这是从节目全局、话语策略的角度来要求播音主持的。20世纪90年代广播改革之初,谈话节目风行,业内有人打趣地说主持人只要做到"报刊+剪刀+糨糊"就能上节目了。也有些初入行的主持人看到资深主持人拎着CD筐就能坐在话筒前主持,以为广播主持是件很容易的事,"想说什么就说什么,想怎么说就怎么说",节目的题旨、布局、手法,根本不去设想和设计。改革之初大家刚刚"睁开眼睛看世界""摸着石头过河",处于摸索阶段,出现比较混乱和欠职业化的现象情有可原。20多年后,媒介竞争已经呈现出全球化的格局和态势,如果表现得不专业、不职业,大浪淘沙,很快就会被踢出赛场。

四、有声语言准确、贴切、流畅、生动

这个要求主要是针对播音主持的有声语言表达而言的,也是通常意义上的"口才好"。广播播音员主持人应该是喜爱表达、善于表达的人,在节目中要超越"要我说"进入到"我要说"的主体创作层次。有强烈的表达愿望之后,就要想方设法不辜负表达机会,想方设法抓住听众的耳朵、注意力,把握与听众进行感性、理性交流的机会。在有限的收听时间中,简洁、贴切的语言表达效率高,更容易令听众产生满足感和实现收听的意义。而流畅和有趣的语言则是在生理、心理快感的基础上给听众带来的审美层次的礼物。

五、非语言表达得体、恰当

这里的"非语言表达"是指除了有声语言表达之外的主体表达形式或者符号,分副语言、体态语、客体语言、空间语言等类型。语言学概念中的副语言指说话时的语气、

语调,话语间的停顿、沉默和口头语(多指语气词)等。但播音学把语调、停顿、语气等作为有声语言表达不可分割的有机组成元素,属于有声语言的表达技巧。体态语一般指眼神、面部表情、手势、站姿或者摇头、耸肩等用身势姿态来表达的形式。客体语言一般指与表达主体直接相联系的客观事实,比如化妆、服饰、道具等。空间语言是指播音员主持人所在的播音主持环境以及与该环境的各种互动关系,比如演播室空间、舞美、灯光、主持台区域等等。

虽说传统的广播是"只闻其声不见其人",但任何人在有声语言表达的时候总是有非语言行为与之同步协调的。当你看到"眉飞色舞"这个形容表情神态的词汇时,其实也能感受到表达者活泼生动的言语。很难想象一位神情平淡甚至刻板的表达者能给听众以感情上的热络感和演说的号召力。

在媒介融合的技术条件支持下,广播节目主持人也经常"曝光",网络视频和户外主持对广播节目主持人非语言表达的要求与电视主持人相似,比如外形修饰要得体,手势动作要协调自然,体态语、副语言要与有声语言水乳交融,非语言表达要同录制或者现场主持的环境、氛围相匹配。

非语言表达是形象思维的外在形式,伴随有声语言而生,经常是播音员主持人下意识的表达形式,甚至他本人对此都没有明显察觉和控制。因此,播音员主持人要在日常生活和专业训练中引起重视,有意规范,不要让下意识的动作和表现起到事与愿违的作用。

在以互联网技术支持下的传播平台上,各种形态的媒介将会层出不穷。以文字、图片、音频、视频为主要传播介质的内容制作,也会打破传统媒体(纸媒、广播、电视)传播渠道的限制,诉诸各种新型终端传播。在媒介融合的趋势下,广播播音主持将如何应对受众接收内容的习惯和内容发布的平台制约是正在思考的问题。实践领域在不断探索,教学和理论领域在不断总结和反思。本教材将在第十章详细讲解媒介融合下的播音主持。

思考题

1. 你如何理解广播播音主持的特点?
2. 广播节目主持人必备的素质和能力有哪些?

第二章　广播社教节目播音主持

■ **本章要点**
1. 广播社教节目的概念与分类。
2. 广播社教节目的历史渊源与发展。
3. 广播社教节目的传播学特性。
4. 广播社教节目的策划、制作、播音主持。

第一节　广播社教节目概述

一、广播社教节目的概念与分类

广播社教节目又称为广播社会教育节目,是以社会教育为宗旨的各种广播节目的总称,通称广播社教类节目。广播社教节目的题材内容十分广泛,其表现形式多种多样,主要功能是传授知识、疏导理念、修正思想和指导行为。

长期以来,社教节目与新闻节目、文艺节目并称为我国广播电视节目的三大支点。但是,由于社教节目的类别及其内容形式有很大的相容性和交叉性,不同类型和形式的节目表现同一题材内容的现象大量存在,因此,广播、电视界在社教节目的涵盖范围和分类问题上,一直都存在着不同意见。有人主张按题材内容把这类节目分为社会政法、科普人文、经济民生等若干节目类别;有人则主张按体裁形式来区别和评价节目。这些观点的不一致,说明这类节目的内容具有丰富性、复杂性和交叉性等特点。一般来说,广播界普遍采用的分类方法,是按照受众和播出对象来分的,从这个角度说,广播社教节目可以分为如下几类:

对象性节目　对象性节目是向各类特定对象播出的各种广播社教节目的总称。包括少儿节目、青年节目、妇女节目、老年节目、身障人士节目,这类节目一般根据听众的年龄、职业等方面的因素,为特定的受众群体开办栏目,如中央人民广播电台中国之声为少年儿童设置的《小喇叭》节目,还有很多广播电台针对老年听众开办的健康养生节目,对象性节目具有细分受众的特点,因此它们一般深受目标受众的喜爱。

公众性节目 公众性节目是以社会某一领域为报道内容,面向多层次听众播出的节目,包括经济、科技、法制、文化、旅游、卫生和心理咨询等方面的节目。如中央人民广播电台经济之声的《天下财经》、音乐之声的《早安音乐》,北京交通广播电台的《一路畅通》等等。由于公众性节目涵盖面广,所以常常与其他类型的节目有交叉重合之处。

知识性节目 知识性节目是以传授科学知识为主旨的节目。从广义来说,包括理论节目、教育节目、经济科技知识讲座等方面的内容。从狭义来说,是指一些非专业教学课程的知识性社会专题。作为与社会结合紧密,和时代息息相关的节目类型,它增进了受众对于新生事物的了解,使受众的知识视野变得更为开阔。

特别节目 特别节目指经过特别策划的大型综合性节目、系列节目、纪念性或战役式宣传报道的节目。它内容集中、主题统一,篇幅整体感比较强。如北京人民广播电台曾经策划播出的《世界地球日》特别节目。

二、广播社教节目的历史渊源与发展

中国的广播社教节目,发端于新中国成立以后广播电台开办的教育性节目。当时,党和国家需要对全国人民进行思想政治教育,提高人民的政治觉悟、知识水平和业务能力。人民广播电台具有最广泛的群众基础,最适于承担这个重要的任务,所以当时的广播教育性节目内容丰富,大致有理论学习节目、为特定对象开办的节目、知识节目和教学节目等几类。

理论学习节目主要是对全国人民进行马克思列宁主义、毛泽东思想的基本理论教育,解答他们在现实生活中遇到的理论问题;为特定对象开办的节目是20世纪50年代媒体响应社会各界、各阶层的要求,针对青年、妇女、儿童、教师等开办的节目;知识节目是为了提高全民的素质开办的科普类节目;而教学节目则是为了解决学校师资力量和硬件不足的问题,广播电台联合正规院校,按学校教学方法开办的有针对性的教学节目。

广播社教节目是我国在特定历史发展时期的产物,在新中国成立初期以及以后相当长的一段时间里,都有明确的定位、方针、传播目的和传播对象,并在广播节目中占有重要地位,发挥了重要作用。经过社教工作者几十年的探索、开拓,广播社教节目的对象性、专业性、辐射面、知识性、政策性及可听性都有了很大发展和提高,许多节目在听众中有极大的影响力和极好的口碑。

同时,我们也要认识到,广播社教节目是历史的、现实的、发展的、变化的。广播社教节目的传播方针一直都在随着社会发展的现实情况而不断调整和改变。在广播飞速发展的今天,随着传播观念的改变、传播技术的进步,广播节目从传播手段、传播方式到节目形态、节目内容以及语言表达样式都在发生着深刻的变化。在某些节目的分类上,则出现了交叉和模糊的现象,我们已经很难从类别上对其进行清晰和严格的划分了。因此,关注广播实践的发展,了解广播节目发展的态势、走向以及规律,以广播社教节目为桥梁和载体,从策划、采访、编辑、撰稿、播音主持等多方面培养训练学生作为广播节目播音员主持人应具有的核心能力,似乎应该成为我们下一步的目标和努力的方向。

三、广播社教节目的传播学特性

传播学大师拉斯韦尔从五个方面解构了传播的过程——谁,说了什么,通过什么渠道,对谁说,取得了什么效果。这分别对应了传播者、传播内容、传播方式、受众与效果。从这五个方面分析不同节目形态的广播社教节目,可以看到该类型节目的某些共性。

从传播内容角度说,广播社教节目有着丰富的内涵。其内容由原来的政治经济、天文地理、金融证券、法律知识等发展到社会生活的方方面面。社教节目传授内容的广泛性不仅表现为所传授的知识的类型较为广泛,而且它还及时地针对社会上不同时期出现的思想、观念、伦理道德等问题进行交流、疏导和教育。

从传播者与传播方式的角度来说,广播社教节目的本质是一种大众传播,它以广播媒介线性传播的方式最终到达每一位听众,具有较好的时效性和权威性。从宏观角度说,广播传媒机构是传播者,其公共媒体的地位决定了它所传递的内容具有新媒体不可比拟的公信力。从微观角度看,主持人充当具体社教节目的把关人,他们利用富有个性特色的声音,把满足不同受众需求的内容传递给听众,从而强化社教节目的传播力。

从受众的角度看,广播面对的是大众,其目的是通过形式多样、内容丰富的节目传播,实现社会效益与经济效益的双丰收。其中社教节目是对广大听众的初次细分,它通过对目标受众的调查确定节目的定位、内容与表达方式。如果说,最早的社教节目是一种单纯的"空中课堂",那么,随着时代的进步和科技的发展,社教节目早已跳出了这一范畴,通过不断完善,发展成为一个拥有多种形式、多种内容、多种渠道的节目体系,有针对性地吸引了不同社会层次、不同地域环境、不同年龄阶段的社会大众,使他们在使用广播媒体的过程中得到满足。

从传播效果看,广播具有伴随性与易受性等区别于其他媒体的优势,受众可以在收听广播的同时进行其他的工作,而且广播的使用门槛较低,适应各种文化程度的受众。社教节目的传播效果正是基于广播的这些传播优势。它通过对内容的策划与表达,给受众带来环境认知与社会行为示范的效果。在现代社会,我们对周围世界的知觉与印象在很大程度上依赖于媒介的传播。社教节目以传递信息、挖掘事实、实现教化为己任,它传递什么、怎么传递,都在影响着我们对周围环境的知觉与印象;同时,节目提倡什么、反对什么,客观上起着形成与维护社会规范和价值体系的作用。因此,主持人作为距离听众最近的传播者,其音质、语气、谈吐及播音主持风格都将决定着节目是否能达到传播的预期效果。

第二节 广播社教节目的策划、制作及播音主持

近年来,在媒介产业化和市场化的大背景下,广播以受众为本,充分挖掘和发挥广

播媒介的特点,注重塑造广播品牌形象,在节目制作和播出方式上有很多变化和调整。过去,广播电台采、编、播相对分离;而今,记者、编辑、主持人各司其职的工作方式早已被改变,三者之间的严格界限也被打破。因此,同时具备策划、采访、编辑、播音主持等多方面的能力,是对一个合格广播人的基本要求。对于未来可能从事广播工作的播音主持专业学生,应以掌握语言表达能力为核心,同时兼具广播的策划、采访、编辑、撰稿等多方面的能力,以适应未来工作的需要。

一、广播社教节目的策划

广播存在的外在形式是节目,而节目是以声音形态完成其表现过程的,听众靠听觉去接收广播,听觉艺术是评价广播外在形态的标准。因此,广播社教节目的策划者、主持人只有讲究艺术的和谐,才能为广播社教节目找到最佳的表现方式。广播社教节目兼容了其他几类节目的属性,自然也就继承了它们的表现特点。它比任何一类节目的表现形式都丰富,都更具有创造性。因此,广播社教节目的策划呈现出无拘无束、起伏多变、千差万别的表现特色。

在实际操作中,广播社教节目的策划主要从以下几个方面来考虑——节目时长、节目名称、节目类型、播出时间、节目方针、下设栏目、受众定位、播出方式,下面结合实例予以简要说明。

节目时长:根据节目播放的时段和内容,确定节目的长度并严格执行。

节目名称:根据节目内容和节目定位,为节目取一个简洁、易懂、具有时代感的名称,比如《一路畅通》《老年之友》等。

节目类型:比如"生活服务资讯类"或"专题类"等。

播出时间:要以内容和时段完美结合为原则,比如是在上午"8:00~8:25"还是下午"16:00~16:25"。

节目方针:从节目的目的出发,认真考虑"通过节目要为听众带来什么"这样一个问题。比如北京人民广播电台《老年之友》节目,其节目方针是:为京城老年人提供精神文化服务,丰富老年人的晚年生活,反映老年人关心的问题。

下设栏目:根据节目的整体定位,分设不同的小栏目,满足听众的不同收听需求。比如《老年之友》节目下设的小栏目包括《同乐园》《养生堂》《生活篇》《聊天室》《欢乐赛》《假日篇(阅读和欣赏)》等。

受众定位:指节目的主要播出对象。比如《老年之友》节目的受众定位是中老年听众。

播出方式:主要有直播、录播和直录结合三种方式。

社教节目切忌模式化、单一化。要允许"文章体"与"谈话体"并存,"播读式"与"谈心式"同用,"直播"与"录播"各显其能,"大时段板块"结构与"小时段专题"结构交叉布局。这样,才能适应各层次听众的不同需要。因为社教节目内容广泛,形式多样,其思想性、理论性、科学性、艺术性的要求都较高,所以对节目的策划人在思想水平、理论素养、知识基础、语文功底、播音艺术、录音技巧等方面的要求也就比较严格。多多从事社教节目的实践特别有利于记者、编辑、主持人向"研究型""学者型"的编播人才转化。

二、广播社教节目的制作

完成策划工作之后,就要依次进入节目的采访、编辑、制作和播出阶段了。广播社教节目采访编辑阶段主要包括信息搜集、采访、编辑、撰稿等环节。在采访前,首先要做好信息搜集工作,对与选题或事件相关的所有信息进行准备和分类。在进行采访时,要注意充分发挥广播媒体的特点,用音响尤其是现场音响、典型音响说话,使节目具有感染力和震撼力。在编辑撰稿时则要注意用简洁平实的语言与听众交流,做到贴近、贴近、再贴近,切忌"真大空"。

中央人民广播电台播出的《挽来天水洗黄河——记黄河首次调水调沙试验》,在2002年度中国广播电视新闻奖的评选中获得了广播社教节目二等奖。它是一档科技节目,一般高科技的内容很难让普通听众听懂,可这档节目不但让人能听进去,而且还听得津津有味。它的成功除了题材重大,备受人们关注外,还有一个不可忽视的重要原因,就是作者充分发挥了广播的优势,音响和音乐的运用独具匠心。节目开头采用叙述方式介绍世界水利史上最大的原型试验——黄河调水调沙试验;接下来采用日记体来展现调水调沙试验进程,实事求是地反映了试验情况,体现了科技节目所应具备的科学精神。节目巧妙地运用音乐、音响等广播手段对每个片段作不同处理,有的勾勒情境,有的承上启下,有的烘托气氛,使节目结构错落有致,让人听来有一气呵成之感。比如节目开始就把人们带入黄河首次调水调沙的试验工地。

(音响:黄河水声,混入船工号子)

2002年夏天,中原大地。

(音响:上述音响持续)

一样的闷热,水,也是一样的宝贵。酷暑和大雨交替而下。一切与以往没什么两样。

但是,在那条令人忧心忡忡的大河两岸,这个夏天,因为那次试验而变得有点不同,也许,很多年以后,还有人提起。这就是,世界水利史上最大的人工原型试验——黄河首次调水调沙实验。

(音响:奔流直下的水声,混入音乐)

黄河是世界上泥沙最多的河流,它流经黄土高原……

上述摘录,有奔流直下的黄河水声,再加上船工号子声、音乐声,配合现场解说,所营造的现场感和给听众带来的震撼,比文字传播更逼真,也更能激起听众感情上的共鸣。

接下来,节目进入日记体播出,音响与音乐的巧妙结合,使整个节目充满了现场感,很有感染力。

7月5日

（音响：小规模放水声，压混）

下午3点，小浪底出水口3号排沙洞开始试探性放水。世界水利史上最大规模的原型实验的大幕即将拉开。

（监测仪声，气象人员录音声，渐入雨声，雨声扬起后混播）……

记者在下面的节目中，仍然以日记体的表现手法着重描写试验过程中的三次危机及转化进程，同时巧妙地穿插人物录音讲话、现场环境音响和音乐。精选的人物谈话，深化了作品主题；精心采录的现场音响，增加了节目的感染力。

整个14分40秒的节目中，记者使用人物讲话10次，不同环境音响8次，各种音乐9次。贯穿节目的音响，既适于思想表达，又充分体现了广播的特点。

三、广播社教节目的播音主持技巧

播音员主持人是广播节目播出的最后把关人，节目播出效果如何，与播音员主持人的语言表达样式和风格有着直接而重要的关系。随着广播社教节目形态和节目风格的多样化，播音员主持人的语言表达样式也呈现出多样化的发展态势。使用什么样的语言样式，首先取决于该语言表达样式是否符合特定栏目主持人的个性表达，同时还要兼顾"高雅庄重、平实正规、通俗灵动"的语言表达原则。下面我们结合案例对广播社教节目的语言样式予以分析。

讲解式——这是在社教节目中运用最广泛、分量最大的一种样式。对象感极强，把讲述、阐释、点评等方式结合在一起，用平等体贴、善解人意的态度予以表达。讲解式综合运用叙述、描述、抒情和议论的方式，注意分寸感的把握和整体的和谐。如黑龙江电台采制、获得2001年中国广播电视新闻奖社教节目对象类节目一等奖的《守望天堂》，记者的开场白就是标准的讲解式。

记者：还记得多年以前我看过一本小说，名字叫《失火的天堂》。如果不是这次扎龙大火，也许这本书的名字会永远地在我的记忆中沉睡。可是，当我们的采访车刚刚驶入扎龙国家自然保护区的时候，看到远处苇塘直冲云天的烟幕，和烟幕下漫天飞舞的惊鸟，我的心里一下就蹦出了这几个字："失火的天堂"。而这"天堂"的守护者、养鹤人徐建锋和他的同事在火光中奔走救鹤的情景，也从此在我的脑海中挥之不去……

（音乐背景压混）

记者：记忆中的"天堂"曾经是个美丽得让人忘忧的地方。明媚的阳光，清澈的湖水，茂密的芦苇，还有成群在蓝天上飞翔的丹顶鹤。从清晨到夜晚，到处都是鸟儿们欢快的歌唱。人们都说扎龙是鸟儿的天堂。可是，8月27号，一场突如其来的大火吞噬了这里的一切。在我们的眼前，到处都是烧焦了的芦苇和扑棱着翅膀、漫天惊飞的鸟儿。扎龙着火，保护区的养鹤人最揪心了。这些天，他们都跑到火场救鹤去了。就这样,我们在火场结识了32岁的养鹤人徐建锋,因为他最熟悉鹤的习性,救起的鹤也最多。

(录音:同事老李)……

该节目语言表达与稿件内容结合紧密、风格统一,播读时对稿件的内容理解到位,朴实流畅,没有望字生情、哗众取宠,是讲解式播音主持可借鉴的案例。

谈话式——这种样式可以分为两种,主持人与听众的交谈、多位主持人之间或主持人与嘉宾之间的交谈。社教类访谈节目要求主持人必须兼具策划和采访的能力,这样主持人在进行访谈时才能做到心中有数,游刃有余,把被访者心中的故事挖掘出来,展现给听众,使听众在收看节目的过程中受到启迪和感动。

做好这类节目的主持,首先要求主持人参与策划和采访,通过事前交流消除与听众、嘉宾的陌生感,加强与搭档主持人的配合,增强整体节目的亲切感。其次,主持人还要做到对被访者的思维习惯、语言表述方式、情感故事的了解,从而把握谈话过程的总体走向。在演播室节目录制过程中,依据访谈对象的语言表达方式和思维方式以动制动。再次,访谈类节目,一般请来的嘉宾都是专家学者,在这种情况下,主持人如何恰当地把握自己在节目中的位置,积极而又得体地发挥主持人的作用,是主持艺术的关键。根据受传对象的特色,社教类节目中许多是对象性栏目,主持人必须能够深入了解栏目受众的心理特点,能够真诚地考量特定播出对象的需求。比如,法制节目主持人就一定要理解听众的法制需求,给予听众有效的法律援助。最后,主持人应发挥好串联作用,在访谈期间做出恰如其分而又妙趣横生的解释、引导、分析及点评。谈话式节目的主持亲切、灵活、自然,即兴表达能力强,强调口语表达。与其他样式相比,谈话式对语言流畅、节奏变化、感染力等方面的要求更高。

旁白式——一般认为对画面的解说需要用旁白式。实际上,广播节目中广播小品的解说等运用的也是旁白式。主持人要摆好自己的位置,不要喧宾夺主,要善于对不同情形加以区别;同时也不能与主体割裂,该融入时融入,该避出时避出。

中央人民广播电台制作的《小琼和她的家》取材于正在申报世界文化遗产的古老羌寨——桃坪寨,它是中国现存最完好的古羌族建筑群,这里的人们世世代代过着半农半牧、自给自足的生活。2002年,桃坪寨向联合国教科文组织申报世界文化遗产,主创人员以此为切入点,用一个人一个家庭折射一个民族一段历史的变迁,节目听起来轻盈有趣,耐人回味。

我来到这里是寻找老人的孙女,她叫龙小琼,是羌寨远近闻名的导游,联合国官员来考察的时候,就是她担任解说。

通过融入式的旁白,主创人员巧妙地推出故事的主人公小琼,在介绍了小琼的故事及家乡的变迁之后,配音又用避出式的旁白说道:

后来中国开发西部,离羌寨不远的九寨沟、黄龙寺被列为世界级的自然遗产,偏远神秘的石头村寨这才渐渐引起人们的好奇……

这些旁白巧妙地配合,增强了节目的表现力,很能触动听众的心弦,引起共鸣。

角色化表演——广播小品的演播形态,涉及表演范畴。在播读或者主持的过程中,首先依据具体的角色与对象设置不同的语气节奏与语言基调,分析角色的心理,把握受众的感受,在进行有声语言表达时运用相应的技巧。另外,把握语言基调后,还要让语言生动灵活、富于变化,从自我感觉上时时体会到听众的存在,使作品更具感染力与吸引力。

总之,社教类节目文稿播读的要求涉及若干方面的问题,但从根本上来说,播音员主持人拿到稿件后要深入理解稿件内容,全面把握稿件结构;领会节目意图,明确播出目的,并让播出目的具体化;设想收听对象的心理,摆正自己与受众的关系;有声语言表达要有针对性、服务性,朴实流畅,灵活丰富,完成从文字语言到有声语言表达的二度创作。

思考题

1. 结合广播社教节目的概念和分类、广播社教节目的历史渊源以及当前广播节目的发展现实,谈谈你对广播社教节目的认识和理解。
2. 广播社教节目与广播新闻节目、广播文艺节目的明显区别在哪里?
3. 广播社教节目的未来走向如何?
4. 制作播出广播社教节目必须具有的核心能力是什么?这些核心能力与制作播出其他节目类型所应具备的核心能力的区别与联系各是什么?
5. 列举你熟悉的广播社教节目,并从节目内容、节目形态、播音员主持人在节目中的角色功能以及语言表达风格等方面加以分析。

实例分析

1. 守望天堂

黑龙江电台　杨晶　晓宇　兰兰　姚宝山　等

记　者: 还记得多年以前我看过一本小说,名字叫《失火的天堂》。如果不是这次扎龙大火,也许这本书的名字会永远地在我的记忆中沉睡。可是,当我们的采访车刚刚驶入扎龙国家自然保护区的时候,看到远处苇塘直冲云天的烟幕,和烟幕下漫天飞舞的惊鸟,我的心里一下就蹦出了这几个字:"失火的天堂"。而这"天堂"的守护者、养鹤人徐建锋和他的同事在火光中奔走救鹤的情景,也从此在我的脑海中挥之不去……

(音乐背景压混)

记　者: 记忆中的"天堂"曾经是个美丽得让人忘忧的地方。明媚的阳光,清澈的湖水,茂密的芦苇,还有成群在蓝天上飞翔的丹顶鹤。从清晨到夜晚,到处都是鸟儿们欢快的歌唱。人们都说扎龙是鸟儿的天堂。可是,8月27号,一场突如其来的大火吞噬了这里的一切。在我们的眼前,到处都是烧焦了的芦苇和扑棱着翅膀、漫天惊飞的鸟儿。扎龙着火,保护区的养鹤人最揪心了。这些天,他们都跑到火场救鹤去了。就这样，我们在火场结识了32岁的养鹤人徐建锋，因为他最熟悉鹤的习性，救起的鹤也最多。

同事老李：（同期声）那个火太大了，遮天蔽日的，火苗子蹿出十来丈高，小鹤烧得根本跑不了。可是贝贝刚会飞，飞起来的时候，因为烟太重，就掉下来了，我们就这么眼睁睁看着贝贝在火里直扑楞。当时，我们好几个人按着建锋，说：你千万不能进去，火这么大，人要进去，肯定出不来了。

记　者：徐建锋的同事李松林讲这话时，疲惫的徐建锋正一个人呆呆地坐在贝贝烧死的地方。因为贝贝是今年唯一的一个饲养鹤与野生鹤的孩子，所以格外宝贝。我们明白，亲眼目睹了贝贝的死，对徐建锋来说，有多么残酷。他告诉我们：

徐建锋：（同期声）这个时候正是小鹤练飞的季节，鹤妈妈都会带着小鹤在苇塘深处戏水啊，玩儿啊，因为再过个把月，它们就该往南飞了，南迁。火这么大，得有多少小鹤飞不回来啊。我就想，一定得把它们整出来。

记　者：第二天一大早，徐建锋就让人捎信，把已经退休的老爷子、我们第一代养鹤人徐铁林找来帮忙照顾鹤场，一个人出去到大火深处找鹤去了。

同事老李：（同期声）他家人都这个脾气，倔！他姐姐你们知道吧，就是找鹤牺牲了的那个大学生，《一个真实的故事》那个歌儿里唱的那个。我们都跟他说，你姐为了鹤都去了，咱可不能再冒险了。拦不住，那个脾气，可他一甩襟子，早蹽老远了……

记　者：扎龙是由一些相连的湖泊、沼泽、苇塘组成的原始湿地。世界上仅有的15种鹤，这里就有6种。这个夏天，扎龙没下几场雨，上游的乌裕尔河几乎断了流。秋老虎一到，火辣辣的太阳，炙烤着苇塘，苇子连根都枯了。火借风势，干枯的芦苇串根烧。徐建锋深一脚浅一脚地寻找着受伤的丹顶鹤。咕咕呱呱，小鹤凄厉的叫声把徐建锋的心都撕碎了。一天下来，他自己也记不起救起了多少只小鹤。听村上的陈大妈说，那天，她是在湖边发现已经昏死过去的徐建锋的。

村民陈大妈：（同期声）我儿子是村上救火队的，他去救火去了，我晚上去给他送饭去。离老远我就看到湖边好像倒着个人，到跟前一摸脑袋滚热的，跟前他还搂着小鹤，有六七个小鹤。我这饭也不送了，我就回到村里找人把他抬回去了。他醒过来就问我那鹤呢？我的小鹤呢？

记　者：这位大妈怎么也没有想到，这个养鹤人会把鹤的生命看得比自己的生命还重。

徐建锋：（同期声）我从出生的时候认识我爸爸，就认识鹤了。我们家炕头最暖和的地方都让给小鹤睡。我姐牺牲的时候，我妈说啥也不同意我养鹤。可是养鹤是我姐的一个未完心愿，你不让我养鹤，我也不太甘心。鹤挺聪明，它呢，还有记性，这就像放风筝，这心年年就这么跟着它。春天一听那个鹤在天上叫，看着那个鹤排队飞回来，这心里就特别地高兴。

记　者：和建锋说鹤，你总能感受到他眼里闪耀着的那份光芒。那就叫爱吧，与鹤血肉相连的爱。这些天在火中救鹤的同时，徐建锋的心里总是翻腾着一个问题，就是是什么原因使"天堂"失火，悲剧的原因到底在哪儿？一天晚上，徐建锋含着泪在老乡家给远在北京的妹妹徐怡姗写信。读了哥哥夹着一根鹤毛的信，妹妹流泪了，也许她最理解哥哥的心情了。

徐怡姗：（同期声）看到哥哥信的时候我就哭了。人们怎么都不会把湿地和大火联系在一起。可现在这竟成了活生生的现实。其实这份担心很早以前我就有了。扎龙是我们国家最大的一块湿地，它就像大地的肾，现在肾出了问题，它就会殃及我们人类的整个肌体。鹤是环境指示鸟，这是大家都知道的，如果鹤不见了，消失了，这块湿地也就不复存在了。所以我和我爱人就连夜给朱总理写了一封信。

记　者：扎龙的大火着了半个多月，火势仍然没有减弱，4万公顷的苇塘都变成了黑糊糊的不毛地。这天，从扑火线上下来的村民说，在扎龙附近的白音诺勒发现了一对儿丹顶鹤。徐建锋听说后，中午饭也没顾上吃，就直奔30多里外的白音诺勒，原来这里的湖比扎龙的深，苇子也比扎龙的密，这是多么好的鸟儿筑巢的地方呀，只是它还没有扎龙的核心大。徐建锋回来后，马上和领导汇报了情况。经保护区的领导商量，决定采纳徐建锋的意见，给鹤搬家，就搬到白音诺勒去。

听说丹顶鹤要来安家，白音诺勒乡的群众乐坏了，乡长亲自带人给鹤搭了棚，可是，徐建锋还是不放心他的鹤，丹顶鹤来到了陌生的环境，是不是冷了，是不是病了，只有他能从它们发出的细小声音中分辨出来。晚上，徐建锋把行李扛到了鹤棚。丹顶鹤是美丽的，可是几只鹤在一起，拉的屎腥臭无比。乡亲们怕徐建锋受不了，非要给徐建锋腾房子，可是他说什么也不去，单位领导让人替换他，他也不肯，就这么一个人在露天的鹤棚里一守一夜。几天下来，鹤欢了，徐建锋却越来越憔悴了。

同事老李：（同期声）白音诺勒苇塘虽然很密，可是湖里面的鱼不多，当时把建锋急得没办法，给他媳妇打了个电话，第二天，他媳妇就托人把给女儿买钢琴的钱送来了，整整1万块啊！

记　者：建锋拿女儿买钢琴的钱给鹤买鱼苗吃，这消息在乡里一传开，乡亲们就坐不住了，给鹤安个新家，光靠他们几个那点力量怎么能行呢？白音诺勒乡破天荒为了鹤能在这里安家，召开了一次党委扩大会议，结果拿出20万元钱引鹤落户的决定，得到了大家的一致赞同。一天清晨，徐建锋刚要放鹤出来，乡亲们来了，后面跟着一大排满载着鱼苗的卡车。乡长说："这是乡里的一点心意，够不够明年鹤用的呀？"往湖里撒鱼苗的时候，徐建锋搂着他的鹤哭了。他嘴里不停地跟鹤说："鹤呀鹤呀，明年春天你们可得回来。这可是全乡人的血汗钱呐！"

（音乐压混）

记　者：11月16号是最后一批受伤的丹顶鹤放飞的日子。一大早，徐建锋就给鹤们喂得饱饱的。放飞的丹顶鹤在空中盘旋了许久，不肯离去。徐建锋和同事们都鼻子酸酸的，久久地仰望着蓝天。不知道明年春天飞回来的鹤还会不会认得失去巢穴的"天堂"。然而，我们却明白，当大地重新吐绿，春风再一次飘进扎龙的时候，会有一个人在那里静静地守望……

（音乐扬起）

记　者：好了，青年朋友，扎龙的大火烧了两个多月，一直到11月份大雪飘落的时候才彻底熄灭,大火的起因已经引起了有关部门的重视,就在我们跟您讲述守望"天堂"的故事的时候,妹妹徐怡姗给朱镕基总理的信已经转批到了国家水利部,有关部门计划给扎龙保护区引嫩补水的工程也获得批准,明年春天就能开工了。

听众朋友,刚才您收听到的是青年节目《守望天堂》。

> 赏析

人与自然的礼赞

刘向晨

黑龙江电台选送的《守望天堂》获得了对象性节目一等奖,这是黑龙江电台连续三年获得这个奖项的一等奖。

《守望天堂》讲述的是扎龙国家自然保护区养鹤人徐建锋火海救鹤的故事。这是一部人与自然的礼赞。主人公徐建锋可以说是一个典型环境中的典型人物。他的父亲徐铁林是中国第一代养鹤专家,姐姐徐秀鹃是《一个真实的故事》中唱的那个为了救鹤而牺牲的英雄。在世界著名的扎龙国家自然保护区失火的境遇下,故事一点点地铺开,引领我们去结识了一位为了拯救身陷火海中的丹顶鹤而舍身忘我的新时代青年。他的身上流淌着热爱大自然的血脉,脚下踏着献身环保事业英雄的足迹,作品所传递出来的人与自然水乳交融、和谐共处的精神力量放射着撼人的光芒。

一、极具张力的选材

新闻的艺术就是取材的艺术,材料选择好,用得好,可以从小中窥视其大,从平中窥视其奇,《守望天堂》的成功在很大程度上得益于这一点。《守望天堂》开篇,记者用简洁的手法介绍了新闻事件的现场景象和气氛:

"……当我们的采访车刚刚驶入扎龙国家自然保护区的时候,看到远处苇塘直冲云天的烟幕,和烟幕下漫天飞舞的惊鸟,我的心里一下就蹦出了这几个字:'失火的天堂'。而这'天堂'的守护者、养鹤人徐建锋和他的同事在火光中奔走救鹤的情景,也从此在我的脑海中挥之不去……"

紧接着,记者笔锋一转,"记忆中的'天堂'曾经是一个美丽得让人望忧的地方。明媚的阳光,清澈的湖水,茂密的芦苇,还有成群在蓝天上飞翔的丹顶鹤。从清晨到夜晚,到处都是鸟儿们欢快的歌唱。人们都说扎龙是鸟儿的天堂。"大火前后的景象立刻呈现在听众面前。作者正是抓住了这21世纪永恒的主题——环境保护,向人们展开了一幅关注环境、关注自然、关注我们家园的人文"音响画"。

新闻的力量就是事实的力量。在这样一个对人类生存环境倾注太多关怀的时代,世界重要湿地扎龙失火的消息,足以撼动全世界人的心灵。可以说,这块千百年来呼吸着自由空气的湿地,这块孕育着十几种世界珍稀鸟类的湿地,它的生存状态的优劣,它的每一点细微的变化,都牵动着人们的心。《守望天堂》就选择了这样一个蕴含着太多社会、经济、人文内容的题材——湿地为什么着火?大火过后,鸟儿还会不会有自己的巢穴？湿地不在了，大地没有了肾，对人类的肌体将构成怎样的威胁？该怎样保护湿地中那些珍稀的鸟儿？面对火中惊飞的鸟儿，人们都在做些什么？在灵魂的关注与碰撞中，《守望天堂》放射出前所未有的张力来。

二、极其典型的人物

扎龙大火将人与自然的关联牵得更紧。扑火队员、附近的村民和群众、自然保护区的干部职工……每一个人身上都有着许多可歌可泣的东西，而作者选择这样一个懂鹤、爱鹤、与鹤有着深厚情感和历史渊源的青年来写，用这位在湿地大火中奋不顾身抢救丹顶鹤的青年的行动，将闪现在人们心中的疑问，将人们对扎龙失火，湿地遭到破坏，珍稀鸟儿何以为家的关注，糅成一个有机的整体，并引到对环境保护的人文关怀上来。通过与我国第一代养鹤人徐铁林、为救鹤而牺牲的英雄姑娘徐秀鹃有着千丝万缕联系的养鹤人徐建锋的火海救鹤行为，在人与鹤相濡以沫的情感互动中，使听众产生感动，受到震撼，也使徐建锋成为环境保护的一个品牌人物，其感染力和感召力非同一般，从而凸显出作者的立志高远来。请看《守望天堂》中同事介绍徐建锋一个人出去到大火深处找鹤去的一段话（录音）：

"他家人都这个脾气，倔！他姐姐你们知道吧，就是找鹤牺牲了的那个大学生，《一个真实的故事》那个歌儿里唱的那个。我们都跟他说，你姐为了鹤都去了，咱可不能再冒险了。拦不住，那个脾气，可他一甩襟子，早蹽老远了……"

再看《守望天堂》里徐建锋的两段录音：

"这个时候正是小鹤练飞的季节，鹤妈妈都会带着小鹤在苇塘深处戏水啊，玩儿啊，因为再过个把月，它们就该往南飞了，南迁。火这么大，得有多少小鹤飞不回来啊。我就想，一定得把它们整出来。"

"……我姐牺牲的时候，我妈说啥也不同意我养鹤。可是养鹤是我姐的一个未完心愿，你不让我养鹤，我也不太甘心。鹤挺聪明，它呢，还有记性，这就像放风筝，这心年年就这么跟着它。春天一听那个鹤在天上叫，看着那个鹤排队飞回来，这心里就特别地高兴。"

不难看出，徐建锋的形象塑造和灵魂的展现正是由这些典型事件和典型语言烘托完成的，通过这些朴实的话语，徐建锋对鹤的那份如爱子般的感情力透纸背。

三、极具情感魅力的主题开掘

人们很难把湿地和大火联系在一起，因此，写扎龙的大火，无论如何也回避不了探究湿地失火成因的问题。事实上，在众多媒体对扎龙大火的报道中，分析湿地缘何引发干旱，最终酿成大火的报道，一直是媒体报道的主线。《守望天堂》在扎龙失火构筑的信息平台上，巧妙地避开了问题的主线，而在人与自然相互关联的情感副线上进行了深度开掘，以副线衬托主线，达到了以情感人、以情动人，英雄主义与环境保护两大主题相互交融、相互渗透的目的。

比如，报道通篇写的是徐建锋在火海中救鹤的故事——看到小鹤贝贝的死，他的伤感；去芦苇深处救鹤，昏死在河边；掏出给女儿买钢琴的钱为鹤买鱼苗；冒着鹤屎的腥臭守在小鹤的新家……徐建锋对鹤的深情凸显了环保人的一种忘我的精神境界。而报道通过徐建锋让妹妹给朱总理写信反映问题的焦急心情,白音诺勒乡党委捐资20万元给鹤安新家,以及结尾有关部门将对扎龙进行补水工程的报道,则更深层地开掘了主题,不仅引发人们对如何保护扎龙湿地、保护丹顶鹤的思考,还促使人们投入到保护扎龙的行动上来,给扎龙失火沉重的话题带来了一抹亮色。

还要说一点的是,《守望天堂》的形态美。

从记者交代扎龙大火中结识了主人公,到关于主人公火海救鹤行为的回述;从对扎龙大火成因的忧虑,到结尾动态追踪扎龙补水工程的交代;从开篇几近空灵的记者的内心独白,到阳光、音乐、清风、流水、鸟鸣构筑的"天堂";从丹顶鹤凄厉的鸣叫,到伤愈南迁时恋恋的空鸣……《守望天堂》不仅为我们勾勒了一个时空转换的多维空间线脉,还构筑了一幅音响层面丰富,如水墨画似的动人画卷。

(作者系黑龙江广电局原副总编辑)

(以上节目《守望天堂》及赏析《人与自然的礼赞》选自新华出版社出版的《中国广播电视新闻奖——2001年度社教佳作欣赏》一书)

> 讨论、实践

1. 在这个节目的采制过程中,记者都需要做哪些工作?想一想,这些工作哪些是你熟悉的,哪些是你不熟悉的,你应该如何训练和掌握完成这些工作需具备的能力?
2. 以上实例中,涉及哪些被采访对象,请根据你个人的认识和理解,列出对这些采访对象进行采访的提纲和问题。
3. 由以上实例涉及的话题,列举你能想到的广播社教节目选题。

2. 坚持拍摄鸟巢六年的老人

(片头)

童　声: 爷爷,奶奶,《老年之友》开始了。(音乐起)

配　音: 温馨的家园,贴心的朋友,真诚的交流,快乐的互动,老年之友,三百六十五天,每天下午两点十分到三点,天天与您相伴,老年之友聊天室。

主持人: 收音机旁的各位听众朋友,大家下午好,我是这个节目的主持人成音。朋友们,我们今天请来的是,原中国航空技术进出口总公司的退休干部——何林元。我们今天把他给请来,是和鸟巢、和奥运有着直接的关系。何老做了一件特别伟大的,我把它称之为伟大的一件事情。

何　老: 客气了。

主持人: 就是,鸟巢从开始圈地,一直到现在建设完成,您把这个鸟巢的建设全过程都给记录下来了。

何　老: 是的。

主持人: 您真了不起。前后历时6年多,对吧?

何　老: 对。

主持人：6年多的时间，一共照了多少张照片呢？

何　老：将近1万张。

主持人：一共使用了多少架照相机？

何　老：4架。

主持人：4架照相机，哎呀。要告诉大家，我们事先呢，到何老家去了一趟，何老把他的那些照片给我们铺开了看呐，每一张照片都非常有价值，也都非常漂亮。所以我们今天要做节目的时候呢，就特别选择了上万张照片当中的很小很小的一部分。这个是鸟巢还没有建设出来的照片？

何　老：是的。

主持人：鸟巢建设的那个地方，具体叫什么？

何　老：大屯地区，大屯路，洼里，洼边，火神庙，就这个是原来的地址，就是村镇和田野的现状。

主持人：啊，你看，这个照片上就是当初大屯路的现状。

何　老：对。

主持人：经过六年以后，已经全没有了。我特别想问这么一件事情，何老，您当初是怎么有的这个念想，有的这个创意，要去拍摄鸟巢，拍摄它建设的全过程？

何　老：因为我从小喜欢体育，爱体育，爱奥运会，而且中国申办奥运会很不容易，所以这就激发了我的感情。我就想，我利用我的好条件，我们公司和鸟巢是一林之隔，就60米，很近，我家住得也不远，所以我得到的消息很快，直观的东西也很多。所以我就下决心呐，就是从鸟巢的选地开始，一直到大家在里边竞赛，一直到大家享受奥运，在鸟巢里边来欣赏，来做游戏，来锻炼身体，这个想法就逐渐形成了。因此，我就开始拍了，做记录了。

主持人：哦，那个时候，应该说，想法刚开始也比较简单。

何　老：比较简单。

主持人：没有那么复杂。但是在开始运作的过程当中，随着鸟巢的建设，一点一点地形成规模，您大概也在不断地调整着这个设想。

何　老：对，开始是认为，就是，这个建筑啊，觉得是个特殊的建筑，但是怎么样的特殊，怎么样的伟大，怎么样的出色，不清楚。只有一步一步地，经过观察，经过拍摄，来慢慢儿体会它，才知道它的伟大之处。那么，我对鸟巢的看法：从外形上来看，那就是一个道士帽，道教的道士帽，两头翘；接着照的过程当中，又发现是一个摇篮。

主持人：您的想象力真丰富。

何　老：对。再到时候呢，我在水上照，就好像什么呢，在水上漂着一个银元宝。最后我再看呢，就是中国红在这个鸟巢二层、三层、四层披上了以后啊，我晚上照完了一看呢，是一个生灵，红色的生灵在跳动。我觉得这伟大，我觉得这出来了，出来了。一个生灵的心脏在跳动，哎呀，太好了。

主持人：我们再给大家展示一下鸟巢的春夏秋冬。我们先一个一个地来。这个是鸟巢的……

何　老：鸟巢的冬天。

主持人：这是冬天。

何　老：这叫作雪山鸟巢，你看，一个雪山，雪山上顶着个鸟巢。

主持人：您看，今年冬天雪比较少啊。

何　老：对，那就第一场雪，也就是12月9号第一场雪。下完了以后，我就赶紧4点钟起床，赶到了选择地点。我是6点钟照的。就是太阳刚露出一缕阳光，就是基本上，还是个侧面的时候，我就把它照下来了。

主持人：哎呀，非常辛苦啊。早晨4点多钟，那您那段时间得特别注意天气预报吧。

何　老：是的。我就怕雪化了。

主持人：您还特别盼望着下大雪，要是有鹅毛大雪，厚厚地给压着……

何　老：要是有鹅毛大雪飘着，那这张照片就更出彩了。

主持人：嗯，现在多多少少有些遗憾，雪稍微小了一点，但也是一张非常难得、非常好的照片。好，这是它的冬天。这张呢？

何　老：是它的夏天。

主持人：多美呀！

何　老：这是龙形水系，也就是奥运村的场馆都坐落在中国的龙形水系上。这一块水呢，里面种着荷花，旁边有柳树。荷花一开，倒影在水中清晰浮现。我一看，这是一幅图画，因此，我就激动地赶紧拍下了它。

主持人：嗯，这张照片呢，画面上有鸟巢，有荷花，有荷叶，然后还有清水，还有路边的柳树的倒影，非常美。这就是鸟巢的夏天。好，那我们再来看这张。这是鸟巢的秋天，画面上，真是金黄色的莲蓬荷花。

何　老：对，莲蓬荷花，它在龙形水系的中部。水很长，种的都是藕，到秋天以后，花都凋谢了，而且结成果实了，这时候叶子发黄，有的发黑，有的还显一点绿，我发现这个景不错，马上拍下来，这叫秋色鸟巢。

主持人：秋色鸟巢，嗯，我手头拿的这个，这显然就是春天的鸟巢了。多漂亮啊，生机盎然的。

何　老：对对对，刚刚萌发，刚刚长出不久。

主持人：您看，荷叶的那个绿，那是怎样一种绿呀！

何　老：绿色奥运嘛。

主持人：对对对。所以我觉得您用照片来诠释我们奥运的宗旨、奥运精神，也诠释得非常好。好，围绕着这些照片呐，还有很多的故事。这回鸟巢的建设，它的伟大和特殊之处，也就是在它的结构上、材质上。

何　老：钢架结构。

主持人：钢架结构。您对这个，应该说因为拍摄，了解的也比较多一些，那个钢架是很大的，大约直径得有多少米呢？

何　老：鸟巢一共有24个主钢架，一个主钢架就是450吨，它的最高高度是70

米,它要经过80吨的吊车,分段吊上去,然后焊接,形成一个450吨的完整钢架。这样的话,围成一圈,就完成了鸟巢钢架结构的初步。

主持人:您看您说起来头头是道。那个钢架呀,您说了,在整个建设过程当中,更多是要以焊接来进行的,所以整个这个鸟巢,我们大家都知道,它的建筑,特殊工艺、难的地方,就在于它的焊接上头。

何 老:是,到工地我访问了工人。从全国选了800名优秀的焊工,陆续焊了两年多的时间。所以他们在焊接的问题上,是一丝不苟的。焊接的焊缝,要经过科学的探测。也就是说,百分之百的,磁力探伤之后才能放过。哪怕差0.1或0.01也不行,还要重新返工。达到磁力探伤百分之百才能上架。

主持人:可见它的技术要求是非常非常严格的。您跟工人在聊天的过程当中,您注意到,参加建设的800名焊工,大部分都是年轻人,他们都来自全国各地。

何 老:全国各地,各大公司的优秀单位和优秀团队。

主持人:能进入到、参与到鸟巢的建设中来,应该说是很不容易的一件事。

何 老:很不容易,所以,我和他们在交往的过程当中,他们就让我给他们照相。我说为什么照相呢?他们说,"家里还有孩子和爱人呢,我在这儿为鸟巢作贡献,做工作,天天日日夜夜,他们看不到我呀。您给我们照一张照片,我们寄回家里去,你看他们多高兴,是他们来支持我在鸟巢安心地工作。"

主持人:那也就是说,您除了给这个鸟巢整体建设来拍照,同时也给参与鸟巢建设的工人们照相,照完了以后呢,又给他们的家人寄去,您又做了一件特别好的事情,给他们留下了纪念。您看,这些工人的这些照片。我注意到有那样一张照片,大概就是在焊接,好像吊着,像蜘蛛人,现代蜘蛛人。

何 老:他是夕阳下的一个剪影。我那天去了以后,不少的工人,都是臀部只有一块木板坐着,然后脚踩着缆绳。看见了吗?手持着砂轮,在打磨它的焊缝。

主持人:这吊在空中得有多高呀?

何 老:这个60多米高。

主持人:60多米高?一吊上去得多长时间呢?

何 老:多少时间?得把这个工序打完,不论时间,你只有一丝不苟地把质量做好,才能下来。比如说,一个焊缝,它如果短,那很快就修复了。如果长,那就要几个小时了。如果是连着的焊缝的话,那就要几天了。

主持人:我最担心的是,您刚才说到,屁股就坐在一个小木条上,如果要是坐几个小时,然后手还要在那不停地挥舞着,脚就这么悬空着,这个人很难受吧?

何 老:这就说明啊,筑巢工人的伟大呀,他们的不容易,他们的奉献精神。我很钦佩他们,而且向他们学习。

主持人:他们固然是不容易呀,可是给他们照相的这位老同志何先生也是着实不易呀。您看这张照片,看着这张照片我就直担心呐。

何 老:我这个照片呢,是这样的,因为我们中航机大楼啊,比鸟巢高一点,将近80米。因为鸟巢的最高的钢点呐,是70米。我站在80米的高楼的女儿墙上。你看,这不是钢缆吗？靠着它，然后就俯拍鸟巢的全景。你不站得高，就看不到上边的情况。你在底下，你看不到鸟巢顶部到底是什么形状。因此，一定要爬得比鸟巢还要高，才能够拍摄下来。

主持人：可是从这张照片上看，您一点保护措施都没有啊。

何　老：没有，我就是紧靠着，虽然是有一点担心，但是我觉得，要抓拍一个好的照片，让大家都欣赏到，而且记录下来，我觉得这个意义就更大了。

主持人：是啊，是很大啊，但是它的风险性也很大呀。

何　老：是，我很注意了。

主持人：我看着这张照片，我就直担心呐，站到这么高的一个位置上，从旁边看，您看那楼都比您低，是吧，您说了是80米，从80米的这个高度向下俯视鸟巢，您老人家已经70岁了呀，您可一定得当心。还有那张照片，有喜鹊的那张照片，您也是登高爬上的，正好在鸟巢旁边有一棵树，树的斜下方是鸟巢，在树上呢，恰好有两只喜鹊。这张照片是真实的，还是您制作出来的？现在的电脑技术，也是非常高超的。

何　老：在我的照片里，我都是写真，从来也不做那些合拍呀，或者做什么文章啦。这个拍呀，它有个小故事。去年的12月份，天冷了，树叶都落了。拍鸟巢内部出来以后，我发现这里有一棵树。这棵杨树上，有一个鸟巢，很偶然发现的。后来我就琢磨着，鸟巢肯定要选风水宝地啊，鸟肯定天天要到这儿来，而且是它的家园，那好，我就想等着它，把它照下来。结果第一天没看到，后来第二天、第三天我来了以后啊，看到了。旁边还有棵小树，它是很灵、很警觉的，它从小树上往高处跳过去，跳完了看看周围有什么动静以后，它又飞了，就这么来回反复。所以我一看，我要找个角度。当时有一堆工地的土，推土机推起来的，20多米，不到30米。所以为了找这个角度，我就爬上这个土坡，等爬上去，我把三脚架支上，我觉得很安全，所以我就开始等着拍。结果它来了，来了一只，来了一只以后，它又飞了。这边这个小喜鹊，它在那站着呢，结果飞了以后，就这个，这个稍微大一点的，在这个角上，鸟巢这个角上。我就激动了，我就赶紧拍啊，因为它要飞啊。我刚拍下来，结果三脚架的一个腿松了土了，这一松土，我抱着三脚架，因为相机是我的第二生命啊，没有相机我就拍不成了，因此我就抱着它滚下去了，顺着土就下去了。下去了，我就是当时有点晕，当时这个中信公司的浇铸电缆沟的队长看见我了，他看见我躺着，问怎么回事啊，我说没事。结果，他在电缆沟那儿给我搭了一个板子，然后把我的摄影包给我拿过去，把我的三脚架接过去，和相机接过去，然后把我搀过去。

主持人：您那时候摔得有点糊涂了。

何　老：有点晕。所以我就在那躺着了。

主持人：您就从那二三十米的土坡上滚下去了。多危险，多危险啊！要是这么说来的话，刚才的那张照片，应该说也是非常有价值的，能够抓拍到两只喜鹊，恰好又是真实的一个鸟巢和我们人工搭建的一个鸟巢相对应着，这张照片是非常难得的。

何　老：所以我给它起了个名字叫什么呢，叫独占鳌头。你看到没有，上边比鸟巢还高，有点意思吧？

主持人: 有点意思,有点意思。何老每次要是讲到您自己特别满意的照片的时候,那种得意的神色啊,就一下子全都展露出来了。我都替您高兴,难得拍上这样的照片。您在拍摄这些照片的过程当中,我特想问一个问题,那个鸟巢在建设过程当中,管理是非常严格的,外人不让进去,可是从您的照片当中,我们所看到的,您一直深入到工地的每一个细节,您每次都混进去?穿着工装?

何 老: 一个是我们距离近,得到的消息灵;一个呢,就是在最初建设的时候,它管理得比较松,只要安全就行。那么工人通过几次交往以后啊,我们之间就有了感情了,有了感情了就给我安全帽了,给了我安全帽他们也觉得安全了,我也觉得安全了,所以这样的话呢,就可以进去的次数比较多,也比较随便一些了。但是越来建筑得越高,越来越应该有安全意识,同时应该大家保护鸟巢,所以这样的话,就需要我有相关的证件,通过我的各种证,在这个中期阶段,我就可以自由地去拍了。

主持人: 那也就是说,工人有什么样的证件,您就有什么样的证件?

何 老: 基本上就是这样。

主持人: 所以,您才能在鸟巢建设工地上,才可以自由地去选择不同的角度,拍摄不同的照片。工人们都和您融为一体,他们怎么称呼您呢?

何 老: 何老,您给我拍个照片,我给我老婆寄走。我说行,哪一天吧。

主持人: 你们关系都非常融洽,最后就很熟了。

何 老: 有的设计员啦,还有一些公司的领导啊,特别是筑巢工人,我体会了人家的艰辛呐,为奥运会作贡献呐,因此,我拍几张照片送给他们,那不算什么,所以我很高兴拍。

主持人: 您刚才说了,800名焊工啊,每个人给照一张照片,再给他们洗出来,再给他们寄回家去,这也是一笔不小的费用呢。

何 老: 那人家生命都献上了,那么艰苦的劳动,不管天多热,天多冷,有风,有雨,人家日夜勤劳,我认为我给人家照点相,花点小钱也是应该的,心里也很通融的。

主持人: 我能够理解,但是我们把话再转回来,就是您整个拍了近万张的照片,您自己要投入精力,肯定在经济上也有些投入。前前后后拍的这些近万张照片,然后又把它洗出来,把它整理出来,大约花了多少钱?

何 老: 那么连相机带照片的话,将近10万块钱吧。

主持人: 将近10万块钱,完全都是自费的?

何 老: 对,完全自费的。

主持人: 要是在常人来讲,这十万块钱你拿着它干什么不行啊,结果你全做了这个工作。但是,现在来看,这项工作做得很值。

何 老: 咱们有同感,我觉得很有意义。

主持人: 我是从心底里佩服您的这个创意,从一开始就选好了这个点,然后就坚持着努力做下去。对了,家人对您做这项工作是不是很支持呢?

何 老: 他们很支持,但是很担心我的身体。

主持人: 对了,我注意到,您今天来,左眼眼底怎么有血丝啊?都红了。

何　老：这两天忙活的吧，昨天我还照鸟巢，11点多才完。

主持人：晚上11点多？这种早出晚归可能对于您来讲，是常有的事情，是吧？您缺觉，我看您脸上有倦容。您自从照了这个鸟巢，自从记录鸟巢建设的全过程，媒体上报道您以后，您一下也成了一个名人了，这个感觉如何？

何　老：太客气了，我觉得做了这点小事情啊，是应该做的。我照了照片啊，不单纯是自己欣赏和收藏，我觉得中国人很多，13亿人口，大家都想看这个鸟巢是什么样子，伟大在什么地方啊。所以我就想呢，把它记录下来以后，搞成光盘，或者说搞展览，或者说出画册，让他们都来分享奥运的成果。

主持人：您的这个想法非常好，您的这些照片，也将会成为非常具有珍贵史料价值的资料，所以我说您做了一件特别特别伟大的工作。

何　老：我已经选了几十张照片，东城区邮票公司已经出了系列的邮票，做成了高档邮册，要送给国家领导人和外宾。

主持人：太好了太好了，我都得替您鼓掌了。（掌声）

何　老：我把这个版权捐到奥运会去了。

主持人：捐去了？

何　老：就是捐献了，这个版权不求回报，只求奉献。

主持人：您看，我还想问一句呢，您为了拍这些照片，自己花了10多万块钱，现在这些照片已经成了非常珍贵的资料了。就这些照片，您可以发一大笔财了。

何　老：不求得不求得。

主持人：今天呢，您算是第一次。有些照片大概媒体上还没有公布呢，非常感谢您在我们这个节目当中首次披露这些非常珍贵的照片。下一步呢，您刚才说了，您还有一个梦想，希望能够办一个展览，让更多的人能够看到。

何　老：那么现在呢，我们大屯地区的慧忠北里居委会，正在给我筹备一个小型展览，正在做。这个做完了以后呢，要到漂亮广场去展览，要到社区周围的小区去展览，这是小规模的。我还希望，那就是办得大一点，细致一点，让大家都分享一下鸟巢建设的过程，它的点点滴滴的变化，使大家更欣慰一些，更好。

主持人：我倒是觉得这个展览呀，到时候规模再办得大一些的时候，不仅仅是在北京办，可以到外地去办，甚至还可以走出国门，到国外去办展览。

何　老：假如说有这个机会，我是会努力地配合，做工作的。

主持人：好，那收音机旁的听众朋友们，我们今天的节目呢，到这儿就结束了，通过今天的这个节目，我们认识了解了一个用照相机记录鸟巢建设的70岁的老人何林元。那我们也希望，鸟巢建成之后啊，大家到鸟巢去看一看的时候呢，不要忘记上下左右前后都去好好地看一看鸟巢的每一个细节，那真是一个伟大的建筑。好，再次感谢何老，谢谢您。

作品简介

承担北京奥运会开闭幕式的国家体育场"鸟巢"一直是众多国内外媒体竞相报道

的重点对象。作为奥运会的举办城市——北京——的媒体,电台的老年节目如何选取角度、把握题材来报道这件事,是节目主创人员一直冥思苦想的问题。经过多渠道的收集和采访,他们在众多的线索中,选取了何林元这个典型人物。何林元是一位普通的老年人,是一位独特的有震撼力的中国人。他用手中的相机,六年如一日地记录下鸟巢从开始圈地拆迁、建造直到完成的全过程。他拍摄的1万多张照片见证了鸟巢从无到有的历史,这种个人行为在全世界是独一无二的。

确定了这个独特的选题后,节目主创人员便进一步挖掘何林元为什么要做这件事,他是如何坚持下来的,他要达到什么目的,等等。他们首先收集了很多关于"鸟巢"的资料和相关报道,了解了"鸟巢"在建筑史上、奥运史上的重要性、独特性等,然后又深入到老人家里去做前期的采访,探寻老人在拍照背后的难忘经历,并一张一张筛选老人拍摄的照片。老人家里上万张精美的照片,其中很多照片拍摄的角度和内容不是一般人能看得到的,还有的照片拍摄的地方在建设完成之后就再也看不到了,这些照片不仅有艺术性,更具有史料价值和文献价值。一位70多岁的老人6年风雨无阻地坚持拍摄鸟巢,不仅是个人毅力的体现,而且在他身上也体现了全体中国人民热爱奥运、支持奥运的情怀。

节目主创人员决定,不只是简单地做一个相关的录音报道,还要在广播中运用视听二元的结构,在讲述这些照片的同时也展示给受众,让更多的人从里到外地"看到"鸟巢。于是他们把何林元老人请到直播间,采用音视频直播,以照片展示和现场访谈相结合的看图说话的方式来播出节目。通过何林元朴实的讲述,让更多人了解照片背后的故事、"鸟巢"建设中的故事,同时感受"鸟巢"这项伟大工程的建设者们的奉献与敬业,感受北京奥运蕴含的人文精神,感受13亿中国人期盼奥运、奉献奥运的精神。

节目在上万张的照片中选取了最具代表性的照片:"鸟巢"的一年四季、"鸟巢"的夜晚白天、"鸟巢"的建设者以及"鸟巢"与自然的和谐等等。

由于前期做了充分的准备,主持人在访谈时有的放矢,照片展示与访谈环环相扣,相得益彰。老人在讲述时娓娓道来,声情并茂,使整个节目节奏清晰,条理分明。在听众听来生动、形象、具体、感人。节目选取大事件下的普通人物具有典型意义的故事,以小照片展示大精神,角度新颖,访谈策划细腻,对话精彩,展开充分,人物刻画饱满,富有震撼力。

节目播出后,很多听众盛赞何林元老人的事迹:"我为北京有这样的老人感到自豪!""这些照片既记录了'鸟巢'的建设过程,也记录了我们北京人、我们中国人为奥运作贡献的历程。"国内外多家媒体也相继采访、报道了这位老人,还有多家出版社给作者打电话表示愿意为老人出画册。

(资料来源:中国记协网)

讨论、实践

1. 列举你熟悉和喜爱的社教广播谈话节目,分析做好这一类广播谈话节目对播音员主持人能力和素质的要求。想一想,这些工作哪些是你熟悉的,哪些是你不熟悉的,你应该如何训练和掌握完成这些工作需具备的能力。

2. 在以上广播谈话节目的采制播出过程中,主持人需要做哪些工作?

3. 谈谈你所了解的有关老年人的社会现实话题。策划并制作一档老年节目。要求:节目时长 10~15 分钟。版头曲(开始曲)一般不超过 30 秒,宣传版曲不超过 30 秒(包括版头、栏目词在内)。发挥广播优势,可大量采用音响、音乐、有声语言、热线电话等手段,丰富节目样式。节目中的采访录音每次不要过长。

3. 一场乡间的电影盛会——记宁波市首届"农民电影节"

(片头)

配 音:这是一场乡间的电影盛会,从海拔千里的四明山区,到东海畔的石浦渔港,从 6 月 28 号起,到今天的日子,宁波市 80 支农民电影放映队伍,已经奔走了 1020 个中心村的电影广场。这是一次欢乐的集体体验,18 天来,有近 50 万的村民及外来务工人员享受到了农民电影节带来的视觉大餐。习习凉风,阵阵欢笑,勾勒出一幅新农村魅力夏夜的图景。这更是一次心贴心的农村文化展示。在这个涵盖着农民和电影双重主题的节日里,广阔的乡野依旧有着温暖的色彩。一场乡间的电影盛会——记宁波市首届"农民电影节"。

(音乐)

主持人:听众朋友大家好,我是雪莉。宁波市首届农民外来务工人员电影节,在 6 月 28 号正式开幕了,那一块悬挂在村头的白色银幕,也由此变得更加引人关注。这个被城市化进程渐渐遗忘的场景,又重新回到了我们的视野,成为我们今天这期节目的话题。我们节目的热线是 87266939,短信平台 10626688174 也同时开通,欢迎朋友们的参与。听众朋友,为期 18 天的农民电影节,今天是最后一天,我们邀请到了三位长期在农村一线从事电影放映的放映员师傅,他们是电影进农村的实践者、见证人,又是我们文化部门与广大人民群众的纽带与桥梁。好,让我们一起来认识一下他们。这第一位坐在我旁边的是鄞州区五乡镇的傅建光傅师傅。

傅师傅:听众朋友们,大家好。

主持人:这第二位呢,是来自宁海县跃龙街道的褚梦海褚师傅。

褚师傅:听众好,听众好,主持人好。

主持人:那么这第三位呢,是来自余姚朗霞街道的牛齐苗。

牛师傅:听众朋友,大家好。

主持人:三位师傅,欢迎你们的到来啊。这几天,你们累坏了,是吧,师傅们。

师傅们:嗯,还好,我们在放电影嘛。

傅师傅:从 6 月底开始到现在,快一个月了。今天呢,是最后一天了。

主持人:是啊,特别是这十来天啊,你们可以说每天放一场换一个地方,是不是啊?那么是不是请师傅们跟我们大家讲讲,这届农民电影节,它的效果怎么样,我们农民兄弟的评价又是怎样的?

傅师傅：农民还算很欢迎的啦，基本上呢，是我们每个点都去放。看电影的人，还是比较多的。

主持人：哦，大概有多少人啊？

傅师傅：大概多的地方呢，有三到五百吧。有的地方多一些，有的地方呢，可能少一些。

褚师傅：对的，一个月下来，可能要几万人看电影呢。平时的观众还不算，看电影除了当地的农民，这个观众当中啊，还有很多很多的外来工。

主持人：外来务工人员，是吧？

褚师傅：嗯，外来务工人员。

傅师傅：比如我们五乡镇有好几个村，外来人口看电影啊，比我们当地的农民还喜欢。

主持人：是吗？牛师傅，余姚的情况是不是也是这样？

牛师傅：是的，他们对电影比较感兴趣，现在有了这种免费的电影，而且呢，大家能凑在一起，比较热闹。

主持人：啊，那大家一定都非常高兴啊。

师傅们：对对对。

主持人：听众朋友，其实您刚刚听到的啊，只是我们三位师傅，或者说是三支电影队所感受到的电影节的盛况。与此同时呢，宁波还有近80支电影队活跃在乡村田头。是啊，18天，1020场电影，50多万观众，这个数字组成了这个夏天宁波新农村文化独特的风景线。哎，三位师傅啊，接下来，我看还是跟我们的听众一起来感受一下来自电影节放映现场的一些气氛，我们播放一些记者采访的录音，你们看怎么样？

师傅们：好好好，好的，好的。

记　者：听众朋友你们好，我是记者陈臻，我现在正处在余姚市四明山梁弄的电影放映现场。今天在这里放映的电影是《一个人的奥林匹克》。附近几个自然村的近千名村民跟外来务工人员，今天都来到了放映现场。这位朋友您好，打扰您一下，请问，今天您几点钟就过来了？

村民甲：我8点多就过来了。

记　者：这么早就过来了啊。

村民甲：我觉得现在有这样一个农村电影节，也是家乡的一种自豪吧。

记　者：嗯，谢谢您，谢谢。听众朋友，农民电影节啊，虽然没有其他电影节那么的场面壮大，但是呢，农民兄弟跟外来务工人员都很买账。身边这位朋友，您好，打扰您一下，请问，您是第一次来看，还是经常跑到这儿来看电影呢？

村民乙：在放的话，就会经常来看。

记　者：哦，经常会来看。

村民乙：要放的话，每次都来看，我们外来工也是很喜欢的，这样既丰富了大家的业余文化生活，也增长见识嘛。

记　者：朋友们，在今天我们的电影放映现场，我还看到有很多的小朋友。我们身边的这位小学生是这样告诉我的。

小学生：电影可以让我感受到更多的乐趣。

记　者：好，朋友们，以上是记者陈臻从余姚市四明山梁弄的电影放映现场发回的报道。

主持人：真的是非常热闹啊，你听听录音。

师傅们：对对对。

褚师傅：确实热闹，确实热闹。我那时候放，全村人都到了。

主持人：嗯，是啊，其实除了咱们的农村观众啊，我们一线的电影演员啊，也都非常赞同这种形式的电影节。在这个农民电影节开幕式的现场呢，我们的记者也采访了两位宁波籍的演员，一位叫魏宗万，一位叫池华琼，你们知道吗？

牛师傅：知道，魏宗万老师呢，是我们余姚人，他演过好多精彩的电影，像《三毛从军记》，给观众的印象特别深。

主持人：是吧。他们对我们家乡举办这样的电影节，感触也特别深。那么三位师傅，让我们一起和听众来听一下他们的录音好不好？

师傅们：好的好的好的。

魏宗万：以前电影节，也参加过好几次，红地毯，特别是我们的女演员们，穿得都是非常豪华的那种礼服，是吧，城市老百姓，都在看她们，她们是主角。但今天这电影节，真正的主角是坐在台下的几千位农民弟兄。所以说，今天的电影节，是我参加过的感受最深的一次。

记　者：因电视剧《十六岁的花季》成名的祖籍宁波的演员池华琼也说——

池华琼：我觉得这样做非常好，把那个电影，就是不再拘泥于城市，应该让更多的打工的农民朋友们看到。

记　者：池华琼还说，她最想演的角色就是农村姑娘。

池华琼：只要有好的剧本、好的角色，我一定演。马上把这些东西全部卸掉，是一个非常朴实的池华琼。

主持人：他们说得非常好。

褚师傅：这两位演员，他们演的节目，我们农民兄弟也很喜欢看。

主持人：很喜欢看啊。那他们说的话，也说得非常到位啊。

傅师傅：对对对，说到我们农民兄弟的心窝里了。

主持人：听众朋友，刚才您听了我们三位师傅的描述啊，以及咱们记者的现场采访报道，我相信，大家对首届宁波农民电影节呢，有了更加直观的了解。在电影节举办期间呢，我们还采访到了宁波市文广新局的副局长邹大民。文化部门对于举办这样一届农民电影节，有着怎样的思考呢？我们一起来听一下，好不好？

师傅们：好好好。

邹副局长：嗯，我们是基于这样几个方面的考虑：一个呢，宁波为整个中国电影的发展所作的贡献，它有非常深厚的历史和文化底蕴。那么第二个呢，宁波也是作为全国16个农村电影综合改革和数字化放映的试点城市，已经提前一年半实现了国家

2131工程。第三个呢,作为沿海发达地区,宁波的农民兄弟和外来务工人员,他们都有一种愿望,我们也开展了千场戏剧万场电影进农村,使农民群众真正能够在家门口,都有各自喜欢、各自能够对上号的文化活动,形成一种非常和谐的氛围,把农民群众的这种对文化的追求,他们所需要的文化精神生活,搞得非常丰富多彩。

主持人: 听众朋友,我想正如邹局长所说的,为人民群众构建一个丰富的文化生活环境,是我们的文化主管部门所不懈努力的,而农民电影节呢,无疑是一个突出的亮点。嗯,好了,你看,三位师傅,我们的导播告诉我,灯在亮了啊,已经有听众打进热线来了,我们一起来欢迎这位听众好不好?是林小姐吗?你好。

林小姐: 你好,主持人。我呢,是这么觉得的,现在这个时代呀,变化得也挺快的,其实这个露天电影呢,已经成为一个,就是很过去的一个记忆了。现在呢,我们家家户户也都已经有了电视,所以我觉得这个农村电影的播放呢,好像意义不是很大。

主持人: 哦,谢谢这位朋友啊,这也代表了一方面的意见啊。

傅师傅: 我想问问这个朋友,你是否到我们农村看过电影?每天在放电影,有五六百个人在看。

主持人: 就是说,我们三位师傅反对您的意见啊,那么您能不能说说您还有什么别的想法没有?

林小姐: 嗯,这个农民电影节啊,它就是一个形式,其实放什么电影给农民朋友看,或者呢,能拍出农民喜欢的电影,我觉得这才是重点。

主持人: 这倒是非常有道理啊,我看热线上还有一位朋友,看看他有什么想法好吗?

三位师傅: 好的,好的。

主持人: 李先生是吗?

李先生: 是的,主持人好。

主持人: 您好,您谈谈好吗?

李先生: 我不是很赞成前面那个朋友的看法。我觉得现在农村看电影,它不光是个故事那么简单,农村有农村的生活方式,我觉得他们更注重这种大家热热闹闹地在一起的感觉。

三位师傅: 对对对对。热热闹闹也是很重要的。

主持人: 很重要的是追求这种气氛啊。

褚师傅: 对对对,一个人在家看电影是很孤独的。

李先生: 所以我觉得呢,从某种意义上说呢,它比在城市里的意义还要大。另外呢,还有一个,我更同意,拿什么给农民看,这个才是最重要的。

主持人: 好的,非常感谢这位听众啊!好,线上还有一位听众呢,这位听众姓余是吧?余先生您好。

余先生: 主持人好。

三位师傅: 你好你好。

余先生: 你刚才说的那个露天电影,也就是现在我们所说的农民电影,这个呢,是我们这一代人成长里边的一个记忆了啊。农村嘛,它不可能建大规模的电影院,所以呢,我觉得,这个形式呢,还是要保持下去,也能够让农民呢,和城市里的居民一样,能够看上电影。最后呢,它不要局限于一个节日里。

牛师傅:我们呢,现在已经是按照每个月几号去哪个村放映,都已经排好了,日程都排好了。

主持人:特别是宁波市首届农民电影节同时也是你们余姚的第14届的农民电影节啊,这说明我们的文化部门也一直在为普及农村电影文化在努力工作啊。好的,非常感谢这位听众,我们的农村电影也一直没有停过,是吧?好,非常感谢以上几位朋友的参与。

三位师傅:谢谢听众。

主持人:听众朋友,正如大家刚才所提到的,也许这届电影节呢,只是2008年的一个普通的日子。18天里,宁波从南到北的山乡渔村共享一块银幕,但它确确实实已经成了一个源自乡间的节日了。它让从村头村尾汇集而来的村民分享了一场延续了半个世纪的光影约定,而坚守这场约定的人呢,就是那些常年奔走在乡间村头的我们的农民放映员师傅们。

配　音:这是一场为期18天的乡间盛会,这更是半个世纪来钟情乡村影视的不舍情怀。这里,有他们的酸甜苦辣。这里,有农民朋友的欢声笑语。一块银幕,一方天地。一场乡间的电影盛会——记宁波市首届"农民电影节"。

主持人:听众朋友,欢迎回到我们的农民电影节——一场乡间的电影盛会节目。从一般意义上的露天电影到今天的农民电影节,它确实有着自己非常漫长的过程。就拿我们直播室的三位师傅来说吧,他们的放映生涯呢,就已经很长了。比如说,像褚梦海师傅啊,您都已经放了30多年电影了吧?

褚师傅:对,有33年了。我是从1975年开始放电影的。

主持人:那么就是33年一直都没停过?

褚师傅:不,中间停了几年,是90年代以后,农村这个市场不大景气。

主持人:是看电影的人越来越少了?

褚师傅:对对,是的。

主持人:您印象当中,人最少的时候,大概是多少人呢?

褚师傅:最少的时候吧,大概几十个人吧。

主持人:几十个人还放过。哦,没停过。那么这段时间持续了多久呢?

褚师傅:大概三五年吧。这几年呢,还是坚持得比较好的,比如说前几年那个万场电影进农村啊,再加上政府的支持,情况呢,有大的好转。

主持人:确实啊,从这几年的情况来看,从中央到我们宁波地方啊,都对我们农村电影的发展给予了很大的重视。但是农村电影从乡间的露天电影到今天这样一个盛大的节日,许许多多拉着放映车,跑在乡间田头的放映员们,包括三位师傅,你们的坚持呢,成了这条贯穿始终的线索。哎,傅师傅啊,在电影节开幕后的第三天啊,我们的记者在鄞州区五乡镇的天童村,就你们村啦,在放映现场,我们采访了你们一家。下面我们和听众一起来听听采访你们一家人的录音好不好?

傅师傅:好好好。

傅师傅录音:这个行业,我想做一辈子,把它干好。

配　音:这天晚上,傅建光的妻子和儿子,和他一起来到了电影放映现场。7岁的小男孩儿偷偷地告诉了我们他的人生大计。

傅师傅儿子:我也想像爸爸一样,当一个放映员。

配　音:实际上,傅建光自己就是跟着老爸放电影而爱上这个行业的,现在看来,他的电影放映事业,要代代相传了。只要有空,傅建光的妻子和儿子就会陪着他一起放电影。这一家子其乐融融的样子,着实让人羡慕。说起傅建光和妻子的相识过程,看似有些普通,但细品却很甜蜜浪漫。

傅师傅妻子:说起那个认识啊,他以前是在我们村里放电影的,我经常去看电影的。

傅师傅:每次放电影,她总是来看电影,就问我今天放什么电影,放什么内容,她很喜欢看电影。

傅师傅妻子:我看他性格也挺好的,感觉这个小伙子很诚实。

傅师傅:下雨天也会来的。慢慢地,我们就产生了感情。我们结婚的那一天,专门给她放了一场电影。片名就是《甜蜜蜜》,当时我们的心情很激动。就像电影里的主人公一样,心里是甜蜜蜜的。

主持人:傅师傅,你看你的妻子还是放电影给放出来的,对吧?等于她嫁给了一张免费的电影票了,那很上算的,跟着你每天可以看免费电影,是吧?近水楼台先得月啊。这样呢,对你的工作也就更加理解了,是吧。牛师傅,小孩儿上学了吗?

牛师傅:上学了,已经三年级了。

主持人:三年级了啊,非常可爱,小女孩儿还是小男孩儿啊?

牛师傅:小女孩儿。

主持人:小女孩儿是吗?

牛师傅:她现在在上学呢,经常看不到她呢,我放电影回家呢,都要到晚上的十一二点,白天呢,小孩上学,所以说小孩子老是见不到爸爸。有的时候看到我,都要躲着我。

主持人:就是有点儿陌生感了,是吧。那你带不带她出去一起放电影呢?让她去看看,感受一下爸爸的工作环境。

牛师傅:怎么说呢,有的时候,毕竟我们出去呢,晒太阳,也不太方便,也比较辛苦。

主持人:辛苦是非常辛苦啊。不过你们的辛苦,对于我们农民兄弟还是很实用的啊。你们也付出了很多啊。

牛师傅:还可以,还可以。

褚师傅:辛苦是辛苦了些,不过,我想,也没白辛苦,我举个例子吧。我们宁海呀,有个桑州镇。它的山头很高,是偏远山区。那里有个老太婆,她过来看的时候,说她家没电视,我们就把电影送到他们村里来。

主持人：那她肯定非常高兴,是吧,老奶奶。

褚师傅：对。她高兴地说:"你们送电影到我们这里来,我又没电视,电影免费看,党和政府挺好。"听到这话啊,我认为没白跑一趟。

主持人：自己听了以后,暖烘烘的,非常感动是吧?

褚师傅：就是辛苦也不感到辛苦了。

主持人：嗯,是没有白白跑是吧。是啊,听众朋友,也许一场电影,您瞧,改变不了什么,但是我们知道,这个农民电影节更大的意义或许就是在未来的日子里,它还有更长的、更新的路要走。它也将为我们的农民以及我们的外来务工人员,带来更多的精神方面的享受和提升。农村是一个非常广阔的舞台,农村电影文化市场呢,更是一个广阔的所在。所以让广大的农村朋友看得上电影,这非常重要的。那么把什么样的电影奉献给我们的农民朋友,更是一个需要我们去思考和探索的问题。好,听众朋友,让我们一起进入下一个节目环节。

配　音：这是历久弥新的经典传唱,这是光荣岁月的激情回荡,这是千姿百态的生活乐章,快乐新农村,电影你我他。我拿什么奉献给你,我亲爱的农民弟兄。一场乡间的电影盛会——记宁波市首届"农民电影节"。

主持人：听众朋友,欢迎回到我们的农民电影节,一场乡间的电影盛会节目。我身边的三位嘉宾分别是宁海的褚梦海师傅、余姚的牛齐苗师傅、鄞州的傅建光师傅。

三位师傅：听众朋友们,大家好。

主持人：三位师傅啊,我事先也了解到了,咱们这次农民电影节的内容还是很丰富的。有开幕式,还有农民喜爱的电影评选。

牛师傅：还有歌曲邀请赛。

傅师傅：奥运电影进农村。

主持人：哦,非常多的活动,也非常丰富多彩是吧。那么在这一系列的活动当中,参与最火爆的恐怕就是这个农民喜爱的电影评选了。说到我们农民喜不喜欢,其实我们在座的三位师傅,你们是最有发言权的,对吧?

傅师傅：基本上,差不多吧,我们每天都要出去的。

主持人：比过去更忙了是吧?那么,你们怎么选片子啊?

傅师傅：选片子的时候,有时候也挺头痛的,有些片子到农村,老百姓不一定喜欢看;那个画面很美的呢,有时候明星主演的呢,老百姓好像也不怎么喜欢看。

主持人：哦,那么他们喜欢什么,喜欢哪一类的呢?

傅师傅：老百姓呢,还是喜欢看一些情节简单的,看得懂的。不需要那个思想性、艺术性很强的。一般来说呢,还是喜欢看战斗片。

主持人：哦,打仗的。

傅师傅：对,比如那个《八月一号》,还有那个《太行山上》,老百姓呢,都喜欢看。还有那个滑稽片《举起手来》,老百姓看了一遍又一遍,都很喜欢。

主持人：还喜欢什么呢?

傅师傅：还喜欢那个武打片,比如那个《导火线》,还有那个《英雄本色》,就是这类影片,他们都喜欢看。第三类呢,像生活片,就是像那个《暖春》,还有那个越剧《红楼梦》。

主持人:哦,《红楼梦》是戏曲类的。

傅师傅:老百姓也喜欢看。

主持人:不过,傅师傅,这可能也说明一个问题,就是,您刚才说的那些影片都是一些老片子,也就是说片子比较少,适合农民口味、反映农村生活的电影还是不多,是吧?尤其是改革开放30多年来,我们农村文化市场的对象,除了我们本土的农民之外,外来务工人员也在不断增加,是吧?这在给新农村文化建设注入新活力的同时,也给我们提出了一个新的命题,比如说,我们的嘉宾牛师傅刚才很早就发现了这块市场是吧?

牛师傅:是的,90年代,大概(19)95年左右吧,那个时候呢,我们镇里的电影院呢,那个经营状况不是太好。后来呢,我跟我们的几个合伙人一起商量,现在看电影的人这么少,我们是不是能够把这个电影送到我们乡村里,或者把我们的电影送到企业、厂里边去,到企业里边去呢?企业出一部分钱,每个人头上呢,也花不了多少钱。再加上呢,现在晚上外来务工人员也缺少娱乐的地方。

主持人:哦,这也算是一个福利啊。

牛师傅:对对,对我们来说呢,也是经营思路上的一个转变。外来务工人员和其他一些个农民兄弟呢,还是比较喜欢的。

主持人:一般都放些什么样的电影内容?

牛师傅:内容上呢,我们一般都在放正片之前呢,加上一些宣传的影片,你比如那个消防安全方面的,对他们来说都是比较实用的。

主持人:就是比较实用的啊。其实这也是我们这届电影节一个非常大的特色,那就是我们注重农村实际生活,注重普及文化,寓教于乐。好,关于这个内容呢,我们的记者也在我们的放映现场进行了采访。接下来,跟我们的听众一起来听一下,我们农民兄弟们怎么说的,好吗?

三位师傅:好好好,好的。

记　者:听众朋友大家好,我是记者小明。农村电影节自有农村的放映方式和特色,比如在放映故事片的同时,我市还加大了农村科教影片的放映工作。在本届电影节期间,就有21部科教影片和3部体育题材的奥运电影推出,观看了农村意外伤害急救办法的科教片后,一位农民说——

农　民:现在看了这个科教片啊,我对防护措施有了一定了解,遇到了意外情况,就不会很紧张。

记　者:《柑橘果实优质化栽培技术》《不与子孙争土地》《赡养老人与遗产继承》等科教普及片深受农民朋友的喜欢。据了解,仅鄞州区,今年就播放了科普电影近万场次。我的报道就到这里。

主持人:听众朋友,您看,我们的农民兄弟真的非常喜欢这些内容实用的生产生活宣传片。

牛师傅:是呀。一般呢,我们在放映以前加演的那个短片,对他们很有帮助。

主持人:牛师傅,您看这儿我还找到了(20)05年9月8号的《人民日报》。在这儿，上面有这么一篇关于您的报道，我读一下好吧？

牛师傅：好好好。

主持人："为了使外来务工者能在家门口看上喜欢的免费电影，牛齐苗和曹维原费了不少劲，他们亲自到余姚市电影发行公司去挑外来工点映率高的影片，还在正片放映前加映一些进城打工与维权等宣传片，很快他们的周围有了一批追影族，电影队走到哪个村，这些人就跟到哪个村。"牛师傅，这些观众真的就这么跟着你吗？

牛师傅：是的是的，放电影的时候呢，他们会到我们这里来打听好明天到哪里放，第二天呢，真的能看到他们呢。

主持人：哦，那就像一群拉拉队，就是说你有粉丝喽。

牛师傅：确实，他们太喜欢看电影了。

主持人：可以想象，他们对我们牛师傅的这种痴情，应该说，是对电影的热情啊，是对繁荣农村文化建设的一种迫切需求和召唤。那么，我们的农民电影节，它与其他电影节更大的区别，我想就在于我们拿什么样的电影奉献给我们的农民朋友。听众朋友，在这届电影节当中呢，组委会还从改革开放以来创作的 500 多部优秀国产影片当中呢，挑选了 50 部作品为候选影片，请广大农村朋友们做一个评判。其实啊，就是为了让我们能够了解我们的农民群众，他们关注什么，还有他们喜欢什么，让适合农村群众口味的电影影片呢，走到我们农村来。好，节目到现在呢，三位师傅，你们看我们这个电脑上，很多听众已经发来短信了。我挑几个给大家念一念，让我们的听众一起来分享啊。134 尾号 0033 的朋友说，特别怀念小时候在露天看电影的场景，希望现在的农民看到的电影不再是当年我看过的那几部老片子了。刚才的这位短信朋友，他希望我们的电影工作者能够多出新片子。

牛师傅：新片子是多了，可是写农村的不是很多。

主持人：135 尾号 7626 的朋友，他是这样说的，露天电影和农民电影的意义是不同的，希望我们的演员在走星光大道的同时，也想想乡村的田间路，老百姓喜欢的电影才是好电影。那么这位朋友是希望我们的电影演员们更加关注我们广大的农村市场啊。农民是我们的大多数。还有 133 尾号是 5945 的朋友，他说多拍一些农民电影吧，演秋菊一样可以成为国际巨星。说得非常好啊。那么在我们节目的最后一个环节，我们继续开通我们的热线，是 87266939，如果听众朋友对于我们的农民电影节有什么样的想法，或者说好的建议，您可以和我们直播间的三位嘉宾师傅直接对话。好，我们听众朋友的热线电话已经进来了。

听　众：喂，主持人好，几位嘉宾好。我知道了，原来农村看电影还是挺不容易的，那现在一般农村多久才能看一场电影呢？

傅师傅：现在已经好多了，一般来说，一个月一场电影已经可以保证了。

听　众：那你们的放映经费是从哪里来的？

牛师傅：那个分几部分吧。有我们当地的街道加上上级部门的资金扶持，适当的呢，我们各个私企的老板，也稍微给我们赞助一点。

主持人：就是说现在政府对于我们农村电影市场的支持力度是非常大了啊。在方式方法上,也有了很多创新的办法是吧?

三位师傅:是的。

主持人:好的,我们谢谢这位朋友的电话。我们有请下一位朋友。张小姐您好,您是怎么想的,跟我们说说。

张小姐:主持人好。我在想啊,现在呢,都走这个市场经济了嘛,单靠政府和我们放映员师傅们的坚持,可能我觉得还是不够的,所以我就关心啊,这个农村电影,它能不能长期地坚持下去呢?

主持人:这个问题呢,我觉得提得非常好。褚师傅,在我们节目之前,在采访你的时候,你提到了一个16字的方针,对吧?

褚师傅:对对,如果电影要在农村真正地走下去啊,只有靠政府扶持、市场运作、群众享受、共同参与,农村电影才能越做越好。

主持人:这也是我们褚师傅多年来非常深的感触啊。看来我们这个电影节的成功举办,并不是哪个部门的事,还应该有我们全社会的共同关注,也就是说共同的努力。这位听众,您说是吗?

听　众:对,是的。

主持人:好的,非常感谢您的电话,谢谢您。听众朋友,农民电影节,它不光是一次农民的电影盛会,它更是一次经济对文化的反哺。在宁波经济飞速发展的今天呢,这是我们对于农村文化建设的有益尝试。今天,我们和来自宁海、余姚、鄞州的三位普通放映员师傅一起讨论了首届农民电影节,也倾听了他们对于农民电影的感言。在这儿呢,我们衷心地祝愿所有的坚持和努力,能投射出更为丰富多彩的精神空间。我们今天的节目,就到这儿结束了,非常感谢您的收听,同时也非常感谢今天来我们直播间做客的三位嘉宾师傅,感谢你们的到来!

三位师傅:谢谢谢谢。

主持人:好,听众朋友们,我们下期节目再会。

三位师傅:听众们再见。

(资料来源:中国记协网)

作品简介

作品以宁波市"首届农民电影节"的举办为采访背景,邀请了三位长期从事农村电影放映工作的电影放映员走进直播间,讲述他们所经历的农民电影节,以及他们对农村电影这块土地的耕耘与守望。

着力推进农村电影放映是一项为基层普通农民群众所做的文化大事。宁波市"首届农民(外来务工人员)电影节"这一事件,我们从一开始就关注并跟随放映队伍跟踪采访,最终形成了这一档基本反映电影节全貌的,挖掘"新农村"文化建设的访谈节目。这是对农村文化的礼赞,是对默默耕耘的农村电影人的礼赞,也是对宁波农村电影文化工作的一次巡视。

访谈节目从三位电影放映员在电影节放映现场的感受和农村电影放映惠及众多

农民开始说起,从农村电影放映特点到放映影片的内容,从日复一日的坚持到农民电影市场蒸蒸日上,从互动探讨逐渐深入到"新农村"文化建设的内涵,节目从农民电影节这一事件出发透视了宁波农村文化建设的又一亮点!

在农民电影节闭幕当天推出的这一档节目,时效性强。更体现了对于"新农村"文化建设的深切关注。信息传递及时有效,又不失深度,深得听众好评!

(资料来源:中国记协网)

讨论、实践

1. 以上节目的基本形式是什么?运用了哪些手段和元素?节目的可听性体现在哪里,还有哪些不足之处?
2. 如何充分发挥广播的特点,运用多种手段制作可听性强的广播节目?
3. 在这类节目中,除了策划、采编、撰稿等能力外,主持人还应具备哪些能力?
4. 谈谈你对我国当前农村、农民问题的认识和理解。
5. 策划、制作一档以特定人群(如农民、青年、少年儿童、妇女、老年人等)为播出对象的节目。要求:节目时长10~15分钟。版头曲(开始曲)一般不超过30秒,宣传版曲不超过30秒(包括版头、栏目词在内)。发挥广播优势,可大量采用音响、音乐、有声语言、热线电话等手段,丰富节目样式。

训练及提示

1. 模仿实例1,就当前社会的某个和几个热点话题,采访、制作一个或几个广播社教专题节目。
2. 模仿实例2和实例3,针对不同的目标听众,各策划制作一档针对老年、青年、少年儿童、农民、妇女、身障人士等群体的广播社教节目,策划案要求包括节目时长、节目名称、节目类型、播出时间、节目方针、下设栏目、受众定位、播出方式等要素。
3. 至少持续一个星期收听几档你喜欢的广播社教节目,然后从节目时长、节目名称、节目类型、播出时间、节目方针、下设栏目、受众定位、播出方式等方面写出这些节目的收听报告,并分析你目前制作同样风格、同样形态的节目所具备的可能性和困难。
4. 模仿其中一档你喜爱并具有可操作性的节目,制作一档广播社教节目,内容自定。
5. 收听广播电台的各类节目,选出你认为属于社教范畴的节目,分析这些节目有哪些形态,运用了哪些广播传播手段和元素,然后模仿这些节目,做出几档不同内容、针对不同播出对象的广播节目来。

第三章 广播文艺节目播音主持

本章要点

1. 广播文艺节目是以电子技术、广播技术为传播手段,以声音为唯一物质媒介,诉诸听觉的时间艺术。

2. 广播文艺节目由语言、音乐、音响三部分构成。语言表意,音乐表情,音响表真。它们相辅相成,相得益彰,所以,广播文艺节目靠声音的综合魅力感染听众、吸引听众。

3. 广播文艺节目最富想象性,它以声造型,唤起想象,神随意到,雅俗共赏。听众靠想象感受听觉形象的真、幻、美。

4. 广播文艺节目坚持"三贴近"原则,把握正确的舆论导向,采取传统文艺娱乐方式和新文化娱乐方式并举的方式,构筑新娱乐文化概念。

在媒介融合的大背景下,可供选择的媒体形式越来越多,同时也带动了受众整体水平的提高,过去广播电台播什么就听什么的时代已经一去不复返。

节目形态的多样化,传播手段的现代化,播出系统和理念的全新变革,特别是社会转型对传统人才结构形成的强烈而深刻的冲击,使得播音员主持人的工作内涵也发生了很大变化。在广播文艺节目中,播音员主持人的作用已经远远超越了过去司仪式、报幕式的简单串联主持,而是全方位体现"节目主人"的作用。

在"内容为王、受众为本"的追求下,广播文艺节目采用现代科技手段,实现信息采集、加工、发布一体化,并通过网络、手机短信等媒体与受众互动,为受众提供信息、文艺娱乐、歌曲订制服务,实现利益的最大化。

目前,"网络出品"——新兴网媒迅速扩展竞争领域,尤其是推出自制综艺节目,使媒体边界消融;此外,多元样态混搭,消解了节目的类型化;明星效应凸显,弱化了电台、电视台主持人的功能。俞虹教授认为:当前综艺节目行业呈现的趋势是三化,去平台化、去边界化、去主持化。所以,竞争无处不在,竞争时刻都在。

作为媒体融合背景下播音主持的后备人才,如何学会策划、编辑、制作播音主持广播文艺节目是播音主持专业学生必修的一门课程。

第一节　广播文艺节目的特性与种类

广播文艺节目是以电子技术、广播技术为传播手段,以声音为唯一物质媒介,诉诸听觉的时间艺术,有广义和狭义两种界限。广义涵盖广播电台播出的一切文艺节目;狭义则专指广播电台独有的经过广播化艺术处理的文艺节目,如:广播剧、广播小说、电影电视剧录音剪辑、戏曲介绍、音乐故事、文艺录音报道等。因此,广播文艺节目是"原作"和有声语言表达结合的产物,不是音乐、歌曲、电影、话剧和地方戏等的"拿来就播",而是经过"再加工"的成品。

广播文艺节目由语言、音乐、音响三部分构成。语言表意,音乐表情,音响表真。它们相辅相成,相得益彰,所以,广播文艺节目靠声音的综合魅力感染听众、吸引听众。

广播文艺节目最富想象性,它以声造型,唤起想象,神随意到,雅俗共赏。听众靠想象感受听觉形象的真、幻、美。

在空前活跃的文化背景下,广播文艺节目主持人研究的重点在于,广播文艺节目如何做到"移动中的清晰收听"和"三心二意状态中的轻松娱乐"。为此,播音员主持人要依附于文艺作品本体,按照一定主题、一定思路,创作出更适合听觉、让人愉悦、有较高审美情趣的广播文艺节目。

广播文艺节目是以活跃人民群众文化娱乐生活,满足人民群众精神文化需求为宗旨,在宣传先进文化的前进方向指导下,坚持"三贴近"原则,把握正确的舆论导向,采取传统文艺娱乐方式和新文化娱乐方式并举的方式,构筑新娱乐文化。

广播文艺节目在广播的日常播出中占有相当大的比重,不光是在文艺台、音乐台等专业频道,即便是在综合频率中,一般都会占到日常播出量的 50%～60%,甚至更多一些。文艺节目的形式也越来越丰富多彩,比如,综合文艺节目,欣赏性、介绍性、知识性文艺专题,访谈型文艺专题,文艺表演竞赛节目,综艺游戏节目,广播剧,故事小说,影视录音剪辑等,凡是以听觉欣赏为主的艺术门类几乎都包含在内了。不同艺术门类各有各的特点,各有各的审美特征,既有民族文化的精华,又有西方经典的赏析,达到了欣赏性、艺术性、思想性的统一,使得广播文艺节目呈现出丰富多彩的局面,不断丰富、满足人们精神生活的需求。

一、按节目的艺术形式分类

(一)音乐节目

音乐节目的播出量在广播文艺节目中占首位。包括中外各种声乐器乐曲,音乐知识和音乐教育专题节目,歌剧、舞剧音乐录音剪辑,选曲及音乐故事等。

(二)文学节目

属于这个范畴的节目形式也较多,中国现当代文学作品、外国文学、古典文学、民间文学,文学作品朗诵、电影录音剪辑、阅读与欣赏,配乐诗歌、配乐散文等都包括在文学节目的范围内。

(三)戏曲节目

如京剧、越剧、豫剧、评剧四大剧种和其他地方戏。戏曲节目常采用戏曲选场、选段、戏曲故事、戏曲演出实况录音剪辑的形式播出,也有一些戏曲专题节目,如评价优秀剧目,介绍唱腔和演员等。

(四)曲艺节目

各种说唱艺术的总和。

(五)综艺娱乐节目

多种文艺形式的节目综合而成,具有兼容性、综合性、多样性的特点。

(六)服务性节目

过去由于人们生活水平有限和传输技术落后,教唱歌、唱戏的节目在电台较为普遍,现在依然有诸如歌曲点播等节目。

(七)综艺资讯报道

以报道当前文艺动态、文艺界新人新事等信息为目的。通常采取专访、录音报道等新闻体裁,但它又与新闻节目有所不同,所报道的内容虽有一定新闻性,但对内容的新闻价值要求不高,更注重选择引人入胜、富有趣味性、新鲜性和有一定欣赏价值且有意义的内容,比较注意时效性。

(八)小说连播节目

小说通过完整故事情节的叙述和具体环境的描写来反映社会生活,通过故事情节来展现人物性格。小说连播节目每天按时段播出。

目前小说分为武侠小说、爱情小说、推理小说、悬疑小说、历史小说、军事小说、科幻小说、网游小说、玄幻小说、穿越小说、魔幻小说、YY 小说、校园小说等。

二、按照节目的制作方式分类

(一)直播节目

没有经过录音复制,在演播室或演出现场即时、同步播出。

(二)录播节目

充分采用音响技术手段,精良制作,剔除了在录制中经常出现的各种硬伤,使整个节目如行云流水般顺畅干净,给听众较为完美的享受。

1. 剪辑类节目

这种节目形式是编辑、主持人根据自己对原有作品的主观感受进行的再加工。如对电影、话剧、戏曲、歌舞等的剪辑。

2. 编排类节目

根据宣传意图和艺术构思,把各类文艺节目编排在一起,类似报纸的版面安排。

3. 专题类节目

专题类节目可分为鉴赏类、知识介绍类、报道类、评论类。这类节目以文艺作品的录音为素材,以编辑对文艺作品的文字解说、介绍和评述为重要内容组合而成。向听众传达新的文艺信息、文艺知识,介绍中外知名度高的作家、作品或演艺圈人物。

4. 演播类节目

主持人以语言、音乐和音响为手段,演播广播剧、小说、评书、小说剧等节目。该类节目以人物对话和解说为基础,充分运用音乐伴奏、音响效果来加强气氛。

第二节　广播文艺节目录播

广播文艺节目按制作形式划分,可分为直播和录播两种。不论直播还是录播,做好一期广播文艺节目需要多方面的努力,比如讲究选材、内容创新、精细制作等,其形象性、趣味性、专业性等特征更不容忽视。目前,广播文艺节目的录播节目多为"精品",一般是由文艺编辑写稿的专题类节目,多以解说类和欣赏类为主,如中央人民广播电台音乐之声获亚广联大奖的作品《古琴》。为了不辜负文艺编辑的"精雕细刻",播好内容丰富、形式多样的文艺稿件,录制好一期广播文艺节目要从以下几个方面入手。

一、理解原作

文艺播音主持和其他播音主持一样,都离不开从内容出发这一基本原则,离不开以宣传目的为纲,离不开语言表达的一般规律,离不开话筒前的全神贯注等这些播音主持创作必须遵循的共性要求。但是,文艺节目的性质决定了它的特点,进而使文艺稿件的播音主持必须依附于"原作"的个性特征。

"原作"——将要播放和介绍的作品。

"稿件"——诠释原作的文字依据。

录制合成的广播文艺节目是"原作"和"稿件"相结合的产物。

工作中,播音员主持人虽是直接接触稿件,间接接触原作,但对原作的内容、主题、形式、风格特色的了解却是理解稿件的基础,特别是解说类稿件,倘若离开了原作便寸步难行,无从下手,所以,理解原作是理解稿件的基础。

理解原作,包括认真阅读、观摩或听录音、看材料、向专业人士请教,进而对原作主题进行挖掘。对原作作品产生的时代背景、作者的思想和艺术倾向、作品中所描写的典型环境和典型性格都要有所了解,了解程度越深,对主题的概括就会越准确。

了解原作内容、概括原作主题不是纯理性的分析，而是边理解、边感受，理解制约着感受，感受加深着理解。只有当我们获取了这种比字面上的理解更丰富、更多彩的感受之后，我们的内心才真正是充实饱满的。如《浓郁的京剧本色　鲜明的京味特色》是对现代京剧《骆驼祥子》部分唱腔音乐的介绍。主持人在介绍唱腔音乐之前，首先要了解作品的故事情节、时代背景、人物特征、音乐形式等，在此基础上，才能准确地理解稿件的内涵，进而通过有声语言表达出稿件内容的美感神韵。

二、把握编辑意图

　　文艺节目的任务是进行思想教育，传播知识和提供文化娱乐。为了更好地完成文艺节目的任务，编辑总是要站在党的政策和文艺方针的高度，根据具体作品的内容，结合广播的特点和播出背景、时间的限制，选择播出内容，并对录音素材进行加工制作和编排组合。指导这种选择、加工、编排的思想，我们称之为"编辑意图"。

　　录播的文艺节目内容囊括古今中外，形式变化多样，重播率高，使用时间长，但编辑意图又较复杂，面对这样的情况，播音员主持人要想把握住编辑意图，往往需要从"为什么能播""为什么现在播""为何这样加工""为何这样组合"几个具体问题的分析入手。例如，《因为爱所以爱》《光辉岁月》《明天会更好》《心会跟爱一起走》《祝你平安》《阳光总在风雨后》《城里的月光》，这样一组歌曲的串联和介绍在平时播出的音乐节目中，表现的是一种立志向上的感情；同样是这一组歌曲，在"抗震救灾"时期，思想感情表达的角度就会有所不同，它不光催人立志向上，更希望通过这些歌曲给予听众更多的关爱和鼓励，因此播音员主持人在录制节目时，感情的基调和语气的表达要有所变化。

　　在把握编辑意图，明确宣传目的的过程中，我们一方面要不断修正和加深对原作的认识；另一方面要获取新的启示，赋予原作更积极、更现实的生命，这样才能进一步深化感情，激发强烈的播讲愿望，避免老生常谈。

三、调整创作心态

　　听众的定位是一个栏目开设的出发点和立足点，它是采编人员对播出节目的思想内容、文化品位、结构形态、表达方式等方面的归结，对栏目内容规范有着指导意义，确定是创作心态的基础。

　　由于文艺节目大多是对文艺作品、艺术家、文艺知识的介绍、解释和说明，这和朗诵文学作品、扮演某个角色、报告新闻、发布评论都不大相同。所以无论是播评介稿，还是播解说词、串联词，播音员主持人都要以一个"热情介绍者"的身份出现。我们把综合性的感受体会分解开来，归纳为三个方面：

　　一是"我"和作品的关系。由于对这个作品的了解和喜爱，"我"产生推荐、介绍的积极愿望。这种愿望能使"我"的语言表达充满生气和兴致。

　　二是"我"和受众的关系。"我"的受众为了消遣或求知，来收听这个节目。他们对这个作品有较浓厚的兴趣或特殊爱好,希望依靠"我"的帮助,使他们更好地理解、接受这个作品。面对这样的受众,首先,"我"时刻不会忘记他们的存在,他们仿佛就是"我"的熟人、"我"的朋友。另外,"我"不愿去干扰他们,也不想把什么强加给他们或是故作亲昵状招揽他们,否则很容易陷入自我陶醉、自我表现、好为人师或矫揉造作的不良状态。

三是"我"是作品和受众的桥梁。"我"居于作品和受众之间。"我"虽然在不断地用自己的态度、自己的解释影响着受众,但却丝毫不打扰他们全神贯注地欣赏作品,反而帮助他们更好地欣赏。"我"这个桥梁作用如果发挥得好,可以使受众离不开"我",但又不让受众明显地感到"我"夹在他们和作品中间。

热情介绍者身份的确定及创作心理的把握,为有声语言充满对介绍对象的理解和兴致,充满对收听对象的热情和体贴,充满与介绍对象艺术特色紧密相关的美感神韵,奠定了坚实的基础。

四、追求和谐完美

文艺节目是一种综合性"听"的艺术,它包含的各种音乐音响,无论是播音员主持人的话,还是录音素材中的语言、音乐、效果,都应是互相配合、和谐一致、浑然一体的。一档节目如何追求录制的和谐完美,播音员主持人的"话"如何与录音素材配合,是非常重要的。

(一)基调统一

在文艺节目里,播音员主持人的话和录音素材都是表现手段,它们不论以哪种方式配合,都得统一在"这一个"节目里。这种统一既包含着基调的同一性,也包含着体现这同一基调变化的一致性。

(二)有主有从

在一个节目里,作为表现手段的播音员主持人的话和录音素材,互相关联,具有不可分的统一性,它们是有主有从、相辅相成、有机结合在一起的。不同的主从关系,要求播音员主持人所起的作用不同,由此而确定的语气也不同。

(三)节奏协调

所谓节奏协调,就是要求播音员主持人在对录音素材的节奏准确、具体感受的基础上,选取恰当的语言表达样式,并能随时在高低、强弱、松紧、快慢等方面随着录音素材的变化而变化。节奏协调了,可以使播音员主持人的话很自然地与录音素材融为一体,从而有利于形式的完美、内容的深化和对受众情感的诱发。节奏不协调,轻则影响节目的形式美,重则直接对受众造成干扰。

(四)和谐完美

播音员主持人的话在和录音素材的衔接、重叠处怎样才能不使交错的痕迹过重,影响整体美呢？

在插播时，播音员主持人的话头要顺着录音素材的音尾就势推出来；话尾要牵着录音素材的音头而拉出去。正是这种衔接，影响着语言表达的特色。

在混播时，播音员主持人的话和录音素材都需要在混入和撤出时进行一番调节，特别要注意开头一两个字和结尾最后一两个字的控制，切忌齐头齐脑地"闯进闯出"。如练习稿件小提琴协奏曲《梁山伯与祝英台》。

总之，录播的文艺稿件以播音员主持人的话为主时，播音员主持人要起到主讲的作用，需运用多种语言表达技巧，把叙述、分析、描写完美地结合起来。录音素材只起烘托、陪衬、证实等辅助作用。

评介类稿件大部分是以播音员主持人的话为主。比如，介绍民族乐器"箫"。关于箫的构造、音色特征、来历和传说等，几乎全部要靠播音员主持人绘声绘色地描述出来，其中播放的用箫吹奏的乐曲，仅起证实、烘托作用。

以录音素材为主时，播音员主持人仅起串联或解说的作用，播音员主持人的话从属于录音素材，起铺垫、引路或是解释、说明的作用；语气、节奏可较为平淡、和缓，只要能适应录音素材情绪的变化即可。串联类和解说类大部分也是以录音素材为主的。

五、必备的表达技能

文艺节目播音主持的有声语言表达应遵循语言规范，力争得体地体现出国家传媒、政府传媒的"语言形象"，把握好播音主持语言的规范性、庄重性、鼓动性、时代感、分寸感、亲切感，体现出语言的艺术性和创造性，让听众获得阅读所达不到的审美愉悦和感受。此外，还要做到以下几点：

（一）形象喻示能力

文艺作品主要是通过形象塑造来抒发思想感情的，如果播音员主持人的有声语言不能诱使听众"看见"形象，文艺作品便只是概念和声音的结合了。因此，通过多变的语气、节奏和声音的对比、气息的变化，体现出被表现者的性格特征和彼时彼地的情感特征，才是我们为之追求的目标。

（二）强调夸张能力

强调和夸张是通过对形象特征的强化使欣赏者在头脑中不自觉地与原有的表象进行比较，从而对形象特征获得强烈的印象。文艺作品往往会通过夸张和虚构来塑造典型环境中的典型性格，它所描述的往往比生活中的更集中、更突出，它的感情色彩是很浓郁的。所以文艺作品的语言表达，必须相应地具备夸张和渲染的能力，才能适应各式各样文艺稿件的要求。运用夸张的表达手法，比播新闻性稿件时的起伏更大，在这种感情运动状态下的语调、语流、节奏的运动幅度、变化速度、声音的虚实对比等更丰富，语言的感情色彩更鲜明、生动、突出，重音的表达更多样，语言的停连和顿歇变得更为和谐自由。夸张的语言是为了表达典型化的内容，切不可脱离内容去追求夸张，让人觉得肤浅,难以接受。

(三)体现音乐美

在文艺稿件中,最集中、最典型地体现音乐美的莫过于歌词、戏词以及格律特色较浓的晚会的开场白、结尾等。文艺稿件编辑有充裕的时间锤炼文字,而且可以使用精美的文学语言,所以很多文艺稿件的语言形式和它所介绍的作品一样优美。

戏词用词凝练、优美、有文采,它继承了古诗和民间文学的传统韵律,一般是句句用韵或隔句用韵,一韵到底;歌词并不都是工工整整的五言、七言律诗,经常是长长短短的语句,声韵、节拍都比较随意、自由。

文艺稿件的语言一旦具备了整齐、抑扬、回环的美感,它便是和谐悦耳的语言,便具有了吸引听众、打动听众、陶冶听众情操的魅力。

第三节 广播文艺节目直播

我们每天收听的广播文艺直播节目不是主持人无准备地"拿来就播",主持人在上节目之前要做足功课,包括有效资料的筛选、访谈提纲的确定、间接采访对象的采访录音合成、直播热线电话的设置等环节,这些都需要主持人在直播前做好充分的考虑与周密的策划安排。相对于录播节目来说直播节目是一次性完成的,成品制作没有再加工的余地。所以,直播对主持人的要求更高一些,主持难度也更大一些。

一、常态节目直播

常态节目是指相对固定的主持人在固定时间、固定栏目直播的节目。节目播出时间有限,主持人要从具体的要求做起,在有限的时间里为听众传递更多的有效信息,避免"老生常谈"。

(一)策划贯穿始终

在广播中,有价值的东西,是通过"好听"来实现的。在选取好了题材后,挑选哪些文艺作品,采用什么样的结构,选取何种角度,运用什么样的手法,甚至一个小小的片花等等,都对节目质量有着不同程度的影响。

在广播文艺节目的策划中,内容决定形式。选择好恰当的表现形式是体现节目价值和主题立意最重要、最直接的切入点。这里所说的形式涵盖了节目策划的角度、结构、表现和包装的全部流程,包括视角独特、体裁新颖、表现鲜活、包装精当等。另外,广播文艺节目在与新闻类、社教类等不同类型的节目相互渗透、互相补充的过程中,又融入了新闻元素,也要体现导向性、时效性、贴近性,并兼具娱乐功能和现实意义。

(二)编辑、写串词

广播文艺节目的编辑,是根据节目性质、节目时间、收听对象等对节目内容进行选择和安排,按广播文艺节目的规律进行构思、写作和改编。编辑要注重对节目细节的挖掘,能够从一个很小的切入点生发出较广博的外延内容,对节目编排有整体的把握,具备全局意识。一般而言,以小见大的主题,往往是从轻松的话题或角度入手,进而发掘出深远的现实意义。要想完美地表达出题材之美、作品之美,串联词、解说词的采集撰写也是重要的一个环节。过去由文艺编辑来完成的工作,现在都要由主持人独立担当。

文艺节目的串联词是把一组节目衔接起来,以引导听众进入某个专题或板块节目的欣赏,要求语言有一定的引导性。串联词主要有三种形式:

报幕式 这是最简单的节目串联。它的任务是让听众知道这个电台在这个节目时间段里播送哪些内容。

交流式 像是和听众在对话,与其产生情感上的交流,引起听众对节目的兴趣。又可进一步分作单向交流和双向交流。单向交流,是编辑揣摩听众群体的心理,以和听众亲切谈话的口吻写出来的串联词。双向交流,是编辑与听众通过短信、电话等发生联系,用串联词反映出这种联系。很多热线直播节目和点歌节目使听众直接通过电话参与节目,这种交流最直接,富有真情实感。

介绍式 通过介绍作品内容、背景、风格、唱词大意等把节目引出来,这种介绍应特别注重清晰、明快、引人入胜。

(三)音乐、音响的运用

选择一定的音乐、音响配于某种广播文艺节目中,其音乐、音响必须成为该节目的有机组成部分,并能起到突出和强化主题的作用,使节目更具有听觉艺术特色。运用音乐、音响时要考虑:

第一,具有描绘性。描绘、点染作品所表现的特定情绪、特定意境和人物特定的内在心理。

第二,具有情感、气氛的渲染性。能推动作品情感的发展、转折,使感情抒发更鲜明强烈。

第三,具有一定的思想表现性。音乐、音响都有一定的基调,如悲凉的基调、昂扬的基调或抒情的基调等等,这些都可以成为传达作品思想主题的辅助手段。

二、专题节目直播

广播文艺专题节目的范围非常广泛,主要有两种形态:一种是常规性的选题,另一种是非常规性的选题。前者指广播文艺选题规划从"文艺"到"文艺"或简单地说是"纯文艺"的选题规划,内容大都比较传统;后者指新闻性与文艺性有机结合,即在常规文艺节目中加入新闻元素,这类选题由于与时代或社会紧密联系而具有时效性与贴近性。

(一)主题的导向性

广播文艺专题节目首先要有一个激扬时代精神的主题,能够紧扣当代人的思想脉搏。为了体现主题,节目内容要有血有肉,多彩多姿。只有思想性和艺术性相结合的作品,才能起到以正确的舆论引导人、以优秀的作品鼓舞人的作用。

主题是一个作品的灵魂。在广播文艺节目中,主题提炼得如何,是否坚持了主旋律,是否反映了时代精神和舆论导向,是判断一个节目水平高低的重要尺度。对不同声音元素的组合事先要有整体布局,做好案头设计工作,比如,深入分析节目的主题思想、人物个性、时代背景、风格特色、环境特点、结构层次等,准确把握节目的精髓,抓住闪光点;还要确定音乐、音响在节目中的具体作用及其与话语的结合点,精心铺陈节目的高潮。

学生在校学习期间就要坚持文艺宣传的导向性,坚持节目高品位的责任感,把内容健康、格调清新、既有艺术感染力又能启迪人们美好心灵的作品奉献给听众。

(二)选题的时效性

广播专题文艺节目的时效性主要体现在节目要反映时代的发展变化。文艺节目配合新闻事件或依托新闻报道,以新闻事实作为立论的由头和说理的依据。当然也不是所有的文艺节目都要直接介入若干有新闻价值的新鲜事实,可选那些有社会意义的"活"事件,揭示事件的本质含义,用新闻事件贯穿节目。以新闻事件为切入点,用文学语言描述的方式进行报道,结合其他艺术表现手法进行延伸。也就是新闻事件在节目中作为引子、背景,使主题红线贯穿其中,选择有独特表现力的艺术形式,相互融合,不断地在节目中拓展和延伸。这种表现形式可让节目主题得到升华,也让听众在新闻的时效性、艺术的永恒性、内容的表现力中体味到广播文艺节目的魅力。

(三)内容的贴近性

贴近性是指为听众服务,考虑不同级层的受众群。节目策划者更要有强烈的听众意识,找准结合点,根据听众的审美情趣做节目。

三、板块节目直播

广播文艺板块节目兼收并蓄,分类排列,具有灵活、快捷、信息量大、参与性强、能满足不同层次听众的不同需求等特点。它融文艺资讯、信息服务、文艺欣赏、文化娱乐等多种节目类型为一体,多采用主持人串联形式播出,因而也被称为"杂志型节目"。

广播文艺板块节目,体现了荟萃古今中外文明的精华,细说中华民族优秀的传统底蕴,诠释健康向上的人生哲理,促进中西方文化艺术的交流,以满足不同层次听众的需要,体现了民间性、知识性、教育性、服务性、娱乐性、趣味性、可参与性在内的诸多特征。

随着时间的推移,大板块节目形态将日益在广播传播中占有重要位置。如何优化节目构架、突出节目特性是大板块文艺节目的主持人所要思考的问题,这是一个挑战,也是一个施展才能的机会。

(一)主题编排

主题是一个作品的灵魂,对作品中的事件、人物、情节、感情、结构等起着统率作用。一个节目如此，一天的节目组织也同样如此。电台传播稍纵即逝，被记忆的东西是十分短暂的，如果节目编排上没有一条主线的贯穿，没有一种情感的连贯，很难给听众留下深刻的印象。特别是几小时、十几小时的连续播出，要达到"形散而神不散"的境界更需要对主题进行编排，节目的思想主题就像一只看不见的手，引导观众找寻正确的收听方向。例如在春节、元宵节、国庆节、中秋节、儿童节、妇女节、教师节等节日播出时，要充分考虑节目宣传的整体意识。

(二) 多角度编排

节目形式的选择、信息量的传递、资料的运用、观众兴趣点的变换等，都要深思熟虑。如果要提升节目的表现力，就要对整体节目的主与次、重与轻、详与略进行精心设计。节目交代的环节过多，内容就会显得松散；介绍过于简单，内容就不能充分展示。多角度合理的节目编排是富有节奏性的，该翔实的不能浅尝辄止，如蜻蜓点水般一晃而过；该简洁的不要翻来覆去重复，编排的内容要尽量做到主次分明，详略得当，虚实结合。合理的节目编排像是在建造一座美丽的园林，应该花木扶疏，山水有致。

(三) 技术的掌握

广播必然会被高新技术不断武装，武装的机体目前有三项：第一，以计算机技术应用为基础，实现编辑工作全盘自动化。第二，以激光技术代替磁带记录，以数字记录代替模拟技术。第三，立体声、环绕声全面发展，实现多电台、多声道播出。广播文艺节目直播主持人应该首先掌握这些新技术。

四、广播娱乐节目直播

广播娱乐节目是一种综合性的节目形式，使人快乐为其本质特征。它顺应现代人渴望释放压力、愉悦身心的精神需求，由少到多、由单一到多样，逐渐丰富了广播的节目形态，拓展了广播的娱乐功能，给广播空中大舞台增添了轻松欢快的气息，已成为广播中不可或缺的一种节目类型，成为现今社会休闲文化的一个组成部分。

节目主持人利用角色扮演等方式扩大语言的表现力，以幽默的语言、才艺展示、互动游戏为主要表现元素，以广播技术为制作手段，实现广播节目的娱乐化。随着全球化的发展、社会的不断进步，越来越多的新生事物渗透进了人们的生活，比如网络音乐、网络用语、手机搞笑短信、耳熟能详的广告词、热门电影台词、歌曲、电视购物、博客等。其内容的丰富性、形式的多样性、艺术上的可听性和趣味性等可以愉悦大众身心、寓教于乐，缔造真善美，为广播媒体的有效传播开启了更为广阔的通道。

但近年来媒介泛娱乐化的显现，使原本健康的娱乐精神渐行渐远，逐渐演化为一种低俗和庸俗，不仅影响着社会大众对文化的审美意向，而且影响着年青一代的价值观、世界观。

娱乐广播的传播者负有提供健康有益的娱乐产品、倡导精神文明的社会使命。作为广播的后备力量，播音主持专业的学生要充分认识到：做好广播娱乐节目既要传递娱乐元素,又要向听众传递社会主流价值观;既要娱乐得有品格、有智慧、有幽默,又要娱乐得有尺度、有深度、有特点。只要这样,才能做出听众喜闻乐"听"的广播娱乐节目。

第四节　广播文艺节目演播

一、广播剧、小说剧演播

(一)广播剧、小说剧

广播剧是一门综合性艺术,是用语言讲出来的故事,它以人物对话和解说为基础,并充分运用音乐伴奏、音响效果来加强气氛。因此有人这样形容它:"语言是广播剧的骨骼,音响效果是它的皮肉,音乐是它的血液。"这说明语言、音乐和音响效果这三个要素构成了属于纯听觉艺术的广播剧。

根据听众只能凭听觉进行欣赏的特点,广播剧更个性化、口语化,更富于动作性,演播时要吐字清晰,表达准确生动,感情充沛真挚,配乐富有特色,音响效果逼真,而解说词(旁白)可以进一步地帮助听众了解剧中情景和人物的动作状态。

随着传媒方式的多样化、传媒渠道的差异化,广播剧也日益焕发出新的生机,根据热播电视剧改编的广播剧、网络广播剧等形式纷纷涌现。

在网络信息极其发达的当下,人们开始借助网络用声音描绘故事,由此产生了中文网络广播剧,当然它也不单单涉及广播剧,还涉及对视频的音频部分的配音制作,很多人将之称为"网配圈",其组成了庞大的中文网络广播剧制作力量。

小说剧的表现形式介于广播小说和广播剧之间,是广播文艺节目的一次"跨界"。作为一种全新的艺术样式,小说剧的受宠引起了业界的关注。

小说剧一般由一人或两人主播,叙述故事情节的发展、人物关系、心理活动以及作者的态度,而小说剧中的人物则由具体的演播人员来扮演,同时辅以一定量的音乐和动效。小说剧的收听效果类似"电影录音剪辑",情节较广播剧而言更流畅连贯,同时又比单人播讲的广播小说更富现场感,非常符合广播作为听觉艺术的特性。小说剧的创作方法和创作心理状态与广播剧有异曲同工之处。

(二)广播剧和小说剧的演播

广播剧、小说剧所有关于人物形象的描述都要通过声音,尤其要通过语言中的对话部分体现出来。演播时要把握对话中人物形象的个性语言特征以及除语言外的丰富的副语言信息,例如,人物的声音、语气、语速、语调等,也要在演播中体会人物的情绪状态、身体姿态、运动的方式等等。

作为一种特殊的声音艺术演播方式,广播剧、小说剧也有着自己的特点。但在角色的把握与心理感受层面,追求"我就是"的创作心理状态。也就是所谓的真听、真看、真想和动真情。这样,人的哭声、笑声、不同情状的气息声以及咳嗽声等种种由人的生理、心理所致形成的,具有一定意义和情感色彩的声音,在演播过程中经过艺术化的处理就会变得惟妙惟肖。

人物关系在表现广播剧的过程中同样很重要,人物关系由人物的年龄、地位、亲疏等社会因素共同构成。所以我们还要厘清自己与周围人物的关系,以形成准确、恰当的交流,并跟随着人物的情感脉络,形成完整清楚的话轮。

(三)演播技巧

广播剧的演播是把戏剧化的语言用极为生活化的手法演播出来。演播者在台词的处理上应该注意语言节奏的掌握、语言逻辑的处理以及声调的高低变化等。在小小的演播室可以喊出一览众山小的气魄,也可以喃喃自语说出自己的心声。演员稍偏一下话筒,剧中对话的距离就会有很大的变化,从几米到几里,甚或是隔河相望的喊话。

演播技巧还表现为具有很强的动作性和动感性,这和话剧以及影视配音有很大的不同。广播剧、小说剧的演播靠这些动作性和动感性让听众在想象中感受到人物的运动和剧中故事的发展,所以在录制中导演经常强调的就是这种动感。随着时代的不断进步,演播技巧也会不断地出新、不断地完善。

广播剧、小说剧还有独白、旁白等形式。独白、旁白都是人物内心活动的外化形式。独白发生在一个人独处时,出声的独白就是自言自语,不出声的独白就是心理活动,经常用来表现人物的内心活动或是人物的幻想状态。旁白发生在两人或多人的交流过程中。所以演播者音色、音质、音调、语气、语调、语速的表达能力直接关系到一部广播剧、小说剧的成败。

二、小说播讲

小说是通过完整的故事情节和具体的环境描写,塑造典型鲜明而又丰富多样的人物形象,多方面地反映社会生活的一种文学样式。

(一)把握人物基调

人物特点,即人物最本质、最核心的方面和思想个性的主要基调。盖叫天举的例子很能说明什么是人物的性格基调,他说:"周瑜、吕布、赵云都是三国时的名将,作为角色,都是穿白靠的武生,虽然外表相仿,但周瑜骄,吕布贱,赵云却是不骄不馁、敢作敢当的好汉,三者的不同就是他们各自的性格基调。"

掌握人物性格基调要从小说的情节和人物的行为、语言中去挖掘。例如《红楼梦》里每个人物的性格都异常鲜明,作者写出了人物性格的复杂性,又着重描绘出他们各自独具的性格特点。

人物性格也体现在人物的语言中。播讲者要反复分析小说的每个情节,琢磨人物的每一句话,透过字里行间探索人物性格,理解人物的思想感情,确定人物基调。

(二)塑造人物形象

小说播讲,要充分表露、揭示人物的思想意愿、感情起伏、情绪变化,语言上要有鲜明的动作性。例如,我们可以去劝慰、说服、阻止、打动、威吓、诱惑、煽动、刺激、激怒、挑逗、教训、命令、开导、请求、哀求、辩护、辩解……通过语调变化来使听众听见你的思想。

播讲语言不能"千人一声",要做到"语言肖似","宛如其人","说一人像一人"。不同的人、不同的性格都有其独特的说话方式,老年人与中年人不同,中年人与青年人不同,性情粗暴的人与性情温和的人不同,工人与农民不同,文化程度高的与文化程度低的不同,轻浮的人与深沉的人不同,幽默的人与忧郁的人不同,坦率开朗的人与阴险狡诈的人不同……形形色色,不一而足。具体地体现语言性格化的手段有"声音的化装",有鲜明性格特征的说话习惯,符合人物性格的语气、语调等等。

(三)小说播讲的基本要求

1.通读全篇,整体把握

播讲小说首先要通读,读懂、读透,不仅要明白小说的故事情节、人物关系、矛盾冲突,更要从整体上把握作品本身的感情色彩、作品的情节与冲突的发展脉络、人物性格的变化层次以及作者的创作主旨等。

2.理清关系,感受语境

就是要真切地去感受在具体的环境中人物与人物、人物与语境的关系。也就是认真揣摩此时要说什么,在什么地方说。

3.声音自如,富于变化

声音的虚实、明暗、强弱、快慢变化与气息的控纵是重要的表达技巧。这些外在的表达与内心的感受贴切和谐,才能使播讲锦上添花。

思考题

1. 新时期广播文艺节目的特点有哪些?
2. 广播文艺节目播音主持为什么要理解原作?
3. 录播的广播文艺节目创作途径包括哪些方面?
4. 广播文艺节目播音主持对语言表达技能有哪些特殊要求?
5. 广播文艺节目常态直播前应做哪些准备?
6. 广播文艺板块节目是"大杂烩"吗?为什么?
7. 你具备小说播讲的能力了吗?为什么?
8. 怎样准确把握广播剧演播中的人物角色。
9. 谈谈你对广播娱乐节目雅与俗的认识。

实例分析

实例1. 解说词

【训练提示】"解说词"可以有句无段或有段无章,不能离开录音素材而独立存在,但相对于串联词文稿,它的内容更丰富、完整,有"插播"和"混播"的技术要求。

小提琴协奏曲《梁山伯与祝英台》的总体感情基调是一种凄凉的美,但由于曲子的发展变化,各部分所表达的情感又不尽相同,如相爱、抗婚、化蝶,因情感分寸的不同,语气的变化也就显而易见了。

小提琴协奏曲《梁山伯与祝英台》

中央人民广播电台,现在是文艺专题节目,在这次节目里,给大家介绍小提琴协奏曲《梁山伯与祝英台》。

这部富于戏剧性的标题协奏曲,取材于中国民间传说"梁山伯与祝英台"。

浙江农村聪明热情的少女祝英台不顾封建传统的束缚,女扮男装,外出求学。在杭州,她与善良、纯朴的青年书生梁山伯同窗三年,建立了真挚的友谊。当二人分别时,祝英台用各种比喻向梁表白内心蕴藏已久的爱情,而诚实的梁山伯却没有领悟。一年后,梁山伯得知祝英台竟是女子,急忙跑到祝英台家求婚,但不幸的是,祝英台已被祝父另许豪门。梁祝在楼台凄然相会,两人立下了"生死不离"的誓约。不久,梁山伯悲愤死去,祝英台向苍天发出对封建礼教的血泪控诉后,毅然投入梁坟,殉情而死。梁祝死后,化成一对彩蝶在花丛中飞舞,形影不离。

小提琴协奏曲《梁山伯与祝英台》写于1959年,作者何占豪、陈钢当时是上海音乐学院的学生。他们的这部处女作,以浙江地区越剧的唱腔作为素材,按照戏剧构思布局,综合交响乐与戏剧音乐的表现手法,描绘了梁祝相爱、抗婚、化蝶的情感和意境。

协奏曲以单乐章奏鸣曲的形式写成:

第一部分"呈示部"(相爱)——在江南秀丽的春色中,出现独奏小提琴诗意的爱情主题;小提琴与大提琴如歌的对答,以表现梁祝的相识;活泼的回旋,刻画出梁祝同窗共读兄弟般的情谊;最后曲调转入缓慢,诉说二人依依惜别之情。

第二部分"展开部"(抗婚)——祝英台的抗婚主题独奏小提琴与祝父的逼婚主题乐队形成相互对抗,塑造出祝英台忠于爱情的坚毅形象;接着,小提琴与大提琴缠绵悲切,如泣如诉,曲调富有变化性地描述了梁山伯的病逝以及祝英台哭灵投坟的悲剧高潮。

第三部分"再现部"(化蝶)——在轻盈飘逸的仙乐衬托下,爱情主题重新出现。它表达了人民美好的愿望——梁祝化成一对彩蝶,千年万代永不分离。

各位听众,现在就请大家欣赏这部小提琴协奏曲。何占豪、陈钢作曲,俞丽拿独奏,上海音乐学院管弦乐队演奏,指挥樊成武。

实例2. 戏词、歌词

【训练提示】戏词、歌词在写作上押韵规整的情况比较多,表达时要注意韵脚。虞姬的唱词是中东辙,要注意吐字的完整饱满。而不押韵不规整的唱词则要注意断句得当,语气轻重缓急要错落有致。

京剧《霸王别姬》选段

看大王在帐中和衣睡稳,
我这里出帐外且散愁情,
轻移步走向前荒郊站定,
猛抬头看月落夜色清明。

歌曲《祖国万岁》

演唱:谭晶

沿着鲜花的长街 走向纪念碑
拥抱吧 亲爱的战友 喜泪在飞
挥动鲜艳的国旗 映出山河美
检阅吧 光荣的岁月 英雄列队
怀抱幸福的阳光 走向天安门
放歌吧 亲爱的朋友 欢声如雷
绽放满天的礼花 看梦想腾飞
欢乐吧 青春的年代 今朝更美
我走过 走过地球上许多地方
我的最爱是你 生日之美
为你祝福 为你贺岁
我的母亲 祖国万岁

怀抱幸福的阳光 走向天安门
放歌吧 亲爱的朋友 欢声如雷
绽放满天的礼花 看梦想腾飞
欢乐吧 青春的年代 今朝更美
我的家有许多兄弟 兄弟姐妹
我的最爱是你 和谐之美
为你祝福 为你贺岁
我的母亲 祖国万岁
祖国万岁 祖国万岁
我的母亲 祖国万岁

训练及提示

训练材料 1. 戏曲节目

【训练提示】

1. 理解原作《骆驼祥子》。
2. 了解京剧的唱腔唱法。
3. 知晓京剧《骆驼祥子》改编的特色。
4. 明确节目播出背景。
5. 感受唱词的韵律美。

对以上问题心中有数了,灵动的情感沉浸在"西皮""南梆子"的唱段中时,语言表达就对味儿了。

浓郁的京剧本色,鲜明的京味特色
——简介现代京剧《骆驼祥子》的部分唱腔音乐

1998年末,正当人们忙着辞旧迎新之际,江苏省京剧院遵循戏曲艺术生产的规律,使继承、发展相映生辉的现代京剧《骆驼祥子》,花开在古都南京,同时向全国梨园界报了一条京剧振作起来的春消息!

是啊,几乎所有看了这出戏的专家、同行、戏迷,都认为这是一出令人感到京剧大有希望的好戏。好处之一,就是其以浓郁的京剧本色和具有鲜明京味特色的唱腔音乐,揭示了主题,塑造了人物,满足了人们的审美需求。

(出音乐)

您听,大幕一拉开,伴随着鼓书艺人提纲挈领的四句京韵大鼓,唱腔中那种老北京的京城风味儿,与高拨子旋律蕴含其中的京剧风味儿,自然地融为一体,既十分妥帖地交代了全剧的时代背景,又十分准确地为全剧的悲剧结局做了成功的渲染和铺垫,同时,自然也给了观众以先声夺人的艺术感受。

(出唱大鼓)

    四方四正京都古城,军阀混战民不聊生;
    百家百姓三六九等,人力车夫活在底层。

在京剧唱腔中,西皮二黄两种曲调在反映人物情绪上是有着不同的表现力的。就祥子这个悲剧人物而言,自然适合以二黄曲调来揭示他坎坷不幸的一生。但是,当祥子在一开始拉着自己的新车健步上场时,一段净行的西皮唱腔,却唱得喜形于色、神采飞扬。而且,让人感到是对传统花脸唱腔的既化分又化合,听起来似曾相闻、亲切、规范而又不失新意。不仅表现出祥子的憨厚、勤劳与质朴,更突出地表现了祥子"拉上新车喜洋洋"和对未来生活充满希望的兴奋之情。

(出唱西皮)

    三年苦熬车一辆,
    弓子软、喇叭响、双灯闪、车板亮,

我越看越爱心发烫，满脸发光。
　　我为你终日奔波血汗淌，风霜雨雪四季忙。
　　腰酸腿疼折两膀，我自苦自贱忍饥肠。
　　穿过了大街和小巷，拉上新车喜洋洋。
　　从今后你就是我生死搭档，你是我活命钱粮、衣食父母、无话的哑巴新娘。
　　我伴你东西南北咱们去闯荡，你随我春秋冬夏走四方。

听众朋友，如果说祥子这第一段唱为塑造人物定了个好基调的话，那么，虎妞在听说祥子丢车之后唱的一段南梆子，就更让人强烈地感受到旋律中所洋溢着的京剧的京味儿，同样也为人物的音乐形象奠定了良好的基础。当唱到第二句"又心酸"的"酸"字和第六句"大好机缘"的"缘"字时，分别使用了花腔的跳音和两个高八度的哈哈腔，生动地表达了虎妞对祥子充满爱意的心理活动。这六句唱中，多次出现荀派、赵派的"那""呀"这样一些虚字，满足了观众对流派唱腔艺术的审美需求。

（出唱南梆子）
　　祥子他把丢车事细讲一遍，虎妞我又疼又怜又心酸。
　　早有心与祥子结成姻眷，只怕是老爹爹嫌他贫寒。
　　他有难我正好雪中送炭，今日里休错过大好机缘。

与刚才这段西皮南梆子唱腔相比，虎妞在"寿棚"一场戏里的唱腔，则唱得俏皮爽朗、欢快张扬。再加上新颖而丰富的配器，不仅烘托出了刘四寿诞的喜庆氛围，又表现出虎妞的能干泼辣、利落干脆的性格特征。最后一句"福寿永绵长"的长拖腔，又一次在流派唱腔中融入新意、别具一格，受到观众的欢迎。

（出唱）
　　摆风光，春满堂，里里外外要排场。
　　大门边门挂彩帐，暖棚搭在院中央。
　　大红烫金寿字亮，五彩汽灯放霞光。
　　留声机唱来麻将牌响，鞭炮声声闹吉祥。
　　宴席订好厨师棒，请帖发出二百张。
　　诸事安排已妥当，恭贺寿星福如东海、寿比南山、福寿永绵长！

听众朋友，在京剧《骆驼祥子》中，除了唱腔之外，伴奏、间奏、气氛、情绪、舞蹈等音乐占了相当大的篇幅。细细品来，无一不是由北京地方戏曲和地方曲艺这两种音乐元素与京剧本身的皮黄旋律的交融运用，从而构成了全剧的京味儿风格。

比如，剧中鼓书艺人贯穿全剧。他那画龙点睛的大鼓唱腔，经京剧演员唱来，显得格外苍劲、凄凉，成为这出戏的一大特色。此外，"夜深沉""哭皇天"等京剧传统曲牌的演化巧用，如神来之笔，精妙非常。就连"寿棚"一场戏中几个人力车夫贺寿时唱的"南锣"，也同样为全剧平添了几分京味儿、几分异彩。

（出唱南锣）
　　四爷做寿耍体面，人力车夫我穿长衫。
　　吃完寿面叫滚蛋，送礼误活白赔钱。

特别要提到的是,老舍的长子舒乙先生看戏后,曾精辟地赞许说:"这里的京韵大鼓是京剧风格的大鼓;而这里的京剧,则是大鼓风格的京剧。"那好,咱们再来听祥子在攒钱买车的愿望彻底破灭后,一段既有二黄感觉又有大鼓韵味的反西皮唱腔。其中第四句"枉自抛洒汗与血",用的是地道的鼓书甩腔。

(出唱反西皮)

　　寒冬腊月北风冽,冰凉世界漫天雪。
　　奔波京城日与夜,枉自抛洒汗与血。
　　如今无家又无业,条条道路都杜绝。

与祥子的唱腔设置不同,虎妞的唱腔一直用的是明亮流畅的西皮。为了让这个人物的音乐形象丰满起来,还专门设计了一段二黄汉调,来揭示虎妞在劝说祥子回家过日子时那种细腻的思想活动过程,以及作为女人的内心柔美的一面。唱到最后一句"夫妻们和和美美共枕眠"时,又借用评剧唱腔,使北京的地方戏曲、地方曲艺与京剧的唱腔再次和谐地统一起来。您听:

(出唱二黄汉调)

　　他那里怒气冲冲翻了脸,虎妞我心中盘算绕了个弯。
　　他本是刚强一硬汉,硬汉说话撑破天。
　　我爱他,嫁他称心如愿,又何必为小事与他闹翻。
　　只要他欢欢喜喜心舒展,夫妻们和和美美共枕眠。

在老舍先生的笔下,祥子始终是"主角地位"。终场时祥子的"想当初闯京城为求温饱"唱段,对祥子不堪回首、感喟人生悲惨结局,从音乐形象上作了一个圆满的照应,从唱腔布局上作了一个有分量的收煞。在反二黄曲调中,不仅糅进了高拨子的旋律,也汇入了大鼓的成分。这样,首尾相顾,把祥子从勤劳、奋斗到万念俱灰,一步步走向沉沦的人生轨迹和心路历程作了清晰的交代。

(出唱反二黄)

　　想当初闯京城为求温饱,一辆车一个家心比天高。
　　买车丢车,丢车买车,三起三落穷困潦倒,到如今两手空空末路一条。
　　人间何处讨公道?苦海何方寻渡桥?
　　心被掏,魂离窍,空余躯壳人海飘,人海飘。

程砚秋先生说过一句话:"唱,乃心之声也。"京剧《骆驼祥子》从唱腔音乐入手,鲜活地树起了祥子、虎妞等各具光彩的艺术形象,既有本色,又有特色,是它获得成功的关键。

在这里,我们要为祥子的扮演者陈霖苍和虎妞的扮演者黄孝慈的演唱连声喝彩,更要向这出戏的唱腔音乐设计赵润致以敬意。祝他们多出戏、出好戏,为开创京剧新局面作出新的贡献。最后,让我们在揭示全剧结局的大鼓唱腔中,再一次领略京剧《骆驼祥子》那保持了传统本色和京味特色的唱腔音乐。

(出唱结束曲)

　　想要得不到,得到非所要。
　　想要非要俱失掉,恩怨爱恨全勾销。

训练材料 2. 文艺资讯

欢迎收听 Muzine Online（资讯在线），来关注娱乐资讯：

▲入围第 14 届上海国际电影节"金爵奖"的三部华语片之一的《Hello,树先生》于近日亮相，监制贾樟柯、导演韩杰携主演王宝强、谭卓、李京怡等出席。此次，王宝强对拿影帝信心十足，自称"没想到自己演得这么好"。

▲6 月 12 号，由电视剧《步步惊心》原班人马打造的电影《梦回鹿鼎记》在北京召开媒体见面会。其中，胡歌将在影片中出演第六代韦小宝，对此，胡歌也笑称自己是站在巨人的肩膀上。据了解，该片将于今年暑期档在国内上映。

▲由旅欧导演王菁执导，邓超领衔主演的浪漫爱情喜剧《巴黎宝贝》将于 8 月 6 号在全国公映。日前，该片在上海举行首款预告片发布会。发布会上，即将初为人父的邓超感慨，做父亲责任重大。

欢迎收听 Muzine Online。我是×××。来关注一组歌坛资讯：

▲"老友记六人行"演唱会将于 6 月 18 号在北京五棵松体育馆举行。齐秦、周华健、童安格、王杰、赵传、张信哲六位乐坛老将同台飙歌。演出以时间为出发点，诠释六人对爱情、友情的态度以及对生活的感悟。

▲去年蔡琴在北京举办了"海上良宵"演唱会。今年 7 月 30 号，蔡琴将带着"百万精华"演唱会亮相首都体育馆。虽然两次演唱会相隔时间并不长，但蔡琴表示，一定会给观众呈现出耳目一新的感觉。

▲杨千嬅昨天现身广州，为 7 月 30 号在广州体育馆举行的演唱会宣传造势。杨千嬅透露，将在广州演唱会上和歌迷分享婚姻对她的改变。

再来关注海外歌坛：

▲据国外媒体报道，美国"流行天后"克里斯汀娜·阿奎莱拉继日前宣布她将与当红"美国偶像"亚军亚当·兰伯特有所合作后，近日再向歌迷宣布一个好消息，她将与美国当红摇滚乐队 Maroon 5 的主唱亚当·莱文合作演唱新歌。

▲美国著名摇滚乐队红辣椒日前曝光了他们的第十张录音室专辑 I'm with You 的全部曲目来与歌迷分享，而收录在新专辑的第一主打单曲 The Adventures of Rain Dance Maggie 将于美国时间 7 月 18 号进行首播。

▲美国萨克斯大师克拉伦斯·克莱蒙斯于当地时间 6 月 12 号在位于佛罗里达州的家中突然中风，随后他立即被送往医院接受脑部手术。虽然我们目前还不知道这位传奇大师的健康状况如何，但据美国网络媒体透露，现年 69 岁的克莱蒙斯现在的身体状况不容乐观。

训练材料 3. 串联词

【训练提示】2010年是"俄罗斯中国年",《经典中国》是中央人民广播电台与俄罗斯国家电台交流的重要节目。在俄罗斯电台特别展播的这期节目,撷取了中国民族音乐中最精华的部分,充分展现了东方文化的独特魅力,以彰显中国文化的博大精深。

在曲目选择方面精挑细选,将最具代表性的中国民歌作品汇聚起来,并特别选择近两年的全新版本,既保留了民歌原汁原味的特质又增加了时尚感。新民歌的全新演绎代表了中国当下民族音乐发展的新水平。《经典中国》将宣传重点放在了时尚的、当代的中国民歌特色上,将中国民族音乐的特色介绍给俄罗斯听众,让他们从歌声中感受当代中国的风采。

经典中国·民歌

(片花)

——倾听来自中国的音乐,感受东方文化的魅力!

(出《茉莉花》器乐版)

俄罗斯的听众朋友,您好!欢迎收听《经典中国》。这是一个专门为俄罗斯朋友介绍中国音乐的节目。中国的民间音乐就像是浩瀚的大海,门类众多的艺术形式是它层出不穷的浪花,而民歌就是其中特别的一朵。在中国这个由56个民族组成的大家庭中,每一个民族都有着自己引以为自豪、流传久远的民歌,民歌是中华民族灿烂文化的组成部分。古老的历史、悠远的文明孕育出的民歌古朴、悠扬、美妙、悦耳。与其他中国传统艺术一样,民歌艺术同样博大精深,同样有着独特的韵律和强大的生命力。

在中国四川有一个美丽的地方叫康定,那里是情歌的故乡,流传着一个爱情故事,由这个爱情故事衍生出一首歌,那就是——藏族民歌《康定情歌》。这个发生20世纪30年代的爱情故事尽管最后的结局是遗憾,但是因为曾经拥有过的浪漫被这首歌记录下来,因此为世间留下了一个动人故事。歌曲引用了四川宣汉方言和源于康巴文化的"溜溜调",质朴、直白充满画面感。而正是因为这样简单的浪漫造就了经典。请听蒲巴甲演唱的《康定情歌》。

(出《康定情歌》)

欢迎继续收听《经典中国》。下面您将听到的歌是《山丹丹开花红艳艳》。山丹丹就是野百合花,在陕北有很多,陕北人民原本用它来表现藏在心底的爱情,而在这首歌里则象征了红色革命。这首歌创作于1972年,生动地描绘了一段重要的革命历史史实——1935年中央红军到达陕北,西北地区成了中国革命的大本营,延安成了中国革命的圣地。这首歌运用了陕北民歌中最典型的"信天游"的形式来表现。前奏刚刚扬起就好像一下子把人们带到了群山起伏、天高云淡的西北黄土高原。请听阿宝演唱的《山丹丹开花红艳艳》。

(出《山丹丹开花红艳艳》)

中国民歌的一大特色是歌名通常会和地名有关,像《三十里铺》《蝴蝶泉边》《浏阳河》等等。马上您将听到的《太湖美》是一首让你可以听出中国江南水乡味道的歌。它是运用传统江苏小调式民歌的手法创作的艺术歌曲。旋律优美婉转、明丽清澈，具有典型的水乡特色，悠扬的曲调展现出太湖万顷碧波、烟雾缭绕的景象，同样完美地将人民对祖国、家乡及生活的热爱结合在一起。2002年11月中国无锡市将这首歌定为市歌。由程桂兰演唱。

（出《太湖美》）

在中国辽阔的大草原上，到处可以看到敖包，敖包最早是作为道路标志的一堆石头。蒙古族牧民每年在六七月间祭敖包，祭祀仪式结束后，会举行传统的赛马、射箭、摔跤、唱歌、跳舞等娱乐活动，而姑娘和小伙子则会借此机会躲进草丛里，谈情说爱，互诉衷情，这就是敖包相会。悠扬的马头琴、辽远的蒙古长调，声音似乎能够穿透你的灵魂。一起来听《敖包相会》，由吕继宏、包月娜演唱。

（出《敖包相会》）

中国新疆地区有一首流传很广的无伴奏合唱《半个月亮爬上来》，这首歌最早是源于乌孜别克族的一首哭嫁歌。歌词里的玫瑰花和月亮是新疆少数民族生活里不可缺少的浪漫元素。那里几乎家家门前都种玫瑰花。美丽的月光下，往往是小伙子们求爱的最好时机。他们会在姑娘的窗下唱歌，如果歌声打动了姑娘，她就会信手摘一朵玫瑰花从窗户扔下去，表示接受求爱。朦胧中带着甜蜜和期待的情歌——《半个月亮爬上来》，中央乐团合唱团演唱。

（出《半个月亮爬上来》）

（出《茉莉花》演唱版）

俄罗斯的听众朋友，感谢收听《经典中国》，马上就要和您在美丽的《茉莉花》歌声中告别了，这是中国著名歌唱家彭丽媛演唱的版本。《茉莉花》可能是世界最熟悉的一首中国歌曲。普契尼的歌剧《图兰朵》里中国公主就是唱着《茉莉花》的曲调让世界着迷的。俄罗斯的听众朋友们，希望美丽的中国民间音乐可以跨越时间和空间的距离，让您领略充满魅力的中国文化，再见！

训练材料4. 评书趣谈

【训练提示】春节是我国一个古老的传统节日，也是全年最重要的一个节日。关于春节的说法和习俗在民间广为流传，有一定的历史积淀。春节的习俗多种多样，由来已久，从古代延续至今。吃饺子、贴春联、放鞭炮、请门神、迎财神等等，不同时期、不同地区、不同民族，过节习俗也不相同。那么，春节期间的这些传统习俗究竟从何而来？其中又有怎样的故事传说？这档节目通过讲述关于春节的一些传统习俗及传说、传奇故事，让听众不仅觉得好听好玩儿，还通过欣赏节目，对春节的一些习俗和与之相关的传统文化有一定的了解和认知。由男女两位主持人轻松引出话题，让评书演员精彩演绎民俗传奇故事，这种全新的节目形式是一次将传统与时尚相结合的尝试。

《新春话民俗》之第四回 初三(上)

(片花)

男：各位听众朋友，

女：新年好！

合：欢迎收听春节特别节目《新春话民俗》。

女：今天我们请的说书人是——大家非常喜爱的评书、相声演员王玥波。

王：听众朋友，新年好！我是青年评书演员王玥波，在这里我给大家拜年了！祝大家新年快乐，万事如意！

男：我是阿杰，

女：我是小钊，

合：给大家拜年啦！

男：正所谓：话民俗，说新年。今天我们说初三。

女：对！初三这个日子在民间有什么讲究呢？

男：在民间，相传正月初三晚上是"老鼠娶亲"的日子。

女：哎，这"老鼠娶亲"的故事在中国民间可是广为流传呐。

男：我记得小时候看过一张"老鼠嫁女"的年画，挺好玩儿，就是不知道为什么。到现在我还是没弄清这事的缘由。

说书人：说起这个"老鼠娶亲"又叫"老鼠嫁女"。据说在每年正月初三这天，就是老鼠结婚的日子了。每到大年初三的晚上，家家户户都能够听到老鼠吱吱的叫声，为了不打扰老鼠娶亲的好事，老百姓就会在初三的晚上尽量提早熄灯就寝，并且在家中的厨房或老鼠常出入的角落，撒上一些米盐、糕饼，干吗？这就是作为人来说，给老鼠随点份子啊，也是和老鼠一起共享新婚的欢乐和一年来的收成，这些东西俗称"米妆"，或称"老鼠分钱"，希望与老鼠打好交道，人鼠和睦相处，以求今年的鼠害少一些。

"老鼠娶亲"在我国民俗文化中的表现形式丰富多彩。好多地方有关"老鼠娶亲"的故事、歌谣遍布全国。民间艺术方面，以"老鼠送嫁"为题材的年画、剪纸、刺绣、泥塑、蜡染、窗花等那是吉祥图案的保留项目。可以说，"老鼠娶亲"在我国民间广为流传。但是，"老鼠娶亲"的日子也没有一个统一的。咱们今天说正月初三"老鼠娶亲"是一部分地区有这个民俗。在另外的地区，可能娶亲的日子就不同了。比如苏南的"老鼠娶亲"在大年初一，陕西在正月初九，湖北在正月十四，河南在正月十六，湖南在二月初四，四川在岁末除夕等等，咱说的是大省份，其实在这些大省份里面的不同地区，"老鼠娶亲"的日子也不同。但，日子不同，人们对"老鼠娶亲"的对待都是一样的。比如到了"老鼠娶亲"这天，除了刚才咱们讲的那些习俗，有地方人们还会炒些芝麻糖、爆玉米花，干吗？说是给"老鼠成亲"的喜糖啊。还有人在天黑前敲敲锅盖、打打簸箕，这是为老鼠催嫁妆呢。有些地方在这天忌做针线活，为什么？怕扎烂鼠窝，别给人的新房弄坏了！晚上忌点灯，怕惊动鼠女的花轿。

说怎么有专门为"老鼠娶亲"设那么一天呢？怎么不给鸡鸭猪狗娶亲啊？其实，这里蕴藏着人类一个很远古的崇拜,那就是"生殖"崇拜。大家都知道,在远古时期,在那个生存条件极其恶劣的时代,人们都会对"生殖"产生崇拜。有专门的一门学问叫"符号学",他们在研究古代的一些符号的时候,都能找到人类对"生殖"崇拜的痕迹。带有这些痕迹的符号到现在有些还在使用,比如"石榴""莲子""葫芦"等。为什么很多瓷器、绘画上都有它们啊?就因为它们"多子",这里面就蕴藏了人们对"生殖"的崇拜。老鼠也一样,大家都知道老鼠的繁殖能力太厉害了。母老鼠一年可怀孕3~8胎,每胎可生产小鼠仔4~8只,最多一胎可生到14只。照此推算,三四一十二,一只母老鼠每年至少要生12只小鼠仔。最不济了生12只,生一个足球队还多一替补,您算算这老鼠多能生呢!就在人类惊叹的同时,对老鼠的旺盛繁殖能力才会羡慕和崇拜,才有"老鼠娶亲"这天向老鼠献媚、祭祀老鼠的行为。所以就有"老鼠嫁女""老鼠娶亲"这么个讲儿。那么有的地方在"老鼠嫁女"这天,家家都做"老鼠馍"。这种馍蒸得像老鼠一样,有头有身子,还有条老鼠尾巴,说当年过门的新媳妇吃了"老鼠馍"的鼠尾巴,就可怀孕。生男生女啊?这个能看出来。隔窗户把"老鼠馍"扔进新媳妇房中,这"老鼠馍"要是仰面朝天,今年就怀孕生男孩。脸朝下,就生女孩。您说这都是谁琢磨的?要是这"老鼠馍"的脸也没冲上,也没冲下,它要是弄巧了站那儿了,这可怎么办呢?

女:阿杰——

男:嗯。

女:你说咱们中国人对老鼠的态度可真够奇怪的。

男:怎么讲?

女:我觉得对它是又爱又恨。您看,大家常说:老鼠过街——

男、女:人人喊打。

女:对。但是,这十二生肖中老鼠又排在第一位,好些个动物都不如它,排在它的后面。

男:对呀。

女:还专门得给它留一天时间"娶亲"。还得给它留点东西吃。

男:对呀。

女:每天还都是从子时开始。

男:对呀。

女:生男孩还都叫儿子。

男:对,啊……不对!这跟老鼠没关系啊。差点给我绕进去。

女:反正我觉得中国人对老鼠的态度比较矛盾。

说书人:这老鼠的形象在中国人眼里总是爱恨交加,充满了矛盾。在文学作品中,鼠的形象在《诗经》中最早出现,《诗经》中有《魏风·硕鼠》《鄘风·相鼠》等等,里面就有老鼠。当然,这里的老鼠大部分是作为反面形象出现的。"硕鼠硕鼠,无食我黍。"这里的大老鼠就比喻那些贪官污吏。《相鼠》上的老鼠呢?是指那些道貌岸然的统治者。说这些人还不如老鼠呢,人老鼠还有脸有皮呢,你们都不要脸皮了。《关尹子》里不是记载着那么一个故事么,叫"圣人师拱鼠"。怎么回事儿呢?

传说春秋年间,礼崩乐坏,孔夫子看到这个社会这么乱,太痛心了,决心率领弟子周游列国,到各个国家宏道,传播自己的礼仪学说。转完这国,转那国,最后带着弟子们就来到潼关。孔子打算过潼关西去,进入秦地,到秦国那边给他们上上课去。结果,到潼关这天正好是夏天,大家正走到一片田地头,孔子一看,就见在田头那里站着一群老鼠。站着?啊,您说有意思不?这些老鼠一个个双腿都站着,好像人似的。上面两个前爪呢?抱在一起,看那个意思正在对着太阳作揖呢。嘿!孔子一看,对众弟子说了:"你们瞧瞧,哎呀,没想到啊,这秦国的鼠类尚知礼仪,何况人乎?看来,秦地已经很有教化了,咱们不用去了。"调转车头,他们回去了。这就叫"孔子西游不到秦"哪。在历史上,孔子周游列国,确实没有到过秦地,但是不是因为老鼠这事啊,这个无法考证了。

明代吴承恩的《西游记》中有个"四探无底洞"的故事,讲的就是无底洞中的金鼻白毛老鼠精逼唐僧成亲,可以认为是"鼠婚"故事的发展。到了清代,蒲松龄在他的《聊斋志异》中,写了《阿纤》的故事,写的也是人鼠恋爱,生动传神!所以,老鼠在中国人心目中,毁誉参半,对它爱并痛恨着。过去一些小说里也经常以"老鼠"来给一些人起绰号,但这些人又不一定是坏人。比如《水浒传》梁山一百单八将里面就有一个白日鼠白胜,这是梁山好汉啊!《三侠五义》中有段书叫"五鼠闹东京"大家都熟悉,讲的就是"五鼠"弟兄——大爷窜天鼠卢方、二爷彻地鼠韩彰、三爷钻山鼠徐庆、四爷翻江鼠蒋平、五爷锦毛鼠白玉堂,这些都是侠义英雄!

女:哎,一点不假。阿杰,你看,最近这些年,出现了一大批可爱的老鼠卡通形象。

男:对!有"米老鼠"。

女:《猫和老鼠》里的小老鼠杰瑞。

男:还有"蓝皮鼠"。

女:还有小白鼠侦探,太多了,从孩子到大人还都非常喜欢。

男:要么说"鼠风流人物了"。

女:啊?!哪个"shǔ"啊?不过,有一个问题,我一直搞不明白。

男:什么问题?

女:既然人们对老鼠又爱又恨的,怎么十二生肖里面会把它排在第一位呢?

男:这里据说还有个民间传说呢。

女:咱听听!

男:听听!

说书人:

道德三皇五帝,功名夏后商周;

英雄五霸闹春秋,都是猫鼠争斗!

(音乐起,片花)

训练材料5.广播剧

【训练提示】世界杯是一项全球盛事,但是传统的播音主持状态容易让这项盛事呈现出枯燥的状态。为了打破这一广播瓶颈,都市之声的策划和两位主持人开创了广播节目剧场化的新形式。虽然不是在真正的舞台上,但是可以用声音带领听众进入仿佛在看话剧的感觉当中。把世界杯资讯、足球知识用声音表演出来,并且这种声音的表演也不是传统广播小品那样只是演绎作品,而是要和日常生活紧密结合,以轻松幽默的方式,让听众觉得仿佛这两个主持人就是自己的邻居,听广播就像在听邻居的生活或自己的真实生活。让那些似乎对足球不感兴趣的人,也通过这个节目,能了解更多的足球知识,寓教于乐。

这个广播短剧共有 40 集,在世界杯期间每天播出,其中的内容和进行的球赛紧密相连,每集在编辑写好脚本后,由两位主持人个性演绎,使得角色一气呵成。

夫妻世界杯（第 21 集）

（玻璃摔碎的声音）

老婆：啊……（尖叫）

老公：哎呀！老婆,小心一点啦,这可是我最喜欢的红酒杯,天哪！这只世间少有、万里挑一的红酒杯就这样被你这样"消灭"！啊……小红啊,我的小红杯啊,你就安心地去吧,可是没有你的日子我拿什么喝酒,拿什么来拯救我的世界杯生活啊?

老婆：好啦,不就是一个杯子嘛,明天我再去给你买个好的。还有,顺便还得再买几个碗回来,还有几个盘子……（自言自语中,突然被打断）

老公：啊? 你怎么要买这么多?

老婆：最近不知怎么回事,精力不集中,老是说错话,干活老是砸东西,呵呵,家里的盘子和碗没剩几个了。老公,你不要怪我哦,你不是说我干什么都很可爱吗?

老公：可爱? 我看可以叫你"黄油手"了!

老婆：黄油手? 哪里有油? 哦……你是说我的娇嫩小手像抹了油一样润滑吧,嘿嘿……老公,你语言好富有诗意哦,我喜欢……

老公：哪里啊! 手里拿不住东西或者拿不住球才叫"黄油手"呢,就在几天前,美国和英格兰的比赛中,本来英格兰领先一分,没想到英格兰门将罗伯特·格林,将一个本不该入门的球从手中漏了过去,结果,直接导致那场比赛战平。当然,格林也正式进入"黄油手"俱乐部。

老婆：啊? 这还有俱乐部啊! 你的意思是说,有不少守门员都有过"抹黄油"的经历?

老公：哈哈,的确不少。法国的传奇门将巴特斯因为在比赛中状态起伏不定,经常犯将到手的球漏掉等低级失误,是最早被媒体称为"黄油手"的人,甚至还有黄油商找他做广告呐!

老婆：哦,原来是这样,老公,向你坦白一件事情你不要怪我啊……

老公：嗯? ……我怎么感觉到一股杀气?

老婆：你不是为了看球这几天向公司请病假了吗? 今早你公司人打电话问你的病假请到什么时候,我一不小心说漏嘴了,说要等到世界杯结束……

老公：你呀你,不但是"黄油手",还是"黄油嘴"啊!

训练材料 6. 脱口秀

【训练提示】娱乐广播 2011 年全新上线的重磅节目《欢乐集结号》,是北京地区第一档单人表演型娱乐脱口秀节目,保留至今。节目主持人海洋幽默诙谐、平易近人的主持风格,把每个笑话打造成现在进行时的情景短剧,使受众能够在快乐聆听的同时感悟生活与工作中的真谛。

主持人海洋具有很强的表演功底,兼具出色的模仿功力。他以身边的新鲜事物为话题,包括笑话、幽默段子、奇闻逸事,在每天繁忙工作的间隙,为听众送上源源不断的网络笑话和爆笑网文、社会趣闻,令听众享受到无穷的欢乐。

节目在筹备之初已收集了数千则笑话短文作为素材库,在编写稿件的同时,从众多的幽默搞笑短文中挑选一些有意义、有价值的素材,去粗取精并加以提炼,创作出一些发人深省、揭示生活中乖谬的现象,具有启发性和娱乐性。其中,"笑话版"涵盖了幽默笑话、歌曲、奇闻趣事、搞笑的情景喜剧以及精彩的电影剪辑,完美融合了"内容为王"的理念与轻松欢快的节目节奏。

海洋外传

(片花《欢乐集结号》笑话版大开)

男声:这里有最给力的笑话达人。

海洋:我的中文名叫海洋,英文名是 h-ai hai y-ang yang。

男声:这里有最鬼马的奇闻趣事。

海洋:上天入地,海洋带你乐闻天下。

男声:中波 747 娱乐广播,每天十点,《欢乐集结号》之笑话版与海洋一起哈哈笑。

海洋:《欢乐集结号》,谁听我给谁做足疗。

(出垫乐《忍者神龟》主题曲)

听众朋友大家好,这里是中波 747 娱乐广播《欢乐集结号》笑话版,我是版主海洋。在我们的《欢乐集结号》笑话版当中,海洋我将会为您带来精彩的搞笑段子。尤其是这些段子,我跟大家说,都是听众朋友自发发来的。

在节目的一开始啊,就有人给我发来短信。在这里边我们也提醒收音机前的听众朋友,如果您想跟大家一起分享笑话或者是跟海洋 PK 一下,您不妨都放马过来把您的短信发送给我。

这手机尾号是 6987 的朋友就说了,海洋啊,去外地出差,坐火车过安检,(这位朋友就知道,我可忙了,坐火车,我坐飞机比较多好不好。)这时候海洋呢,就看见一个老妹儿包开了,眼看着里面东西掉出来了,里面有化妆品啊、卫生……面巾纸什么的。就在这千钧一发之刻,海洋就想我必须得站出来,赶紧伸手啊,就伸出雷锋之手,想帮她呢把小包给拉上。可是这时候啊,这老妹往前一走,海洋的手就直接伸进她包里了。(妈呀,不得误会啊。)

这时候啊,旁边过来一个壮男,一把抓住海洋的手说:"小子,你想干什么?""大哥,我说我想帮忙把拉链拉上,你信不?"后来经过海洋唇枪舌剑的猛攻和喋喋不休的撒娇(我怎么还撒娇了呢?),终于把问题说清了。大家以为这海洋是个雷锋啊!活雷锋啊!真是帮忙啊。海洋也是特别欣慰啊。

站在站台上向远去的列车挥着手,"老妹儿啊,大哥啊,再见!我是英雄!"哎,火车!!!(我知道,这就是我火车经常误点的原因。)

这位朋友发来短信,说天气很热,海洋就寻思买一瓶矿泉水。看到了一个卖冷饮的,跑过去呢,买了一瓶冰镇的橙汁。因为比较渴,海洋拿过来咕咚咚就喝了。喝一半,感觉……咦?味怎么不对呢?我的妈呀,山寨的!(我都喝了,算我点背!)交钱海洋就走人了。

后来,哎呀,我看着瓶盖写着"再来一瓶",于是乎我就高高兴兴地回去找老板。"老板,山寨不要紧,我又中一瓶!"老板非常镇定,老有范了,"哼,再来一瓶,你仔细再看看!"我仔细看,再买一瓶!

这位朋友发来短信说,海洋上大学的时候,学校实习要求写实习日记。别的同学那是大编特编,就在那闭门造车(chē),造车(jū)啊。

那很多同学洋洋洒洒写好几张啊,(大家都知道海洋特别实在,老实人,老老实实、兢兢业业、勤勤恳恳的一头老黄牛,)于是乎海洋就想,实习,我要做一个最有诚信的人,我绝不生搬硬套的。海洋就老老实实地写了一篇实习报告啊,可是还不及格!

海洋就很郁闷啊,不理解啊,就找老师了。"老师你看我,就我实在,我自个儿写,老师你还给我不及格。"老师说一句话,差点没把海洋整背气去。"你拉倒吧,海洋我跟你说,一看你这个就是编的!"

"老师,我真没有!"

我知道错了听众朋友们,下回实习报告,我肯定编!

训练材料7.长篇小说连播

【训练提示】长篇小说《流经存在的邂逅》由作家苏小懒所著,讲述了一对双胞胎兄妹周浅易、聂双以及他们的好友之间的爱情故事。这本书是80后作家中比较少有的积极向上、明朗的作品。这部作品的演播要表现出青春的活力,要能体现角色细腻的内心世界。文字感觉很时尚,播讲上也要有新意,因为所有的主要人物都是年轻人,故而在区别人物上要下一番功夫,要赋予角色灵魂,让每个人物鲜活起来。

流经存在的邂逅(第8集)

周浅易的前女友不甘心和他分手,居然找到家里来了,周浅易火急火燎地给妹妹聂双打电话:"我跟你说啊,你现在马上回家,见到她,一定要做出一副老同学久别重逢的样子,然后拉她出去吃晚饭,不许穿帮,听到没有?"

周浅易啊周浅易,你也有今天?!聂双有些幸灾乐祸,"我快到门口时,打给你。"

这时,蒋小光拍了下她的自行车扶手,"三哥的电话吗?"

"嗯。"聂双纯粹想把他支开,"对了,你不要一直跟在我后面。让我妈看到,该说我了。"

"好吧。"他不情愿地应了一声,"聂双,明天见。"

见他的身影消失在视线内,聂双把电话拨过去,"我可以答应帮忙,不过,你也得帮我一个忙。"

"好你个聂双,居然跟你哥哥谈价钱,"漫不经心的语气,"什么忙?"

"你先答应,我才说。"

周浅易急了,"聂双,不要蹬鼻子上脸,趁火打劫!"

"哦,"聂双沉吟了下,继续说,"那就算了,我马上回家跟妈妈说她是你女朋友,我还告诉妈妈说她怀了你的孩子……嗯,我就说是个男孩。嘿嘿,你说妈妈得多开心啊,这么年轻就当了奶奶。"

良久。

聂双听到周浅易咬牙切齿的声音,"说吧,什么忙。"

"很简单,我要你,帮——我——追到——季橙。"

爱情是世界上最没道理的东西,它不是天道酬勤,不是你通过辛勤的努力和付出就能得到百分之百的回报;它不是数学题,只要演算方式无误就一定能找到正确的方向和出口,求到正解;它需要两个人彼此情投意合,共同努力才能持续下去,却又因为任何一方单方面的放弃,就脆弱地瘫痪到底。

没人能说得清它是什么。

可是,你知道的。

它在那里,它就在那里。

聂双第一次被人问起自己的爱情观,是在初中。那时,她和白木珊同为校广播员,每周三的早中晚值班,负责每周总计三个小时的播音。

那段时光,就算是现在的聂双想起来,都像是小时候的自己在期待过年,除放寒假不用上学、大人给买新衣服外,最主要的是可以陪同父母挨家挨户拜年,得来一份份用红包裹着的压岁钱。

每每走在拜年的路上,聂双就像是打了一场大快人心的胜仗,刚从战场上归来的她,也照常精神振奋、斗志昂扬,她几乎能听到把压岁钱放在自己藏在衣柜里的储钱罐里时发出的"扑扑"的声音。

父母一向是任由聂双自由支配压岁钱的,她可以随意地买她喜欢的任何东西。一套《柏拉图对话集》,一根细长的紫色莲蓬软毛笔,新上市的杂志和图书,逛街时偶遇的百褶背心裙……这些,都能让聂双开心很久。

而同白木珊在一起的播音时光,就是她钟爱的《柏拉图对话集》,是她喜欢的紫色莲蓬软毛笔,是她把压岁钱放在储钱罐里时发出的"扑扑"的声音。

有天晚上从播音室出来,穿过学校暗仄的食堂,聂双把手插在裤兜里,轻轻哼着歌,一旁的白木珊拉了拉她的胳膊,没头没脑地问了一句:"聂双,你的爱情观是什么?"

她停下脚步,"怎么突然问这个?"

"呃……也没什么。"白木珊低着头,一副犹犹豫豫的样子。

"干吗非得我问第二遍啊，直说得了。咱天天在学校里苦读死背已经够累的了，别好朋友聊个天还让我猜半天的。"

白木珊白了她一眼，"就你嘴贫。其实我是有件事想不明白。我同你说过我邻居的女儿在复旦大学吧？"

"说过。叫什么来着？孙雪是吧？大学录取通知书下来的时候，她爸妈挨家挨户发糖，生怕别人不知道。你妈呢，就受了刺激，把人家这优秀事迹当成督促你好好学习天天向上的菜刀，恨不得只要你稍微偷懒下，就拿出来剁一下。"

"是啊，那一阵，她妈见到我就拉着我的胳膊说'木珊啊，以后你就叫你姐姐给你补习吧，保证你也能考上名牌大学。'现在倒好，来我家天天抹眼泪，跟我妈哭诉自己生了个败家女儿……"白木珊边说边模仿邻居说话时的神态，惟妙惟肖的样子让聂双忍不住大笑起来。

"呃……到底发生了什么事情？"聂双终于想起关键问题。

白木珊叹口气，"听说孙雪最近谈了个男朋友，开始的时候对她挺好，结果没多久对方就喜欢上了别人，单方面强行跟她分手。她不肯，于是天天到男生宿舍楼下等对方，像个奴隶似的百般讨好人家，结果不但没挽回对方的心，反倒成了全校的笑料。现在，因为逃课次数太多，被学校处以留校察看处分……"

"这，不是吧……"

"我现在看到她妈在我家客厅哭，觉得可气又可怜。有时候想一想，我又觉得这一切，其实是可以避免的。如果父母能够在我们小时候，就给我们灌输科学的爱情观……"

"科学的爱情观？"

白木珊郑重地点头，接着说，"我觉得我们这代人，几乎从来没有被父母灌输过正确的爱情观。更多的是青春期对爱情懵懵懂懂时被戴上厚重的叫作'早恋'的大帽子——这是他们在我们这代人遭遇到爱情的时候第一次露面。此时他们冲在最前面，对我们进行强烈的打压。

可一面打压，一面又不给我们进行正确的引导——只会跟盯犯人似的天天看守着，察言观色，查手机短信，甚至会放学跟踪……我想，若是有朝一日他们下岗了，随便捡家私人侦探所，个个能胜任。"

聂双听得十分专注，她微微蹙着眉头，黑漆漆的眼睛一眨不眨，看得白木珊有些失神。这是白木珊所认为的聂双最美丽时刻——她一向觉得，女生认真的时候最好看，专注的神情总能为她们增添太多闪光的魅力。这魅力，远远胜过浓郁的香水、华丽的衣服，或是浓妆淡抹的妆容。

"其实之前，我并没有太在意这个，就算我们承受了太多的委屈，也不能责怪父母。一来，父母的确是为我们好。二来，其实我们的父母自己也困惑，父母的父母，大抵也如此。时代的物质一直在进步，但在灌输自己子女科学的爱情观这个问题上，一直停滞不前。"

"有道理。"聂双干脆扯过食堂圆桌旁边的凳子，一股脑儿坐下来，"你继续。"

白木珊见怪不怪，接着说，"可是孙雪这件事，让我想了很多。其实一切弊端在进入大学的时候就开始一一展现了。升入大学后,绝大多数的父母抱着'反正考上了大学,用不着管了'的念头,在子女完成了考入大学的使命后,就彻底地放手了。或者说他们也不愿意放手,但天高皇帝远,想管也管不了。生活方面,学校有食堂,有澡堂,有洗衣房……这些可以'锻炼'并保证他们的独立生活能力。但,在爱情方面呢?

之前不论多么好的家教,多么好的成绩,考上多么好的大学,有着多么好的未来——如果在爱情这方面遇人不淑,就会满盘皆输。因为当初无引导、无教育而缺失的爱情观会折射我们所有人的成长道路。"

月光从食堂半开的透明玻璃窗上泄进来,白木珊瘦削的侧脸仿佛被裹了一层银光,聂双看着看着,突然觉得有些不真实。

朦胧之际,她听到白木珊在说——

世上的人那么多,谁会是爱我、我也爱,我们彼此又非常适合的那一个。

我们不知道如何去爱,不知道怎样避免伤害……

第四章　新闻播音

■ **本章要点**
1. 新闻的概念及其基本特征。
2. 新闻播音的语言特征。
3. 新闻稿件的理解。
4. 新闻稿件的有声语言表达。

第一节　新闻播音概述

新闻节目是电台、电视台的骨干节目，它是指报道真实的、新近发生的具有新闻价值的事件（或人物）的节目的总称。广播新闻节目以播出新闻消息为主，同时也播出专稿、评论、新闻谈话等节目。本章节内容主要涉及新闻消息类节目，新闻节目中的现场报道、新闻评论等内容将在其他章节阐述。

一、新闻和新闻播音

什么是新闻？中外新闻专家有许多论述，并为之下了不少定义。我国新闻界一般采用的是陆定一1943年在《我们对于新闻学的基本观点》中所表述的定义，即"新闻是新近发生事实的报道"。这一定义精练地指出："事实"是新闻的本源，而"事实"必须是"新近发生"的，必须经过"报道"才成为新闻。新闻有广义、狭义之分，广义的新闻包括消息、通讯、特写等体裁，狭义则专指消息。消息是对新近发生的有社会意义并引起公众兴趣的事实的简短报道，它具有真实、准确、及时、简洁的特点。本章所讲的新闻，不是泛指新闻体裁的所有稿件，而是专指新闻体裁中消息这一类稿件。我们这里所说的新闻播音，即是指通常所说的消息播报，是播音员主持人将消息的文字稿件转化为有声语言进行传播的语言样态。"播报"这种语言样态，可以说是播音员主持人在各类节目传播中最独特、最鲜明而又自成一格的语言样态。[①]中国传媒大学张颂教授将播报

---

① 吴郁：《当代广播电视播音主持》，复旦大学出版社2008年版，第155页。

的语言特点总结为:"字正腔圆、呼吸无声、感而不入、语尾不坠、语势稳健、讲究分寸、节奏明快、语流晓畅。"①

二、新闻的基本特征

稿件是播音员主持人进行播音再创作的依据,了解新闻的基本特征,对于播音员更好地掌握稿件要求,更好地"形之于声"有重要的指导作用。

(一)真实性

"真实"是新闻最基本的条件,失去真实就不能称其为新闻。新闻的真实性指的是在新闻报道中的每一个具体事实必须合乎客观实际,即表现在新闻报道中的时间、地点、人物、事情、原因和经过等都经得起核对。真实是新闻的生命,是媒体的信誉所在。

(二)新鲜性

新闻是一种信息,是事实的反映,但并非任何事实、任何信息都能成为新闻。"新鲜"是使某条信息成为新闻的一个重要要素。整个客观世界是不断运动和变化的,每天每时都有新的东西出现,新闻要反映、要捕捉的,就是生活中的种种变化。新闻是变化着的生活的记载,没有变化就没有新闻。②

(三)及时性

新闻如不能尽快地把新近发生的事情告诉受众,就不能很好地满足他们的需求,新闻是极易腐烂的东西,"今天的新闻就是明天的历史"。社会生活的变动速度快,信息稍纵即逝,如果不能及时加以报道,马上就变成了旧闻。所以新闻媒介有义务为受众提供迅速、及时的新闻报道。

(四)公开性

新闻的公开性原则是指新闻报道的目的就是让社会分享,新闻传播要追求尽可能广的传播面,让新闻在尽可能大的空间范围内得以流通。所以,也有人把新闻的公开性原则表述为"社会服务性",即新闻要理所当然地传遍千家万户,服务的人越多,说明其越有价值。

第二节 新闻播音的语言特征

我国的新闻播音,始自人民广播创办的延安时期,后来历经不同时期的继承、发展和创新,在各个时期的社会进程中起到了积极的作用。与新闻本身的基本特征和要求相吻合,新闻播音在长期的播报实践中呈现如下语言特征:

---

① 张颂:《关于新闻传播的思考——语言传播杂记之七》,《现代传播》1998年第4期。
② 何梓华主编:《新闻理论教程》,高等教育出版社1999年版,第25页。

一、准确清晰

广播的声音稍纵即逝,使得听觉传播效果具有一定的不确定性。新闻稿件篇幅短,长句、难句多,加之节奏明快,如果播报者吐字发声的基本功不到位,新闻传播的效果将大打折扣。准确清晰是对新闻播音员播报新闻最基本的要求,也是对其日常功力的检验。

二、语言朴实

新闻的根本特点是用事实说话,基于此,新闻播音不宜采用渲染或艺术夸张的表现手法,而是力求客观真实地反映事实的本来面目。朴实无华的表达给人以真实可信之感。

新闻播音以叙述性的语言为主,感情真挚含蓄,语调平稳自然,如果消息中出现了少量描写性的语言,播读时也要注意处理的分寸,要真事真说,朴实地予以表达。

三、简洁明快

短小精悍、简洁明快,是新闻写作的一个重要特点,及时、新鲜是新闻的基本特征。新闻播音要体现出朝气和明快,就要播得紧凑、干净、利落、不松散。

四、舒展流畅

新闻稿件讲求通俗易懂、口语化,但新闻中的长句、拗口的句子、人名、地名、术语、数字等又都较常见,新闻播音要求播报者能够轻松驾驭稿件,处理句子时不拖腔甩调,无大起大落、无大停大连,语速适中、疏密有致、语流顺畅。

第三节 新闻稿件的理解

了解了新闻播音的语言特征,要想在有声语言中掌握和体现它,还必须经过严格的训练。训练的过程包括两个部分:一是掌握理解新闻稿件的路径和方法,将稿件内容"内化于心";二是熟悉和运用新闻稿件有声语言的表达方式,将稿件"形之于声"。

消息的播报,是将稿件文字转化为诉诸听觉的有声语言,它不是从字形到字音的简单劳动,而是播报者积极认真的再创作过程。一组新闻稿件,少则十几条,多则几十条,天文、地理、政治、经济无所不包,播音员主持人拿到稿件后必须调动自己所有的储备,全力以赴备稿。

一、熟悉稿件,看"懂"新闻

稿件是播音创作的依据,要想学会播报新闻,必须先学会看懂新闻稿。初学者往往认为"懂"很容易做到,不念错字、能流畅表达,就算是完成了熟悉稿件的过程。其实不然。播音员主持人不仅要熟悉稿件表面的文字,还要抓住稿件的内涵,把内容理解透彻。

(一)抓住新闻的基本要素

五个 W 和一个 H 是新闻写作的基本要素。五个 W 分别是 When(时间)、Where(在哪儿)、Who(谁)、What(是什么)、Why(为什么)。一个 H 是指 How(怎么样)。五个 W 和一个 H,是新闻写作的一种方法,它们之间起互相说明、补充和完善的作用。理解稿件时快速抓住五个 W 和一个 H,有两个重要的作用:首先有助于播报者迅速弄清事实内容,其次有助于迅速抓住新闻的要点。

美国洛杉矶国际机场 3 号航站楼昨天发生枪击事件,造成至少 1 人死亡、7 人受伤。有目击者称,杀手是 1 名年轻白人男子。美国联邦调查局尚未定性这起枪击事件是否为恐怖袭击事件。该男子作案动机尚在调查中。枪击事件对当天洛杉矶国际机场的航班起降造成很大影响。包括从中国北京飞往洛杉矶的 CA987 航班在内的一些已降落航班旅客被迫留在飞机上长时间等待。

这条稿件交代清楚了事件发生的时间、地点以及事件的结果等基本信息。备稿时快速了解这些信息,就抓住了新闻的要点,基本熟悉了稿件。但要注意的是,抓住这些要素是为了让播报者准备稿件时对新闻了然于胸,但这些要素却并不都是新闻表达的重点,播报者还必须具有一定的新闻敏感,表达时突出最重要、最有意义、最让听众感兴趣的要素。

(二)了解新闻的基本结构

新闻稿件有自己特殊的结构形式,熟练掌握其特点,对于清晰、快速地了解事实,对于用准确、明了的有声语言叙述事实是极为重要的。新闻一般由导语、主体、背景、结尾四个部分组成。导语一般是新闻的头一句话或头一段,它以最简短的语言,引导受众了解事实概要;新闻的主体则将新闻事实的材料,一步步交代清楚,是新闻的中心部分;背景则是说明和解释新闻事实的来龙去脉,对新闻发生的历史、环境、条件等背景材料作出介绍或者解释;结尾是新闻的最后一段或最后一句话,对新闻事实进行概括总结。

新华社消息:朝鲜祖国和平统一委员会发言人 31 日要求韩国停止参与美国主导的"防扩散安全倡议"演习。

这位发言人当天在接受朝中社采访时说,"防扩散安全倡议"演习实际上是针对朝鲜的"极具侵略性的集体军事演习"。韩国派遣"参观团"参与这一演习是对朝鲜的"严重挑衅"和对朝鲜半岛和平与安全的"挑战"。这位发言人要求韩国立即停止这样的"冒险行动",并表示,如果朝鲜的自主权和生存权受到侵害,朝鲜将对有关方面"给予无情的惩罚"。

由美国主导的"防扩散安全倡议"演习30日开始在巴林近海举行。

"防扩散安全倡议"是美国总统布什2003年提出的,旨在防止大规模杀伤性武器及相关设备的扩散。朝鲜认为,美国提出"防扩散安全倡议"的意图是在公海上扣留和检查朝鲜船舶,对朝鲜进行封锁。目前,韩国尚未正式加入"防扩散安全倡议",但参与了部分项目。

这条新闻乍一看较长,时间紧张时,容易造成播音员思路的混乱和心态的不稳定。其实静下心来,梳理这条新闻的结构,我们会发现新闻的提纲:消息的第一自然段是导语,对新闻事实进行了扼要的概括,以引起受众的关注;第二自然段是消息的主体部分,具体叙述是谁、在什么时候、怎样谈及此事,将全部事实基本交代清楚;第三自然段和第四自然段的一、二两句,是新闻的背景,分析了此事产生的原因和背景;最后一句是结尾,交代此事目前的进展情况。至此全部事实交代清楚,一目了然。

了解了新闻的基本结构,表达时播音员就会有意识地注意:导语部分拎起重点,揭示价值,做到醒目、鲜明;主体部分注意在叙述中依次展现事件的发展,层次分明,语气连贯;背景情况的交代要使事件的意义显现突出,播读时分量可适当减轻;结尾部分则予以概括性评价或展望,语气舒展,自然收尾结束。

二、联系背景,看"透"新闻

新闻稿表面上看浅显易懂,但是播音员要能够将新闻摆放在广阔的时空面上,摆放在特殊的宣传背景里,透过文字还原事实,真正地把握宣传目的,提高导向意识,体现新闻价值,并不容易。

来看《兖州封存两亿吨大煤田,留给子孙美好家园》这篇稿件:

配　音:为给子孙后代留下一方美好家园,兖州市舍弃年五千万元的地方财政收入,毅然叫停了一个两亿吨大煤田的开发。请听山东台记者权珍琦、孙泉莉发回的报道:

11月14号一大早,兖州市小孟镇后孟村村民王军山就来到自家的麦地里,前几天的降雨化解了入秋以来的干旱,顶着露珠的麦苗油亮亮的。眼前的一切,王军山是看在眼里乐在心里。然而更让他感觉踏实的还是昨天村干部传达的上级精神,市里决定停止小孟煤田的开发,脚下的这方良田总算保住了。

王军山:(同期声)挖这个煤,挖出来就是钱,但是有它的害处,一塌方,别说环境问题了,对各方面的条件都会造成很大的损害。一塌方,没法种地了,对社会、对子孙后代都会造成很大的危害。

配　音:王军山所忧虑的也正是兖州市领导关注的。兖州煤炭资源丰富,是全国八大煤田之一,目前辖区内有兴隆庄、杨村等6个煤矿。煤炭资源给兖州带来巨大财富的同时,也留下了触目惊心的环境包袱,仅采煤形成的塌陷地就以每年两千亩的速度在递增。

今年省有关部门在兖州境内探矿时,发现了小孟煤田。勘探表明,这座方圆120平方公里的煤田探明储量1亿多吨,埋深不到500米,按年产量200万吨计算,可开采近百年。

小孟镇党委书记韩春旺为此欣喜若狂。

韩春旺:(同期声)一听说有煤炭啊,我们心里很激动,觉得有了新的增长点了!

配 音:消息传出,台塑集团等多家企业也争相前来洽谈合作开采事宜,而且都开出了很高的价码。

每年8亿元的销售收入和五千万元的地方税收,这块诱人的"蛋糕"吃还是不吃,兖州市出现了两种截然不同的声音:

基层干部:(同期声)挖煤是有好处的,有资源就开发出来,叫老百姓富起来,我觉得这也是很对的。

兖州市委书记韩军:(同期声)煤炭资源也是有限资源,挖出来卖了,急功近利,倒是收益比较快,但是对大自然是个破坏,也不符合科学发展观。

配 音:在众多的质疑声中,兖州市委一班人果断拍板:拉动经济增长固然重要,但实现可持续发展、科学发展,构建和谐社会更为重要。

兖州市委书记韩军:(同期声)经济指标增长是一种政绩观,把资源保护起来,留给下一代,也是政绩观。污染了、塌陷了,以人民没法生活为代价,这不行。所以我们决定要集中精力发展工业,发展现代农业,发展高科技的产业,这个煤炭就不再挖了。

配 音:叫停小孟煤矿,实力是兖州人不可或缺的底气。近几年他们倾力发展替代产业,崛起了造纸包装、橡胶轮胎等新兴产业集群,煤炭产业在其经济总量中的比重从过去的50%下降到不足20%。

山东省政府新闻发言人张德宽认为,在当前建设资源节约型、环境友好型社会的大背景下,兖州市这种勇于放弃、积极贯彻落实科学发展观的做法具有标本意义。

张德宽:(同期声)我们现在需要树立一个新的理念:我是利用孙子辈的资源,我应该珍惜。兖州作出这个决策,它是局部服从全局,小局服从大局的一个决策。从决策层来讲,这是一个战略思维的重大转变。

(山东人民广播电台《山东新闻》节目播出,获第十七届中国新闻奖二等奖)

这条新闻绝大部分笔墨写的是兖州这个小地方挖不挖新煤矿这件"小"事情,但放在全国的大背景来看,却是个普遍现象,是全国性的一个"大"问题。它反映的其实是这样一个焦点:决策者面对储量两亿吨的大煤田,是以牺牲环境为代价,博取眼前实际利益,还是立足长远,实现经济可持续发展。兖州最终作出的正确抉择,凸显的是科学发展观这个大道理。

如果播报者准备稿件时能联系背景,进一步看"透"新闻,从小处看出大道理,就会认识到这条新闻的价值,努力实现宣传目的。

三、深入体会,抓住新鲜点

在经过以上两个步骤的准备之后,播音员基本上就可以较有深度地理解一条新闻了。但是新闻播音是要用新鲜的气息来吸引和感染听众的,一个新闻事件发生,一篇新闻稿件到手,要能迅速地捕捉到新鲜点、感受到新意,才能播出稿件的新意所在。所以要继续深入体会,针对稿件的内容做进一步的具体的分析,看一看新闻究竟新在何处,是时间新还是内容新,是政策新还是形式新,还是报道了新的思想或体现了新的角度。只有准确地抓住每条新闻的新鲜点,才能正确地安排重点,解决好表达的问题。例如:

"暖巢管家"服务站日前在河北邢台市亮相。"暖巢管家"服务站是专门为空巢老人提供养老的新模式,服务内容主要有:日常生活照料、身体健康监护、生活日用品代购和配送、保健指导及咨询等项目。

这条新闻初学者在备稿时往往把第一、第二句的新鲜点都放在"暖巢管家"上,其实深入体会一下,第二句中"空巢老人"才是新鲜点所在。找到了这个新鲜之处,才能在叙事时把"'暖巢管家'专门为空巢老人服务"这样一个新闻说清楚。

另外,播音员主持人每天报道的新闻事件是在不断地发展和变化的,有时遇到一些突发新闻或重要新闻,当班播音员主持人会在多个时段多次播发同一背景或同一事件的新闻,这时一定要根据事件的发展情况,根据听众对这一信息的了解和积累情况,不断地挖掘新的新鲜点。下面我们通过一组新闻稿件来具体分析。

2007年4月16日,美国弗吉尼亚理工大学发生校园枪击案,造成33人死亡,震惊世界。世界主要媒体都把目光投向了这里,不断跟进报道。广播电台在各时段滚动播出这则新闻时,就会根据事件进展而不断更新。播报时就要根据报道内容和角度的调整,灵活掌握新鲜点,唤起听众的新鲜感。例如:

本台最新消息: 当地时间16日7点15分,北京时间19点15分,美国弗吉尼亚理工大学发生恶性校园枪击案,造成33人死亡,枪手本人开枪自杀。(此处新鲜点是最初获得的信息——枪击案、死亡人数)

本台最新消息: 北京时间19点15分发生在弗吉尼亚理工大学的恶性枪击案,枪手为韩国人,是该校学生,名字叫赵承熙。(此条稿件新鲜点是枪手身份得以确认)

本台最新消息: 根据美国警方最新调查,发生在19点15分的美国弗吉尼亚理工大学的恶性校园枪击案,枪手赵承熙9分钟打出170发子弹。(此处的新鲜点是枪手身份披露后,最新获得的信息——行凶细节)

播报时要注意在无法获得更新信息时,可以在每一次滚动播出过程中,寻找不同的侧重点,在播报中加以突出。这样可以有效避免内容完全相同的重音反复出现而造成单调感。例如:

本台最新消息: 16日美国当地时间7点15分,北京时间19点15分,弗吉尼亚理工大学发生恶性校园枪击案,造成33人死亡,枪手本人开枪自杀。(此处强调突发事件的结果)

本台最新消息：3个小时前在美国弗吉尼亚理工大学发生一起恶性校园枪击案，造成33人死亡。据警方称，枪手为亚裔男子。（此处侧重枪手，关注枪手身份）

本台最新消息：今天北京时间19点15分，美国弗吉尼亚理工大学发生一起恶性校园枪击案，造成33人死亡，警方称目前还不知道枪手的杀人动机。（此处侧重枪手，关注枪手杀人动机）

第四节　新闻稿件的有声语言表达

一、与时俱进，播出时代感

一个时代有一个时代的新闻播音方式。播音承载了历史，也承载了时代的变迁。新闻播音总是跟随着时代的脚步而前进，时代的发展也推动着新闻播音的创新和发展。

我国的新闻播报，经历了人民广播创办的延安时期、解放战争、新中国成立初期、社会主义经济建设等不同时期，与当时的社会生活、政治气候紧密相连，真实反映了那个时代的特征，并在各个时期的社会进程中起到了积极作用。如延安新华广播电台的播音，其中包容着时代的风云，体现出磅礴的气势，贯穿着爱憎分明的情感，显示出沉着从容、稳健大度的气派；[①]新中国成立后，中国人民建设社会主义的热情日益高涨，文风积极向上，新闻播音也充满朝气、热情饱满；在社会主义建设的新时期，伴随着节目设置和节目内容的变化，新闻播音在继承准确生动、严谨规范、庄重沉稳的播音特点基础上，更加注重交流和平和。虽然在"文革"时期，播音遭受了不可避免的扭曲，误入"高、平、空""冷、僵、远"的歧途，但经过改革开放几十年的锐意创新，富有中国气派的新闻播报风格愈加多元和成熟。

与时俱进，播出时代感，要求新闻播音员主持人在认识上要跟上社会的进步和时代的发展，把握住时代发展的大趋势，进而不断完善和提升新闻播报的水平。

当前，人们对消息的播报正在进行新的探索和尝试，表现在：话筒前更加注重真诚平等的沟通和交流；用声吐字，更讲究"清晰"与"轻巧"的浑然天成；语句组织更加自然洒脱，"突出"与"带过"巧妙结合；语气基调，融"饱满"与"平和"于一体，分寸适度，恰到好处；播报速度，适当加快但快而不乱，松紧有度。[②]

二、新闻播报的多样化[③]

在广播电视的各类语体中，消息一直是保留书面语特征最多的语体，具有准确、规

[①] 参见张颂主编：《中国播音学》，北京广播学院出版社1994年版，第13页。
[②] 吴郁：《当代广播电视播音主持》，复旦大学出版社2008年版，第156页。
[③] 此部分内容参照陈雅丽主编：《实用播音教程》第三册，北京广播学院出版社2002年版，"不同播音样式训练"内容；高蕴英著：《教你播新闻》，中国广播电视出版社2005年版，"不同播报样式训练"内容。

范、严谨、简洁的特点,其语言样态总的格局变化并不大。新闻播音的语言样式目前有三种,分别是宣读式、播报式和谈话式。这三种样式的产生源自新闻稿件内容和形式的不同,反之,不同的样式又为特定的内容和形式服务。

(一)宣读式

宣读式是一种非常态的样式,适用范围较窄,仅适用于某些特殊题材和体裁使用,比如公告、通告、讣告、命令、名单、电文等。"郑重宣告"是这种样式的基本特色,与其他播报样式相比,它的表达规整性要求最强、口腔控制力度最大、气息控制最沉、语流速度最慢。宣读式在日常播出中使用率并不高,但由于它在气、声、字、句等方面要求严格,因而是播音员主持人进行专业基本功训练的必备材料。

(二)播报式

播报式是新闻播音中使用频率最高的一种常态样式。"规整自如"是这种样式的基本特色。它是一种介于口语谈话和宣读之间的语言样式,其适用范围非常广泛,广播电视新闻绝大部分是采用这种语言样式传播的,它是广播电视新闻的代表性语体。

(三)谈话式

谈话式也是一种常态样式,在新闻播音中尽管不如播报式那样被广泛应用,但也会经常性地出现。尤其是在新闻节目主持人的串联语中,在特定的新闻(如社会新闻、文娱新闻等)中,会凸显其优势。"轻松自如"是这种样式的显著特点。

这三种样式尽管表现出了各自的特色,但都不背离有声语言准确清晰、语言朴实、简洁明快、舒展流畅的总体特征。

就某一篇稿件的播发来说,这三种样式虽有明显的区别但无严格的界限,具有一定的边缘性。在实际的播出中,有时在播报中穿插着宣读和说,有时播的成分多,有时说的成分多。实践中可依据媒体特色、地域特色和栏目特色的不同及个人风格的差异,呈现出多样化表现。

三、新闻稿件表达的基本要求

张颂教授在《朗读美学》中指出:"由于新闻稿件是在特定的环境、特定的氛围、特定的需求、特定的渠道中形成并传播的,所以自有其不可替代的体裁规范和传达样式。多年来已经逐步积淀下来一整套规范模式,随着时代和语言的变化,新闻体裁和新闻语言也在不断地调整和适应,使规范的模式成为开放的体系,变得日益多样化了。值得注意的是,新闻稿件无论怎样多样化,也决不能改变它的本质特征和传播特点。"新闻的根本属性决定了新闻稿件的有声表达,不论时代如何变迁,也不论采取哪一种播报样式,都不能摒弃新闻的本质特征,不能抹杀新闻的固有特点。新闻播音不同于讲道理,也不同于讲故事,它是把刚刚发生的人们关心或人们应该关心的事实迅速地告诉人们,这就决定了新闻播音的特点"用事实说话,以新动人"[1],这也就提出了新闻稿件有声语言创作的基本要求:一是叙事要清楚,二是新鲜感要强。

(一)叙事清楚

新闻稿件篇幅短,书面语言较多,长句和复杂句也较多,加之新闻播音语言要明快,就必须要求播报时做到叙事清楚。叙事清楚是播报者在看懂新闻的基础上,将心中理解的事实表达出来,还原新闻,让受众同步快速听清、理解的过程。有时播音员并没有读错字,也没有念错词,但却语义含混、重点不明,造成受众在接收信息时,听不清事实的过程,抓不住事实的关键点。叙事清楚必须从以下几个方面重点着力。

1. 扎实的基本功

"新闻播音是广播电视有声语言传播中难度最大、要求最高、知识面要广、政策性要强、心理素质须成熟、语言功力须扎实的一种创作,新闻播音创作主体的理解能力、反应能力、应变能力、协调能力、驾驭能力,是其他类节目所不可比拟的。特别是在有重大新闻、突发新闻、抢发新闻、同步新闻的紧要时刻,无论凌晨深夜,不论长稿难稿,都要无条件地泰然处之并应付裕如,只许成功,不许失败。"[2]这种高难度的播音创作,除了对播音员主持人的新闻素质提出较高的要求之外,扎实过硬的语言基本功也至关重要。它包括:明亮坚实的声音,通畅自如的气息,标准清晰的字音,灵活有力的口齿等。

2. 播好导语

导语处于每一条消息的第一自然段或是第一、二句。它开门见山地点透新闻事实的本质,引导新闻事实的全面展开;它是引导受众收听、收看新闻的向导。现在,听众收听广播节目多是在有意无意间伴随收听,消息导语虽是三言两语,却是整篇的精华或引子,是广播消息很重要的开头。所以,播报新闻要叙事清楚,就一定要"开门见山",处理好导语段或导语句。

3. 精选重音

重音的精当选择和合理表达,充分体现了播读者的水准,也影响到受众对新闻内容的接受效果。选择重音的标准,一是能体现整篇新闻的新闻价值的关键词;二是能从整体上概括整篇新闻核心内容的关键词。选择重音时,容易"找不着、找不准重音"或者"重音过多"。"找不着、找不准重音",表达就会缺少目的性,重点不突出,叙事不清楚;"重音过多"则会割裂语句逻辑链条,过多的着力点反倒削弱了语流的连贯性,造成语意重点的模糊。处理重音时,不应仅仅盯着一个句子患得患失,而应观照上下文,有大局观,注意承上启下,注意上下关联,使句子直奔语句目的。重音的正确选择不仅仅是播读技巧的问题,根本上还是播读者对新闻本身理解深度的问题。

---

[1] 张颂主编:《中国播音学》,北京广播学院出版社1994年版,第335页。
[2] 张颂:《播音主持艺术论》,中国传媒大学出版社2009年版,第336页。

4. 把握好态度，拿捏好分寸

新闻传播不仅仅是传播信息，还有引起受众的重视，启迪受众的思考，进而激发受众情感共鸣的作用。新闻播音涉及的内容各异，既有宏大壮观的喜庆报道，也有突发灾难的沉重消息，还有不偏不倚的国际局势报道。在处理这些内容丰富的新闻时，既不能绘声绘色，如身临其境，又不能无动于衷，没有态度。而是要从新闻宣传的目的出发，恰当地控制感情，有分寸地把握有声语言，避免表达上的"欠"和"过"。这就需要播音员主持人有较高的政策水平和较强的政治敏感，从政策、宣传口径的角度去把握稿件，使播出的稿件态度明确，分寸、分量适度。

5. 组织好句子，处理好层次

句子是新闻播音表达最小的表达单位，组织好句子可以避免"字儿"化，避免单摆句子，播成散沙；处理好层次则可以安排好稿件的起承转合，层次内部"归堆儿""抱团儿"，层次转换逻辑清晰、呼应到位。新闻播报实践中，初学者容易见到句号语气就结束，下一句开头又重新开始，这样播出的不是完整的意思，而是一堆相互无关的句子。处理好句子要打破标点符号的限制，避免堆砌散句，注意句与句的关联，注重整体语句的衔接和连贯。处理好层次，是指要着力于核心句，有主次地梳理好句子，抓住语气的关联，将意思说清楚。

(二)新鲜感强

所谓新鲜感，从受众接受的角度讲，是指使受众鲜明地感觉到播音员主持人报道的是他们关心或感兴趣的最新鲜的消息，从而引发他们的注意，并从中受到感染。从播音的角度讲，是播音员主持人在多种因素的刺激下引发出来的一种传播消息的创作兴奋，是一种把刚刚在事件发生现场的所见所闻迅速地报道给听众的迫切感。可见，新鲜感来源于播报者对新闻事件、新闻稿件的认识和感受，并通过有声语言吸引和感染听众。处理新闻稿件时，不仅要在备稿阶段迅速找到新闻的新鲜点，还要学会在表达时播出新鲜感。

1. 要有强烈的播讲愿望

播音员主持人在一个新闻事件发生、一篇新闻稿件到手的时候，要能迅速、准确地捕捉到新鲜点、感受到新意、找到它的特别之处，即新意所在。稿件的新意被播音员主持人的主观感受强化并向宣传职能方向转化，这便形成了一股内驱力，这种力称为播讲愿望。播讲愿望在播报过程中被有声语言的反馈不断加强，再驱使有声语言更加有活力、有新鲜感地顺畅向前，这就是新闻播报的创作心态。它的源头是新意，归宿是播报语言的新鲜感。这种播讲愿望可以概括为"先睹为快之后产生的欲先吐为快的冲动"[①]。

2. 多连少停，语势常扬

停和连，二者是有机统一的整体。停连是为了把语言的层次表现得更清楚，使句

[①] 高蕴英：《教你播新闻》，中国广播电视出版社2005年版，第18页。

与句、段与段之间的关系更明确。恰当运用停连,可以增强语言的感染力,更加鲜活地表达稿件内容。消息结构严谨、布局紧凑、语言精练,消息的播报也要讲究简洁和明快。在处理稿件时要打破标点符号的限制,在掌控整体内容的前提下,多连少停,语势常扬,这样可以使播报更加紧凑,新鲜感更强。

3. 分清主次,敢于带过

新闻播报非常强调专业基本功,初学者播读新闻时,往往全篇稿件没有一处敢放松,字字讲究"字正腔圆",这样播出的新闻"字"虽然清楚了,但新闻整体的自如度和新鲜感却大大降低。要达到新闻播报舒展、流畅的效果,就一定要掌控全局,分清主次,敢于带过。在这里,"带过"不是简单地快速读过,而是在整体的调控下,运用对比,将不重要的部分加快速度,放平语势说清带过,重点部分则放慢扬起,加重处理。

4. 注意语流的曲线流动

"语无定式",新闻播音一定要避免语流的平直,而是要通过起伏、疏密等技巧加大语流的曲线运动。由于备稿不充分,对稿件不够熟悉等原因,很多播报者会运用一种"保险调",播音时语流的推进总是四平八稳、一板一眼,语流呈现不紧不慢、中速行驶、匀速前进的态势。由于语句中缺少松紧疏密、高低起伏的变化,听起来语势平平,很是乏味。播读时可根据内容灵活调整有声语言的疏密和语势,使新闻在曲线流动中凸显重点,播出新鲜感。

思考题:

1. 在新闻稿件的准备过程中,如何做到真正看"懂"新闻?
2. 结合一篇稿件,举例说说如何联系背景,明确新闻的针对性。
3. 在新闻播音中,如何做到叙事清楚?
4. 结合具体稿件,思考怎样播出新闻的新鲜感?

实例分析

(一)导语的处理

导语是消息的眼睛,是整条新闻的核心,它揭示了新闻的要点,突出了新闻的精华。处理好导语是播音员主持人把握和掌控新闻全篇的关键环节。播音时要把导语中的要点、精华了然于胸,播出导语所叙述的新闻事实或中心思想。

1. 抓住重点

当地时间22号,联合国秘书长潘基文与阿拉伯国家联盟秘书长阿拉比、联合国—阿盟叙利亚危机联合特别代表卜拉希米在纽约联合国总部举行会谈,探讨帮助叙利亚开启政治进程的方式。

这句话的语句重心和重点在最后一句。这条消息的主要宣传目的是告诉大家:举行会谈,其目的是"探讨帮助叙利亚开启政治进程的方式"。整个语句开始时平起进行,到"会谈"时开始提示性减缓抬起,至"开启政治进程"达到高点而后落下结束。

2. 找准重音

从今天(1号)起,京津冀地区将逐步实施区域通关一体化,三地海关将打破原有的关区界限,简化手续,为企业提供便利。

播报这条新闻时,容易重音太多,造成整个句子的平直。这句话的重心在中间,重音只需保留"区域通关一体化"即可。

(二)层次的梳理

所谓层次,是指稿件的布局、结构,是对自然段的进一步梳理,使之更有利于"行之于声,及于受众"。播报时语气连贯、层次分明很重要。处理时应该先由宏观入手,之后再一步步微观落实,不要播这一句时撇开下一句,播到下一个层次时又顾不上上一个层次。要围绕主题组织句子,使语气前后照应,相互关联。

央视网消息:美国航天局27号表示,由于天气原因,原定当天进行的"战神Ⅰ-Ⅹ"火箭发射将推迟到28号进行。

美国航天局原计划于美国东部时间27号8点,也就是北京时间20点发射"战神Ⅰ-Ⅹ"火箭,以测试它在飞行过程中的安全性和稳定性。不过,由于佛罗里达州肯尼迪航天中心附近天气恶劣,当天的发射被多次推迟。最终,由于看不到天气好转的迹象,美国航天局最后决定取消当天的发射,改到28号清晨再次尝试发射。

"战神Ⅰ-Ⅹ"型火箭是美国航天局为替代即将退役的航天飞机编队而研发的新一代运载火箭。作为专门为替代航天飞机而开发的新一代载人火箭,战神这次试射承载着美国人重返月球,甚至首次登火星的梦想。此次试射主要任务是收集飞行数据,安装在火箭内外的700多个传感器能在火箭飞行过程中向地面控制中心传输数据以供分析。

这条新闻在播报时,切忌见到句号语气就给人以结束之感,下一句开始又给人以重新开头的感觉。而是要注意句与句转换的逻辑链条,注意语气的衔接与转换,避免平直,没有逻辑关系。

(三)长句子的处理

现在广播电视新闻稿件的写作越来越口语化、通俗化,句子也在不断追求简练精干,但是由于新闻语体的严谨规范,加之有时有较难理解的术语等,长句子也在所难免。处理好长句子是播报新闻的一项重要基本功。新闻是用事实说话的,一个事实可能需要由一个句子或几个句子来陈述。每个长句子,要播出它的整体含义;几个意思相连的长句子,要播得"抱团儿",不要摆句子。

1. 安排好恰当的停连

处理长句子,首先是在搞清语意和语法关系的基础上,安排好恰当的停与连,安排好气口,这是处理好长句子的第一步,以避免造成语意含混或错误。

"巴勒斯坦领导人阿拉法特指责以色列企图破坏中东和谈基础"这个句子,如果处理成"巴勒斯坦领导人阿拉法特|指责以色列企图破坏中东和谈基础"("|"指停顿),和"巴勒斯坦领导人阿拉法特指责以色列|企图破坏中东和谈基础",意思明显不同。以色列之后停顿,就造成了"阿拉法特指责以色列,阿拉法特企图破坏中东和谈基础"的歧义,显然是不对的。

"在昨天举行的中国国民党主席的选举当中,现任国民党副主席马英九击败了另外一位候选人国民党副主席王金平,当选为新一任党主席。"这个长句显然是在王金平之后停顿,但是如果处理时在候选人之后安排气口,造成停顿,而在王金平之后却没有给予恰当时长的停顿的话,就会造成语意的错误。

2. 找准新鲜点,精选重音

长句子处理时如果新鲜点、重音过多的话,会分散受众的注意力,造成语意的模糊。

10月2号,联合国安理会通过决定,没收伊拉克在海外的价值约10亿美元的与石油有关的财产,用以赔偿伊拉克入侵科威特时受害者的损失和支付联合国派往伊拉克的武器检查小组的费用。

这个句子中重音是"没收",次重音"赔偿"与"支付"。如果将"赔偿"与"支付"加重到"没收"的分量处理,语流便不轻松了。倘若再加上几个着力点"石油""受害者""检查小组",整个句子就僵直架起,不但播起来费劲,语意也不清晰。

3. 厘清语法关系,明确语句目的

据印度尼西亚负责营救工作的官员说,20号午夜过后,从沙特阿拉伯开往日本的一艘9.5万吨的油轮和一艘在巴拿马注册的2.7万吨集装箱船,在马来西亚和印度尼西亚的苏门答腊岛之间的狭窄而又繁忙的马六甲海峡不慎发生碰撞。

这个句子的处理难点在于"碰撞"的地点状语过长,很容易导致播报时气息不够用,而停连的设计就是要将它们合理地分解开,避免被动换气造成语法关系、语意含混。首先要使介词"在"语势扬起,造成悬在半高处等待的态势,以便与"马六甲海峡"承接,然后再将"马六甲海峡"的较长的定语分解成地点和状态两部分。也就是:

据印度尼西亚负责营救工作的官员说,| 20号午夜过后,| 从沙特阿拉伯开往日本的一艘9.5万吨的油轮 | 和一艘在巴拿马注册的2.7万吨集装箱船,| 在/马来西亚和印度尼西亚的苏门答腊岛之间的 | 狭窄而又繁忙的/马六甲海峡 | 不慎发生碰撞。①

---

① 高蕴英:《教你播新闻》,中国广播电视出版社2005年版,第61页。"|"为停顿,"/"为就气、偷气等不明显的换气方式。

训练及提示

训练材料 1. 新鲜感训练

【训练提示】以下材料是一组简讯,简讯是新闻媒体中使用便捷、应用广泛的报道形式,用最经济的文笔,简明扼要、一目了然地把新近发生或发现的有社会意义的事情迅速报告给听众。它一般不交代事情发生的过程或背景,不触及相关事物,不苛求五个 W 俱全,主要是告诉读者发生了什么事,有了什么结果。这类新闻对于初学者练习"播出新鲜感"非常有用。

1. **大庆台消息：**大庆市今年紧抓建立诚信平价药店,在已经建立了 18 家诚信平价药店的基础上,又新增加了 11 家诚信平价药店,同时扩充了 50 个品规的平价药品,并对 29 种平价药品价格进行了调整,使百姓吃上质量放心、价格可以接受的药品。

2. **甘肃台消息：**甘肃省尕海湿地出现恢复性增长,湖泊面积增加到 20 多平方公里,国家一级保护动物黑鹳由 2004 年的不到 10 只增加到了今年的 126 只,专家认为这可能是目前国内发现的最大的黑鹳种群。

3. **贵州台消息：**贵州省制定 2007 年企业工资指导线,工资增长基准线为 15%,上线为 20%,下线为零增长或负增长,工资分配应向一线普通职工及技术工人倾斜。

4. **河南台消息：**河南省"网上信访"系统昨天正式开通。今后,如果群众要向党委、政府反映情况,可直接登录河南省信访局网站,点击"网上信访"进入系统,用自己真实的信息注册后,即可表达诉求或查询办理情况。

5. **湖南台消息：**湖南省政府计划每季度对公共娱乐场所从业人员进行一次艾滋病检测。据专家估计,湖南全省实际感染者可能有两万至三万人。目前,湖南省 122 个县市区已有 119 个报告了艾滋病病毒感染者。

6. **上海台消息：**近日,上海首次制定并公布了《建筑工程施工劳务工计价指南》。农民工可以依据《指南》进行劳务报酬计算。该《指南》中 14 个工种的人工成本是综合今年上半年的市场情况得出的,其中最低的是普工,日工资为 38 元,最高的为装饰木工,日工资为 58 元。农民工的计价指南每三个月会在建筑业管理部门的网站上更新一次。

7. **辽宁台消息：**辽宁省近日叫停乳制品的捆绑、搭赠、特价等销售行为,禁止低于成本价的倾销,取消特价、降价销售;对于已经超过保质期二分之一时间的产品,其销售价也不得低于成本价;鼓励优质优价。

8. **陕西台消息：**昨天凌晨 3 点左右,一辆装满液化气的湖北武汉气罐槽车,途经渭南城区一铁路桥涵洞时,车顶一安全阀门撞上涵洞损坏,导致车上拉运的 20 多吨液化气发生泄漏。截止到昨天 19 点记者发稿时,抢险人员尚未撤离现场,事故还在处理中。

9. **新疆台消息：**7 月 26 号以来,新疆伊犁、阿勒泰、阿克苏等多处地方遭受山洪袭击,造成部分河道积淤,堤坝和农田冲毁,电力设施、公路受损中断,千余名旅客滞留。

灾情发生后,新疆各地党委、政府高度重视,及时发出防洪预警并派相关部门人员到各防洪点24小时严密监视洪水情况,展开损毁设施的抢修工作,及时把受灾群众疏散撤离到安全地点。

10. **湖北台消息**:湖北省民政厅昨晚通报,7月27号,湖北省武汉市黄陂、江夏、汉阳等七区,洪湖市、赤壁市、嘉鱼县、咸安区遭受风雹袭击,造成全省37.45万人受灾,因灾死亡10人,伤病323人。湖北省民政厅昨天上午已派出两个工作组分别深入到黄陂区和洪湖市核查灾情,协助和指导地方开展救灾。

训练材料2. 导语训练

【**训练提示**】以下是一组新闻的导语,播报时要抓住重点,注意播报的走势,切忌平。

1. 中国人民银行最近宣布,将从8月15号起上调存款类金融机构人民币的存款准备金率。从目前的11.5%上调到12%。这已经是央行今年第六次上调存款准备金率了。

2. 中国人民银行日前下发通知,要求各金融机构积极推动生源地助学贷款业务,做好家庭经济困难学生助学贷款工作,确保符合条件的国家助学贷款按时足额发放。

3. 国家环保总局、中国人民银行、中国银监会近日联合出台政策,对不符合产业政策和环境违法的企业和项目进行信贷控制,以绿色信贷机制遏制高耗能、高污染产业的盲目扩张。

4. 今后出现食品安全问题,不但要追究制售者的责任,还要追究政府主管部门的责任。北京市食品安全委员会日前正式出台文件,即日起生效。

5. 教育部日前表示,学校把招生指标分解下达给全体教师,并将完成情况与教师工资挂钩,这一做法是不妥的,违反了国家有关招生规定。

6. 代课教师将退出重庆历史舞台。重庆市政府日前决定:采用招考方式,从代课教师中招聘8 000名公办教师,所有招聘的公办教师将在9月份正式上岗。

7. 继出台"一老一小"医疗保险政策之后,北京市又准备把残疾人员和有劳动能力但还没有医保的这两类人员纳入医保范畴,这样就能使北京市实现城镇医保政策全覆盖。

8. 甘肃省卫生和计划生育委员会昨天透露:17号甘肃玉门市确诊一例鼠疫病例,151名密切接触者被隔离。截至昨天下午,被隔离者都没有发现异常,没有出现新发鼠疫患者,相关防控工作正在科学有序进行。

9. 针对当前价格总水平上涨较快、市场价格行为不规范等问题,国家发展和改革委员会近日发出通知,要求各地严格控制政府提价措施的出台,审慎采取价格干预措施,规范市场价格秩序,妥善安排低收入群体的生活,切实做好稳定价格总水平的工作。

训练材料3. 叙事清楚训练

【训练提示】以下这组新闻,有的导语、主体、背景、结尾俱全,有的会欠缺某一部分,有的篇幅较长,长句、难句较多。播读前请认真分析稿件,读懂稿件内容,积极联系背景,把握舆论导向。播音时做到思路清晰、叙事清楚。

1. **本台消息**:经习近平主席和中央军委批准,解放军四总部日前印发《关于军队贯彻落实〈党政机关厉行节约反对浪费条例〉的措施》,并发出通知,要求全军和武警部队认真抓好落实。

《措施》在充分体现《党政机关厉行节约反对浪费条例》规定精神的基础上,结合新的形势任务和军队实际,对优化军事资源配置利用、严格经费管理使用、从严控制因公临时出国(境)和国内差旅、进一步规范公务接待、严格公务用车管理使用、着力精简会议活动、规范和清理办公用房等作出全面部署。《措施》强调,要深入学习领会习主席关于厉行勤俭节约、反对铺张浪费的一系列重要指示,深刻认识厉行节约反对浪费的极端重要性和现实紧迫性,增强贯彻落实《党政机关厉行节约反对浪费条例》的政治自觉和行动自觉。

2. **央视网消息**:2013年12月31号,参加为运输叙利亚化学武器船只护航任务的中国海军舰艇,起航赴地中海集结,这也是中国首次参与此类护航。外交部副部长李保东在接受本台记者专访时表示,中国军舰顺利起航,体现中国对维护国际和平与安全的担当。

当地时间12月31号16时,中国海军第16批护航编队导弹护卫舰——盐城舰,从沙特吉达港起航,赴地中海为运输叙利亚化学武器的船只护航。抵达塞浦路斯利马索尔港后,盐城舰将与其他国家舰艇会合并开展针对性准备工作,之后将根据销毁叙利亚化学武器工作进程展开护航行动。

外交部副部长李保东表示,叙利亚化学武器问题从几个月前的剑拔弩张,到今天达成销毁和护航方案,充分证明对话协商是解决国际安全问题的有效手段,和平解决争端符合各方利益。中国军舰顺利起航,体现了中国作为安理会常任理事国,对维护国际和平与安全的担当。

根据2013年9月禁止化学武器组织和联合国安理会分别通过的销毁叙利亚化学武器决定和第2118号决议,叙利亚化学武器将由叙利亚国内转运至美国化学武器销毁船进行销毁。中国、俄罗斯、丹麦、挪威等国将分别派出军舰为运输叙利亚化学武器船只护航。

3. **本台消息**:布鲁塞尔时间今天上午9点,北京时间今天下午3点,欧元区领导人峰会在比利时布鲁塞尔闭幕,各方就希腊债务问题达成一致。欧元集团主席戴塞尔布卢姆说,欧元区领导人一致同意将与希腊开启第三轮救助协议的谈判。

欧元集团主席戴塞尔布卢姆、欧洲理事会主席图斯克和欧盟委员会主席容克在会议结束后召开联合新闻发布会,宣布了债权人与希腊就债务问题达成协议的具体内容,包括希腊不会退出欧元区,欧元区领导人将与希腊开启第三轮救助协议的谈判,并愿意向希腊提供"欧洲稳定机制"的贷款。欧元区与希腊的第二轮救助协议原定于今年6月底到期,救助金额约为2400亿欧元。

不过欧元区向希腊政府提出条件,要求希腊新救助协议草案在议会正式通过成为法律。希腊政府9号向债权人提交了一份为期3年的新救助协议草案,包括税制改革、养老金改革、行政管理改革和私有化等方面的内容,以换取欧元区535亿欧元的救助资金。

德国总理默克尔随后也召开发布会说,根据德国等债权人提出的要求,希腊需改进和细化其新救助协议草案,内容包括出售500亿欧元的国有资产用于还债。默克尔还强调,目前希腊政府的首要任务,是与欧元区其他国家重建信任。

训练材料 4. 整组新闻训练

【训练提示】以上的训练我们是就单条的新闻进行的,但是仅掌握"这一条"的播法还不行,还需要具备熟练掌握整组新闻的播报和驾驭整个新闻栏目的能力。由于内容多、信息量大,加之备稿时间紧,播报整组新闻要注意新闻的编排规律,不能把注意力仅集中在单篇的稿件上,而要注意集群的关联和转换。整组新闻训练不是把若干稿件简单机械地拼凑在一起,而是按照编排的意图,将一篇篇稿件组合成一个有机的节目整体,播报时注意有点有面,有轻有重,疏密有致。

整点快报

每时每刻关注新闻,各位好,这里是北京新闻广播正在为您直播的《整点快报》。我是××。先请听最新的天气情况:

今天下午多云间阴,北转南风2~3级,最高气温32℃。

好,下面请听一组与本市有关的新闻,先向您介绍一下这次节目的主要内容:

——北京市统计局、国家统计局北京调查总队今天公布了上半年全市国民经济发展主要统计指标;

——市人大将为食品安全立法;

——市红十字会呼吁救灾募捐。

下面请听详细内容:

新闻广播记者肖朝阳报道:北京市统计局、国家统计局北京调查总队今天公布了上半年全市国民经济发展主要统计指标。

其中备受关注的居民消费价格指数,上半年本市与上年同期相比为100.8%,大大低于全国的平均水平。同时工业品出厂价格同比指数为99.8%。

在工业发展方面,今年上半年全市规模以上工业实现增加值909.1亿元,增长速度为13.6%;上半年全市全社会固定资产投资保持平稳,实现1387.5亿元,增长速度为14.9%;同时全市社会消费品零售额为1818.4亿元,增长速度为14.9%,表明社会消费品规模在本市已超过固定资产投资规模,经济发展趋于健康、成熟。

此外,今年上半年全市城镇居民人均可支配收入实现11 242元,增长速度为

14.7%；农民人均现金收入上半年实现 5 586 元，增长速度为 10.5%。

《食品安全条例（草案）》今天提请市人大审议，第一次将本市的食品监管纳入了法制管理。请听新闻广播记者晋旭发来的报道：

（出现场报道……）

（间隔乐）

现在是北京时间××点××分，您现在收听的是北京新闻广播正在为您直播的《整点快报》，接下来请继续收听新闻：

北京市红十字会响应中国红十字会总会的号召积极为遭受自然灾害袭击地区开展救灾募捐工作。

今年入汛以来，我国部分地区遭受不同程度的自然灾害，本市平谷、大兴、昌平、顺义等远郊区县也遭到风、雹等自然灾害的袭击。目前灾区急需粮食、衣被、环境和饮用水消毒剂、药品及生活用品。

北京市红十字会向社会各界发出紧急呼吁，发扬中华民族传统美德，积极参与为灾区募捐活动，为受灾群众奉献一片爱心。

北京市红十字会已经公布了募捐户名、捐赠网址和联系电话等信息。

昨天 9 点前，市教育考试院公布了本市高招本科二批剩余计划情况，有 236 个招生计划等待二本线下 10 分以内没有被录取考生补报，其中理科剩余 131 个招生计划，文科剩余 105 个招生计划。参加二本第二次补录的 41 所院校中没有在京院校。此外，文科剩余 3 个计划的北方民族大学只招收少数民族考生。

（热线曲）

今天早上 8 点半左右，朝阳区香河园路发生了一起交通事故，听众王先生从现场打来电话说：

（出录音：50 秒）

据了解，上午 10 点左右，事故现场基本处理完毕。

好，听众朋友，如果您也发现了有价值的新闻线索，现在就可以拨打新闻热线 65159063，早 7 点到晚 8 点，我们期待您的来电。

以上是这一时段的新闻，下面请听最新的路况和天气信息。

（播报路况）

（《气象快报》栏目曲）

在节目的最后为您介绍一下北京市专业气象台今天中午 11 点钟特为本台提供的天气预报：

从最新的气象卫星云图上看到，今天本市天空云量较多，加上空气湿度偏大，天空有轻雾笼罩，大气透明度不太好，影响了光照，当然预计最高气温仍会超过 30℃，中午前后依然比较闷热，适当的防暑降温还是必要的。

具体预报是这样的：

今天下午多云间阴，北转南风 2～3 级，最高气温 32℃。

今天夜间多云间阴，南转北风 1～2 级，最低气温 23℃。

编辑××,主播××,感谢您收听这一时段的《整点快报》,欢迎收听新闻广播稍后的节目。

(稿件提供:北京人民广播电台)

新闻和报纸摘要节目(节选)

今天是7月3日,星期四,农历六月初七。北京雷阵雨,30℃到23℃。以下是内容提要。

中共中央办公厅印发《2014—2018年全国党员教育培训工作规划》,用5年时间对全国基层党员普遍进行教育培训;

习近平会见美国前财长保尔森;

李克强主持召开国务院常务会议,部署严肃整改审计查出的问题,确定促进旅游业改革发展的政策措施;

《绿色中国行动》终结思考篇:录音述评《让青山作证——中国护绿,绿护中国》;

北京鼓励和引导利用闲置度假村、培训中心建设养老机构。专家表示,整合公共资源办养老一举两得;

中联航在国有航空公司中首家转型为低成本航空公司;

价值观好声音:77次无偿献血者罗智获得大量社会捐款战胜重病,善人者,人必善之;

今天西南、江南暴雨如注;

日本最新民调显示,安倍内阁不支持率创新高,解禁集体自卫权未获日本民众理解和认同;

《人民日报》发表署名文章:《不能任由日本肆意冲击国际秩序》;

以下是详细内容。

《2014～2018年全国党员教育培训工作规划》印发

中共中央办公厅近日印发《2014～2018年全国党员教育培训工作规划》,并发出通知,要求各地区各部门结合实际认真贯彻执行。

根据《规划》,从今年开始,用5年时间,在深入开展党的群众路线教育实践活动、切实加强经常性教育的基础上,对广大基层党员普遍进行教育培训,不断增强党的生机活力。基本原则是:坚持围绕中心、服务大局;坚持服务党员、按需施教;坚持联系实际、学以致用;坚持基层为主、上下联动;坚持继承创新、注重实效。

《规划》提出,坚持以理想信念为重点,开展主题教育培训,包括中国特色社会主义理论体系和中国梦教育培训、党章和党性党风党纪教育培训、党的路线方针政策和形势任务教育培训、业务知识和职业技能教育培训。要针对不同领域特点,开展分类教育培训。要重视开展基层党组织书记培训、农村党员远程教育培训、非公有制经济组织和社会组织党员培训、新党员培训、流动党员培训、边疆民族地区基层党员教育培训和党员创业就业技能培训。

《规划》要求改进方式方法,创新载体手段,开发整合资源,加强制度和学风建设,增强党员教育培训的针对性、实效性。

国家主席习近平会见美国前财长保尔森

国家主席习近平昨天会见美国前财长保尔森。习近平强调,中国一贯从战略高度和长远角度看待和处理中美关系,不因一时一事而改变。两国的共同利益和相互联系远大于差异和分歧。

发展中美关系,双方要按照我同奥巴马总统就构建中美新型大国关系达成的重要共识,始终坚持增进和积累互信,扩大利益契合点,加强合作,多栽花、少栽刺,排除干扰,避免猜忌和对抗。

习近平表示,中国的国情决定了我们必须坚持中国共产党的领导,坚持走符合中国国情的中国特色社会主义道路,这是历史的必然和人民的选择。我们要维护国家的统一,不断推进改革,加强党的建设,实现国家发展,让13亿中国人民都过上幸福美好的生活。

为此,中国需要营造和平稳定合作的外部环境。我们将坚持走和平发展道路,承担与自身国力相适应的国际责任和义务。希望美国客观认识中国的基本国情和内外政策。双方要充分发挥中美战略与经济对话等机制的作用,加强沟通,探讨合作,善作善成,为中美关系不断凝聚和注入正能量,为两国人民不断带来看得见的成果。

国务院常务会议部署严肃整改审计查出的问题

国务院总理李克强昨天(2日)主持召开国务院常务会议,部署严肃整改审计查出的问题。会议指出,2013年度中央预算执行和其他财政收支审计报告向社会公布。对审计查出的问题,一要不折不扣坚决严肃整改。各相关部门和单位"一把手"是整改的第一责任人,要列出整改任务清单,排出时间表,实行对账销号,10月底向国务院报告整改情况,并在向全国人大报告后对社会公布。二要通过整改促进稳增长、调结构。一方面要盘活趴在账上的存量资金,切实使宝贵资金用在刀刃上。另一方面要促进"脱实向虚"的信贷资金归位,更多投向实体经济,有效降低企业特别是小微企业融资成本。三要着力构建长效机制。克服屡审屡犯的"牛皮癣"。从公开透明的预算制度入手,推动建立现代财政制度。进一步简政放权,将适合地方管理的事项连同项目确定权和相关资金分配权一并下放。建立和落实决策审批终身责任制、执行监督连带责任制,依法规范财政收支行为。

会议确定促进旅游业改革发展的政策措施,要求着力推动旅游开发向集约节约和环境友好转型,旅游产品向观光、休闲、度假并重转变,旅游服务向优质高效提升。

会议决定,在国家自主创新示范区和自主创新综合试验区选择部分中央级事业单位,开展为期一年的科技成果使用、处置和收益管理改革试点,允许试点单位采取转让、许可、作价入股等方式转移转化科技成果,所得收入全部留归单位自主分配,更多激励对科技成果创造作出重要贡献的机构和人员,进一步调动科技人员创新积极性。

我国形成现代财税体制基本框架

经过20年的不断调整和完善,我国形成了适应社会主义市场经济发展要求的现代财税体制基本框架,实现了经济发展和国家财力快速增长的双赢。

1994年我国推行的财税体制改革,将税种统一划分为中央税、地方税和中央地方共享税,其中国内第一大税种的增值税由中央和地方按照75∶25分成,中央财政获得了更大的财源。20年间,我国的税制不断得到完善:2002年,所得税收入分享改革,完善了分税制;2006年,取消农业税;2008年,内外资企业的所得税率统一为25%;2008年,修订个人所得税法;2009年,全面启动增值税转型改革;2009年,实施成品油税费改革;2011年,启动原油、天然气资源税从价计征改革;2012年,试点启动营业税改征增值税。

税制完善的同时,国家财力不断增强。2013年,全国财政收入十二万九千多亿元。1994年改革之初,中央政府可以用作转移支付的财源只有几百亿元,如今已超过4万亿元。

绿色中国行动《让青山作证——中国护绿,绿护中国》

半个多月来,中央人民广播电台《绿色中国行动》报道组行程4万公里,足迹遍布全国16个省区市,用话筒记录我国青山再造的生态实践,直面生态环境隐忧,绘制青山绿地生态版图。以下是终篇思考:录音述评《让青山作证——中国护绿,绿护中国》。

(出录音)

各位听众,今晚9点,国家林业局退耕办主任周鸿升做客中央台,将在中国之声《政务直通》节目与听众共同探讨建设绿色中国的热点问题,欢迎收听。

北京将鼓励引导闲置度假村、培训中心等建养老机构

北京市将鼓励和引导利用闲置的度假村、培训中心建设养老机构。专家表示,整合公共资源办养老,是一举两得的双赢思路。

据有关方面粗略统计,目前北京有百余家度假村、培训中心处于半闲置状态。而另一方面,养老机构又严重不足。北京市民政局副局长李红兵表示,民政部门愿意支持引导这些闲置资源转型为养老机构,"不论原来是培训中心,还是厂房,首先前提是按照市场的方式,转化为养老的服务设施或者机构。我们都会帮助他们,协调相关部门,比如国土部门。它一般需要转化相应的土地性质,变为养老服务的专项用地。对于后期养老设施的建设和运营,我们会先期提供指导性的帮助。"

以最早做商务会议为主的北京九华山庄为例,如今已有不少区域转型成养老院。北京九华养老产业投资发展有限公司总经理张银说:"最早做的时候我们是新盖的楼做养老。到'国八条'出来之后,我们肯定也受到了影响,然后我们把富余出来的酒店客房,转型做养老。我们现在一期里面,800间房有500套是改的。"

张银表示,随着一系列政策的出台,他们的经营越来越轻松了,"比如在医保资质申请方面,在申办养老院许可证方面,包括一些税费的减免、一次性的补助,对我们转型在做这个的企业来说,帮助很大。"

中国人民大学公共政策研究院副院长毛寿龙认为,整合现有公共资源办养老,是双赢的做法,"新建养老场所投资是很大的,要征地、盖房子等等。另外,疗养的地方基本很偏僻,如果要进行商业化运作、搞活也很难。如果有现成的公共资源可以整合下,这是很好的。"

东航旗下中联航宣布转型低成本航空公司

东航旗下中联航昨天宣布转型低成本航空公司,成为首家在国内涉足低成本航空业务的国有航空公司。

中联航的总裁张兰海表示,中联航的机票价格会以往票价的20%至40%。进入低成本航空公司的大门,中联航能否成功控制住成本?中联航董事长唐兵说:"可能有一些新的变化,比如说乘务员在飞机一人多岗,乘务员都穿着T恤衫、牛仔裤。餐食,可能有些人想吃得好一点就要付费了。"

有媒体报道,三大航平均下来,每运送一位旅客仅获利30.5元。有观点认为,传统航空公司净利润已经如此微薄,廉价航空难逃赔本赚吆喝的命运。但中国民航管理干部学院经济管理系教授李小群表示并非如此,"整体来说,整个航空公司的利润率保持在3%左右的水平,廉航的利润率比一般的更高,它的成本更低。"

倾听新疆:新疆大力发展少数民族教育

山鹿亚·艾合买提江是新疆伊宁县多浪农场普通农民的孩子。2010年,他第一次走出大山,到青岛市崂山区第二中学内地新疆高中班就读。今年,他以近600分的高考考分报考了上海复旦大学的技术科学实验班,"因为有那么多人关注我、支持我,才让我完成了学业,让我学会了感恩,我要为发展新疆、建设新疆、繁荣新疆贡献力量。"

从2000年起,国家在14个发达省市的93所学校兴办内地新疆高中班,免除贫困学生学费、住宿、伙食费,各地的内地新疆高中班学生暑假都可以免费坐火车回到乌鲁木齐。自治区"内地新疆学生工作办公室"刘婧说:"11届3.4万多名内地新疆高中班毕业生中,超过95%顺利升入内地高校学习,今后扩招保持在1万,国家和办班省市、办班学校会足以保证年内高中班的扩招,从人力、物力、财力各方面予以保障。"

在发展少数民族教育过程中,国家强调学习国家通用语言与本民族母语并重。2004年起,新疆全面开展双语教学,覆盖各个学段。新疆双语教学领导小组办公室副主任戴翔说:"围绕教材双语教学资源,我们正在建新疆远程教育网,把我们所有优质的教育教学资源全部传到网上。网络覆盖不到的,通过光盘的形式覆盖到学校。"

去年起,新疆在全国率先拨付用于农村学龄前儿童的每年720元的生均公用经费和每天4.5元的伙食补贴,保障40多万各族儿童的幼儿园学前教育;今年起,又实施南疆三地州高中教育免学费政策,让更多贫苦地区学生接受高中、大学教育。

(稿件来源:央广网)

训练材料5. 新闻直播训练

【训练提示】广播新闻的播报已经进入"直播时代",在直播新闻的过程中,播音员主持人不仅肩负着播报任务,还需掌控节目片头、片花、音响播放等操作环节,有时还需负责现场连线、直播间采访、点评等任务。下面是2015年3月15日中国之声《新闻纵横》节目的直播流程和主要内容,大家可以参照此节目进行直播的训练。

2015年3月15日《新闻纵横》7:00~8:00直播文案

[7点整点报时+天梭广告(自动弹)]

[中国之声 大开(自动弹)]

[《新闻纵横》开始曲 工作站(自动弹)]

[燕京王朝、英利赞助广告(自动弹)10秒]

(推《新闻纵横》提要衬乐)

男:《新闻纵横》,追问新闻!早7点到9点,每天两小时,为您追问新闻答案。我是××。

女:我是××。今天是2015年3月15号,星期日。下面一小时《新闻纵横》为您追问以下新闻答案:

男:《问今晨》:智利森林大火持续蔓延,两座城市遭威胁,宣布进入紧急状态。

女:《问焦点》:缅甸军机炸弹落入中方境内致4死9伤,我方要求缅甸严肃认真对待此事,严惩肇事者。

男:《做客中央台》:专访国家卫生计生委副主任王培安,二孩政策会否全面放开?老年人如何实现老有所养?

女:《和代表委员聊一聊》:全国人大代表、中国工程院院士王梦恕,实话实说聊高铁。

男:《提案议案放大镜》:飞机上威胁航空安全的"空闹"事件频发,人大代表提建议,"空闹"现象怎么治理?

女:《直通北上广》:个税免征额是否应提高?什么样的税制更公平?

男:《问环球》:英国要加入亚洲基础设施投资银行,美国翻脸,多国动心,身处欧洲金融中心的英国为什么青睐亚投行?

女:节目进行中,您可以通过中国之声在腾讯和新浪的实名微博参与互动。您也可以通过搜索微信公众号"新闻纵横",关注节目精选内容。

(广告1 1分04秒)

(《新闻纵横新》片花1 素材库早间部)

女:《新闻纵横·问今晨》。现在是北京时间清晨7点××分,智利首都圣地亚哥时间晚上8点××分。我们先来关注智利瓦尔帕莱索的森林大火。

男:当地时间13日,智利中西部的港口城市瓦尔帕莱索附近森林发生火灾,火势在当天晚间失去控制,火势正向瓦尔帕莱索市和相邻的比尼亚德尔马市逼近。超过1200英亩(约485公顷)的土地还在燃烧。

女:瓦尔帕莱索是智利的第六大城市,其旧城区在2003年被联合国教科文组织列为世界文化遗产,并被国家命名为"智利的文化首都"。而现在,这座历史名城正面临着熊熊大火的威胁。

男: 据当地媒体报道,大火始发于瓦尔帕莱索市外的一个非法垃圾场,后借风势迅速蔓延并波及这两座城市。5000多名居民被迫紧急疏散,智利政府已宣布这两座城市进入紧急状态。详细情况我们马上连线新华社驻智利记者冷彤。

(电话连线)

女:《新闻纵横》,追问新闻。我们首先来关注一组昨夜今晨的最新消息:

(待补充)

女: 中国之声正在直播,稍后,《新闻纵横·问焦点》:缅甸军机炸弹落入中方境内致4死9伤,我方要求缅甸严肃认真对待此事,严惩肇事者。

(广告2　1分48秒)

(《新闻纵横新》片花1　素材库早间部)

男:《新闻纵横·问焦点》。13号下午,缅甸军机炸弹落入中方境内,造成云南省临沧市耿马县孟定镇大水桑树村正在甘蔗地作业的无辜平民4死9伤。

女: 事发在当天下午4点半左右,3发炮弹落在甘蔗地里,不幸遇难的包括一对年轻父子。其中20多岁的村民小名小枣,以拉甘蔗为生,与他一起遇难的是他的儿子。事发后,当地政府立即派出医护人员展开救治,边防武警也立即做出反应,封锁现场。

男: 外交部副部长刘振民13日晚紧急召见缅甸驻华大使提林翁,就缅军机炸弹造成中方人员死伤提出严正交涉。刘振民指出,缅甸军队同缅北果敢地区有关武装团体在中缅边境地区持续交火,酿成缅军机炸弹落入中方境内,造成中方无辜平民死伤事件。中方对此表示严厉谴责,敦促缅方对事件进行彻底调查并向中方通报结果,严惩肇事者,妥为处理善后事宜,并立即采取有效措施,杜绝类似事件再次发生,切实维护中缅边境地区安全稳定。

男: 昨天一早,中国空军新闻发言人申进科上校对此事做出回应表示,中国空军将采取措施加强中缅边境空中应对行动,密切关注空勤动态,维护国家领空主权。

(28秒　早间播出库)

女: 昨天下午,中央军委副主席范长龙与缅甸国防军总司令敏昂莱就缅军机炸弹造成中方人员伤亡紧急通话。范长龙说,近期,中缅边境地区多次发生缅军机越境,缅军炮弹航弹落入中方境内,造成中方人员伤亡和财产损失的严重情况,中国人民对此反应强烈。范长龙指出,缅方要认识到问题的严重性,严肃认真对待此事,严惩肇事者,向死伤者家属道歉并赔偿,向中方作出交代。范长龙明确要求,缅军高层要严格管控约束部队,绝不能再次发生此类事件。否则,中国军队将采取坚决果断措施,保护中国人民生命财产安全。敏昂莱表示,缅方理解中方感受,将尽快派人与中方一起进行认真调查,妥善解决问题,追究相关人员责任。缅军愿与中方一道全力推进两国两军友好合作。范长龙强调,希望缅方从维护中缅两国两军关系大局出发,妥善处置有关事件,共同维护中缅边境地区安全稳定。

女: 缅北果敢地区冲突已持续一月有余。3月8号,缅甸政府军与当地民间武装发生武装冲突时,有流弹落入中方一侧,造成一处民房受损,所幸没有造成人员伤亡。

女: 中国之声正在直播,稍后,《新闻纵横·做客中央台》:专访国家卫生计生委副主任王培安,二孩政策会否全面放开? 老年人如何实现老有所养?

(广告3 1分58秒)

(《新闻纵横》新片花1 素材库早间部)

男: 14日中午,国家卫生计生委副主任王培安应邀到直播间参与中国之声"两会"特别节目《做客中央台》,作为分管计划生育和家庭发展的负责人,何时会全面放开二孩政策? 老百姓可不可以自主地选择孩子的出生地,并且不用为出生证来回奔波? 中国的老龄化现状究竟该如何应对? 这些是他被问到最多的问题。在《做客中央台》节目中,王培安对这些焦点、热点问题进行了一一回应,请听中央台记者冯会玲的报道。

(录音 5分02秒 早间播出库)

(《和代表委员聊一聊》栏目曲 9秒 策划部播出库)

男: 说起全国人大代表、中铁隧道集团副总工程师、中国工程院院士王梦恕,离不开一个关键词:高铁。

女: 因为王梦恕从事铁路工程科技工作已经有半个世纪,他在隧道和地下工程领域的研究,成就了中国高铁建造的关键技术之一;当然,关于他的话题也有争议,因为他敢于直言,表明自己的观点,经常引起争议。比如,他曾表示不是高铁票价高,而是居民收入低;甚至他还曾反对地铁安装屏蔽门。

男: 今天的《和代表委员聊一聊》,来听中央台记者姚轶滨、管昕、何源对全国人大代表王梦恕院士的独家专访。

(录音 3分 早间播出库)

男: 随着高铁开通的线路越来越多,高铁不仅送来了思乡的亲人,而且为沿线城市带来了新的经济发展机遇。

女: 的确,过去咱们一提到"中国制造"想到的就是位于产业链下游的各种代工厂,随着高铁技术的发展和创新,近年来,高铁已经成为我国领导人出访时必带的一张"中国名片"。希望正如王梦恕院士说的那样,有一天当人们提到高铁,首先想到的就是中国。

女: 中国之声正在直播,稍后,《提案议案放大镜》:飞机上威胁航空安全的"空闹"事件频发,人大代表提建议,"空闹"现象怎么治理?

(广告4 2分30秒)

(《新闻纵横》新片花1 素材库早间部)

(《我们的节日春节—春天小事》 1分07秒 策划部播出库)

男: 之前听说过"医闹",最近几年,"空闹"越来越频繁地被大家提起、使用,成了一个新名词。所谓"空闹",是指在飞机上吸烟、打架、滋事等非法干扰行为和因航班延误等矛盾问题引发的违规行为。去年,我国发生在飞机上不遵守航空秩序的案例近1万起,不仅对航空安全造成极大威胁,也给其他旅客造成了诸多不便。

女: 对此,全国人大代表、东方航空集团党组书记马须伦表示,针对近年来频繁出现的"空闹"现象,国家应尽快修订相关法律,加大处罚力度。为什么"空闹"现象屡禁不止?如何做才能彻底根治"空闹"?请听中央台记者刘祎辰、吴善阳的报道。

(录音　3分55秒　早间播出库)

(《新闻纵横》新片花1　素材库早间部)

男: 今年的全国"两会"进入尾声。有媒体对这期间的民生热点进行了梳理和分析,教育改革、住房保障、养老改革等都受到广泛关注,而最热的话题莫过于收入分配。

女: 在这次"两会"上,不少代表委员也提出了相关的提案议案。个税免征额该不该提高?按人头征收还是按家庭征收?什么样的税制更公平?昨晚,中国之声"两会"特别节目《直通北上广》关注收入分配话题。请听记者刘飞、白杰戈的报道。

(录音　3分56秒　早间播出库)

女:《新闻纵横》,追问新闻,接下来有请《新闻纵横》值班编辑崔天奇为您带来今天的《新闻面孔》。

(《新闻面孔》　4分　早间播出库)

女: 中国之声正在直播,稍后,《新闻纵横·问环球》:英国要加入亚洲基础设施投资银行,美国翻脸,多国动心,身处欧洲金融中心的英国为什么青睐亚投行?

(广告5　2分07秒)

(《新闻纵横》新片花1　素材库早间部)

男:《新闻纵横·问环球》。近日,英国向中方提交了作为意向创始成员国加入亚投行的确认函,正式申请加入亚投行,成为首个申请加入亚投行的主要西方国家。

女: 2014年10月24日,包括中国在内的首批意向创始成员国在北京正式签署《筹建亚投行备忘录》,共同决定成立亚投行。亚投行是专为亚洲量身打造的基础设施开发性机构,按照多边开发银行的模式和原则运营,重点支持基础设施建设,法定资本为一千亿美元。

男: 3月6日,财政部部长楼继伟在十二届全国人大三次会议举行的新闻发布会上说,目前已有27个国家表示要参加亚投行并作为创始成员国。楼继伟表示,亚投行不仅在区域内寻求创始成员国,也欢迎区域外的国家加入。

女: 作为美国的长期盟友,英国正式申请加入亚投行,在西方世界引起震动。美国官方发声,表示担忧。身处欧洲金融中心的英国为什么青睐亚投行?英国的"转身"又将对其他国家带来哪些影响?请听中央台记者苏铃的报道。

(录音　1分25秒　早间播出库)

女: 亚投行是由中方倡导、专为亚洲量身打造的基础设施开发性机构,总部将设在北京。2014年10月24日,中国、印度、新加坡等21个亚投行首批意向创始成员国在北京签署了《筹建亚投行备忘录》，随后印尼、新西兰等国家也陆续加入。在英国之前，已有27个国家表示要成为创始成员国。英国的加入打动了其他发达国家的心。继续来听报道。

（录音　2分51秒　早间播出库）

（7:57:47　定点广告　2分07秒）

（稿件来源：中央人民广播电台）

第五章 新闻评论节目播音主持

本章要点

1. 新闻评论播音主持的界定。
2. 新闻评论节目播音主持的特征。
3. 新闻评论节目的构成要素。
4. 新闻评论节目的形态。
5. 新闻评论节目播音主持的主要方式及要求。

第一节 新闻评论节目播音主持概述

本部分所谈及的新闻评论主要集中在广播电视领域特别是广播新闻评论范畴中，其所涉及的播音主持业务体现出明显的广播媒介特征。

一、新闻评论播音主持的界定

新闻评论播音主持是播音员主持人在节目中播发新闻评论、点评新闻事件或引入评论员及专业人士对新闻事件、社会现象、社会问题的态度、看法，进行评论的传播活动。

这一界定的理论来源主要有两个方面：

一方面来源于人们对广播新闻评论的看法。就广播新闻评论的本质而言，广播电台用以阐述自己对于新闻事件、社会现象、社会问题的看法和态度，具有新闻性和政论性特点的文章或话题，都可称为广播评论。它是新闻评论体裁与广播媒介结合的产物。[1]

另一方面则反映了目前新闻评论节目的发展状况。除了传统的由播音员主持人播发或发表的新闻评论、言论等节目形态外，如今有更多类型的评论员（专职或兼职）在直播或录播中出声发表对新闻事件和问题的看法，主持人则发挥其串联、引入、点评

---

[1] 赵玉明、王福顺主编：《广播电视辞典》，北京广播学院出版社 1999 年版，第 107 页。

等功能,他们共同完成新闻评论的播出工作。主持人与评论员互相合作,缺一不可。

此外,引申开来,由主持人整合音响、采访等素材,靠事实说话或以事实为依据进行的挖掘事实真相并表明观点态度的语言传播活动也属于新闻评论播音主持的范畴。

新闻评论节目在广播电台中所占地位至关重要,经常被人们视为新闻节目的重中之重,因为重要的新闻事件、社会现象和社会问题才有被评论的价值和意义。由于具有认识客观实际、指导社会实践和舆论引导、监督等社会功能,新闻评论这种体裁和节目样式越来越为各级广播电台所重视,成为新闻广播节目的重要构成要素,有的甚至独立构成一档新闻广播栏目。因此可以说,新闻报道是广播电视节目中的主体和基础,而新闻评论是其中的旗帜和灵魂。

从内容和所涉及的领域来看,新闻评论涉及政治、经济、军事、科技、文化、体育、文艺等方面。其中,涉及时政的新闻评论一直伴随着广播的发展,而文化、体育等评论则是在近年才逐渐加大分量的。

广播新闻评论及其播音主持工作在现代传播中起到了针砭时弊、弘扬正气、加强监督、引导舆论、达成共识的积极作用。

二、新闻评论节目播音主持的特征

新闻评论播音主持的特征包括其作为新闻评论的共性特征,也包括其作为广播新闻评论的个性特征。这是从其传播特征、节目特征、语言特征等角度归纳总结而来的。

就新闻评论的共性特征而言,它是一种政论性的新闻体裁,新闻性和政论性是其基本特征。

新闻评论作为新闻体裁,具有某些与消息、通讯等体裁一样的基本属性,这些属性人们统称为新闻性。[①] 新闻评论所论及的对象是当今社会生活中发生的重要新闻事件、现象、问题或倾向,及时发表新闻评论,是对社会发展走向、民众意愿表达和引导的关键。因此其新闻性体现在强烈的时效性和鲜明的针对性上。

新闻评论作为议论体裁,超出了消息资讯所特有的特征范畴。传统的新闻评论着重从思想、政治或伦理角度分析、论述问题,这是政论文区别于诸如学术论文、专业文章等其他论说体裁的特点,政论性是其核心特征之一。当然,随着广播电视评论节目的发展,其所涉及的领域越来越广泛,内容也越来越丰富,政论性评论也逐渐延伸到其他类型节目中,目前,除了政治领域以外,经济、军事、社会、民生、科教、文化、艺术、体育等领域中也存在着具有政论性的评论节目内容。

就广播新闻评论的个性特征而言,它是面对大众、诉诸听觉的新闻体裁,加之人们对新闻本质的认识和挖掘更加深入,其真实性、新闻性、意见性、音声性、大众性的特征也越来越突出。

第一是植根真实性。新闻的生命在于真实,无论是评论的由头还是作为论据的事

---

① 王振业、李舒:《广播电视新闻评论》(第二版),中国传媒大学出版社2009年版,第7页。

件及细节,都要以事实为基础。这就是为什么越来越多的新闻评论更加注重对现场音响、采访同期声的使用,越来越注重用事实说话的原因。

第二是突出新闻性。为什么要评论这件事或这一社会现象,为什么要在此时进行评论,都是因为该评论体现了突出的时效、准确的时机和恰当的时宜等特征,没有时效性的评论一般不纳入新闻评论的范畴。

第三是主题意见性。新闻评论要有鲜明的观点和态度,至少要有明确的意见走向和思考方向,要引起社会的重视、民众的关注并达成一定的社会共识,促进社会秩序的构建。即便新闻评论没有给出最终的定论和答案,也应引起受众共同的关注并形成良性的舆论环境。

第四是形态音声性。无论是播音员主持人播发新闻评论、发表观点或引入评论员的表达,还是采用现场音响和采访同期声,都需要将广播节目元素落实为诉诸听觉的音声,因此语言、音响、同期采访的可听性是广播新闻评论的重要外部特征。

第五是传播大众性。广播新闻评论及其播音主持通过声音元素对广大受众进行线性传播。受众构成的广泛性特点、听觉接收心理特点等制约要素,决定了广播新闻评论播音主持要做到内容准确、语意明确、表达简明,以便于听众接收和理解。传播的大众性特征要求广播电视语言传播要注重接收的方便性、深度的普适性,避免生僻、艰涩的传播内容。

第二节　新闻评论节目的要素及形态

从新闻评论节目的发展历程和节目构成演变角度看,该类节目脱胎于纸质报刊评论,从借助传统的平面媒体发展到借助广播电视的视听媒体,从单纯播发评论文章到兼有口头言论,从播音员主持人播发评论到邀请评论员和专家学者在节目中进行评点,从以传者为主体发表评论到以事实(现场音响、采访同期声)为主体呈现态度立场,新闻评论节目的形态有着一条渐趋丰富的发展轨迹。

一、新闻评论节目的构成要素

新闻评论节目不论形式如何发展变化,其核心要素无外乎两个方面。

第一方面是以新闻性作为其根本属性,因此新闻构成要素中的事实性、时效性及新闻价值依然是其必备要素。

事实性,表明其评论的出发点要以事实为基础,或以事实为由头和素材。离开事实,则脱离了新闻的根本。

时效性,表明其评论的时机要有时间观念,要反映当下的社会现实,有强烈的现实性和紧迫性。

新闻价值,表明其评论的意义价值所在,评论的事件足够重要,形成社会舆论的效果足够强烈。

第二方面是以论说为其核心要素,因此论点、论据、论证三项缺一不可。

论点,是新闻评论的核心内容,概括对所论述事件或问题的基本观点、态度、主张。节目中的论点可以有总分之说,作为评论的灵魂所在,论点要力求精练明确。

论据,是新闻评论中用来证明和说明论点的理由和事实。理由的展现方式是"讲道理",事实的展现方式是"摆事实"。广播评论因其新闻性特点的影响,较多地运用事实性论据,但事实的叙述及逻辑关联的表达则离不开"讲道理"的展示方式。

论证,是用论据证明或说明论点的过程和方法。论证的过程要做到逻辑严密,既要把握实质,又要避免断章取义,以偏概全。可以说,在论点明确、论据充分的前提下,论证的逻辑严密程度决定了评论的力度和水准。

除了以上核心要素外,广播评论节目播音主持的形式要素则包括播音员主持人、信息观点、嘉宾和评论员、记者、当事人、与事实有关的现场其他要素,等等。

不少广播评论节目是综合了以上核心要素和形式要素整合连缀起来的,节目中可以由播音员主持人直接发表评论,可以通过展示充分的事实论据来表明主张,可以由嘉宾和评论员提供更为广泛、更为权威的看法,可以用记者与当事人的交谈过程来层层展现观点,可以通过现场声音元素来加强事实的佐证力量,等等。

二、新闻评论节目的形态

根据节目构成要素及方式的不同,新闻评论节目形态可以分为以评论为主体的新闻评论节目和以评论为主线的新闻评论节目两大类。

第一种,以评论为主体的新闻评论节目。这类节目发展历史较长,基本贯穿了广播新闻评论节目发展的全过程,现在依然以传统形式及其变体存在。一般是以播音员主持人直接播发或发表言论为主,可以是对稿件的播读,也可以是脱稿的评论。如《人民日报》的人民时评《"城市的良心"需要制度支撑》[①]中有如下评论:

在破解城市内涝顽疾的道路上,或许最缺的不是资金和技术,而是那颗为城市繁荣、民众福祉深谋远虑的责任心。政绩观的转变,同样需要制度推动,改变唯GDP的考核方式,让做好地下管网这样的"隐性工程"变成"显性政绩",才能给城市管理者的政绩冲动找到合理的出口。

"下水道是城市的良心",100多年后的今天,雨果的这句名言仍有着现实的意义。经过暴雨的洗礼,各地可能会掀起地下管网改造热潮。但是,只有本着"功成不必在我任期"的观念,本着对公众负责、对未来负责的态度,才能从小打小敲走向标本兼治,真正做到"城市,让生活更美好"。

这部分内容在该评论中位于结尾处,采取的是明示观点的评论手法,更重视表明鲜明的观点,展示严密的逻辑力量,因此采取由播音员主持人播发的形式最为恰当和有效。

---

① 参见陈仁泽:《"城市的良心"需要制度支撑》,《人民日报·人民时评》2011年7月28日。

第二种,以评论为主线的新闻评论节目。这类节目在如今的广播新闻评论中大量存在,节目构成要素丰富多样,主持人、评论员、采访环节、现场音响等有机组合,体现出更强的真实性和现场感,说服力强。如广播述评《国企频繁制造"地王",为转型升级埋下"地雷"》[①]节目的部分内容:

(出录音:场上最高叫价18.9亿……压混……)

昨天(8月5日),在苏州市今年最大一场土地拍卖会上,位于吴中经济开发区的14号地块吸引了中海、华润、保利、双冠、栖霞建设等十几家地产企业的争夺。经过几十轮的鏖战后,19亿元的报价已经高出起拍价的一倍了。此时,拥有国企背景的保利地产和中海地产互不相让。势在必得的中海报出19.8亿元后,现场一片掌声。这也印证了中海发展(苏州)有限公司总经理张贵清在之前所说的一句话。

(出录音)

对于中海来讲,用赵本山的话来说,就是"不差钱"。

然而,保利地产随即报出19.9亿元,高出起拍价108%,夺得14号地块。今年苏州新"地王"也由此诞生。

(出录音:5、4、3、2、1,成交……掌声……)

值得关注的是,在制造苏州"地王"之前,保利分别以高价在重庆、北京、成都夺得三幅地块。保利房地产集团董事会秘书岳勇坚表示,高价拿地风险非常大,但拿不到地的话,压力更大。

(出录音)

土地的话,你超出一定的价格确实存在着比较大的风险。我们今年参加了30多次的土地拍卖,实际上我们只拍下了4块地。你发现你去投标每一块地你都拿不到,你也会有这个压力,你也会着急。

背景资料:保利只是"国企频造'地王'"这部大片的主演之一。来自《易居中国》的数据显示,今年4~6月,全国共拍出10个"地王",其中北京、上海、广州等一线城市新"地王"的买家都是国企。而在国资委分管的136家中央国有企业中,近七成涉足房地产,其中主营业务不是房地产的近80家,它们的主业分别是钢铁、医药、粮油、化工等。

著名经济学家郎咸平表示,为应对全球金融危机,国家实行了宽松的货币政策,银行在上半年就放出了7.37万亿的巨额信贷,资金空前充裕的国企纷纷加入到天价圈地的行列。

(出录音)

7.37万亿里面的40%左右是给以国有企业为主的企业。拿到这么多钱之后,它敢不敢投资实体经济,您想一想?投资环境恶化,产能过剩,它也不敢的。那它拿了这么多钱怎么办呢?圈地算了。

[①] 节目选自苏州市广播电视总台生活广播(FM96.5)的广播述评:《国企频繁制造"地王",为转型升级埋下"地雷"》,2009年8月6日播出。

这段广播录音述评既有来自土地拍卖现场的声音，也有竞拍人士、经济学家接受采访的回答，更有记者（此时相当于主持的角色）的串联述评，音响元素丰富，事实素材多样，各界声音表达充分，串联点评精当深刻。通过论点、论据及其论证的布局和各类音响元素的编排，使得节目的可听性得以加强。

第三节 新闻评论节目播音主持的主要方式及要求

从播音主持的角度来看，新闻评论节目有播发、主持、访谈、串接等传播方式，并分别对应某些特定的评论形态，从而构成了形式多样的广播评论节目形态。

一、以播发为主的方式

以播发为主的新闻评论节目播音主持的主要任务是完成既有评论稿件的有声语言转化工作，该任务重在对语言功力的锤炼。

此类评论稿件的主要类型有：时评（含短评）、思想评论、社论（本台评论）、评论员文章（本台评论员文章），等等。

时评（含短评），也就是时事评论，是指在广播中针对社会上发生的各类事件进行分析、发表观点。时评的内容涉及面广，可以是时事政治、经济动态、军事分析，也可以是社会民生、文化现象等等，由于其形式灵活多样，因此方便用于各种类别内容的评论。

思想评论，一般是由个人署名、着重分析当前的典型思想或社会思潮的文章。从内容角度讲，由于是就社会思潮、文化观念等范畴进行的评论，因此它并非严格意义上的新闻评论。但因为广播中的思想评论经常以新闻事件为由头，或结合社会上最为民众所关注的现象，因此具备了新闻属性，同时它又可以帮助人们分辨是非、提高认识，因此具备很强的思想性、文化性，往往比较深刻。

社论（在广播电视中多称为本台评论），是报纸编辑部和广播电视机构以本社、本台名义撰写、播发的最高规格的新闻评论，是就重大问题发表的评论，是最为重要的新闻评论和舆论工具，一般都代表所在机构的观点。这类评论在通讯社、报社等机构多称为社论，在广播电视机构多称为本台评论。

评论员文章（本台评论员文章）是常见的新闻评论类型，是新闻机构以评论员名义就重大问题发表的评论，一般都署名，规格仅次于社论或本台评论，但大都代表所在机构的观点。这类评论在通讯社、报社等机构多称为评论员文章，在广播电视机构中则称为本台评论员文章，由评论员发表或主持人播发。

就语言功力的要求而言，对新闻评论稿件进行有声语言转化（一般简单地称为评论播音）有其特殊的业务要求，即观点鲜明，逻辑严密，以理服人。

观点鲜明，体现了评论播音的倾向性。新闻评论播音的态度、观点不能隐晦含混，而是要做到分清是非，爱憎分明，实事求是，掌握分寸。这既表现为在理解稿件的基础上处理好语言表达的内部技巧环节上,也体现在重音处理程度、语气分寸等语言表达的外部技巧上。

逻辑严密,则要求播音员要把握评论稿件的推理和论证过程,做到层次分明,条理清晰,重点突出,语势呼应,从整体到局部都做到精准严密。

以理服人,从传播效果角度反映了摆正传受关系和把握传播过程的重要性。这一方面要求播音员要深入把握稿件的精神实质,做到自己深入领会;另一方面还要求播音员要掌握传播规律和说服艺术,做到让受众心悦诚服。

二、以主持为主的方式

以主持为主的评论节目,要求主持人能够就主题、事实、新闻素材等方面整合节目元素,一般采取述评的方式结构节目,它对主持人驾驭节目进程的能力提出了很高的要求。

做述评类的新闻评论或类似的节目,可以围绕主题进行评论,可以根据事实进行评论,可以整合音响素材进行评论,等等。总之主持人要把一些零散的素材整合成为一档完整的节目,并用有声语言进行驾驭。比如录音述评《莫让垄断形成腐败"黑洞"》[①]中的片段:

中国民航界"反腐风暴"从去年年底开始至今半年多来,从民航局、发改委,到机场、航空公司,再到代理公司先后有数十位民航高官要员被拘捕或被调查,更有民航中南局局长刘亚军在广深高速铁路线上撞车身亡,引起外界议论纷纷。

在这些人当中,记者曾多次采访过首都机场原副总经理黄刚,这个人给我的感觉是平和、低调,是大家眼中的好人。《中国民航报》资深记者刘建峰说:

(出录音)

真正意义上的好人是遵纪守法,这我觉得才是最根本的。而不是通常所说的我见了你和和气气的,我为朋友能两肋插刀,我为你办事,这不是真正意义上的好人。

黄刚,这位行事稳健的首都机场管理层原"二号人物"很难和"双规"扯上关系。不过,刘建峰说,身居要位多年后,原本老实厚道的黄刚对于利益的交换实际上显得似乎很坦然了。

(出录音)

你身处在这样一个权力的中心,别人又想达到他的目的,那就是人家要使出浑身解数来公关。最后还是在利益面前自己崩溃了。

他说,像黄刚这样手里有特权的人,如果不帮别人办事,别人就会想办法让你待不长;如果帮别人办事,不收好处费,那是傻子。所以帮别人办事,又收好处费就变得似乎正常了。一个原本老实的人,为何会变成这样?中国政法大学航空与空间法研究中心研究员、也代理过很多民航业内大案的律师张起淮分析说:

---

① 节目选自北京交通广播电台 FM103.9《今日交通》栏目,作者王敏,责任编辑朱来生,2010 年 7 月 24 日播出。

（出录音）

民航的计划经济转向市场经济过程中，就带来了一些既有计划经济的色彩和留下的痕迹，就是权力比较集中，层层进行审批，那又有开放搞活市场的一面，就是那经费呀、面对的客户和面对的服务完全不一样了。那么这种在两个转型的过程中，就使我们以前一些本来是按部就班的这种机关工作人员或者手中掌有比较集中权力的人员在这个过程中，一些不法的分子或者一些不规矩的商人为了自己的利益，就会腐蚀、拉拢、引诱我们的一些工作人员，再加上我们本身工作人员自身的抵抗力或者我们监管机制比较薄弱，就使一些人自然不自然地发生了一些不该发生的事情，甚至涉及了重大犯罪。

在上述节目片段中，既有记者的叙述，又有新闻当事人的剖白，还有律师的释法，而所有这一切，都需要主持人进行串联、分析、点评，最后形成一个完整的剖析片段。如果没有主持人围绕主题进行素材的整合，各个素材片段就很难形成内在的逻辑关系，说理性自然就会大打折扣。

三、以访谈为主的方式

以访谈为主的新闻评论，一般是把访谈的过程展示出来，通过访谈过程的层层推进，给受众呈现出事件、现象等的实质性问题，访谈的过程既是新闻呈现的过程，也是观点显现的过程、道理分析的过程。

此类节目可以有录播和直播之分。非常能检验主持人（包括部分记者）的沟通能力、采访能力、分析能力、政策水平等。

从访谈的环节来看，一般可分为访、析、评。

访，即采访，要求主持人在做好充分案头准备工作的基础上，提出有质量的问题，并通过认真倾听，不断追问，层层剥茧。

析，即分析，要求主持人能够从宏观上把握问题实质，微观上把握话语重点和话轮转化，透过现象看到本质，并且精准地表述出来。

评，即评论，要求主持人能够在节目行进过程中适时发表自己的观点，做好点题、串接和总结环节的传播工作。

四、以串接为主的方式

以串接为主的新闻评论指主持人主要承担的是节目各个环节的串接工作，而把评论的工作交由相关的嘉宾、评论员等人。此类节目与上述的以访谈为主的新闻评论节目有相关之处，即串接驾驭；不同的是这里重点强调主持人穿针引线、前后连缀的驾驭工作，而把评论环节交由他人完成。

这类评论节目的主持要求主持人要具备评论的能力，但却隐退在评论环节之后，其工作职责重在引入及挖掘评论员的观点与评论。具体说有如下三点：

其一是选准评论员。主持人能够根据内容领域和话题分量选准评论员，这为完成节目打下了良好的基础。

其二是善于沟通并适时引入。把握好引入评论员发表观点的时机,实则体现了主持人对话题熟悉的精准程度,考查了主持人对节目节奏及进程推进的把握程度。

其三是串接组合。主持人整合节目元素的能力既体现了宏观把握话题的能力,又反映了微观层面的操作技巧。好的节目往往能够给人以有机组合、顺畅连贯之感。

思考题

1. 什么是新闻评论播音主持?
2. 新闻评论节目播音主持有哪些共性特征?
3. 新闻评论节目播音主持有哪些个性特征?
4. 新闻评论节目的构成要素分哪几个方面?分别有哪些要素?
5. 新闻评论节目的形态有哪些?请分别加以说明。
6. 新闻评论节目播音主持的主要方式分别对应哪些评论类型?每种评论类型的播音主持要求是怎样的?

实例分析

实例1. 分析并播读时评《记者"走基层" 应该常态化》

【训练提示】

(1)确定基调,把握分寸

这是一篇发自媒体且给媒体同仁提出工作要求的评论。它向社会各界表明了媒体的自省与标准,为媒体正常开展工作提出了高标准和严要求。内容重在倡议,而非批评,基调及分寸都要以此为准。

(2)把握层次脉络

要根据文章的层次脉络把握其内在逻辑。在播读过程中分清主次,把握段落逻辑,并依靠重音的关联和语气的呼应呈现语句逻辑。

该时评6个自然段的层次脉络大体描述如下:提出倡议——对比背景——积极作用——递进论证——效果展望——总结强调。

(3)注重内在语的准确把握

第二自然段"过去老一代新闻工作者提倡并践行的'三贴近'、攒资料、搞调研等采写独家新闻的招数似乎落伍了,也不大灵光了"中的"似乎"一词其实是反义性重音,实则表明了老一代新闻工作者的优良工作传统其实并不落伍,这给新闻从业新兵提出了工作指南。

(4)节奏的设定

把握舒缓稳健的节奏,给人以娓娓道来而真诚恳切之感。

时评:记者"走基层" 应该常态化

今年年初,中宣部组织中央级新闻单位开展"新春走基层"大型采访活动,鲜活、丰富的报道内容,生动、多样的报道形式,使节日里的版面、电波、屏幕面貌一新。应该说记者"新春走基层"是党的群众路线在新时期新闻实践中的自觉回归,各级新闻媒体及其从业者都应以此为指导,沿着从群众中来、到群众中去的群众路线一直走下去。

曾几何时,方兴未艾的互联网给新闻媒体带来明显的变化,主要表现为短新闻多、碎片化新闻多、媒体间雷同的逸事趣闻多。同时也给新闻从业者的采访、写作和制作带来诸多便利,表现为信息丰富、制作简便、传输快捷。过去老一代新闻工作者提倡并践行的"三贴近"、攒资料、搞调研等采写独家新闻的招数似乎落伍了,也不大灵光了。

新年伊始中宣部组织"新春走基层",给有些采访蜻蜓点水、调研走马观花、写作空而不实的记者开出一副良方,也下了一剂猛药。往下跑、出好稿;下基层,作风正;带土味,文风实。一个记者只有下到基层,才知道应该报道什么,不值得关注什么;走进群众中,才知道什么应该弘扬,什么不值得提倡;贴近实际,才知道空泛的议论多么一文不值而解决问题的办法又在哪里。

不仅如此,一个记者只有深入到群众中、深入到生活中,面对面地接触实际生活,才有可能感受到时代的脉搏,跟上时代的步伐,顺应并自觉推动时代前行。因为伴随对人民、对生活的感情的升华,他对社会的认识与思考才有可能同步提升。

一次、两次、多次反复地"走基层",新闻前辈提出的"抓两头""脚底板下出新闻""反映生活细节"等经验,就不再是抽象的原则,而是变成记者自身具体又实实在在的体验与感悟。走进基层的记者就会理解并崇拜起穆青、范敬宜等新闻大家,他们为什么取得那么大的新闻业绩,他们又为什么那么在乎采访对象并与其中的那么多普通人交上朋友?!

中宣部适时提倡记者"走基层",记者在"走基层"中尝到甜头,再辅之以必要的制度建设,我想向新闻本身自觉回归的记者"走基层"就自然而然地常态化了。

(引自中国广播网,2011年7月21日)

实例2. 熟悉并主持广播评论节目《开胸验肺,拷问制度之弊》

【训练提示】

(1)把握节目主旨

由河南人民广播电台制作播出的《开胸验肺,拷问制度之弊》获得2010年第二十届中国新闻奖广播评论类节目二等奖。2009年的"开胸验肺"事件,反映了弱势群体的极端维权之路,这则广播评论从维权之难反思制度之弊,引发了社会的关注和讨论,社会影响广泛而深刻。

(2)掌握广播评论节目构成特点

该评论观点鲜明,采访素材丰富,串联说理透彻,音响元素运用符合新闻节目真实性和广播节目音声性的特点。

(3)锤炼串联点评的态度分寸

除了把握节目构成、驾驭节目进程外,播音员主持人还要明确观点,表明态度,加强语气分寸的把握,增强节目的逻辑力量。

开胸验肺,拷问制度之弊

备受关注的新密市农民工张海超"开胸验肺"一事日前终于真相大白：在卫生部专家组的督导之下,张海超最终被确诊为职业病"尘肺Ⅲ期"。随着这一权威结论的得出,把张海超逼上开胸手术台的一系列责任人开始被追究责任,该处分的处分,该撤职的撤职。然而这一事件带来的震动远远不止于此,张海超冒着下不了手术台的危险"开胸验肺",让我们不得不反思：劳动保障、职业病鉴定等方面的制度出了什么问题？为什么这些本该保护人的制度却伤害了人？

纵观张海超事件始末,最让人难以理解的,就是他只有取得了用人单位一份又一份证明材料,才能进行职业病的诊断和鉴定。张海超告诉记者：

（出录音）

第一步就需要用人单位提供相关材料,比如说职业史、粉尘接触史什么的。企业不给职工提供相关材料没有什么法律后果,很多企业都选择不做,愿意自证其罪的、有良心的企业不多。所以说农民工如果拿不到这些材料,做不了职业病诊断,也进入不了治疗程序,更别说以后这个赔偿。

提供材料就可能自证其罪,用工企业要给张海超高额赔偿；如果不提供相关材料,就可以自动把张海超挡在职业病鉴定机构门外,而且毫无成本和风险。这样的选择题对企业来说,答案是显而易见的。河南省政法管理干部学院教授苏万寿说：

（出录音）

可以说这个程序都是这些工人他们本身不可逾越的一个非常大的障碍。在我们现阶段,你要是要求企业通过自律的方式来保证员工的合法权益,这种设想没有制度的约束是非常荒唐和可笑的,也是非常幼稚的。所以要想解决这个问题,从根本上必须对法律进行修改、对程序的设置进行修改。

张海超艰难地呼吸着奔走求医、不断上访两年,终于挤进了郑州市职业病防治所的大门。但是5月25号,郑州市职防所出具的诊断结果竟然是"无尘肺0+期合并肺结核",建议按肺结核治疗,根本不是此前北京、郑州等地多家大医院诊断的"尘肺病"。张海超没法接受这个结果,因为自己尘肺的情况已经严重到很多医生看一眼胸片就能确诊。他要讨个说法,但是很快就发现这个说法不好讨：

（出录音）

我去了郑州职业病鉴定委员会,但是他就说"我们那个诊断结果不可能错误的",他就是说"让我们自己推翻自己的结论,反正是不大可能"。职业病诊断和鉴定是一个门两个牌子,第一次诊断是那几个人,完了鉴定委员会还是那几个人。

依据现行制度,如果你对职业病诊断结果有异议,只能上诉到做出这一诊断结果的人那里,运动员同时就是裁判员,他怎么可能推翻自己做出的结论、伸出手来打自己的脸呢？为了拿到自己确实是"尘肺病"的证据,万般无奈的张海超咬牙上了手术台"开胸验肺"。他非常清楚,这次手术不仅不治病,反而会让他濒临崩溃的健康状况更加恶化,但是没有职业病的鉴定结果,自己治病乃至生存都是问题,他不得不"为了自救而自残"。手术中摘取的样本很容易证明了"尘肺病"的事实,也明明白白地宣示了相关制度在这起事件中的弊端。

近年来,以极端手段维权的惊人之举不断发生,从"跳楼讨薪""堵路上访"到"开胸验肺",一些人为了维权不惜代价,乃至以生命为赌注。如此这般,并非他们心甘情愿,而是因为他们认定,只有把事情闹大,引来媒体关注,惊动领导批示,才有可能解决问题,这不能不说是本该保障人们权益的制度的悲哀。省社科院法学研究所所长张林海说:

(出录音)

张海超这种行为也是一种弱势群体的无奈之举,从一个方面也反映出来我们国家在法制建设中存在许多问题,这个问题是有新闻媒体的关注,引起领导的批示、社会的关注才解决的。就是说法制建设,立法、执法它有个过程,别想着法律制定完就执行了,它在执行中还有反复。

新闻媒体如今不断地为弱势群体的利益鼓与呼,但是维护弱势群体利益的不该只是媒体。就说张海超的遭遇,工会组织本该代表和维护职工权益,但是从他患病求医、上访维权一直到他"开胸验肺"之前,人们都没有听到工会的声音。职业病防治机构是为了保护劳动者健康及其相关权益设立的,但正是他们颠倒黑白的鉴定直接将张海超推向了手术台。种种怪现象的背后,有麻木冷漠,有利益纠葛,有人情冷暖,恰恰缺少了制度保障。郑州大学教授纪德尚说:

(出录音)

简单看,张海超是个个案,但从整体上看这种个案又代表着在整个现代化建设过程当中、在发展过程当中,它还是有不完善的地方。所以说中央为什么要强调进一步深化改革,这种改革就是体制制度方面的建设。怎么样建立一个健康企业,职业病检测机构能不能公正地履行它的岗位责任,再一个方面就是在构建和谐社会中能不能很好地维护公平正义等问题,必须要用发展的办法来解决,那么这个社会可能会更加阳光、更加和谐。

"开胸验肺"事件告一段落了,但由此引发的对相关制度的拷问不应停止。只要这些制度中的错漏之处没有得到纠正和弥补,就会有更多的"张海超"重蹈覆辙,还会有人走上极端维权的老路。想要悲剧不再重演,就必须在制度层面上查漏补缺、纠错更新,以更好地体现这些制度设计的初衷,真正发挥保障弱势群体的作用。如果事情不用闹大、媒体不用介入、领导不用过问,只靠制度就能顺利解决问题,那就不会再出现第二个、第三个"张海超"。如此才能又好又快地发展,才是社会的和谐!

(河南人民广播电台《新闻657》,2009年8月2日)

训练及提示

训练材料 1. 时评

【训练提示】时评,也就是时事评论,是指在广播中可以针对社会上发生的各类事件进行分析、发表观点，内容涉及面广，形式灵活多样，篇幅可长可短，一般以评论为主，也可以评述结合。

处理此类稿件或主持驾驭此类节目时重在把握观点，态度鲜明；厘清思路，逻辑严密；有理有据，以理服人。

"城市的良心"需要制度支撑

"城市看海"，成了今夏网络流行语。7月26日，"海景"再现：暴雨造成石家庄、郑州等多个城市内涝。住建部调查显示，2008～2010年全国62%的城市发生过城市内涝。

客观看来，这与极端天气增多、城市排水管网标准明显偏低有关。由于长期投入不足、历史欠账较多，我国城市排水管网的建设明显滞后于城市化进程。许多城市排水沟渠、管网、泵站等规划不尽合理，排水体系不科学，规模偏小。目前，省会以上城市的排水标准一般只有一年一遇到两年一遇，其他城市的排水标准更低。

与"地下的欠账"相对的，是"地上的增长"。近年来，城市发展快马加鞭，投入不断增多，规模不断扩大，楼越修越高，路越修越宽，广场越修越大。在这样的情况下，内涝显然难以仅仅归结为技术问题。

很多城市也在努力解决这一顽疾。然而，积水点改造、管网更新等，却成效有限。如郑州，去年该市市长曾因内涝问题公开道歉，之后开展了积水点改造工程。今夏的大雨中，已改造完工的积水点却仍难以承受大雨的袭击。

对于城市的"血管"，采用"打补丁"的方式，"头疼医头，脚疼医脚"，难以见效。对于城市内涝，需要超越一时效果、短期责任，转变城市规划建设理念，强化公共管理和应急机制，进行更长期的规划，承担更长远的责任。

另一方面，城市内涝是"系统性疾病"，涉及规划、交通、水利、气象等诸多部门。只有建立一套有效的沟通协调机制，才能形成合力。而要把排水、蓄水结合起来，要有更多的资金、技术投入，同样离不开具体执行部门的通力协作。这些不仅是技术问题，更是观念问题、制度问题。

值得深思的是武汉的做法。21日，该市纪委发出通报，对主要责任人进行问责，市水务局长被行政警告，副局长被免职。

这样的问责，某种程度上抓住了城市内涝的症结。地下建设滞后，归根结底还在于城市管理者急功近利的政绩观。如果更关注任期内城市面貌的巨大变化，更在乎能带来升迁的经济发展数据大幅增长，对于看不见的"隐性工程"，自然难以"高度重视、深入研究、大力解决"。

在破解城市内涝顽疾的道路上，或许最缺的不是资金和技术，而是那颗为城市繁荣、民众福祉深谋远虑的责任心。政绩观的转变，同样需要制度推动，改变唯GDP的考核方式，让做好地下管网这样的"隐性工程"变成"显性政绩"，才能给城市管理者的政绩冲动找到合理的出口。

"下水道是城市的良心"，100多年后的今天，雨果的这句名言仍有着现实的意义。

经过暴雨的洗礼,各地可能会掀起地下管网改造热潮。但是,只有本着"功成不必在我任期"的观念,本着对公众负责、对未来负责的态度,才能从小打小敲走向标本兼治,真正做到"城市,让生活更美好"。

(《人民日报·人民时评》,2011 年 7 月 28 日)

危及桥梁安全的"祸患"

最近一段时间,江苏、福建、浙江、北京等地接二连三地发生桥梁坍塌、断裂事故,造成人员伤亡,影响路网运行。在最近几起桥梁事故中,多数与严重违法、超限、超载有关。与此同时,我国桥梁专家茅以升获得网民热捧,其原因在于茅先生修建的钱塘江大桥历经 74 年风吹浪打,岿然不动,这个百年基业被网民誉为"桥坚强"。

一方面是进入现代社会,造桥的技术手段和造桥材料质量的大幅度提升;另一方面是新造的桥梁不断出现坍塌的尴尬局面。原因何在?造桥的目的性是主因。茅以升们造桥是从百年大业的角度出发,以工程质量为最根本目的。现在的造桥,除了完成工程以外,是以经济效益为最终目的的。由此,所造桥的质量自然有着本质的区别。再加上,少数的桥梁管理部门利欲熏心,既不主动阻挡超载车辆,也不设置明显的路障对超载车辆予以拦截,自然,也使得新造的桥梁寿命往往还没有到正式的大修年限,就已经"寿终正寝",同时,还附带着一些偶然行进在坍塌桥上的无辜的生命。

要想从根本上清理这些危及桥梁安全的"祸患",其实并不难。首先,桥梁工程的设计部门和投资部门必须要本着实事求是的态度,对桥梁的建设资金予以充足的保障。不要在投标阶段,就人为地压级压价,造成投入不够,东拉西扯。其次,要在桥梁上刻上建设及监理部门的造桥预算、建设经过、完工过程等等。让他们的工程生命随桥梁的使用年限同存同在,以便日后好直接追究责任。另外,就是要求我们的交通管理部门切实行动起来,不仅要收缴好过路、过桥费,更应当管好桥梁、维护好桥梁的使用及安全。如此,可以最大限度地避免"脆脆桥"和"黑心桥"产生及带来的严重后患。

据报载,浙江宁波奉化江上灵桥的桥龄已有 75 年了。这座桥是由德国公司设计的。更为难得的是,这家公司经历"二战",竟仍然保存着灵桥的档案,前不久还寄来文件提醒业主及时维修。我们在不得不叹服这种服务理念的同时,更应当叹服这家公司对桥梁设计持续近百年的认真负责的敬业态度。

(中国广播网,2011 年 7 月 26 日)

训练材料 2. 思想评论

【训练提示】思想评论,是就社会思潮、文化观念等范畴进行的评论,它并非严格意义上的新闻评论,但因为经常以新闻事件为由头,或结合社会上最为民众所关注的现象,因此具备了新闻属性。

处理此类稿件或主持驾驭此类节目需要在关注的紧密度、思想的深度、评论的力度上凸显特点。

"跟跑"与"领跑"

一部《五星红旗迎风飘扬》电视剧,许多人看得热泪盈眶,激情飞扬!一位参与"两弹一星"研制的老科学家感慨地说:"'两弹一星'的研制成功,使我们在这个领域实现了由'跟跑'到与发达国家'齐跑'的跨越。我们还要不懈努力,争取在更多的领域进入'领跑'的行列,从而实现中华民族的伟大复兴!"此番由"跟跑"到"领跑"的见解,表达了中华儿女共同的心声。

为人类社会进步作出过巨大贡献的中华民族,曾以"四大发明"遥遥领跑于当时的世界。然而,近代中国却落伍了,直到新中国成立后,我们才在一穷二白的基础上迈开追赶世界的步伐,特别是改革开放,为国家发展注入了强大动力。如今,我们在不少领域已达到和接近世界先进水平,许多产品已位居"世界第一"。但同世界发达国家相比,我们在不少领域仍处于"跟跑"的地位。

我们有理由自豪,享受着在一些领域作为"领跑者"的荣耀;也不讳言在诸多方面仍落后于人,有太多"跟跑"的尴尬。《左传》曰:"居安思危。思则有备,有备无患,敢以此规。"看到忧患,正视差距,就不会自喜于已经取得的成功,不敢有丝毫自满懈怠,而是保持高度的警觉和旺盛的斗志,发愤图强,励精图治。"寄言燕雀莫相啅,自有云霄万里高。"只有常怀这样的心态,才能永葆进击者的姿态,在更多的领域实现由"跟跑"到"领跑"的跨越。

上个世纪90年代初,邓小平同志高瞻远瞩地告诫:要抓住机遇,发展自己。正因为我们珍惜并牢牢把握来之不易的重大战略机遇期,聚精会神搞建设,一心一意谋发展,才使得我国经济建设进入快速发展时期,取得了举世瞩目的巨大成就。事实证明,抓住并用好机遇,就会赢得一次跨越;处理好改革发展稳定的关系,就能为发展创造一个良好的环境。"咬定青山不放松,立根原在破岩中。千磨万击还坚劲,任尔东西南北风。"只有紧紧抓住和用好战略机遇期,集中精力办好自己的事情,才能使我们国家赢得更大的发展,更好地保障和改善民生。没有稳定的社会环境,什么事也干不成,甚至已经取得的成绩也会丧失掉。

人间万事出艰辛。从"四大发明"到"两弹一星",从"激光照排"到"超级水稻",从"高速铁路"到"神舟飞船",无不饱含着一代又一代中国人忘我奋斗的艰辛和汗水。在赶超世界先进水平的进程中,我们既要发扬敢想、敢试、敢为天下先的闯劲,又要发扬锲而不舍、百折不挠的韧劲;既要保持不畏艰险、锐意进取的革命精神,又要遵循客观规律,具备沉着冷静、实事求是的科学态度。只要认准前进方向,沉住气不急不躁,用长劲稳扎稳打,不为一事的成功而骄傲,不为一时的得失遮望眼,不为局部利益绊住脚,就能一步一个脚印实现奋斗目标。

在上个世纪50年代,毛泽东同志就告诫全党要警惕"被开除球籍"的危险,那是一种放眼全球的战略眼光,至今仍折射出理性和智慧的光芒。今天,我们肩负的使命更加光荣,任务更加艰巨。"鼓荡激情扬征棹,一路轻舟乘东风。"只要我们凝心神、聚力量,不动摇、不懈怠、不折腾,埋头苦干,我们就有可能在更多的领域抢占先机,站在世界"领跑"的位置上。

(《人民日报·人民论坛》,2011年3月30日)

让"最美"的人不再独行

总有一种感动让人怦然心动,总有一种情感"秒杀"无坚不摧。在苏州木渎镇,一位少女在暴雨中为残疾乞丐撑起一把雨伞;在赣州南门文化广场,一位交警俯身背起一名跌倒在地的老人;在安徽亳州一间简陋的屋子里,一位白发苍苍的母亲艰难地给瘫痪在床的儿子喂粥……当这些令人动容的瞬间被定格,在微博和论坛上被数以十万次的转发的时候,一种温暖的力量,正推动着我们迎来洒满阳光的秋天。

这些瞬间也恰如一部正在书写的爱心之书的封面。近期,一大批平凡的"温暖人物",构成了令人叹为观止的"爱心谱系"。"最美妈妈"吴菊萍勇救高空下坠的女童导致手臂骨折,"最美奶奶"柴小女奋力救起落水孩子不幸牺牲,"送水哥"3年坚持给农民工免费送水,"板凳妈妈"许月华37年带大138个孤儿……

尤其让人感叹的是,这些温暖你我的"小人物"们,大多在网上率先走红,受到无数网友的追捧、赞美。"请坐,大叔!"广州地铁车厢内,一位农民工因怕弄脏座位而蹲在一旁的图片,引起人们热议。众多网友对普通劳动者的善意和力挺,更让人看到了一种久违的价值观的回归。这足以让我们略感欣慰:谁说真善美在今天是稀缺品?谁说真善美在今天没有"市场"?

"草根爱心"静水深流,滋润大地,必能释放巨大能量。但不容否认,我们的社会今天还在遭遇"道德沙尘暴"。社会转型期,利益的分化与侵蚀、观念的多元与错位、社会的发展与阵痛,使得道德的挺立与生长面临前所未有的复杂社会生态。在社会道德领域,我们并不缺少各种"最美",但也不得不面对那些"最窘"——在一些地方,施以援手、见义勇为者不再被感激和颂扬,反而被讹、被告、被索赔,彷徨于无地。"彭宇案""李凯强案"曾让不少人"很受伤",也让人困惑:法律能否也给善良一个公平的交代?当我们为那些"可以不伟大,但不可以没有责任心"的平凡好人而喝彩的时候,也许更应思考:我们的社会——从围观者到媒体,从有关部门到法律制度,能不能及时挺身而出,给在打压中下坠的道德力量一个向上的托举?

普通人的道德勇气不仅来自于个体的自觉,更需要社会的呵护和激励。就像自然生态被破坏,最终会惩罚人类自身一样,"道德生态"一旦被破坏,同样贻害无穷。如果好人流汗流血又流泪,病态的价值观就会由此"立论",人心的"冷漠症"就会传染开来。最典型的事例是:在几起救人者被告的无奈之后,近年来,多次发生了老人跌倒无人帮助最终死亡的悲剧。

培根说过:集体的习惯,其力量更大于个人的习惯。今天的道德勇气和道德践行,更呼唤道德生态的涵养。在市场经济环境下重新确立价值坐标,在世界第二大经济体的国度推进"精神的成长",需要我们每一个人的努力和付出。

(《人民日报·人民时评》,2011年8月23日)

训练材料 3. 社论(本台评论)

【训练提示】社论(本台评论)作为新闻评论的一种,是最为重要的新闻评论和舆论工具,是报纸编辑部及广播电视机构就重大问题发表的评论,一般代表所在机构的观点。处理此类稿件或主持驾驭此类节目时,除了要具备一般新闻评论所具有的态度鲜明、逻辑严密、有理有据等特点外,还要体现出重大、权威、庄重、严谨等特点。

风雨见证伟大的精神

对于一个伟大的国家,灾难不仅带来挑战,也历练国家能力;对于一个坚强的民族,灾难不仅意味风险,也砥砺民族精神。

今年以来,面对历史罕见的特大洪水、突如其来的特大山洪、旷日持久的特大干旱、频繁发生的台风灾害,特别是在甘肃舟曲特大山洪泥石流灾害中,全党全军全国各族人民团结奋战、顽强拼搏,奋力夺取抗灾救灾的重大胜利,共同谱写了中国防灾减灾史上新的壮丽篇章。12月7日,全国防汛抗旱暨舟曲抢险救灾总结表彰大会召开,全面总结防汛抗旱救灾工作,表彰全国防汛抗旱先进集体和先进个人。这必将激励和鼓舞灾区人民自强不息、重建家园,激励和鼓舞全国各族人民振奋精神、不断前行。

防汛抗旱抢险救灾的斗争,是一场严峻的考验,也是一次重大的检验。防汛抗旱抢险救灾,砥砺了中国人民不怕困难、顽强拼搏的不屈意志,展现了坚忍不拔、敢于胜利的坚定信念,见证了万众一心、众志成城的崇高品格,彰显了党和政府以人为本、生命至上、尊重科学的执政理念和危难时刻非凡的领导驾驭能力。

风雨见证的,是以人为本的国家精神。从"要把维护灾区群众生命安全放在第一位",到千方百计妥善安置受灾群众生活;从国旗再次为自然灾害中罹难的同胞而降,到灾后恢复重建工作的迅速推进,"人"成为防汛抗旱抢险救灾工作的重中之重。这一理念历经抗击"非典"、汶川玉树抗震救灾而不断升华,成为我们党治国理政的核心原则。

风雨见证的,是尊重科学的时代精神。党中央国务院运筹帷幄、科学指挥;各级党委政府组织有力、协调有序;广大军民合理应对、科学救援。从完善应急体系,到第一时间救援,再到形成合力应对、灾后恢复重建,科学技术和科学管理发挥了重要作用,防汛抗旱救灾工作坚强有力又井然有序。只有在这种科学精神的支撑下,大灾之年才能书写大发展的奇迹,机遇面前才能书写无愧于历史的篇章。

风雨见证的,是同舟共济的民族精神。面对严重的水旱灾害,上下一心、干群一心、党群一心、军民一心、前方后方一心,凝聚起无难不克、无往不胜的强大力量。无论是八方驰援的人间大爱,还是舍己为人的坚定从容;无论是忠于职守的高度责任,还是共克时艰的勠力同心,都为民族精神赋予了新的内涵。只有继续弘扬和发展这样的精神,和衷共济、团结奋战,我们的事业才会不断兴旺发达,我们的国家才会更加繁荣富强。

中国是世界上自然灾害最为严重的国家之一。当前和今后一个时期,是我国全面建设小康社会的关键时期,也是深化改革开放的攻坚时期。未来征程上,我们必然还会面对各种风险挑战。我们坚信,这种风雨锤炼的伟大精神,不仅在应对灾难时显示出磅礴的力量,同样会在更为漫长的社会主义现代化建设道路上,凝聚起当代中国发展的合力,释放出更为持久也更为强大的力量。

(《人民日报》,2010年12月8日)

训练材料4. 评论员文章

【训练提示】评论员文章,是常见的新闻评论类型,是新闻机构以评论员名义就重大问题发表的评论,一般都署名,但大都代表所在机构的观点。处理此类稿件或主持驾驭此类节目时兼具社论和一般新闻评论的特点,既有权威、严谨等特点,又有一定的个人表述风格。

守护文化遗产才能开创未来

本报评论员

抢救福建三明市万寿岩遗址、指导河北正定古城保护工作、批示加强731遗址群修护、强调历史文化是城市的灵魂……习近平总书记对文物保护工作的高度重视,对推动保护和抢救文化遗产的身体力行,展现了共产党人的历史情怀和文化自觉,对全党全社会更是一种示范和倡导。珍视文化遗产,传承中华文明,我们才能把根留住、赢得未来。

"夫源远者流长,根深者枝茂",泱泱中华,历史悠久,文明博大。中华民族在几千年历史中创造的灿烂文化,是我们生生不息的根和魂。从巍巍长城到苏州园林,从三坊七巷到传统村落,各类文物作为传统文化的重要载体,蕴含着历史信息和文化基因,承载着我们这个民族的认同感和自豪感,成为民族历史不可替代的见证与象征。

当前,随着经济快速发展和新型城镇化加快推进,文物事业面临着新的任务和挑战。近年来,文物保护经费投入大幅递增,一些重要文物得到抢救,文物保护执法力度不断增强,文物保护工作取得了扎实成绩。但也应看到,一些地方文物保护方式过于简单化;许多城市在开发建设中,毁掉古建筑、搬来洋建筑,城市逐渐失去个性,导致"建设性破坏"。这就要求我们在新形势下,不断加大文物保护力度,开创文物事业的新局面。

思想是行动的先导。我们必须认识到,文物是不可再生的珍贵资源,属于我们也属于子孙后代,任何个人和单位都不能为了谋取眼前或局部利益而破坏全社会和后代的利益。保护好古建筑、保护好文物,就是保存历史,保存城市的文脉。各级党委政府和广大文物工作者应本着对历史负责、对人民负责的精神,像爱惜自己的生命一样保护好历史文化遗产,处理好传统与现代、继承与发展、建设与保护的关系,切实做到在保护中发展、在发展中保护,擦亮历史文化遗产这张金名片。

传承历史文脉,既要让文物留得住,也要让文物"活起来"。运用现代技术手段,创新方式方法,推动文物保护成果创造性转化,加强国际文化交流,就能让收藏在博物馆里的文物、陈列在广阔大地上的遗产、书写在古籍里的文字都活起来。让文物说话、把历史智慧告诉人们，就能以润物细无声的方式，引导人民树立和坚持正确的历史观、价值观、文化观，增强做中国人的骨气和底气，更好地传承文化、凝聚精神。

不忘本来才能开辟未来。没有文明的继承和发展，没有文化的弘扬和繁荣，就没有中国梦的实现。让我们积极行动起来，汇众智、集众力，扎扎实实地做好历史文物保护工作，书写现代文明与文化遗产相融共生的崭新篇章，为民族复兴梦想注入强大精神力量。

（《人民日报》，2015年1月10日第一版）

《经济日报》评论员文章：谱写自主创新的辉煌篇章

在北京举办的中国自主汽车技术与产品成果展，汇集了奇瑞、比亚迪、东风、一汽、上汽、广汽等一批国内自主汽车厂商，集中展示了他们最新研发的具有自主知识产权的产品和技术。展会回顾和总结了我国自主汽车工业的发展历程和取得的成就，为消费者更加直观地了解我国自主汽车开辟了新的渠道，对推动我国自主汽车产业不断创新、更好地抢抓机遇实现跨越式发展必将产生积极的影响。

伴随着新中国一起成长起来的我国汽车工业，从无到有，从小到大，走过了半个多世纪的发展道路，取得了巨大成就。特别是改革开放以来，汽车工业有了长足的发展与进步。近几年，越来越多的汽车企业拥有自主技术，推出自主品牌产品。事实证明，只有依靠自主创新，掌握核心技术，才能真正推动我国由汽车市场大国走向汽车产业强国。

当前，我国汽车业发展正面临着难得的历史机遇，也面临着重大挑战。一方面，我国人均GDP已超过3000美元，正处于消费结构升级的重要阶段，市场潜力巨大，发展前景广阔。今年上半年，中国汽车市场再次保持了令众多国外汽车市场羡慕的"销量井喷"，汽车销量高达901.61万辆，同比增长47.67%。业内人士指出，全球汽车产业的重心将向以中国为代表的新兴市场转移是历史必然。另一方面，世界新能源汽车时代提前到来。面对全球范围日益严峻的能源形势和巨大环保压力，作为石油消耗和环境污染"大户"的汽车业正在进行一场重大的技术变革，发展节能环保的新能源汽车，并由其逐步替代传统燃油汽车已是大势所趋。为抓住汽车技术革命带来的新机遇，一些发达国家已将发展新能源汽车作为国家能源战略和汽车产业发展战略的重要内容，跨国汽车企业纷纷加大了对新能源汽车的研发投入，各种新技术、新产品不断推向市场，力求在开发新能源汽车方面占得先机。国内汽车企业一定要清醒地认识当前的机遇与挑战，主动适应国内汽车市场的迅猛发展，加大研发投入，加快自主创新，努力提高我国汽车的技术水平和制造水平，在未来激烈的市场竞争中赢得主动权。

在这次展会上，新能源、节能减排车型占展出车辆的20%，成绩令人欣慰。这几年，国家不断加大对节能和新能源汽车的政策支持力度，广大汽车企业也不断增加对新能源汽车及相关零部件的研发投入。目前，我国新能源汽车的技术水平与世界先进技术水平差距不大,尤其在纯电动车方面已处于国际先进水平,燃料电池轿车研发也已进入世界先进行列。这些都表明,我国汽车产业完全有能力抓住新能源革命的历史机遇,赶超国际水平,实现跨越式发展。我们一定要高度重视和深刻认识汽车产业面临的难得历史机遇,加快产品升级换代和结构调整,努力占据新一轮竞争的制高点,谱写汽车业自主创新的辉煌篇章。

(《经济日报》,2010 年 7 月 19 日)

训练材料 5. 国际时评

【训练提示】国际时评,亦属于时事评论,由于其所具有的全球性和国际性特点,使得评论所涉及的新闻事件、人物、现象等都反映出全球视野和国际新闻背景,切入视角和评论尺度与其他时评也常有明显区分。处理此类稿件或主持驾驭此类节目要熟悉世界政治经济与国际关系,明确态度立场,把握分寸尺度。

人类需要可持续发展

联合国将于 2012 年 6 月在巴西里约热内卢召开可持续发展大会。作为 2012 年大会筹备进程的一部分,中国政府将与联合国于 9 月 8 日至 9 日在北京共同举办联合国可持续发展大会高级别研讨会,围绕 2012 年联合国可持续发展大会的主题及目标,重点就绿色经济、可持续发展国际机制等议题展开讨论。来自 40 多个国家和国际组织的代表及中外知名学者报名参会。

工业革命以来,人类依靠科技进步,创造了前所未有的物质财富,但也造成了严重的资源危机、生态恶化和环境污染,地球家园不堪重负。

出于对全球环境急剧恶化的关切,1972 年,联合国人类环境大会在瑞典斯德哥尔摩召开,通过了《人类环境宣言》。环境问题自此列入国际议事日程,人类开始认识到环境与发展之间的联系,呼吁各国就解决环境问题开展合作。然而,世界环境恶化的趋势并未得到根本改观,环境与发展问题日益突出。

1992 年,联合国在巴西里约热内卢召开环境与发展大会,通过《里约环境与发展宣言》《21 世纪议程》,签订了《联合国气候变化框架公约》《生物多样性公约》等环境公约。这次会议确定了"可持续发展"的理念,确立了国际社会关于环境与发展的多项原则,其中"共同但有区别的责任"成为指导国际环发合作的重要原则。里约环发大会用可持续发展的概念,代替了工业革命以来那种"高消耗、高投入、高污染"不可持续的生产和消费模式。

2002 年,联合国在南非约翰内斯堡举行了可持续发展世界首脑会议,将经济发展、社会发展和环境保护确立为可持续发展的三大支柱。国际可持续发展事业进入了一个崭新的阶段。可持续发展理念深入人心,气候变化、生物多样性等成为人们耳熟能详的名词,成为人们日常生活关注的一部分。

然而,由于受国际金融危机、气候变化、粮食危机、能源危机、自然灾害的影响,特别是可持续发展领域相关国际承诺落实不力,近年来可持续发展所有重大方面的进展都出现逆转倾向,发展中国家遭受重大冲击。《21世纪议程》和千年发展目标岌岌可危。

国际社会充分认识到,应当采取措施改进可持续发展机制,抓紧可持续发展各相关承诺的落实,特别是发达国家在资金、技术和能力建设等问题上对发展中国家的承诺,为发展中国家实现可持续发展创造良好的外部环境,促进共同的繁荣与发展。

2012年将在里约热内卢召开联合国可持续发展大会为应对这些新挑战、推进国际可持续发展进程提供契机。

中国是国际可持续发展进程的重要参与者、推动者、践行者。中国政府向来高度重视可持续发展问题。中国领导人出席了1992年里约热内卢环发大会和2002年约翰内斯堡可持续发展世界首脑会议。中国政府在两次会议上分别签署了《联合国气候变化框架公约》和《生物多样性公约》,并宣布核准《京都议定书》,为推进国际可持续发展进程作出了重要贡献。

中国古话讲,不能寅吃卯粮,这是我们的祖先告诫我们要着眼于长远的发展,不能只顾眼前的利益。为了落实可持续发展的理念,中国政府确立了以人为本、全面、协调、可持续的科学发展观,统筹经济与社会发展、人与自然和谐发展,统筹当前利益和长远利益。中国政府制定的"十二五"规划明确将今后五年中国发展的主线确定为加快转变经济发展方式。而坚持建设资源节约型、环境友好型社会则被确定为加快转变经济发展方式的重要着力点,希以此促进经济社会发展与人口资源环境相协调,走可持续发展之路。

这些目标与国际社会对于可持续发展的追求一脉相承。实现这些目标,既造福于中国人民,也是对世界可持续发展的重要贡献。中国政府此次与联合国共同举办高级别研讨会,将与各国政府官员、知名专家一起,共同为明年的联合国可持续发展大会献计献策,推动大会取得积极务实的成果。

(《光明日报》,2011年9月2日)

"力不从心"的八国峰会

新华网北京5月27日电 八国集团首脑会议5月26日至27日在法国北部海滨城市多维尔举行。从会议内容和各方磋商情况看,在当前国际政治经济形势下,八国峰会像是生搬上台的"独角戏",既了无新意,且力不从心。

在为期两天的峰会中,八国集团领导人重点讨论了西亚北非局势、核安全等问题,经济议题则相对淡化。对此有媒体指出,经济议题的"清谈会"凸显八国集团经济影响力的下降及其应对自身诸多经济"病症"的乏力;英国广播公司的报道则认为,在新兴经济体不断崛起的国际形势下商讨全球事务,八国集团的机制已经不合时宜。

八国集团成员包括美国、英国、法国、德国、意大利、加拿大、日本和俄罗斯,除俄罗斯外,其他七国均为西方发达国家。这个"富国俱乐部"自20世纪70年代建立以来在国际经济、政治领域强势作为,广大发展中国家的利益和呼声长期被排除在外。广泛性、代表性的缺失是八国集团的天生之"弊",在国际政治和经济关系问题上产生了诸多矛盾和困难。

进入21世纪以来,伴随新兴市场国家的不断崛起,八国集团在解决全球性挑战方面更加力不从心。八国集团曾试图调整,在峰会期间同时举行八国集团与发展中国家领导人非正式对话会。2010年,加拿大干脆将八国集团峰会和二十国集团峰会放在一起同时举行。但是,面临国际政治经济形势的深刻调整与发展,八国集团机制存在着难以革除的局限和弊端。

以本次峰会讨论利比亚局势为例,会议上既没有阿盟、非盟两个重要地区性组织的代表,也没有主要发展中国家的代表,这种发达国家"单干"的做法到底效果如何,是一个很大的未知数。

究其现状,正如英国《经济学人》杂志指出的,"八国集团的狭窄平台已经无法应对全球事务,二十国集团最近几年的突出表现折射出八国集团的滑落。"

舆论普遍认为,二十国集团容纳了主要发达经济体和新兴经济体,在代表性和有效性方面,具有八国集团难以比拟的优势。主要发达经济体和主要新兴经济体现在都同意,将二十国集团打造为国际经济合作和宏观经济政策协调的最主要平台。实际上,全球经济领域的议事权已经从八国集团向二十国集团转移。

但是,西方发达国家不会轻易让八国集团退出历史舞台,而且可能继续寻求制订全球政治、安全领域的议事日程,继续在全球事务上指手画脚。从这次八国峰会的议程看,八国集团并无打算放弃旧有的思路和做法,这从最近几天一些与会领导人对国际问题的强硬表态上可见一斑。

放眼全球,无论是经济挑战,还是政治挑战,八国集团都很难代表全世界,发展中国家已经成为当今世界经济、政治格局中的重要组成部分。基于这一国际现实,八国集团的"独角戏"往后无论怎么演,都不会精彩。

(新华网新华国际时评,2011年5月27日)

训练材料6. 综合评论

【训练提示】本部分选取了广播中其他常见的评论节目类型,如主持人引入特约评论员对新闻进行点评。

在这部分学习中应该树立节目整体意识,加强对评论节目的整体驾驭能力,并辅以筛选选题、采访编排、主持播出等环节的训练。

(1)引入特约评论员

我国地铁建设只求速度 难成真正世界第一

中广网北京8月26日消息 中国地铁站设计被指呆板单一。此外专家指出,我国规定地铁里的人均换气量是30立方米,其实上海一些拥挤的车站里还达不到这一标准,而美国地铁里的人均换气量是60立方米。

对此,中国之声特约观察员曹景行作如下点评:

曹景行: 今年的国际轨道交通展在上海举行,在展会上传出了有关上海地铁发展的规划,到2014年,上海的轨道交通长度将达到562公里,这样的话就和美国纽约、英国伦敦并列为世界上三大拥有最长地铁的大都市。而到2020年,上海市轨道交通将达到970公里,共有22条,到那个时候一定是世界第一了。

但是正如业内人士所指出的,我们国家轨道交通发展虽然快,但车站的设计无论是在美观方面还是在便利性方面都有很大的欠缺。上海最大的人民广场地铁站不仅换车不方便,而且站内的空气要比先进国家地铁站里差许多。造成这种状况,与我们地铁建设追求速度、急于求成有相当的关系。如果在这方面不能加以改进,即使我们的地铁长度是世界第一,但是从乘客的感觉来说,远远不是世界第一。

(中央人民广播电台,2011年8月26日)

(2)完整节目(广播评论)

呜呜祖拉吹响"中国制造"警音

(出录音:"呜呜祖拉"的声音,接同期声)

邬奕君: 利润太低了,我们两块钱卖出去一只"呜呜祖拉",在南非可以卖到54块人民币一个。

主持人: 听众朋友,录音刚开始时的声音您一定不会陌生,那就是南非世界杯的赛场上,数万观众吹响"呜呜祖拉"时发出的震耳欲聋的响声。

据统计,南非赛场上的"呜呜祖拉"90%是由中国出口的,产值在2000万美元左右,但中国加工厂的利润不足5%。而刚刚在录音中抱怨利润太低的人,叫邬奕君。他是浙江一家塑料文具厂的老板,他在2001年根据非洲土著用于驱赶狒狒的乐器仿制出了这种塑料喇叭。对于有着100万个"呜呜祖拉"订单的邬老板来说,利润仅仅不到10万元!

中国老板抱怨钱赚得少,那么中国工人能得多少铜板呢?听一听福建社科院麻建敏研究员的分析吧。

(出录音)

麻建敏: 中国现在已经步入制造业大国的行列,中国这种物美价廉的产品行销世界,那么价廉呢,在这个背后,这个微薄的利润实际上没办法抵消我们能源损耗、环境的污染,也不能弥补我们农民工情感的损失。我们举个例子来说吧,比如说南非世界杯出名的"呜呜祖拉",我们知道,生产一个"呜呜祖拉",我们农民工兄弟只能赚到1个美分的工钱,所有这些微薄利润不足以弥补我们环境污染、我们能源损耗以及我们农民工兄弟付出的劳动,我们现在这些微薄利润实在很不划算,所以这种低附加值企业存在,中国做的都是赔本生意。

主持人: 这不是人家吃肉我啃骨,人家吃米我咽糠吗?尽管万里之外的南非赛场上的"呜呜祖拉"绝大部分是"中国制造",尽管有人戏称中国的"呜呜祖拉"上演了一出世界杯的商业神话,但中国的制造商和产业工人分得的利润少得可怜却是不争的事实。难怪经济学家马光远在他7月1号的博客中感慨地说,中国企业在这次"呜呜祖拉"的商业神话中得到的只是一个屈辱性的利润。为什么中国企业不能分得更多的利润？据我们了解，"呜呜祖拉"根本就是中国玩具商自主开发的产品。这东西很简单，三个塑料管串在一起，有各种各样的颜色，没什么科技含量，生产它本应得到更高的利润回报才对，那么这其中的问题又出在哪里呢？还是浙江老板邬奕君道出了其中的一个原因：

（出录音）

邬奕君：当时我们也没有申请品牌，也没有自己的知识产权去保护，假如有一项的话我们就不是今天这个利润了；假如出厂价提高1块钱人民币的话，那我们今天就会赚100万这样子了。

主持人：邬老板一语道出了品牌问题。看来，问题之一就出在知识产权方面。经济学家郎咸平的"6+1"理论很好地解释了这样一种经济现象：缺乏专利，又没什么技术门槛的产品只能处于产业链的最低端，只能拿到"1"，而产业链高端的"6"，如批发经营、终端销售则牢牢被国外资本占据。而"呜呜祖拉"恰好就是属于那种低门槛的产品。

我省的万利达集团有限公司，早期也只是一个简单的代工工厂，而现在却已经成了一家国家重点高新技术企业。他们的海外事业部美洲区副总林毓倩女士讲到知识产权就很有体会：

（出录音）

林毓倩：没有知识产权的产品，老外是不会让你发言的。因为很多产品都是他们拿样品过来，让我们按照样品给他生产，贴他们的牌子，那么这个价格定位，他们说多少就是多少。如果说这个知识产权是我们自己的，那么研发费的多少、加工成本费的多少，还有对外销售的价格就是由我们来定的。所以我觉得转型的另外一个核心是，一定要从最简单的作坊式生产企业，转变成具有销售能力的生产企业。

主持人：这只能说明，"呜呜祖拉"在世界杯上的表现其实是中国制造历来积弊的一个缩影。它那127分贝的噪声，对于传统的中国制造而言，是一种警音。近年来，受人民币升值、劳动力成本大幅上升、原材料价格上涨、环保运营成本增大、外贸摩擦日益增多等因素的影响，中国的企业家们深切地感受到以"呜呜祖拉"产品为特征的中国制造低端产业已经走到尽头，"中国制造"向着"中国创造"的转型已经成为中国企业、中国政府的光荣使命。

作为政府部门，在这场转型中理应扮演重要的角色。福建省经贸委张金铸副主任是这样考虑的：

（出录音）

张金铸：我想就这个问题，在政府层面，可能主要还是从两个方面来考虑帮助企业解决这个问题。第一个呢，企业自主创新能力的培育和建设问题对我们来说还是当务之急。把企业需求和高校科研机构成果结合起来，这是一个很重要的步骤。把科学研究开发中心设立到企业，那么这样就可以把科技和市场结合在一起，你开发什么东西就是市场需要的东西。第二方面呢，绝大部分还是中小企业比较多，我们要建立些平台。那么这几年呢我们福建省成立了行业性的技术开发基地,相当于一个研究开发的洼地,为中小企业服务。这两方面如果都做好了,才能从"中国制造"向"中国创造"转变。

主持人:"呜呜祖拉"被视为世界杯赛场上的最强音,但是对于中国低端制造业来说,不啻为最振聋发聩的警音。它再次警告,低成本、低价格曾经是中国低端制造业在国际市场竞争中的"杀手锏"优势已经逐渐丧失。处在中国制造最原始阶段的代工工厂,只有重视知识产权的保护、完善自己的销售渠道、掌握定价并且合理定价,同时在大环境上得到政府的扶持,才能够真正地向"中国创造"实现经济转型。到那一天,中国必将从制造业大国向制造业强国蜕变,"中国制造"必将成为"中国创造"。

好的,感谢您收听广播评论《呜呜祖拉吹响"中国制造"警音》,再见。

(福建广播影视集团广播都市生活频率《都市早餐》,2010年7月5日)

第六章 广播现场报道

■ 本章要点
1. 广播现场报道的概念及特点。
2. 广播现场报道的组织。
3. 广播现场报道的关键技巧。

第一节 广播现场报道概述

1938年3月12日,美国哥伦比亚广播公司(CBS)记者爱德华·默罗(Edward R. Murrow)在德军进占维也纳的同时,向美国听众发回了他的第一篇战争报道:

我是爱德华·默罗,此刻正在维也纳报道。现在是凌晨2点30分,希特勒本人还未到市内。看来,没有人知道他会在什么时候到这儿。但是绝大多数人预料他会在明早10点之后的某一时刻到达……我是几小时前乘飞机从华沙取道柏林来这儿的。从飞机上鸟瞰维也纳,我发现它跟从前没有两样。但是维也纳确实有所变化……人们在这里把武器举得要比柏林高一些,而且,人们说起"嗨,希特勒"这样的字眼时声音也要高一些。……年轻的纳粹冲锋队员乘车在街道四周游荡。他们乘着军用卡车、各种型号的装甲车,唱着歌,向人群投扔橘子皮。几乎所有的重要的大楼都设有武装警卫,包括我现在临时广播的这座楼房。整个城市有一种断定要发生某种事情的迹象,每个人都在等待着,想知道希特勒在什么地方,什么时候会到达这里。

这次报道被视为广播史上的第一次"现场直播"。此后默罗与他的同事又进行了一系列出色的广播现场报道,推动了奉行"孤立主义"的美国听众越来越关心欧洲事务,从而把美国同欧洲在心理上联为一体。1940年不列颠空战时期,默罗发回的《这里是伦敦》(*This is London*)的广播报道非常成功。1940年8月8日,他在伦敦特拉法加广场进行了一个在广播史上深受赞佩的现场报道:"我站在屋顶上,俯瞰着伦敦全城。此时万籁俱寂……探照灯此刻正向这一边移动,你们就会听到两颗炸弹的爆炸声,听,炸弹响了!"默罗一贯用缓慢、拉长的深沉语调强调"this",代表了"我就在现场",他的报道尽可能贴近战争一线,让听众听到隆隆的飞机声、爆炸声等一切与轰炸场景有关的元素,为美国听众提供了一种身临其境的战火体验。默罗来自战斗前线的生动报道不仅让他缓慢、沉着、抑扬顿挫、颇具特色的声音妇孺皆知,还促进形成了一种新闻体裁——广播现场报道。[①] 在此之前,美国的受众只能在报纸和新闻纪录片上获得战事报道,时效性和现场感差强人意。现场报道使广播这个前有报纸、纪录片,后有电视日益挤压其生存空间的媒体焕发了新的活力。

一、广播现场报道的概念

广播现场报道,是指记者在新闻事件现场,以目击者、采访者或参与者的身份用音响和口头方式报道新闻的一种体裁。

广义的广播现场报道包括记者借助电子新闻采集和传输设备,在新闻现场进行的报道,如现场直播、现场采访、现场口头播报等;狭义的现场报道专指记者在新闻现场根据自己的观察,当场口述自己的见闻,直接将新闻事实报道给听众。广播现场报道需要强调以下几点:

(一)在现场

首先,新闻事实刚刚发生、正在发生或者将要发生的时空。

"现场"本来是个空间概念,但在时效性竞争激烈的今天,"现场"实际上还具有时间概念,那些事后的"补报"缺少与事件同步的未知感和鲜活感。比如2013年3月29日吉林通化八宝矿区瓦斯爆炸引发35人死亡的矿难,如果记者一周后再在医院报道事故处理后续工作,新闻价值就会大大削弱。

其次,新闻事实在此地发生具有报道价值。

有些新闻事实离开它所发生的地点,就会在新闻价值上打折扣,记者要突出"这一个"现场的意义,国外称之为"on-the-spot report"。比如2013年7月6日乘坐韩国韩亚航空公司飞机的中国乘客在美国旧金山机场罹难的现场报道,与国内航空公司的飞机在国内机场发生事故的报道在新闻价值的侧重点上会有所不同。

最后,记者必须亲临现场,亲眼所见,转述的事实必须交代信息源。

(二)口头报道

这里指的是记者在现场边观察、边采访、边记录、边报道,不允许全盘照稿子念。

(三)直播

现场报道最好是直播。国外常用现场直播报道(live coverage)来强调它零时差、零距离的特点。

---

① 参见维基百科,http://en.wikipedia.org/wiki/Edward_R._Murrow。

(四)灵活

现场报道的手法、形式灵活,可拆分,可组合,可长可短,在新闻节目中可以搭配其他任何形式的新闻体裁。

现场报道是广播新闻的重要体裁之一。严格地说,它也是录音报道的一种。它与其他录音报道的主要区别体现在采制方式上,即强调不经后期加工,一次性从新闻现场进行报道。

在广播中,录音报道的比例是非常大的,通过后期编辑、剪辑的方法将前期记者采访、录制的同期声、音响、音乐以及口播整合成一个完整的节目。这类节目常常围绕一个新闻事件或者一个新闻人物,从不同的角度收集素材,精心构思报道结构,以比较复杂的手法报道事实,突出主题,实现传播意图;而现场报道往往是在一个现场、一个时间段内报道一个相对比较集中、发生发展过程比较短的新闻事实。因而录音报道比现场报道的报道点和线索更多、采访更丰富、结构更复杂、编辑思想更精细。

因本教材没有专门章节教授录音报道的制作,因此在本章训练部分我们将提供一些优秀的录音报道节目供读者对比学习。

二、广播现场报道的特点

广播现场报道与平面媒体报道相比,现场感强、时效性强;与电视媒体报道相比,技术简单、传播便捷;与一般口播相比,现场音响的特色与效果丰富逼真;与录音报道相比,不需录音、剪辑、复制等后期工序,结构精练,运用灵活。

简单地说,广播现场报道是现场报道、现场记录、现场传播"三位一体"的新闻体裁。详述之,广播现场报道有以下特点:

(1)现场报道以时效性和现场感突出其新闻价值,表现手段是现场音响、同期声。
(2)记者边看、边听、边感受、边记录、边报道,真实、具体、鲜活、典型地再现现场。
(3)口头报道可采用多种语言表达样式,如解说、叙述、描述、提问、评论等。
(4)记者是新闻事件现场的"导游"。

第二节 广播现场报道的选题

一、广播现场报道的题材分类

从不同的分类原则来看,广播现场报道的题材可以分成两类:一类是根据新闻事实是否可预见,分为突发性新闻和预见性新闻;一类是根据新闻事实的发展状态,分为动态性新闻和静态性新闻。

(一)突发性新闻

突发性新闻中,一般具有以下条件的新闻更适合做现场报道:(1)事件性新闻;

(2)现场感强的新闻;(3)场面集中和内容单一的新闻;(4)音响丰富的新闻。这样的新闻冲突感强,便于操作,能给听众带来感官、情绪上的触动。

(二)预见性新闻

一般是指经由特定组织、部门、相关人士提前发布时间和计划的新闻,比如,重大时政会议、体育赛事、庆典活动、文艺活动等。记者报道可预见性新闻,可以提前准备相关资料、提前策划报道方案,甚至可以事先组织语言或腹稿。

(三)动态性新闻

动态性新闻一般比较适合做现场报道,因为它发展变化节奏快、有悬念感,容易吸引听众的收听兴趣和持久注意。

(四)静态性新闻

静态性新闻通常不适合做现场报道,现场音响单一,事件进展往往缺乏起伏跌宕的戏剧性。但是有时新闻人物访谈比较适合做现场报道,比如在新闻人物工作场所或者新闻事件发生地进行现场访谈,交谈的背景音响和同期声会大大提升报道的真实性、联想性和趣味性。

突发性和预见性新闻、动态性和静态性新闻常常是相互交叉的,比如常见突发的动态性新闻、可预见的动态性新闻、突发的静态性新闻、可预见的静态性新闻。突发的动态性新闻对现场报道记者来说是最有挑战性的,对听众来说是最具有广播魅力的。

无论是以上四种题材中的哪一种,能够成为现场报道的新闻必须符合一些基本标准,即这些题材要具有本地关注性、普遍关注性、及时性、异常性、冲突性、显著性、重要性、影响性等特点。

二、获得题材的两个重要方式

初学现场报道最难的是选题。有经验的广播一线记者有线报、有跑口、有广泛的信息源,能够激发选定题材的灵感。现场报道的新手想要找到适合的题材必须要开动脑筋,善于观察。

(一)眼到心到,挖掘生活

首先,要成为观察者,以客观的视角观察身边的人和事,看似惯常的事情,要发现它们的变化;发觉异常的事情,要思考它们的价值。可以先从非动态的、非突发的、非活动性的题材练起,比如,路边拆除违章建筑的情况,大学门口快递包裹堆积成山影响交通的现象,早晚上下班交通高峰期地铁乘客的表现,等等。

其次,要成为"顺风耳"。"听说"是传统社会搜集信息的重要手段之一,也是获取选题的好方法。富有职业敏感的记者会主动交谈,以同各类人交谈作为获取题材的方式之一。比如,有同学下课回来,你问他有何新鲜事,他说"教学楼里新开了家咖啡馆",这句话也许能引起你的好奇心:谁开的? 在哪个位置? 装修风格怎样? 多大规模？生意如何？师生反应如何？价格怎样？为什么要开咖啡馆？当然"道听途说"的信息要先加以核实。

最后，要腿脚勤快。我们经常说"跑新闻"，深入生活现在被称为"走基层"，无论是"跑"还是"走"，都说明"宅"着是找不到合适选题的。可以说，如果腿脚不勤快，再善于观察、再有体会也都是空谈。只要腿脚勤快，经常跑一些新闻"易发地"，有些突发事件可能会撞上你，这种情况看似偶然或碰巧，但跟你的选择和敬业是很有关系的。

(二)善用媒介

把阅读报刊、浏览网页(微博、博客、论坛、讨论组等等)、听广播、看电视甚至接触广告都作为获得题材的方式。可以从其他媒介上获知一些可预见性的新闻。

三、头脑激荡做选题

(一)了解广播现场报道的结构

1. 单点报道

适合单一现场、单一脉络、过程较短的题材，一般以时间顺序为结构原则，即按照新闻事件发生、发展和结束的时间顺序来结构现场报道。

2. 多点布局

适合报道点多、脉络复杂、过程较长的题材，一般以报道目的为核心或突破点，围绕报道主题结构现场报道。通常运用于可预见性、复杂的新闻事件。比如，本章提供的实例分析中的西安世界园艺大会开园仪式、奥运圣火登顶珠穆朗玛峰等。在一个大的新闻事件中，有多个新闻现场，需要设置多个报道点，不是一两个记者能够完成的，现场直播时需及时调度各个报道点的新鲜点，所以前期的报道策划尤为重要。

3. 系列成篇

有些新闻事件持续的时间很长，过程和结果不可预期，重大的新闻价值使得媒体会策划一个系列对它进行报道。比如，2008年的南方雨雪冰冻灾害、汶川地震灾难、北京奥运会；2009年新中国成立60周年；2010年的上海世博会、南方春季旱情；2011年日本地震和福岛核电站泄漏事故、美国"占领华尔街"运动、西方多国联军空袭利比亚；2012年时任国家副主席习近平出访美国、中共"十八大"召开；2013年嫦娥三号探测器发射、东非野生动物迁徙、雅安地震；2014年马来西亚航空公司MH370飞机失联、APEC在京召开、国家公祭日报道等。系列现场报道是一个个"现场报道因子"构成的，在学习过程中可以从"一地一事"的报道开始。

(二)筛选恰当的选题

播音主持是大众传播中的最后环节，它所需要的传播技能和媒介素养，要求播音员主持人要积累方方面面的经验。在案例观摩和研究中，要分析那些成功的、失败的、有优点的、有缺点的、有特点的现场报道，从中吸取经验教训，真正了解现场报道的机理，切实产生现场报道的感性认识。

在社会生活中要多积累常识，换位思考，如果你是听众，你想获取哪些信息？要反复问自己"这个有必要吗？""还想知道什么？""这个有新闻价值吗？""换个说法行不行？"面对一件新鲜事，你最津津乐道的是什么，也需特别留意。

（三）追寻报道的新鲜点、趣味性

好奇心是人的天性，当一切都过于正常时，就要激发和保持好奇心，想想"正常的背后存在异常吗？"

积累了一些媒介素养、媒介经验之后，播音员主持人要谨防墨守成规，面对常规选题的时候多追问一下：还有没有其他的可能？能不能发现新的事实、新的角度、新的落脚点？打破常规和定律，发挥想象力，不要放弃"试试看"的心理。这些都能够保护我们的好奇心，引导我们做出令人耳目一新的报道。

有些看似常态的新闻，比如交通事故、自然灾害等，做选题策划时可以借鉴经验预设报道方向，比如伤亡情况、财产损失情况、事故原因及影响等。到达新闻现场后，就要充分调动好奇心，看常规的选题里有没有"反常规"。新闻现场的瞬息万变有时是超越想象力的。保持好奇心和对经验的反思要在找选题、列提纲、现场观察与报道、获取反馈等过程中一以贯之。牢记——也许惊喜就在你即将离开现场的时刻。

第三节　广播现场报道的组织

一、现场报道的基本要素

广播现场报道与其他新闻报道一样，基本要素包括事实性、逻辑性、趣味性、有用性。

（一）对事实的要求

真实、确凿、全面、具体。

（二）对逻辑的要求

规整、严密、简洁、开放。

（三）对趣味的要求

贴近生活、细致入微、遵守新闻伦理规范、语言生动。

（四）对有用性的要求

信息有效、信息量大、知识性、服务性、启发性。

二、如何组织报道

(一)现场报道的整体架构

请记住一个英文词缩写——FORK(叉子),现场报道要像叉子一样能够稳、准、快地为受众抓取新闻事实。

FORK 即 Focus、Order、Repetition of key words、Kiss off。

Focus 原意是"聚焦",在报道中是指要迅速精准地辨别事实的新闻价值,用简洁清晰的语言吸引听众的注意,惯用"红灯技巧",即在 30 秒内用一句话把听众最应知、最想知和最重要、最异常的新闻事实说出来,像红灯一样一目了然。

Order 就是报道的结构顺序。从现场报道的特点来看,那些内容较单一,时空相对集中,现场事态发生、发展的进程起伏多变的事件性新闻题材,更适宜现场报道。采取的常用结构有时间顺序结构(编年体结构)、事实重要性顺序结构(倒金字塔式结构)、悬念叙事("讲故事"结构)、聚焦点过渡到主题(视窗结构)。

Repetition of key words 就是重复关键词。比如,2013 年 7 月 6 日的旧金山机场韩亚航空公司飞机着陆事故中,人们初步猜测机尾撞到防波堤是导致事故的原因,所以关键词"防波堤"在不同角度的报道中被反复提到。

Kiss off 就是消息源各自集中。这里要特别强调:第一,报道中必须明确消息源,不涉及保密的单位、机构的名称或人名要具体指出,忌讳使用"据有关部门""有人透露""听说""有人"之类语焉不详的指代。第二,由不同信息源提供的信息在报道中所处的位置和所具有的功能不同,要各安其所,妥善集中使用。

(二)现场报道的步骤

请记住另外一个英文单词缩写——SPOT(现场)。在新闻现场,报道就是由这样一些行为及其结果构成的,即 See、Participate、Organize、Talk。

See,观察。在对预知性事件的报道中,要随时印证和检验事前的准备与现场情景是否吻合;对于突发性事件的报道,观察要准确、迅速、细致,及时搜索并捕捉到新鲜和异常画面。

现场报道中的观察不是"看"的动作,而是"看"的结果,即看到什么。在本章第四节中将会重点阐述如何观察。

Participate,体验。在报道过程中要调动自己的主观能动性,全方位地捕捉、分析和判断身处的新闻现场,包括看、听、嗅、触甚至是尝,调动视觉、听觉、嗅觉、触觉、味觉等多种感知觉,记录现场,理解现场,表述现场。

谈到"体验"不得不延伸谈到"介入性报道"。介入性报道是指报道者对所报道的新闻事实表现出明显的主观参与意识,通过对某一新闻事件或问题进行报道,有意识地对事件的发展态势施以一定的影响,最终促进问题的解决或达到某种效果而采用的新闻报道方式。有些记者不是以旁观者和采访者的角色存在于新闻现场,而是参与到新闻事件当中,成为新闻事件中的一个因素。比如,在 2008 年的汶川地震报道中,有些记者不忍坐视受难者在残垣断壁下呻吟,一边参与救灾一边进行采访,这就是介入性报道的一种形式。介入性报道方式本应该有助于形成良好的传播效果,但有些采访行为却触犯了新闻伦理中的敏感问题。比如,也是在汶川抗震救灾的现场,有的记者对着刚刚从暗无天日的废墟中被救出来的伤者伸出话筒,问"你现在的心情怎样?""你有什么要说的吗?"而且穷追不舍。这样的行为令人反感,被受众指责为"冷血""添乱"。这种"被介入"在现场报道中还是越少越好。

　　Organize,组织。组织报道要遵循一定的结构方式,时间顺序结构(编年体结构)、事实重要性顺序结构(倒金字塔式结构)、悬念叙事("讲故事"结构)、聚焦点过渡到主题(视窗结构)等十分常见的方式,在新闻报道中可以"对号入座"。一般地,过程短暂的动态性事件经常采用时间顺序结构;突发的动态性事件经常采用倒金字塔式结构;脉络较多、发展较慢、有一定时间跨度的新闻事件报道可以采用"讲故事"结构;而可预见性的、静态的新闻场景报道则可以用视窗结构,即从一个有趣的、新异的、引人关注的局部开篇,接着将其拉进大的新闻场景,建立起与主题的关系,然后全面报道事实,最终给听众一个新闻场景或新闻事件的全局。

　　Talk,表达。现场报道是记者口头报道为主的一种新闻体裁,口头报道的方式一般是叙述、描述、采访、评论、串联等。在第四节中将详细阐述如何使用这些手段。

第四节　广播现场报道的关键技巧

一、如何描述

　　在新闻现场,记者就是听众的眼睛、耳朵和身体其他感官的延伸。所以,准确、具体、细致、生动地描述现场是记者的技能之一。

　　(一)描述的前提

　　首先调动自己的所有感知觉,视觉、听觉、嗅觉、触觉、味觉等,使之处于活跃的"备战"状态。

　　1.调动视觉去观察

　　观察现场时注意"框"和"点"。"框"就是现场的范围有多大,范围内的总体情况如何;"点"就是聚焦点,要善于在大的范围内发现细节。比如,2010 年 11 月 15 日上海静安区胶州路 728 号教师楼发生火灾,记者在现场不仅看到楼体外被熏黑、垮塌的脚手架,还发现在摇摇欲坠的脚手架上有惊慌逃离的居民。这个点就是细节,听众会因此而担心逃生居民的生命安全。

　　观察现场时要注意物体的"动"和"静"。"动"指的是现场活动的变化趋势、速度和频率,比如体育比赛的现场报道就要观察运动的姿势、速度等;"静"指的是现场的格局、相关事物的位置、现场的气氛等。比如每年的钱塘江观潮报道中,记者对观测点的设置和安保设施、采访点的安插和意图等都会予以清晰的描述,这就是格局和位置。

观察时要注意现场特殊事物的色彩,这是听众看不见的,记者要做听众的眼睛,为听众的联想和想象提供具体依据。比如报道水体的污染、园博展、庆典游行等等,描述色彩能够具体真实地还原现场。

观察现场时要注意相关事物的维度,比如是平面还是立体;长度、宽度、厚度、高度等尺寸如何;有关联的事物间的相对参照位置是怎样的,等等。比如报道"南澳一号"明代沉船的水下考古发掘、老山汉墓发掘等,描述船体、文物的概况,墓坑的情况等,都需要有尺寸和相对位置的意识。

2.调动听觉,做听众的耳朵

并不是现场所有的声音都要被采用,听众在报道中听到的音响是记者选择性剪裁利用的。在选择声音时要注意三点:第一,具有典型性的背景声。第二,有些需要记者同步解说,听众才一听就明白的音响。第三,捕捉画龙点睛的同期声。

3.调动味觉、嗅觉、触觉

记者通过自己的感知觉,把新闻现场的气味、温度、湿度、软硬度、舒适度等用语言描述出来,有利于听众产生身临其境之感。比如风土人情、饮食起居等题材的报道需要记者调动多种感官,选择典型性、代表性的感知觉进行描述。

(二)描述的技巧

描述的技巧很多,在此梳理一些常用的。比如,做听众的眼睛、耳朵,一切为听众服务;描述细节,注意语言简练;描述现场人物和其他物体的运动;如果现场有当事人、相关人能够描述现场,则不需要记者代言;用形象的类比和比喻,但要贴切、平实、简洁;慎用形容词、副词,多用动词。

二、如何采访

(一)采访谁

1.采访对象

选择新闻事件当事人、相关人、旁观者等做采访对象。比如,在一个火灾救灾的现场,失火建筑的所有权者是当事人;消防员、消防队长、保安员、救火的群众等是新闻事件相关人;围观的人是旁观者。

2.类别均衡

注意采访对象类别的平衡,性别、年龄、来源等要均衡。这主要是针对头绪较多、发展情况复杂的新闻现场而言的。比如,被救拐卖儿童与家长见面的现场,采访对象不能仅有被救拐卖儿童的爸爸妈妈,还要有类似情况的不同年龄的爸爸妈妈,或者不同地区的家长、爷爷奶奶、其他亲属等。

(二)倾听的技巧

语言策略中常讲"会听才会问",俗话也常说"会说的不如会听的"。"听"是一个全方位了解事实、了解交谈对象的过程,"不会听"则会影响到记者对新闻事实的把握和报道。

倾听的技巧主要有:集中注意力,注意"此刻"听到了什么,使自己的思路和被采访对象思路一致;批判地听,保持警惕,"是否为事实""是否详尽""是否具体""是否依据充足""是否可以做同期声";保持安静,做出恰当反馈,礼貌打断;边听边察言观色,确定被访者情绪和话语的真实性,以免发生误读;保持即兴反应的敏感度,补充遗漏问题,不要固守既定程式或者预案。

(三)提问的技巧

提问的目的是获得答案,而不是"为问而问"。一般"为问而问"是提不出好问题的,并且还可能造成:第一,被采访对象听不明白。第二,被采访对象无话可说。第三,被采访对象对记者产生轻视或反感心理。第四,被采访对象拒绝回答问题。第五,被采访对象顾左右而言他,偏离采访目的。

提问时要注意:

(1)提问的基本信息涉及 5 个 W(what,when,where,who,why)、谁会受到影响、影响是什么。

(2)问题分闭合式和开放式两种。闭合式问题有利于迅速弄清事实概要,是目的性极强的问题;开放式问题是请被访者举例子、谈感受、讲过程,是挖掘非预测性事实和细节的问题。善用问题组合,这样有助于提高效率。

(3)提问的跟进问题涉及事情的详细经过、原因、背景是以及举例;可拓展的提问涉及正反两方面的意见、提问者对答案的解释或验证。

(4)问题要简洁、明了、短小。

(5)尖锐的问题一般放在问题顺序的稍后位置。

(6)特殊问题处理的方法主要有"沉默对峙""归咎他人""概要总结式诱导";涉及情感性问题要"换位思考"、运用"媒人功能"(请人"搭桥"或引用他人的说法)。

(7)电话采访要注意:自报家门、融洽气氛、精练问题、阐明疑惑、抓住细节、控制节奏和时间、核实信息。

三、如何采集音响

广播现场报道对音响的要求是:典型、精练、异常。

广播现场报道中的现场音响是指被报道的新闻事物所发出的真实音响及其环境发出的各种声音。报道中运用现场音响是为了指明环境、渲染气氛和表现主题。那些能直接说明主题、表现主题的音响叫"主题音响"或"骨干音响"。有些音响虽不能直接说明主题,但能表现新闻事件的时间、地点、条件和气氛,叫作"烘托主题音响",又称"环境音响"。① 掌握一些关于音响的基本知识,在现场可迅速判断出哪些是主题音响,哪些是环境音响。记者要善于寻找有环境音响的地点作为报道点,善于捕捉且依托主题音响,并配合清晰、对位、画龙点睛的解说。

在抓现场音响时,还要注意前后呼应、有头有尾,不要让人觉得零打碎敲。有的音响,特别是主题音响需要在现场报道中反复出现,给人以强烈印象。而那些可有可无,甚至妨碍内容清晰的音响一定要尽量规避。

采集音响必须对话筒等采录设备的性能非常熟悉,了解这些设备在现场工作时的优势和劣势。报道和采集时最好戴耳机,这样可以及时判断音响的质量。切记要保证现场报道中音响的质量,否则听众有可能因为刺耳的音响和混杂的现场声而换台。

在本章的最后要强调广播现场报道的新闻伦理问题。为报道制造"媒体事件"、伪造现场、在现场妨碍公务、妨害社会公共安全、侵害被采访对象的合法权益或者伤害被采访对象的身心健康都是违反新闻伦理的现象,必须杜绝。上文中已经强调,在此需要重申的是,真实、全面、平衡、公正的现场报道才是具有新闻价值的报道,这是记者基本的职业操守和新闻道德。

思考题

1. 广播现场报道与音响报道的区别主要是什么?
2. 什么样的题材更适合做广播现场报道?
3. 广播现场报道中关键的要素有什么?
4. 如何组织一个比较完整的现场报道?
5. 在广播现场报道中,描述新闻现场的要点是什么?
6. 广播现场报道基本的提问技巧有哪些?
7. 你如何理解什么是典型音响?

实例分析

实例 1. 冬季用煤高峰来临 记者体验井下 420 米采矿生活

实例分析

(1)对于初学者而言,掌握现场报道的基本功很重要。其中包括掌握描述的技巧。实例 1 就是现场描述的优秀作品。

(2)一般现场报道都是演播室主持人与现场记者的直接交流,一问一答。现场记者有时只是回答主持人的提问,有时是把现场最主要的新闻事实予以强调报道。

(3)现场记者不一定被演播室主持人牵着鼻子,因为主持人有时不了解现场情况。

---

① 参见仲富兰:《广播电视新闻学》,上海外语教育出版社 2006 年版。

因此现场记者要明确自己的报道职责,在此基础上尽量提供丰满的信息。

(4)因为这篇报道是系列报道之一,因此在该时间段现场记者做了后面内容的预告,有利于留住一部分听众继续听下去。

(5)建议学生听这个节目的录音,揣摩现场记者在口语表达方面的出众表现。

主播:眼下是用煤高峰期,煤炭生产压力增大,同时也是安全生产事故的高发期,现在各地煤矿都开始了安全生产大检查行动。

中国之声两位记者满朝旭、徐江帆为实地探查井下安全情况,马上将下到山西潞安集团常村煤矿的矿井下,体验井下420米的采矿生活。最新情况,我们来连线前方记者满朝旭。

主播:大概什么时间会下井?

记者:我大概在20分钟以后就下井。现在我在更衣室,这个是矿工的浴室,我们准备换上衣服。现在工作人员已经把衣服给我们拿来了,我们自己的衣服只能穿内裤,其余都要穿规定的衣服。这个衣服现在看有这么几件:上身要穿三件,先要穿一件贴身的内衣,再套一个饱暖的棉衣,最外面穿工作服。下身是两件,我们要先穿一件棉裤,再穿工作服的裤子。衣服材质是棉的,因为棉的不容易起静电,井下有瓦斯,如果有一点火星的话,很容易引发事故。另外值得注意的有两件东西,一个是腰带,腰带就是一条红色的绳子,红色代表平安和吉祥,每一个矿工下井之前都要系一条红色的腰带来讨一个吉利。再一个就是脚上的袜子,严格意义上说,下井穿的袜子,有点像我上大学时进计算机教室穿的鞋套,那个袜子口是松的,有两根带子,套在脚上以后还要系紧。脚上的鞋就是过去下雨时穿的那种胶皮靴子。每人还有一副手套。衣服基本上就是这些了。(在描述工服的同时解释工服的各种功能。款式、质地、颜色都是有目的的描述,与"安全"二字息息相关。启示:描述不能所见即所得、漫无目的,要有意图、有目的)

一会儿我们穿好以后要去领三样下井必备的东西:一个是井下的照明灯,还有一个是安全头盔,另外一个据说是跨在腰上的金属盒子,这个盒子是最重要的东西,它叫个人自救装备,据说里面有一个类似防毒面具的东西,当井下发生瓦斯突出的时候,戴上这个东西可以维持半个小时的呼吸,从而脱离危险的区域。(在描述中强调自救装备最突出的特点)

我们大概是在7点半开始下井,从地面到地下420米的工作面大概要走50多分钟的路程。到了工作面以后我和记者徐江帆会分成两路,我这一路要去移动救生舱,看看那里的情况,徐江帆将会赶赴永久避难硐室,看看那儿的情况,到时候我们将会通过在这两个避险设施里的通讯电话发回消息。(有节目的全局观念,预告节目接下来的内容,思路清晰)

(选自中国之声《新闻纵横》,2010年12月2日)

实例 2. 体验井下采矿生活 记者到达 420 米深处救生舱

实例分析

（1）重点来分析和学习这篇报道所采用的叙述手法。

（2）叙述的顺序是时间顺序，首先告知听众从地面到移动救生舱耗时 1 小时，接着按照时间顺序分别介绍四个阶段。

（3）四个阶段的叙述并不平均用力，而是着重介绍了第二和第三阶段，因为这两个阶段非常有特点，令记者印象深刻。

（4）在叙述中大量使用类比和比喻，形象生动，容易令人产生具体联想。

（5）思路清晰，语言简洁流畅，条理分明，口语化强。

主持人：冬季是用煤的高峰期，同时也是煤矿安全生产事故的高发期。为了确保井下人员的安全，此前不少煤矿都在积极修建和完善井下避险设施。现在我们的记者正在山西潞安集团常村煤矿的矿井下，这座矿是目前井下安全生产设施最先进的煤矿之一，也是我国最早建设井下移动救生舱和永久避难硐室的煤矿。那么，这些避险设施在井下是什么样子？又是如何发挥作用保证井下人员的生命安全？下面我们将把电话打到井下距离地面 420 米的移动救生舱内，请我们的记者满朝旭介绍详细的情况。

现在你是在 420 米井下，听起来信号效果还是挺好的，给我们介绍一下你是怎么从地面到达救生舱内的？

记　者：我从地面到移动救生舱大概耗时 1 个小时，我下井的过程可以分为四个阶段：首先就是通过安检和登记之后坐升降机，这个过程很快，大概 1 分多钟，这个升降机直接往下下降 390 米，这是个高速的电梯，每秒可以下降 13 米，我们到 390 米的地方后就换成井下电动车。这种电动车在我看来外观跟一列小火车一样，有轨道有车厢，只不过它是用电力来驱动的，当然这个车厢很小，我 1 米 85 的个子，车厢还没我高呢，进去的时候要弯腰进去，进去以后直接就可以一屁股坐在位置上，位置整个宽度跟私家车的后排宽度差不多，一节车厢 3 个门，差不多最多可以容纳 12 个人，这一整趟车最多一次可以往下运 120 个人。第三个阶段是让我印象最深刻的，工人们坐上电动小火车以后，大概花了 10 分钟，就要换乘一种叫"架空单人车"的交通工具接着往下走，简单来说"架空单人车"的工作原理跟缆车是一样的，有缆绳，呈 40 度角往下走，这个"架空单人车"就是一根金属棍子，在这个棍子中下部有一个椅子，棍子的另一头挂在缆绳上，人就坐在下部的椅子上往下走，工人们把这种交通工具戏称为"猴车"。为什么叫"猴车"呢？因为你坐上去以后，从后面看前面的人就像一只猴子攀着个棍在那儿待着。第四个阶段到了工作面以后徒步走到了移动救生舱，路上是有照明设施的，不是特别昏暗。

（选自中国之声《央广新闻》，2010 年 12 月 2 日）

实例3. 记者体验井下采矿生活——避难硐室的采访

> 实例分析

(1)与实例1相同,这篇报道的描述和叙述技巧也很突出。

(2)与其他记者的报道先后呼应,便于连续收听的听众对井下情况产生整体感。

(3)这篇报道中有个对带班书记的采访,带班书记以当事人的身份说明永久避难硐室的功能,具有权威性,内容详尽、清晰。该报道的缺点是时长偏长。

(4)从记者的描述中我们可以看到他对避难硐室的资料有充分的前期准备,因此到现场他可以说明每个物品对遇险矿工的重要意义。

主 播: 山西潞安集团常村煤矿井下避险系统的应用情况。刚才导播告诉我,现在我们中央台记者徐江帆已经赶到了常村矿400多米井下的永久避难硐室,下面我们就来连线他。

主 播: 介绍一下你看到的避难硐室是什么样的情况?

记 者: 我现在已经来到了常村煤矿的永久避难硐室里面,这个硐室建在北三采区的运煤巷道和运料巷道中间,整个硐室就像一个大窑洞(描述中运用类比手法),大概40米长,3米多宽,3米多高。硐室分为缓冲区和生存区两个部分,缓冲区在两头,各十来米长,主要是用来缓冲有害气体的,里面放着10个1米多高的蓝色高压氧气瓶,6个灭火器。缓冲区还有1个卫生区,里面有马桶。打开第二道门就进入中部的生存区,大概有70平米左右,墙壁上是一排仪器仪表,还有一些操作流程的文字介绍,硐室正中间摆放着4排不锈钢座椅,座椅下面放着矿泉水、压缩饼干等食品,还有碘酒、包扎带等一些急救药品,还有卫生纸之类的生活用品。(这段描述是从整体到部分、从范围到细节的描述,突出了人性关怀的设施,如马桶、生活用品、急救药品)在我的头顶上是一根直径4寸左右的大管子,从上面贴的标签来看,这是给硐室提供氧气的。有关技术人员跟我说,硐室能够抵抗3兆帕左右的冲击力,对于一般的爆炸、透水、顶板事故都能起到防护作用。(重点突出的细节)硐室可以同时容纳80到100人避难,它的基本功能和刚才我的同事满朝旭给大家介绍的移动救生舱相似,只是空间比它大很多。除此之外它还有一个比移动救生舱更大的优势,就是有一个直通地面的钻孔,这个可以说是矿工的生命通道,(掌握了丰富细致的背景资料)这方面我们请今天正好在井下带班的矿领导,李明舒(音)副书记给大家介绍一下。顺便说一下,矿领导下井带班制度在常村矿一直执行得很好。("顺便说一下"的内容体现了记者强烈的报道意识、宣传意识)

李书记: 永久避难硐室和移动救生舱有一个最大的区别,就是硐室里有应急救援钻孔。你往这边看,就是我身边的这个钻孔,钻孔里粗一点的钢管是提供氧气的,细一点的钢管是提供流质食物的,像牛奶、稀饭、豆浆都可以通过这个管子从地面供下来。这边蓝色的是光缆,作用是保持硐室与地面的视频通话和监测监控,它能把硐室里的氧气、瓦斯、一氧化碳、二氧化碳的浓度传到地面指挥中心,也就是说灾害发生后,即使井下的供电、通讯、供水系统全部中断,我们还可以通过钻孔内附设的供氧系统、供电系统、通讯系统、监测监控系统、视频供应系统维持硐室内地下人员的长期生存。一旦发生灾害,我们的职工都会有序地往避难硐室撤离。到了硐室以后先打开外面的第一道防爆门,进入缓冲区,再打开里面的第二道密闭门进入生存区,然后再打开氧气阀门,启动室内的应急供氧系统,再通过墙面上的传感器观测氧气、瓦斯、一氧化碳、二氧化碳浓度,并通过这部应急救援电话向地面的指挥中心汇报情况,等待救援。平时我们已经对井下的职工进行过严格的紧急避险的培训和应急救援的演练,现在所有职工都能够熟练操作。这就是我们这个永久避难硐室的总体情况。

(选自中国之声《央广新闻》,2010年12月2日)

实例4. 井下采矿生活体验 避险设施的感受

> 实例分析

(1)现场报道是记者在新闻现场直接目击和感受新闻事实的新闻体裁,因此经常会有记者的感受性报道,希望带给听众感同身受般的共鸣。这篇报道中记者主要是谈感受,但实际上还有反思和评论的色彩。

(2)前期资料的准备非常充分,使用资料精当。

(3)不回避目前煤矿安全存在的问题,从尊重生命的角度谈避险、救险实施的重要意义,观点鲜明,态度恳切,有建设性价值。

主持人: 我国煤矿井下安全避险系统建设进度加快,今天中央台记者满朝旭来到了山西潞安集团常村煤矿,在420米的井下亲身感受了移动救生舱等应急避险系统。马上连线记者了解详细情况。井下避险设施给你带来怎样的感受?

记　者: 根据国家安全生产监督管理总局和国家煤矿安监局提出的要求,我国所有的煤矿要在2013年6月底前建成井下避险"六大系统",今天我下井看的移动救生舱和永久避难硐室只是这六大系统中的紧急避险系统,另外的五大系统分别是应对有害气体的监测监控系统、确定矿工位置的人员定位系统、提供新鲜空气的压风自救系统、保证用水的供水施救系统以及通信联络系统。

我今天采访的感受是:我希望建的这些避险设施不要用上,因为使用它们就意味着发生了事故,但是一旦用上避险设施就要保证发挥它们各自的作用。但是,目前除了少数几家试点矿外,国内大部分煤矿还没有建永久避难硐室和移动救生舱,因为我国强制落实这个措施还存在一些困难,比如投入巨大。我今天了解到,一个可容纳8人的移动救生舱至少要花费200万,不过相对于人的生命来说,这种投入还是值得的。

在接下来的两年多的时间里,每一个煤矿企业,每个季度都要书面向省级煤矿监管部门报告建设完善六大系统的进度,在规定的期限内,没有完成安全避险六大系统建设的矿井,监察机构会责令其停产整顿,暂扣安全生产许可证和相关执照,并限期完成建设任务。

(选自中国之声《全国新闻联播》,2010年12月2日)

实例5. 上海黄浦区延安东路瑞福北大楼火灾

实例分析

(1)灾难性报道中地点、程度、伤亡人数等是最重要的信息,连线中首先要报道清楚。

(2)因火灾已经成为过去时,很多信息需要从信息源那里得到。这篇报道的信息源比较丰富,但"据现场工作人员介绍"如果能再具体些就更好了。

(3)记者的报道受阻,这个信息必须要报道出来,什么原因、怎样应对都要有所交代。

(4)记者必须深入新闻事件最核心的现场,比如本报道中的6层东南角起火居民家。即使受阻也必须有这样的努力。

主持人: 今天下午3点30分左右,上海黄浦区延安东路瑞福北大楼发生火灾。中国之声连线中央台驻上海记者周强,关注火灾最新情况。

记　者: 我和记者满朝旭正在延安东路385号瑞福大厦北大楼。这栋楼是一栋23层的居民楼,位于6层东南角的居民家发生了火情。

据保安人员介绍,他在下午3点20分最先发现着火冒烟,迅速向消防部门报警,并想办法灭火,但一直未能成功。消防人员赶到后,才将火扑灭。

据现场工作人员介绍,屋里有一位老头和一位老太,他们都受了轻伤,伤势不是很严重。一人被用担架抬出,一人被人背出,均已被送到医院救治。

刚才我和记者朝旭坐电梯到6楼,想到房间看一下具体情况,但有关部门正在现场核查事故原因,现场是警戒状态,我们没有进去。

主持人: 火已经灭了,是吗?

记　者: 已经灭了。(应该说明火灾持续的时间)

主持人: 没有蔓延到其他房间?

记　者: 没有蔓延。另外,记者看到,楼道墙壁及棚顶均被烟熏黑。(这一点补充得很好)

(选自中国之声《新闻晚高峰》,2011年4月23日)

实例6. 记者亲历——搭乘京沪高铁 感受"地面飞行"

实例分析

(1)这篇报道重点从京沪高铁列车的舒适度、便捷度和服务人性化角度进行报道。主题突出,基调鲜明。

(2)这是一次媒体记者的"体验之旅",报道中引用了其他媒体记者的感受和评价。

(3)记者细致具体地叙述描述了列车上人性化的装置和服务。

(4)描述中使用了生动的类比,"当它以时速300公里行驶时,相当于每秒推进83米,想想我只要眨一下眼睛,就跑出去80多米,这不就是离弦之箭吗?"

(5)这是一个典型的体验性、宣传性现场报道,因此主观感受和评价比较多。并不是所有的题材都适合这样的表达方式。

主持人：昨天京沪高铁首次面向媒体揭开了它神秘的面纱。早晨9点10分，上百位记者从北京南站出发，下午13点58分就已到达上海。京沪高铁以300公里的时速，全程运行4小时48分，真正实现了"千里京沪一日还"。接下来就让我们跟随中央台记者的脚步，一起走进车厢，感受京沪高铁。

记　　者：我现在就是在380BL动车组的车头，我们今天的高铁之旅就从这儿开始。这个车动感十足。流线型的车头，划出优美的曲线，也有人称之为"猎豹动车"。当它以时速300公里行驶时，相当于每秒推进83米，想想我只要眨一下眼睛，就跑出去80多米，这不就是离弦之箭吗？

车头身后是观光座，如果坐在这里，你不仅可以从身边取出电脑，看一些存储在里面的电视节目，还可在这儿欣赏司机开车。可调节座椅，一直可以调整到平躺的状态，中午旅客就可以躺在这儿睡觉。

在整列动车组列车上还设有一等车、二等车、商务车、餐车。如今列车的座位号也做了改变，原来只是从小到大排座位号，现在我们要在每一排后边加上字母，来体现我所在的位置是靠窗还是靠过道，比如A/F代表车窗的位置，C/D表示过道的位置。我现在就坐在1D的位置，所以我是坐在靠过道的位置上。这样大家可以根据自己的需要来买票，这是不是也更人性化了呢？

大家旅途上经常会用到电脑等移动电子设备，现在每排座椅下都有一个电源插座，这样使用电子设备也更方便了。

一同参加活动的《首都建设报》记者蒋志颖说："把普通的一支烟立在一个小小的桌子上面，直立不倒"，可见这个车有多大的稳定性，这个是出乎我的意料的。再一个，服务员服务得特别细致，刚刚我有点肚子不舒服，乘务员连着问了我三次，真的有种回到家的感觉。

接下来，我们去餐车看看。我现在已经来到餐车。在这里有一组简单的沙发座，中间是餐桌，感觉就像进入到了港式茶餐厅。很多记者也在这里，他们已经开始剪辑制作片子了。再往前走，就能看到餐吧的吧台，乘务员脸上始终挂着甜美的微笑。

首先映入眼帘的是餐饮台，如果你进入其中，会觉得像走进家里的厨房一样，但不一样的是这里的电器都是不锈钢样式的。眼前的透明的大冰箱里，放置着各种冷饮和小食品、零食。炎热的夏天，您不妨到这里来选择您喜爱的饮料。旁边是热水机，如果您想喝咖啡和热茶，乘务员就可以提供给您。

再往旁边是清洗池，洗好水果后，一会儿果盘就送到眼前了。在这里还有6个微波炉，可以随时加热饭菜。还有保温柜、冷冻柜——分为冷冻和冷藏，温度都可以进行自动调节。无论是在荤素搭配还是在营养平衡上，餐饮中心都会提供更专业的服务。

另外，列车不仅设有残疾人乘坐区，还有无障碍通道及残疾人卫生间，同时车上还提供婴儿护理台等人性化的服务设置。中央电视台记者丛维娜说：很多细致的服务都是出人意料的，这让人感觉很贴心。

丛维娜：比如说每节车厢前面有报警的装置，它会提示你如果发生火灾的时候你摁哪一个钮，另外我们还注意到车上除了乘务人员还专门有机械师，他全程监控整个车的安全运行状态，我觉得他就像一个全能的维修师，如果车上有什么异常的情况，他都能够排查、维修。

记　者：当我们乘坐京沪高铁体验从北京到上海不到5小时的动车旅程时，除了时空距离、心理距离的大幅缩短外，我们也更深切地感受到了高铁动车带给我们的安全、平稳、方便与舒适。

（选自中国之声《新闻纵横》，2011年6月16日）

实例7. 首都机场T3航站楼楼顶被掀开

实例分析

（1）严格地说，这篇报道是一篇后续报道，是静态性的现场报道。现场描述和叙述的内容较少，背景资料和调查性报道内容比较多，主要涉及程度、后果、影响、原因等内容。这也是广播现场报道的一种类型。

（2）数字用得较多。

（3）按照事件的时效性、重要性次序结构报道，层次分明。先介绍目前航站楼楼顶破损和修缮的情况，接着采访对主体建筑、机场运营和航班起降造成的后果和影响，接下来再追问原因，最后是密切关注事态发展，并拓宽思路谈这个事故给相关部门的警戒。

（4）记者的报道既有自己亲身的观察和感受，也有采访来的数据和事实，内容翔实，信息量大。

（5）采访到事件相关人，并且是权威人士。追问的问题很有质量，意在为听众解疑释惑。

主持人：昨天，北京地区遭遇了大风天气，大风造成了首都机场部分航班延误。下午1点左右，10级的大风还掀开了首都机场T3航站楼楼顶金属板。现在距离事故已经有10多个小时，T3航站楼的情况怎么样？我们来连线一直守候在首都机场的中国之声记者陈俊杰。陈俊杰，来给听众朋友们介绍一下T3航站楼的最新情况，破损的部位已经修复了吗？

记　者：首都机场新闻中心刚刚发布消息说，经过昨天连夜抢修，截止到今天早上6点多，破损的部位已经全部修复完毕。据介绍，昨天首都机场一共动用了100多人的维修力量进行抢修。

主持人：在这次大风中，T3航站楼棚顶的几处部位受损？面积有多大呢？

记　者：今天凌晨，首都机场扩建指挥部副总指挥丁建纲介绍说，T3航站楼棚顶一共有两处部位发生了破损，一处是在T3C航站楼，另外一处是在T3E航站楼，两处破损面积都不大，初步估算只有不到200平方米。

丁建纲说，整个T3航站楼的楼顶面积达到了32万平方米，因此破损的面积只占很小的一部分。

主持人：事故发生后，首都机场受到了什么影响吗？今天航班能够恢复正常起降吗？

记　者：截止到昨天下午5点，首都机场有200多架次航班延误，之后陆续有所恢复。截止到今天凌晨2点，仅剩下28架次航班延误或者取消。

需要特地说明的是，这些航班的延误或者取消不完全受这次棚顶破损事故影响，很大一部分是因为大风天气的影响。

虽然北京市气象台发布的预报说昨天的风力仅达到5级，但首都机场气象监测系统却显示，昨天瞬间最大风力达到了每秒27米，相当于11级大风。

除此之外，影响首都机场航班延误的还有长春、沈阳、齐齐哈尔等地大雪，导致飞机无法起飞。

至于航班今天是否正常，首都机场党委书记李小梅在今天凌晨表示，今天的航班肯定要全部恢复正常起降，因为破损的棚顶已经修复完毕，另外今天的天气比昨天要好多了，只有微风，制造了一天大麻烦的大风将离开北京。事实上，我现在就在首都机场的出发口，现在感觉不到有风。

主持人：我们关注的一个问题是，为什么会发生棚顶破损的事故？原因是什么呢？

记　者：今天凌晨，首都机场扩建指挥部丁建纲副总指挥分析了事故发生的原因。他首先反驳了网上的一些关于工程质量的质疑，他说首都机场的工程质量没有问题。他进一步解释说，目前我国建筑设计国家标准是50年一遇，能抗击每秒26.8米的大风，也就是11级的风力，而T3航站楼棚顶是按照100年一遇的标准设计建设的，能抗击每秒28.3米的大风，也就是12级的风力，T3航站楼的建设标准远远超过了国家的设计标准。

那么为什么还会发生事故？丁建纲说，首先设计的抗风能力是风洞实验室得出的数据，而实验室有局限性，自然界的风又有各种可能性，因此实验数据不能完全说明问题。另外，破损部位发生在航站楼楼顶的弧形段，受到特殊地形的影响，那里的瞬间风力可能会超过建设标准。

丁建纲：（同期声）风洞试验毕竟是个试验，它只能模拟这个工况下去做，不能模拟大自然任何情况下的风，风是高空的，不同高度和不同造型，都会产生风的变化。主流风是西北风，我们按照主流风西北风做实验，万一突然刮了另外角度的风，我们不可能360度风都做实验。局部出现小概率事件，超出模拟范围了，这个局部可能就出现问题。

记　者：丁建纲还说，出现问题也不排除局部施工有薄弱的地方。

丁建纲：（同期声）我们施工百分之百都是一样的，我们也不敢保证，也难免，但我们明天还要检查总结，请设计人员分析，在施工地方是不是还有薄弱的地方，我判断还是局部现象。

记　者：另外，丁建纲说，由于使用了5年多，棚顶的螺丝受到震动可能出现了松动，由于棚顶面积太大，也有检查不到的盲区。在昨天的大检查中，就发现棚顶其他部位出现了松动。

丁建纲：（同期声）任何东西都是要维护的，不可能是一劳永逸的。我判断我们的检查可能还有一些薄弱，老是刮风震动它，铆钉会有松动，我们也发现了个别的，我们每年都在查，但是面积太大，工人不可能每个地方都不漏地查。

记　者：事故的具体原因还需要时间调查。但是以此为戒，首都机场将在今天启动检查行动，首都机场党委书记李小梅说，将对1、2、3号航站楼的安全进行彻底的大检查。

（选自中国之声《新闻纵横》，2010年12月10日）

实例8. "花开长安 相约世园"——2011年西安世界园艺博览会开园仪式特别节目（部分）

实例分析

（1）这里选用的是一个典型的大型、多点现场报道。

（2）文化活动的现场报道，有丰富的背景音响，因此首先要避免过大的背景声干扰报道，其次要能够边报道边捕捉主题音响。

（3）在这个报道中，有文艺演出、景观陈设，这些都要靠记者的描述和叙述才能转化成声音传达给听众。因此，需要记者具有细腻的观察力、丰富的词汇、较广博的文学知识、较灵动的审美体验。

（4）游园活动是大众参与的公众活动，因此少不了记者对现场群众的采访。有的采访是问感受，有的采访是问故事，有的采访是问意义，有的是与群众的互动。

（5）在采访中可以考虑选取多样化的被采访对象，最出彩的应该是性格开朗、爱表达的人。

主持人：听众朋友，您现在正在收听的是2011年西安世园会开园仪式的现场直播，现场正在进行的主题文艺表演《天人长安》体现和表达了世园会天人长安的创意，也就是城市与自然和谐共生的文化主题。

我们跟听众朋友们介绍一下，《天人长安》文艺表演也是古代祓禊仪式的演绎。历史上长安浐灞一带广植垂柳，每当春和景明，灞桥一带是垂柳依依，风景如画。在这样的美景之下，大家聚集到这里举行洗浴活动，除灾驱邪，保佑平安，这就是我们所说的祓禊风俗。

祓禊仪式表达了人们对生活的美好祝福。有关文艺表演的具体情况，我们来连线正在现场采访的陕西台记者孙宁。

孙　宁：我正在《天人长安》的舞台现场，相信大家也可以通过电话听筒感受到优美典雅的现场乐曲。现在正在进行的是开园仪式的主题表演《天人长安》的第一舞章，让游客们体验着如诗如画的感受。现在的舞台上全部都是由身着"柳装"的战士组成的"万条垂下绿丝绦"的"柳林舞阵"。在这些"苍翠的古柳"中，童颜鹤发的"文圣"高坐琴台，发着千古幽思，动情地在抚琴。天真烂漫的儿童围在他的前后左右，有的凝神听琴，有的吹着柳笛，快乐地游戏、玩耍。在舞台的远处，美艳少女在"柳浪"中忽隐忽现，在轻盈踏歌,她们的手上拿着柳条,沾上堤水,轻轻地拂在身上,这也正像古代祓禊祭礼,在春天到来之时,洗去一年的尘污,为明年祈福。整个画面就像是一幅柳色如茵、碧水如染的中国山水画卷。本场文艺表演包括三个部分,除了现在正在进行的第一舞章《柳色》外,还有第二舞章《天虹》和第三舞章《花冠》。从这些舞章的字面意思大家也不难理解,在如茵如染的广运潭表演,就是为了表达绿色自然的美好。第二舞章《天虹》取义"天人长安"是一座国际化的文明古都,源远流长的"丝绸之路"像一道飞悬的天虹,把东西方文明紧紧地连在了一起。《花冠》则显示了现代西安的生机和活力,表现西安现在正在描绘出一幅新的宏伟蓝图。在第三舞章《花冠》的表演中,将会有缤纷的花瓣雨从天而落,世界园艺生产者协会主席法博将会给世园会花卉大使戴上花冠,象征着世界之花绽放西安。

主持人:感谢记者的介绍。开园仪式正在进行,收音机前的听众朋友,现在估计已经急不可待地想要看看世园会园区的特色了。我们马上连线陕西台的记者××××和××,他们已经开始在世园会园区里采访了。我们让他们做导游,看看世园会都有哪些精彩看点,先睹为快。××,来给我们说说,逛了一圈下来,你觉得世园会美在哪里?

记　者:世园终于迎来了开园之后的第一批参观者。世园会给我的最大的感受就是花与水的结合、人文和自然的统一。世园会是一个水上的世园会,各个展园和景点都是在岛上,很多景观都与水相伴。园区里花是主角之一。我所在的位置就是从主入口进入园区之后的第一道风景,就是"长安花谷"。站在广运门一眼望去,感觉面前铺着一张五彩斑斓的地毯。而且随着季节的改变,这里的花会变换新品种。喜欢赏花的朋友,除了能畅游"长安花谷"外,在世园里面还有"丝路花雨"和"灞上彩虹"两处以花为主题的景点。同样是花,但它们各有特色:"长安花谷"数量最多;"丝路花雨"创意最妙;"灞上彩虹"情调最好。沿着"长安花谷"的花海走过"椰风水岸"就能看到郁郁葱葱的小山,这是园区的核心地带——小终南,这里地形丰富、鲜花密布。在秦岭园中,秦岭四宝——大熊猫、朱鹮、羚牛、金丝猴都在这里等着你,这恐怕只有在世园的秦岭园才能做到。来到世园,不光能领略自然之美,也能欣赏人文之美。从"小终南"一路向西,就会进入各个国家和地区的展园,有欧洲情调,也有亚洲风味,展示着来自国内外的精美艺术品、雕塑等,让人们充分领略园林、园艺、建筑、艺术之美。除此之外,国内各省和陕西十地市展景、展区也都大有看点。逛完这些差不多算做了一次世界之旅。在世园区,逛累了可以歇歇脚,有三处特色服务区,分别是"椰风水岸""灞上人家"和"欧陆风情"三个休闲区,在这里可以歇歇脚、垫垫肚子。这三个休闲区从建筑到景观都极具特色,而且还能让参观者在就餐的同时欣赏不同风格的表演,是非常不错的享受。来到世园会,精彩绝对不只这些,每个人来到这里都会有自己的惊喜体验。

我今天登上了世园会四大标志性建筑之一——长安塔。站在长安塔上,世园会的全园美景可以尽收眼底,诸多馆区也能够一览无余。广运门是世园会的主入口,高峰期每小时可以通行两万多人。广运门由许多根数以吨计的巨型白色钢柱错落搭建而成,造型奇特,十分壮观。创意馆的外形就像一只临水的巨鳌,趴在广运潭岸边。由于它是不规则地伸向水中,给人一种"嵌"入地下的感觉。别看这是个矮矮的建筑,馆内建筑面积达到了 6467 平方米。自然馆的场馆建筑半埋在地下,倚山而建,层层叠叠。在建筑室内,可以从不同标高领略湖面和对面花园的美景。现在我所处的长安塔,高 99 米,唐朝宝塔正方外形。由于整个建筑以钢为骨,以玻璃和金属为表皮,塔体玲珑剔透、绚丽夺目,塔芯巨幅油画绘制千年菩提树,具有非常震撼的视觉效果。世园会四大标志性建筑都是绿色建筑技术和建筑艺术的完美结合,更是生态建筑的实践示范。

主持人: 世园会不看不知道,看了会更妙。我们再来听听记者贺然的感受,他游览了世园会四大标志性建筑。

贺　然: 刚才听了两位记者的介绍,大家对于西安世园会园区特色可以说有了大致的了解。您来到世园会的园区里,不仅可以欣赏到植物的奇观,还能感受生命之妙。

我要说一个不同之点,据我了解,和以往世园会不同,2011 年西安世园会第一次设置了 9 个大师展园和 10 个大学园,展示了包括来自中国、美国、英国、德国、荷兰等国的 9 个园艺大师和 10 个世界著名园艺学院的教授奉献的作品。长安塔、广运门、自然馆、创意馆,新建成的世园会这四大标志性建筑,代表了当今国际各个流派的最高水平。

主持广运门、创意馆、自然馆设计的全球"景观都市主义"领军人物、英国普拉斯马(Plasma)公司首席设计师伊娃介绍了设计理念。

伊　娃:(同期声)中国园艺传统源远流长,讲究用自然和谐的方法对自然景观进行再次塑造和升华。而英式的园林和中式的园林都试图接近自然的景象,就像自然形成的一样。现在,中国很多文明被原地重置,这其中最大的意义就是可以将这些文明传递到将来,这也是唯一可以引导我们回到过去的方法。我的设计突出了建筑与自然并行的和谐,与花、碧水的融合。世园会建立了国际园艺交流的平台,东方园艺讲究的意境对我们的设计启发很大。

贺　然: 除了首席设计师伊娃设计的这三个标志性建筑之外,来到西安世园会园区里,许多人对于长安塔的印象一定会非常深刻。

主持人: 对,长安塔其实就在我们直播台的左前方。蒙上了薄薄的雾气,非常美。主持设计长安塔的中国工程院院士、著名建筑设计师张锦秋这样阐述自己的设计理念。

张锦秋:(同期声)天人长安塔不是简单的景观和看风景的高处,而是文化标志性建筑。它标志着中国传统的自然观、宇宙观。天人长安就是自然和人和谐相处。首先,塔在大自然中并融入自然山水。同时,人在塔里,也要感觉人和自然融为一体。园中有塔,塔中有树。创意馆、自然馆、广运门虽然形状不规则,但都和地形地貌结合,和湖、岸的形状结合得很好,就好像地上生长出来的感觉,是水平展开的。塔是垂直向上的,相得益彰,忠实于主题,忠实于环境。西安园艺博览会总体规划非常成功。

主持人: 刚才记者和设计师介绍了世园会非常独特的景致,听众朋友也非常想到世园会游览一下、感受一下。西安市民已经准备好了,来迎接大家的到来。陕西台记者正在西安街头采访,我们一起感受一下西安市民的热情好客。

记　者：听众朋友们,我现在就位于西安市市中心钟鼓楼广场。如果现在您到西安来,一定会感觉自己融进了花的海洋中,道沿边、隔离带里、立交桥上,到处都被五颜六色的鲜花装点得分外美丽。阵阵清香扑鼻而来,使人非常沉醉。西安城花团锦簇,西安人也以同样火热的心情和文明的服务迎接着四海宾朋。此刻,我正看到,广场上不少的世园会的志愿者们正在忙碌着。目前,西安已经建立了30万人的志愿者队伍,为中外游客提供服务。这些人来自各行各业,我身边站着的这位是的哥田师傅。田师傅,给大家打个招呼。

田师傅：(同期声)您好,欢迎您到西安来。

记　者：和田师傅一样,从出租车司机到社区工作者,从售票员到公务人员,我们都学会了基本的外语服务语言。田师傅,今天世园会开园了,作为一名普通的窗口单位服务人员,说一下您的心情如何?

田师傅：(同期声)西安世园会今天开幕,我作为一个的哥也非常高兴。咱就是做服务的,肯定把本职工作做好,让来咱西安的中外游客都能感受到西安的热情。

记　者：古都西安现在已经变成了一座绿色之城、志愿之城。我身边已经围绕了不少的市民朋友们,让我们大声一起来说:"花开长安,共享世园"。

(2011年4月28日中央人民广播电台中国之声、陕西人民广播电台新闻广播、陕广新闻联合制作)

实例9. 从奥运圣火登珠峰看广播现场报道的优势和魅力

> 实例分析

这里选登一篇中央人民广播电台新闻部编播部主任王亚玲的分析文章,以中央人民广播电台现场直播奥运圣火登珠峰的新闻现场为案例,阐述广播现场报道的优势,从侧面说明优秀广播现场报道的标准和特征是什么,怎么才能创造广播现场报道的品牌。

5月8日上午9点17分,奥运火炬成功在珠峰登顶,实现了中国对世界的承诺,写下了奥林匹克历史上火炬第一次穿越世界第一高峰的光辉的一页。同时,中央人民广播电台在第一时间进行了现场直播,把现场的情况在第一时间传递给全国听众,对于听众来说是一个极大的鼓舞,也实现了中国广播史上海拔最高的现场报道。这组现场报道十分成功,具有特色,表现了广播的优势和魅力,具体说来,有以下几点:

一、先声夺人,及时快捷,第一时间实现信息传递,凸现重要性和现场感

现场报道是广播新闻中最常用的手段之一。记者在现场将所见所闻第一时间报道出来,可以增加新闻的即时性,也增加了临场感,不像传统新闻播报那么单调;可以把广播新闻灵活快速的特性充分展现出来,特别是对于登顶珠峰实现火炬传递这一重大事件,唯有用现场报道这一方式最为合适。尤其需要指出的是,在对这一重大事件有无数不同媒体同时关注和报道的情况下,差异化竞争,则更为重要。而广播新闻的现场报道是发挥广播优势,实现差异化竞争的手段,体现了广播新闻的核心竞争力和品牌效应。

5月8日,中国奥运火炬登珠峰突击队队员凌晨1点30分就从营地出发,向峰顶突击。对于这一世界瞩目的重大事件,许多群众是最早从中央人民广播电台的直播节目中获取信息的,并持续对这一事件进行关注,企盼登山队员登顶顺利,实现火炬在世界第一高峰的传递跨越。中央人民广播电台在这一天充分运用直播报道的优势,不断和前方记者陈建齐、邱祥连线;前方记者在克服高山缺氧的情况下,不断清晰地发回最新的现场报道。这些具有特色的现场报道,鼓舞着所有听众,悬念丛生,牵动着亿万人心,加深了人民对这一事件的深度关注。

6点,前方记者现场报道火炬突击队队员成功越过"第二台阶"。7点到8点,前方记者现场报道队员到达"第三台阶",也就是说,已经到达8800米的高度。8点50分,前方记者现场报道登山队员到达8840米高度,特别是队长王勇峰宣布"10分钟以后就开始点火炬了",这一现场的声音把听众的心提到了嗓子眼。8点54分,前方传来队员站好位置等待点火的消息。9点10分,前方传来队员已接近峰顶,从火种灯引出圣火的消息。9点12分,前方记者现场报道了第一棒火炬由藏族女登山队员吉吉举起来,走向下一火炬手王勇峰。9点15分,前方记者现场报道王勇峰把火炬传递给第三棒火炬手藏族青年尼玛次仁,这位登山队副队长喊出奥运口号"One World, one Dream"。接下来火炬传给了第四棒中国农业大学学生黄春贵,9点17分最后一棒火炬手藏族女登山队员次仁旺姆在峰顶高举火炬。9点18分前方记者现场报道火炬胜利实现了在珠峰峰顶的传递,实现了中国人向世界的承诺。这一现场报道,鼓舞人心,让所有听众欢呼雀跃,为中国登山队骄傲,为中国的好儿女骄傲,为伟大的祖国自豪,同时,有理由让世界人相信中国人一定能实现全部承诺,办出一届高水平、有特色的奥运会。

广播新闻的现场报道及时快捷,第一时间实现了信息传递,凸现了新闻的重要性,带给听众淋漓尽致的现场感的报道,充分满足了听众这一刻的信息渴求。在信息发达的今天,谁抢占先机,最先把信息传递给受众就可赢得市场,同时,在政治上、社会效应上,为国家和媒体品牌提供最大利益,鼓舞人心,振奋精神,意义十分重大。而其他纸质媒体,在第二天才能见报,在时间上就落后了我们一天,尽管,有的报纸不得不印刷"号外"来抢占市场,获得时效,但是与广播的现场报道相比,还是迟了六七个小时,风骚顿逊,而且人们接收信息时的神秘感和悬念感都不存在了,所以,处于被动地位。广播的现场报道传递给人们第一时间的第一感知,才能给听众带来"首袭"的巨大震动。因此,中央人民广播电台在这场媒体的传播战役中抢占了先机,引领了风骚。

二、气势磅礴,有声有色,充满情感色彩,传神感人

这一组连续的现场报道,气势磅礴,有声有色,充满情感色彩,传神感人。珠穆朗玛峰是世界上海拔最高的山峰,高寒缺氧,对人类来说,是生命接受极限挑战的地方。在那里,人们的感受到底是什么样子,以前报道得少。而这组现场报道,用记者的体验,把真实感受表达出来,加深了人们对高寒缺氧、生命受到极大压力和挑战的认识。特别是火炬珠峰登顶的现场报道气势恢宏,表达了中国人一定行的信心,且充满激情。

在登顶开始前,广播中播出的前方记者的《珠峰日记》给人们留下了深刻印象。记者邱祥带着因缺氧而上气不接下气的沙哑声音,传递给人们在高寒地带人类生命的生理反应:头痛,头晕,失眠,行动滞缓,意识恍惚,感知麻木;而心理反应,是希望中国登山队员一定要成功,因此,中国登山队员坚强的意志和战胜一切困难的勇气以及全国人民的重托,使每一个人都像钢铁战士一样。雄伟圣洁的珠峰,近在眼前,却又遥不可及,只有中国登山队员才能上去。记者在大本营的所见所闻——有热饭吃,有网络传输,有信息通信保障——让人们了解到这次登山的后勤保障是十分不错的,体现了国力的强盛。而人要住帐篷,睡在睡袋中,用尿壶,以及英语、法语和汉语广播要共用一个直播帐篷希望不要互相干扰打架等细节描述,都绘声绘色,真实可信。

登顶在际,前方记者采访了登山队长王勇峰,王队长特别提到"我将通过中央人民广播电台在第一时间把登顶珠峰的消息传递给全国人民和全世界",这样的独家报道也提升了中央人民广播电台的品牌效应。特别是当他们在登顶时刻,记者充满激情地呼喊"请大家记住这个庄严的时刻,记住这个时间 2008 年 5 月 8 日 9 时 18 分中国登山队火炬手胜利完成了登顶珠峰的火炬传递,实现了中国向世界的承诺",记者在现场的激情声音,感染了每一位听众,把人们带入到充满悬念和激动人心的伟大时刻,每个人都激动地为中国登山队员喝彩,对中国能够成功举办一届有特色、高水平的奥运会充满信心。我相信,这一组感人的现场报道,最终能够载入中国广播史册,成为一个成功的范例。

三、前后方互动,点评与报道互为补充,提供了丰富立体的信息流

现场报道提供最鲜活的第一手见闻,而要想使现场报道的直播内容丰富立体,前后方必须互动,点评与报道互为补充。在这次的报道中,中央人民广播电台投入了庞大的人力物力,后期编辑充分准备了各种关于珠峰和登山队员的资料,并精心制作了各种不同长度和规格的音乐资料,因此,关于珠峰的报道有录音、有音乐、有自然声音的混响,给人一种身临其境、浑然天成的艺术享受。可以说,优美的旋律带着听众的心飞扬,前方记者的所见所闻增加了人们对西藏的热爱和向往,增加了人们对神圣雄伟的珠穆朗玛峰的崇拜和向往,增加了人们对火炬手和登山队员的关切和敬仰。

演播室主持人邀请了毕淑敏以及老登山队员等作为嘉宾,从不同的层面和角度阐释登山所遇到的困难是什么,在遇到各种灾害时如何应对,为听众提供了不少登山知识、生命科学知识以及奥运火炬设计技术知识等。这些知识非常鲜活,让人们仿佛参与了奥运登山,和登山队员同呼吸共命运。

登山是一个持续时间长、危险大的运动,现场报道中不宜渲染这部分内容。而演播室的专家从历史、地理、风光、风俗等方面对前方记者的报道进行了有意义的补充,使其悬念感更加强烈,有一种听后欲罢不能,必须要接着听下去的渴望。

前后方互相配合,使报道成为有机的整体,完整充实。如后方提供的资料——登山队长王勇峰曾创造过中国人首次登上世界七大洲所有最高峰的壮举,还创造过失踪 28 小时依然生还的奇迹,但代价是失去了三个脚趾。这些资料有力地补充了前方记者关于王勇峰的采访。又如,在这次登山队伍中,有姐弟俩,姐姐叫次仁旺姆,23岁,藏族,是第五棒也是最后一棒火炬手,弟弟叫次仁旦达,19岁,承担着前方的摄像任务,他们一起在珠峰登顶,同时感受世界之巅和奥林匹克圣火的双重魅力。后方在前方传来报道的基础上,由登山学校教员提供了对次仁旺姆的评价:"她性格开朗大方,身体和心理素质好,高山适应能力强,学校看重她这些优点,我们对她非常有信心。"这些前后方互动所提供的内容,丰富立体,形成了强大详尽的信息流,充分满足了人们对登山队员的好奇心和关切心。这既是广播现场报道的优势,也是报道成功的因素之一。

四、夹叙夹议,点面结合,既振奋国人精神,又体现了广播人的职业操守和敬业精神

一组好的现场报道,一定是主题重大,意义重大,点面结合,既采访深入,又夹叙夹议,点评到位。这组奥运火炬成功在珠峰登顶的现场报道就较好地做到了这几点。值得一提的是,这组报道特别振奋国人精神,尤其是在当前国内外一些敌对势力、"藏独"分子和反华分子借奥运之机妄图捣乱、破坏在中国举办奥运会的情况下,这组现场报道的意义就更为重大,中国人不仅有能力实现对世界的庄严承诺,实现奥运圣火在世界第一高峰的传递跨越,同时还有能力举办一届有特色、高水平的奥运会,在奥运历史上写下新的篇章。

这组报道很好地体现了广播人的职业操守和敬业精神。前方记者在高寒缺氧的艰苦条件下发回了详尽而充实的现场报道,也实现了中国广播在世界最高峰的传播报道,让全国人民和世界人民第一时间了解到中国人的壮举。因此,这组报道播出后,受到社会各界的热烈好评。中央人民广播电台的中国之声接连不断地收到听众打来的电话,不少人表示"这组现场报道太感人了,振奋了国人的精神,激发了我们的爱国热情,让我们对办好奥运会充满了信心"。甚至有不少听众说他们听了这组现场报道后感动地流下了热泪。还有不少网友发来热情的留言,认为中央人民广播电台这组关于奥运圣火登珠峰的报道是非常成功的报道,生动感人,是奥运精神和广播人敬业精神的综合体;还有的人说是延安窑洞革命传统的延续,哪里有大事,哪里就有人民的广播。

总之,这组现场报道,体现了广播传媒的优势,极大地弘扬了广播媒体的品牌,弘扬了奥运精神和中国人的爱国热情,弘扬了广播人的职业操守和敬业精神,在第一时间传递第一消息,在媒体竞争中脱颖而出,成为广播史上的一个成功范例。[①]

[①] 《中国广播报》2008年6月4日,http://www.cnr.cn/zggbb/lt/200806/t20080604_504817436.html。

第七章 广播少儿节目播音主持

■ **本章要点**
1. 了解少儿心理,发挥娱乐教育功能。
2. 利用广播特点,创新编排。
3. 把握基调,形成有声语言表达特色。

1956年9月4日,作为新中国第一个学龄前儿童广播节目——中央人民广播电台的《小喇叭》诞生了。无数听众在它的伴随下成长,收获了许多瑰丽的想象和对生活美好的憧憬。从某种程度上可以说,是《小喇叭》装点了他们的童年世界,使许多听众即使在物质极度匮乏的年代同样拥有属于自己的特殊的欢乐。如今,随着经济和社会的发展,我国各项事业也都随之发展起来了,拥有近4亿受众的广播少儿节目却呈现出一种"电视热、广播冷"的状况。综观现有节目,质量有好有坏,整体一般。优者自然亲切、有的放矢、寓教于乐、影响深远,差者对象模糊、内容低俗、拿腔捏调、刻板单一。这些不应该成为我们可以懈怠的借口,反而应该成为我们更加努力的理由。那么,作为广播少儿节目主持人可以做些什么呢?

广播少儿节目是广播人为儿童受众制作的"精神食粮"。从节目的表现形式来看,广播少儿节目属于对象性节目,少年儿童是节目的特定收听对象;从节目的内容和方向来看,广播少儿节目属于教育性节目,是对未成年人进行思想道德教育的重要阵地。因此,广播少儿节目主持人在一专多能的岗位要求下,不但要具备主持人的基本素质修养,而且要具备同儿童进行沟通和交流、了解儿童所想所需的特殊本领,即具备广博并不断更新的知识、一定的文学修养及儿童教育心理学的基本知识之外,还要知晓如何创作出形象新颖的节目,如何以较强的有声语言表达功力把节目内容表达得生动有趣。这是做好广播少儿节目的重要标准。

第一节 广播少儿节目的功能

少儿节目是以少儿为主要受众的节目,因此不了解少儿心理就办不好少儿节目。少儿虽然单纯但是心理却颇为微妙,一旦把不准他们的脉,他们是绝不会买节目的账的。

一、了解少儿心理

根据心理学家的研究,虽然少儿心理个体之间具有差异性,但总体上还是有许多共性的。

(一)直觉感知,善于模仿

从心理学的分析来看,小孩从 1 岁以后开始学习走路、说话,同时也喜欢模仿别人的动作,他们依凭的就是一种直觉的感知。随着年龄的增长、经验的积累,他们开始逐渐理解更多的事物,但对于抽象意念及复杂的事物则不易接受。比如浙江经济广播电台《大手拉小手》节目中的《丫丫学语》栏目,就是针对儿童爱模仿的特点而开设的;再比如云南广播电台少儿广播早间 8:00~9:00 播出的《叮当双响炮——幼儿篇》节目,主持人丁叮和当当扮演的是来自于虚幻世界的两个可爱的小孩子,节目中没有复杂难懂的音效和言辞,就是通过一些简单的话语和虚构的不断重复的故事让孩子们觉得形象可感,在玩的过程中不断模仿和积累。

(二)好奇善变,爱动脑筋

小孩子的好奇心极强,喜欢新奇的事物,对于有变化的东西很感兴趣,并且为此爱动脑筋探究一二,但耐性有限,极其善变。因此,主持人在制作少儿节目版头时经常会使用很炫的音效,从而使播出的节目更加受到孩子们的喜爱;各个节目板块之间的空隙,又会选用时下最热门的卡通歌曲或者智慧而新奇的脑筋急转弯进行串场。这些都是瞬间吸引孩子们注意力非常有效的方式。浙江经济广播电台的《大手拉小手》曾成功举办过《与科学家对话》节目,在当年获全国经济广播电台少儿节目一等奖。这一节目的成功之处在于,它不但充分调动了孩子们的好奇心——给科学家提问题,而且让孩子们在与科学家的对话中积极开动脑筋。天真有趣的问题通过小主持人和打进热线电话的小听众问出来显得特别稚嫩好玩,而科学家面对可爱的小朋友,回答的也有声有色、通俗易懂,整个节目不仅信息量大而且充满童趣,十分吸引人。

(三)天真单纯,易受影响

少儿处于生理、心理发展的重要阶段,生理、心理尚未成熟,世界观尚未完全形成,缺乏辨别是非的能力。他们天真烂漫,十分可爱,但同时又十分单纯,凭直觉感知事物,很容易受外界事物的干扰和影响。一旦这种干扰和影响不是良性的,那么他们就会被污染,身心健康受到危害,后果不堪设想。反之,这一心理特性如果引导好,孩子们就会良性发展,茁壮成长。一位家长介绍说,自己的孩子 20 个月大,还不怎么会说话,对云南广播电台《叮当双响炮——幼儿篇》节目中主持人丁叮和当当做错事后的"真糟糕"那句话印象最为深刻,凡是自己闯了祸就大喊一声"糟糕",然后等着大人来收拾残局。这就表明《叮当双响炮——幼儿篇》节目很好地实现了引导孩子向善向美、培养他们辨别是非的目的。

因此,少儿节目主持人要从思想观念上加以注意和调整,不能仅凭成年人自己的感觉和喜好来编排、主持节目,应善解"孩"意,以身作则,真正用心与孩子交流,并用孩子乐于接受和真正喜爱的方式,达到启发、教育和引导的目的。

二、发挥娱乐教育功能

"大人认为的少儿节目并不等于孩子想看的节目。"在 2004 年 12 月 12 日举行的中国青少年社会教育论坛广播电视分论坛上,美国尼克少儿频道节目创意总监简宁慧的发言让台下众多国内少儿节目制作人感慨不已。当天分论坛的主题是"为孩子说话,说孩子的话,让孩子说话",刚刚从迪斯尼公司"跳槽"到尼克少儿频道的简宁慧对这个主题理解得更深刻一些。"孩子第一!别的免谈!"简宁慧认为,少儿节目要尊重孩子的选择,做孩子的帮手,"做少儿节目的大人不要做自己现在觉得好玩的节目,而要想想你小时候觉得什么好玩。"

确如简宁慧所言,"好玩"非常重要。20 世纪 70 年代,《芝麻街》工作坊便提出了娱乐可以是有效的教育工具的假设,运用这种理念成功地制作出享誉全世界的经典儿童节目《芝麻街》,并在全球 140 多个国家和地区播出。这与我们所提倡的寓教于乐颇为相似,只是我们在落实的过程当中经常由于过于强调"教"而把节目做得有些"累"、有些尴尬,结果因为"教"的痕迹太重既没有实现教育目的更没有达成娱乐效果。如今所倡导的 Edutainment(教育娱乐)观念则是通过玩乐来传递学习信息,强调好玩、快乐才是最主要的,学习和教育只是副产品。这一观念很好地适应了孩子们的生理与心理需求,首先达成让孩子们觉得好玩、快乐的节目效应,然后在这一基础上尽可能"润物细无声",了无痕迹地让孩子们快乐地增长见识和接受知识,真正达到节目传播的目的。根据这样的思路,云南广播电台制作了很多深受听众喜爱的节目,如《叮当双响炮——幼儿篇》主要是针对 7 岁以下孩子制作的节目,在这个节目中,主持人丁叮和当当是孩子们很好的模仿对象,因为他们俩非常主动也非常合群,他们彼此喜欢、互相帮助,他们用热情和好奇去接近每一件东西。孩子们在收听节目的同时,会不由自主地跟着丁叮和当当说话,跟着丁叮和当当唱歌。播出后,有不少听众反映自己的孩子慢慢开始在日常生活中学着用丁叮和当当的样子对别人说话了。显然,这个节目中的丁叮和当当在达到娱乐好玩的目的同时,也让孩子们自觉自愿地认识了事物、辨别了是非。

第二节 广播少儿节目的创新编排思维

广播的最大特点就是它"稍纵即逝"的声音属性。前面我们已经说过,少儿时期是一个人一生中必经的阶段,这个时期少儿无论是生理还是心理都有其独特的一面,这恰恰也是我们在创作节目的时候必须考虑的特殊性。简单来说,成年人会因为种种原因或需求坐下来听节目,而对孩子们来说,他们选择听下去的唯一理由就是因好奇而感兴趣,这中间他们也很有可能被其他事物吸引而转移注意力,所以,在创作广播少儿节目时，我们首先要重视的问题是，如何利用广播的特点来结构、串联节目，以怎样的方式来组织语言，从而让孩子们乐意听，并且持续听下去。这就要求少儿节目主持人在节目创作过程中充分发挥个人在形象思维、创新思维等方面的优势，形成自己独特的思维方式和思维观念。

一、形象思维

形象思维是人的大脑自觉反映客观具体形态或者物象，运用具体形象加工感性形象，从而能动地指导实践，创造物化形态的思维过程。形象思维是少儿节目主持人在前期创作过程中运用的主要思维方式。

首先，从少儿节目受众的思维特点来看，少年儿童的思维处在以具体形象思维为主，逐步向逻辑思维过渡的阶段，这说明他们凭借直观的具体形象和表象接受事物、理解事物，而不像成年人那般借助概念、判断和推理来认识事物。对于6～14岁的受众来说，在没有图像、文字表述的信息中，能迅速接受、理解、记忆的内容仅占70%，而能够记忆的内容仅不到10%。

其次，从广播媒体自身的传播特性而言，广播节目是用声音打动人的，和平面媒体比起来，绘声绘色的语言、恰如其分的音乐和音响效果都会让广播在传达信息时更加立体、形象。

形象思维在少儿节目构思与编辑过程中的具体运用常有以下几种方式：

(一) 用具体形象的细节描述，体现广播语言的生动性

著名语言学家罗曼·雅各布森指出，语言符号不提供也不可能提供传播活动的全部意义，交流的所得有相当一部分来自语境。[①] 广播语言是有声语言，是用来"读"和"听"的，广播语言非常重视语境，生动性是广播语言的主要特点之一，而源于生活的具体形象的细节描述又是有声语言生动性的根源所在。同时，广播对象的年龄、心理、生理发展水平也决定着广播语言的风格。少儿节目的广播语言对生动性有着更高的要求。下面是中央人民广播电台《小喇叭》播出的童话故事《药伯》修改前后的对比，以其中一段为例：

青石山上的景色像画一样美，碧绿的草地映衬着五颜六色的野花，有的像铃铛，有的像绣球，微风吹过，好像一个彩色的风铃。（修改前）

青石山上的景色，多好看啊，简直像一幅顶好看的画。绿莹莹的草地上，开满了各色各样的花儿，一串一串的铃铛花，一嘟一嘟的绣球花，还有那太阳一照，就闪着红的、黄的、蓝的、白的、紫的，各种颜色的花。风一吹，花瓣叮叮咚咚的，比音乐还好听呢！（播出稿）

修改后的文字生动性明显增强，加上播音员绘声绘色的演播，有利于儿童听众一

[①] 〔英〕特伦斯·霍克斯：《结构主义和符号学》，瞿铁鹏译，上海译文出版社1987年版，第83页。

边听一边想象，就会收到很好的收听效果。

(二)用直白易懂的修辞手法体现广播语言的画面感、思想性

在广播少儿节目中，画面感、思想性的体现，既要运用儿童易懂的口语，还要注重效果，那就应当力求直白形象的修辞了。正如中国广播电视协会青少年儿童节目工作委员会(广播)秘书长、《小喇叭》节目组组长李晓冰所说："我明白了给孩子们做节目，一是要让他们听得懂，华丽的辞藻远不及'白话'更直接、更通达；二是要让他们理解所讲的内容，那些远离他们生活的情节，是无法让他们产生联想和想象的……王成玉老师一再告诫我'要学会写大白话，给孩子听的大白话最难写。这些大白话不仅要浅显易懂，而且还要有一定的思想内涵'。"

所谓直白，就是指朴实简明、通俗易懂。少儿节目语言之所以要直白，是因为少年儿童尚处于发育阶段，与他们进行交流，语言一定要上口顺耳、明晰动听，使之听得明白、易于理解。为此，主持少儿节目必须着眼于提高语言的易懂性，选择恰当的修辞方法。在选词上，应当少用生词、术语，多用基本词汇，如果非用不可，则要做出通俗的解释。在用句上，应当少用长句和复合句，多用短句、简单句。在修辞手法上，应当从少年儿童的特点出发，选用那些能够营造富有少儿气息语言情境的修辞手法，带给小听众有声音、有画面、有颜色、有动感的语言，让他们通过听觉、视觉等多种感觉的相互作用，产生联想。儿童的注意力还不稳定，"有声有色""能动起来"的语言才能在最短的时间吸引他们、捕捉他们的耳朵。请看中央人民广播电台《小喇叭》里《毛虫的故事》中的一段：

冬爷爷刚走，春姑娘就来了。

春姑娘头上戴着用红花、白花、黄花编成的帽子，身上穿着绿色的衣裳，打扮得可漂亮了。她张着像薄纱一样的翅膀飞来飞去，飞到田野里，飞到花园里。她飞呀飞呀，飞到一棵大树旁边，看见树枝上，挂着一个土黄色的小包包。风轻轻一吹，小包包就随着风摇摇摆摆。这是什么呀？春姑娘停下来看了看，哦，知道了，这个小包包是小毛虫的房子哩。

这段文字中拟人、比喻、设问的修辞手法、大量描绘颜色的词语和充满感情色彩的称呼"冬爷爷""春姑娘"，让春天的图景生动地跳到小听众的眼前，弥补了广播缺少画面的不足。

(三)用孩子喜欢的故事情节体现广播语言的趣味性

麦克卢汉说"媒介即讯息"[①]，少儿节目也是在向孩子传递信息。少儿节目编辑在进行信息编辑的过程中，要选择那些儿童熟悉的可感知的实物形象、生活情境和故事情节来进行加工。比如，要传达给儿童听众"云层中的水汽凝结成液态，然后降落到地面形成雨"的信息，中央人民广播电台《星星火炬》中的科普童话故事《水姑娘》是这样

---

① 〔加拿大〕马歇尔·麦克卢汉：《理解媒介：论人的延伸》(增订评注本)，何道宽译，译林出版社2011年版，第1页。

描述的:

小河里的水"哗啦哗啦"地拼命往前冲,好像在跟谁赛跑似的……

这时候,水桶老伯伯迎面走过来,一下子就把水姑娘抱起来了,说:"孩子,来吧,到我家里歇歇吧!"水桶伯伯回到家,就把水姑娘送进了铜壶里,放在火炉上了。

壶盖盖上了。水姑娘躲在黑乎乎的铜壶里,真闷呐!她简直想哭了。过了不一会儿,水姑娘浑身热起来,仔细一听,壶下面有"呼呼"的声音。这是谁在叫唤呢?水姑娘敲了敲壶底问:"喂,你是谁呀?"

铜壶底下的火公公说:"我是火啊!"

……

只听见火公公说了一声:"好了,开了!"

水姑娘就像一股轻烟似的从壶嘴里飘了出去,变成了一片水汽。正在墙角歇着的水桶伯伯看见了,大叫起来:"咦!水姑娘,你往哪儿跑哇?"水姑娘拖着白白的像纱一样的长裙子转了一个圈说:"水桶伯伯,这回你可捉不住我了。"

她还没说完,风大哥跑了过来,大声嚷着……

故事从"水变成水蒸气"这个儿童生活中经常看到的现象讲起,把水变成水蒸气过程中需要的水、火、风设计成了水姑娘、火公公和风大哥这些儿童容易接受的形象,使本来枯燥的信息知识介绍变得鲜活起来。

(四)用真实恰当的音响、音效体现广播语言的形象性

音响和音效是广义广播语言的重要组成部分,是体现广播特色、实现广播形象性的重要手段。广播少儿节目应注重音响和音效的恰当使用及其带给少儿听众的真实感受。

还是以童话《水姑娘》为例,在上面文字的基础上加入音乐和音效:

(欢快的音乐   小河流水声音)

小河里的水"哗啦哗啦"地拼命往前冲,好像在跟谁赛跑似的……

(音乐继续   水桶打水声音)

这时候,水桶老伯伯迎面走过来,一下子就把水姑娘抱起来了,说:"孩子,来吧,到我家里歇歇吧!"水桶伯伯回到家,就把水姑娘送进了铜壶里,放在火炉上了。

(盖壶盖的声音   "呼呼"声   跳跃感的音乐)

壶盖盖上了。水姑娘躲在黑乎乎的铜壶里,真闷呐!她简直想哭了。过了不一会儿,水姑娘浑身热起来,仔细一听,壶下面有"呼呼"的声音。这是谁在叫唤呢?水姑娘敲了敲壶底问:"喂,你是谁呀?"

铜壶底下的火公公说:"我是火啊!"

……

只听见火公公说了一声:"好了,开了!"

(轻快的音乐)

水姑娘就像一股轻烟似的从壶嘴里飘了出去,变成了一片水汽。正在墙角歇着的水桶伯伯看见了,大叫起来:"咦!水姑娘,你往哪儿跑哇?"水姑娘拖着白白的像纱一样的长裙子转了一个圈说:"水桶伯伯,这回你可捉不住我了。"

(风吹过音响)

她还没说完,风大哥跑了过来,大声嚷着……

一段枯燥的文字加入轻快跳动的音乐、水声、水桶打水声、风声,再配上播音员生动的演播,使儿童听众更易于接受,并通过声音形象产生联想,一幅有趣的卡通画面便会浮现在他们眼前,进而获得收听广播的快乐。

二、创新思维

少儿节目要注重培养儿童的创新、想象与表达能力,这是毋庸置疑的,但要想做到这一点,节目从策划开始就得力求内容与形式上的推陈出新,而这必然要求节目主持人具备一定的创新思维。创新思维是形象思维和逻辑思维的创造性结合,落实在广播少儿节目的策划编辑中,就是既要较好地完成形象思维的任务,把主持人所要传递的信息通过具体的声音形象表现出来,同时又要用合理有序的逻辑思维来构建这些具体的形象,充分地表达编辑过程中的思想。在这样一个大前提下,使二者的结合方式求新求异,出现亮点。

中央人民广播电台的少儿节目《金丝猴"大胆儿"》在创新思维运用方面体现得尤为充分,它在第34届亚洲—太平洋地区广播发展机构年度会议上获得2008年度最佳少儿娱乐节目奖,这也是该届唯一获得此奖的广播节目。主创人员首先考虑,根据少儿的生理特质,他们不太可能对同一件事保持太长时间的注意力,因此,在尝试了几种节目结构之后认为,要在尽可能短的时间里完成一个完整的有意义的思想传达,讲故事是最好的一种方式。故事中有生动的形象、曲折的情节发展。几乎所有人在听故事的时候都会引发一系列的想象,会追着故事的脉络发出"后来呢?"这样的疑问。如果这个节目的小听众在听节目时也产生这样的反应,那么这个节目就算成功了一半。

在湖北进行前期采访的时候,节目主创人员得到了一个很有价值的故事原型,那就是野生金丝猴的代表——"大胆儿",因为它第一个吃了人类为猴群准备的苹果"点心",生活在"神农架金丝猴研究与保护中心大龙潭研究基地"的其他野生金丝猴因为仿效它才不至于在寒冷的冬季饿死!同时,主创人员还了解到了别的小猴有趣的生活情态,于是把这些都集中在"大胆儿"这一只猴子身上,尽量赋予它真实丰满的主人公形象,塑造出一个活泼可爱、拟人化的金丝猴。节目还设计了在幼儿园里现场为几个孩子边放有金丝猴音响的录音边讲"大胆儿"故事的这一特殊场景,把更多的时间留给孩子,让他们放开表达自己的想法,不打断、不评说,让孩子们尽情地投入到这个故事所营造的情境中,发挥想象,畅所欲言。真正做到让"大胆儿"和孩子们成为这个节目的主角。这样,节目现场的孩子因为投入而更加专注,收听节目的孩子则因为可以听到同龄人对他们共同的朋友"金丝猴"的议论而对这个节目更有兴趣。

《金丝猴"大胆儿"》也把采录的音响运用到了极致。金丝猴的不同叫声有不同的含义,拉长音的"咦",表示友好,而短促的"呜嘎",表示害怕。于是节目中适时地多次出现这两个标志性声音,并赋予它们人类语言的解读,使之成为这个节目的一大亮点。这些声音素材在推动节目进行的同时也从听觉上令这个节目更加有趣,更有新意,充分体现了广播的特点。

"词典博士"是后期制作时才加入的。因为这个节目具有一定的科普性,所以必须要涉及一些科学背景的介绍,但如果这些相对显得教条的语言让主持人说出来,就会与节目整体显得不太搭调,而声音经过技术处理的"词典博士"却可以恰到好处地完成这个任务,既在节目中有一种情绪的变化,显得不生硬,又实现了原先的创作目的。

中央人民广播电台的儿童系列广播节目《听音响,编故事,画图画:熊与蜜蜂》在2003年第40届亚洲及太平洋地区广播联盟大会上获得亚广联儿童节目奖,它在创新思维运用方面也很出色,采用了一种生动有趣的方式:

音响博士:开动脑筋,边听边想,边讲边画。大家好,我是音响博士。今天呀,我要请听广播的小朋友们听一种组合音响。组合音响呀,就是把几种声音组合在一起,形成一个有故事情节的音响。请大家根据这段组合音响,先讲出一个故事,然后再把这个故事画成图画。

(音响组合:鸟鸣——远处熊叫——近处熊叫——吃东西——蜜蜂飞——熊叫——蜜蜂飞——熊嚎叫——蜜蜂飞——跳水声——蜜蜂远去——出水声——熊叫——鸟鸣——远处熊叫——鸟鸣——)

主持人:好,下面我们就通过热线电话,请小朋友自己来讲讲他们编的故事吧。

……

主持人:你好。

聪　聪:郑晶姐姐好!

主持人:听了刚才的音响,你编出故事来了吗?

聪　聪:编出来了。

主持人:你编的故事跟刚才的小朋友一样吗?

聪　聪:有的地方不一样。

主持人:那你编的是一个什么样的故事呀?

聪　聪:我编的故事里有两只大狗熊。

主持人:怎么是两只大狗熊呢?

聪　聪:因为我听见音响博士放的音响里,好像有两只狗熊在叫。有一只是好的,一只是坏的。

主持人:哦,那好熊在干什么,坏熊在干什么呢?

聪　聪:有一天,两只大狗熊在森林里散步的时候,坏狗熊闻到了一股香味儿,它就沿着这股香味找去,发现了一个大蜂巢,那是小蜜蜂的家。大狗熊看到小蜜蜂家的蜂蜜又甜又香,馋得它口水都流出来了。好狗熊就说:"你不能这样做!你要偷人家的蜂蜜,我就不跟你好了!"坏狗熊不听,就"咩咩"地吃起来。好狗熊就走了……

主持人:你讲得真好! 那你准备怎么画你的画儿呀?
聪　聪:我想把那只好狗熊画成粉色的,把那只坏狗熊画成黄色的。
主持人:为什么要这样画呢?
聪　聪:因为我喜欢粉色的。
主持人:好,请你赶快画你的图画,画好以后再赶快寄给我们吧。
聪　聪:好,再见。

这个节目没有简单地停留在传统的"讲故事、听故事"的模式,而是创造性地把广播节目和讲故事、绘画结合起来。通过一段有故事情节的组合音响,让小听众编一个完整的故事,求新求异;还要求小听众把自己创造出的这段音响故事画出情节来,从而达到"边听边想,边讲边画"的目的。在娱乐当中调动他们的想象力与创新力,训练他们的表达能力。这种独特的思维方式既发挥了广播媒体的特点,又充分调动了小听众的想象力和创造力。

第三节　广播少儿节目播音主持的有声语言表达特点

广播少儿节目,广大少年儿童是其特定的受众,因此,其节目的设置、内容的安排与表现的形式都不同于其他广播节目。这也就决定了广播少儿节目主持人在语言表达上不同于其他节目,有其独特的风格特色。

一、活泼生动——广播少儿节目有声语言表达的基调

广播少儿节目独特的受众对象特点、节目形式要求和内容表达需要,决定了主持人的有声语言表达应以活泼生动为基本语言格调。主要原因有三:

其一,是由受众对象的特点决定的。广播少儿节目的受众对象是一个特殊的群体,与成人相比,他们的思想不成熟但很活跃,知识不丰富但求知欲很强,精力难集中但好奇心很大。少年儿童的这些特点,决定了主持人与他们进行思想交流时,语调不宜平缓,语气不宜老成,语音不宜低沉,而应用明快、亮丽、生动、活泼的语言。只有这样,广播节目才适合少年儿童的特点,才能抓住他们的心理,引起他们的注意,起到沟通思想、交流感情、教育引导的作用。

其二,是适应节目形式的要求。广播节目形式是多样的,少儿节目也不例外。现今少儿节目多以大板块播出的形式出现,主持人大多以叔叔、阿姨、大哥哥、大姐姐的角色身份出现,节目板块以小块组合为主,动静交替,生动活泼。以大连广播电台少儿广播为例,一次 60 分钟的节目,至少有四个小栏目。其中《孩子看问题》最长,有 25 分钟;《小不点儿时间》较短,只有 3 分钟;《少儿广播故事会》有 20 分钟;此外还包括片花和一些公益广告。这种栏目的设置和角色的变换,没有活泼生动的语言表达功力是无

法应付的。

其三，是表现节目内容的需要。少儿节目在内容设置上，多是以小见大、寓教于乐。其往往通过故事、寓言、童话、小说、游戏和典型宣传、知识介绍等，把智力开发、品德教育寓于娱乐之中，用生动具体的小事例阐释严肃深刻的大道理，化深奥为浅显，化抽象为形象，使少年儿童乐于听、听得懂。比如，保护大自然，爱护地球，是一个比较大的宣传主题，大连广播电台少儿广播则采用了"说童谣"这一易于上口传唱的文学形式进行表达，如："三月到，春光妙，要植树，要种草，四处花儿微微笑。植树节，森林日，爱水日，地球日，我们熄灯一小时。"这样的内容和表现形式反映到语言运用上，必然是简洁活泼、形象生动的。

著名教育家叶圣陶曾说过："广播工作者跟教师、演员、作家一样，是语言教育的执行者……语言方面欠功夫，一定会使内容实质打折扣，一定会使报道、鼓动、宣传、教育的效果打折扣。"[1]由此可见，广播播音员主持人肩上的责任之重。林兴仁对广播语言有一个形象的比喻，"要像活泼的流水"[2]，因为听广播不同于看书读报，有声语言稍纵即逝，不可能反复琢磨，难以前后对照，因此语言要流畅、易懂，让人一听就能够明白，这是对广播节目的普遍要求。对于少儿节目来说，由于其受众对象、节目形式和内容的特殊性，则更应以活泼生动作为其语言运用的基本格调。

二、亲切自然——广播少儿节目有声语言表达的状态

广播节目对主持人在有声语言表达上对象感的拿捏要求极高，真可以说"差之毫厘，谬以千里"。少年儿童脆弱敏感的心理特征又告诉我们，广播少儿节目主持人对象感的有无缺失、是否到位显得更加重要。

广播少儿节目主持人应根据少年儿童的心理特征和接受特点，并通过对自己的声音进行准确的角色定位来确定与少儿听众交流过程中的语气和用声状态。虽然少年儿童无论是生理、心理，还是认识能力、审美水平，都还处于不成熟状态，但他们有自己的思维方法和活动方式，他们的思想里并不因为年纪小而没有自我，那种"我是独立的人"的意识从学龄前就已萌生，并随着年龄的增长而不断增强。他们不高兴被小瞧，不希望被哄着玩，不愿意听训导和唠叨。面对这样的受众对象，如果播音主持时像"哄孩子"一样，或用一副教导的腔调，就很容易引起少年儿童的逆反心理，即便节目的内容再好、再正确，他们也听不进去。因此，主持少儿节目一个很重要的关键点，就是要将少年儿童摆在平等的地位，把他们当作朋友一样来看待，体现在语言表达上就是要亲切自然，如同和好友在交谈。这样才会使小听众们感到主持人没有把他们当作"不懂事的孩子"，没有"小瞧人"，从而主观上才愿意与你沟通，才可能引起他们的思想共鸣。正像中国首届广播少儿节目最佳节目主持人奖获得者、北京人民广播电台《爱星满天》节目主持人小雨（孙怡）在主持制作2007年获亚广联国际大奖《倾听自然》时所感悟到

---

[1] 柴亚蕾：《浅谈广播节目主持人的语言美》，《新闻世界》2008年第7期。
[2] 林兴仁：《广播的语言艺术》，语文出版社1998年版，第1页。

的,"和孩子说话不一定要用孩子的语气和声调,心里要充满对孩子的爱和尊重,语气和声调要与你的年龄和身份相吻合,要用自己最合适、感觉最自然的方式坦诚、平等地和孩子说话"。

用亲切自然的声音表达,这是广播少儿节目对主持人的基本状态要求。但这里的亲切自然绝不只是外在形式上的,还包括内在情感上的。所谓外在形式上的亲切自然,是指成人在与孩子交谈时,为了表示亲切一些,把声音的部位向前推,将发音的速度稍放慢,甚至模仿孩子的语气、声调。这种方式对于成年人来说是生硬的、不自如的,毕竟成人的声音与孩子的声音有本质上的区别,再怎样拿腔拿调,也不可能表现得完美无缺。作为广播少儿节目的主持人,应该充分运用自己的自然声,以亲切的态度、真挚的感情和活泼自然的表达,去和孩子们进行沟通,去打动他们的心,这就是内在感情上的亲切自然。也就是说,广播少儿节目主持人要赋予声音以内在的情感。在这方面,孙敬修给我们作出了榜样。孙敬修播音一向用自然声,从不对自身的声音进行化装,而是眼里有孩子,心中爱孩子,把满腔热情倾注给孩子,语言表达情深意浓、形象自然,充分展示了声音的本色美。孩子们听孙老的声音,就像听到自己的好朋友在说话,又像是听一位和蔼可亲、善解人意的老爷爷与他们进行亲密无间的交流。

三、灵活多变——广播少儿节目有声语言表达的声音运用

少年儿童的心理特征决定了他们对于声音是非常敏感的。不同的声音对他们来说有着不同的魅力,因此,主持广播少儿节目,还需要主持人的声音运用灵活多变,具有较强的表现力,这就对声音的张力与弹性以及形象性表达提出了较高要求。

所谓声音的张力与弹性,是指节目主持人在声音的可控维度上要有较大的空间,为适应不同的语言样式、胜任不同的角色扮演而进行富于变化的声音塑造做好准备。所谓形象性,是指调动内心丰富准确的感受,通过富有张力和弹性的声音形式来展现具体生动的画面,塑造形象鲜明的人物,展开故事跌宕起伏的情节,从而走进孩子的内心世界,激发其无尽的想象。

在少儿节目中,故事类节目相对较多,少儿故事中的人物角色尤其多,连各种小动物、植物都会以拟人的方式角色化地出现,通常都是由讲故事的一位或两位主持人进行绘声绘色的表演,这就对少儿节目主持人灵活多变的声音表现力提出了非常高的业务要求。这个时候,主持人需要根据故事中角色的不同和个人的音质特点来创造不同的音色特征,通过调值的长短、声音的高低、动程的快慢等来塑造不同的声音形象。比如:播《狼和小羊》的故事时,用嘶哑、粗重的声音表现狼要吃小羊的凶残;用颤抖、纤细的声音表现小羊的恐惧与无奈。一般来说,故事中的动物,都可以根据其某一个特点(或是习性上的或是形态上的),用拟人化的语气和声音形象地表现出来。不仅如此,就是自然景物,如太阳、月亮、星星、小溪、花草、树木等,也能通过声音赋予它们以生命和鲜明的个性。

总之,一个好的广播少儿节目主持人应该是孩子们的良师益友,应该是一个熟知

少儿心理和少儿思维的专家。正如高尔基在《论主题》一文中曾经说过的那样:"想写儿童文学的作家应该估计到读者年龄的一切特征。不然,他写的书会成为儿童和成年人都不需要的无着落的东西。"①这段话,对于广播少儿节目主持人和少儿节目的从业人员同样适用。

思考题

1. 比较广播少儿节目与电视少儿节目的区别?试述广播少儿节目的优势。
2. 你喜欢的广播少儿节目是什么?为什么?你能做到吗?你在哪些方面有优势和特点,哪些方面还有差距?
3. 用少儿喜欢的娱乐方式并注入一定量的信息知识,策划主持一期广播少儿节目,播放给少儿并听取收听意见,做一份成败分析表。

实例分析

金丝猴"大胆儿"

(神农架山林:溪流声,鸟鸣声,金丝猴的叫声)

(北京幼儿园,孩子们在听主持人给他们放金丝猴的叫声)

男　童:这是什么?

(小朋友七嘴八舌猜测)

女　童:小娃娃哭了。

男　童:老鼠?

女　童:绵羊!

女　童:亲一口的声音。

男　童:它着急呢!

主持人:这到底是什么声音呢?呵呵,收音机旁的小朋友们是不是也挺好奇的呀?告诉你们吧,这可不是绵羊的叫声,也不是小老鼠的声音,更不是小娃娃哭的声音,这呀,是从湖北神农架的山林里录到的——金丝猴的声音!

(金丝猴的叫声)

女　童:我想听《西游记》里猴哥的故事。

男　童:(唱)"猴哥、猴哥!"可好听了!

主持人:你们都知道《西游记》里猴哥的故事!今天,我要讲的是一个真的猴哥的故事,一只勇敢的金丝猴的故事,好不好?

女　童:好吧!

主持人:这个金丝猴,叫——"大胆儿"!(女童笑)

---

① 李培然:《论儿童文学的特征》,《学习与探索》1982年第2期。

（金丝猴的叫声）

主持人：你们听，"大胆儿"在跟咱们打招呼呢！（金丝猴的声音）你们见过金丝猴吗？

女　童：在动物园！

男　童：我在一个大图片上见到金丝猴了。

主持人：喔，那你觉得金丝猴漂亮吗？

男　童：漂亮！它有金色的毛。

女　童：还有大大的眼睛。

女　童：金丝猴是蓝色的。

主持人：它哪儿是蓝色的？

男　童：它的脸是蓝色的。

女　童：我觉得挺像孙悟空的。

词典博士：嘿嘿，让我词典博士来告诉你们吧！要说金丝猴像"齐天大圣"孙悟空，那可一点儿也不夸张，它们的脸是天蓝色的，嘴巴圆鼓鼓的，眼睛又圆又亮。它们还有一条又细又长的尾巴，像根绳子似的。全身上下长着柔软的、金黄色的长毛，就像披着一件金黄色的披风，又漂亮又威风！所以它才得到了"金丝猴"的美名。很多人都说"美猴王"孙悟空就是照着它的样子写的呐。

主持人：小朋友们，你们听到了吧，金丝猴长得多漂亮多神气啊！而且，它还是咱们国家的一级野生保护动物呢，跟大熊猫一样，都非常珍贵！咱们今天故事的主人公"大胆儿"，更是一个聪明、调皮、爱笑的小猴子。我看到它的时候，它正冲着我咧嘴做鬼脸儿呢！

（神农架基地，金丝猴的叫声）

女记者：张嘴是友好的表现？

杨叔叔：对！你看，哈哈！"咦～～"

女记者：是不是学着它们的叫声就能召唤金丝猴了？

杨叔叔：对，学着猴的叫声，你听，"咦——"

（金丝猴叫声回应）

杨叔叔：你听，它们在回应呢！

女记者：啊，它在跟您对答呢！再学一次。

杨叔叔：呵呵，"咦！"

（金丝猴叫声回应）

女　童：咦？它在说什么呢？

主持人：在"问好"呢！你们平时见到小朋友的时候，怎么打招呼呀？

男　童：你好！

女　童：你好！

主持人：那要是"大胆儿"碰到它的朋友，就会说"咦——"这是金丝猴的语言，就是"你好"的意思。刚才说话的那位叔叔，他可是金丝猴"大胆儿"的老朋友了！

男　　童：不可能，人怎么会懂猴子的话呀？

女　　童：骗人！

主 持 人：不相信？你们看！看这张照片。

女　　童：我看看！

男　　童：(争抢)我看这个。

主 持 人：好，"大胆儿"在干吗呢？

男　　童：它在跟人握手呢。

女　　童：是跟一个叔叔握手呢。

主 持 人：对啊，它就在跟刚才那位跟它说话的杨叔叔握手呢！

词典博士：哈哈，和金丝猴握手的这位杨叔叔就懂猴子的话！他和金丝猴的故事三天三夜都讲不完。因为，他在大龙潭研究基地已经工作十多年了。那个地方可不一般，在别处，我们只能用望远镜远远地看看金丝猴，可只有在那儿，人和金丝猴能手握手。杨叔叔每天的工作就是在山林里研究和保护金丝猴们。所以，他是"大胆儿"它们这群金丝猴最好的朋友！嗨，真羡慕，我词典博士都想去那儿了。

男　　童：我也想去那儿。

女　　童：我们可以弄个翅膀飞来飞去的，一到金丝猴家我们停下就好了。

女　　童：我也想去那儿！

主 持 人：收音机旁的小朋友是不是也想去看"大胆儿"呢？"大胆儿"的家在咱们国家湖北省一个叫"神农架"的地方，那儿的山又高又险，有很多茂密的原始森林，是很多小动物们自由自在生活的乐园。咱们国家在那儿专门建立了一个"神农架金丝猴研究与保护中心大龙潭研究基地"，为了不打扰那些珍贵的、可爱的金丝猴们，那里是不允许外人随便进入的。可是听说我们要给小朋友们讲"大胆儿"的故事，杨叔叔就特别允许我们跟"大胆儿"它们近距离接触了一回。有多近呢？你们听——

(食物在容器中滚动的声音、金丝猴的叫声)

女 记 者：给！吃这个！啊，它直接从我手里取吃的！

(金丝猴们剥花生吃的声音)

女 记 者：再来！给！给！

(金丝猴吃东西的声音，女记者的笑声)

主 持 人：你们听到了吧，现在啊，金丝猴们都可以从人手里直接拿东西吃了！可是，杨叔叔说，金丝猴们天生非常胆小，(女童：呵呵笑)所以啊，第一只肯吃人拿给它们食物的金丝猴啊，那可算是猴子当中的英雄了，而且也是野生动物科研方面的一个重大突破呢！哎，你们知道在金丝猴的世界，谁是第一个吃苹果的猴儿吗？

男　　童：不知道。

女　　童：是"大胆儿"！

主 持 人：对！就是我们今天故事的主人公——"大胆儿"！

杨 叔 叔：它是第一只吃我们人工补食的食物的金丝猴。在冬季，下雪以后，由于雾凇特别大，树上全部结冰了，没有食物吃，在这种情况下，我们想出了人工投食的方法。

但整个猴群对食物的敏感性很强，它们都不肯吃我们送去的食物。就是这个"大胆儿"第一个来吃了。也就是说，我们帮金丝猴"冬季补食"能够做到今天这一步，"大胆儿"起到了关键性的作用。第一天它吃了一口，把苹果扔了；第二天又来吃，吃了两口，又把它扔了；第三天，它把一个苹果吃完了；第四天它吃了两个；第五天的时候，这个猴群里有两只金丝猴过来和"大胆儿"一起吃苹果了。这样，整个猴群才慢慢开始吃我们给它们的食物了。

主持人：自从"大胆儿"吃了杨叔叔递给它的苹果，它已经开始把我们人当朋友了。而且，"大胆儿"吃了这个苹果以后，其他的金丝猴才敢吃人拿给它们的食物。你们想把自己什么好吃的分给"大胆儿"呀？

男　童：我想让它吃冰激凌。

女　童：给猴子吃巧克力。

男　童：饺子、豆腐。

女　童：面包圈！

主持人：小朋友们都想把自己最喜欢吃的东西分给金丝猴吃，可是对于金丝猴来说，它们喜欢的可不一定是这些。那你们知道小猴子爱吃什么吗？

女　童：它喜欢吃桃子。

男　童：桃子、脆苹果，它都爱吃！

主持人：但是，野生的金丝猴只吃树叶儿啊、野果儿什么的。"大胆儿"它们这群金丝猴生活的地方啊，冬天特别冷，能找到的吃的东西又很少，所以如果它们没有学会吃人为它们准备的食物，恐怕它们很难熬过冬天，那它们该怎么办呢？

男　童：开空调！打电话，打110！

女　童：我长大了有钱就给金丝猴，给金丝猴买桃子，呵呵。

词典博士：谢谢小朋友们了，可是你们这些办法啊，金丝猴可不会用。神农架到了冬天，大雪覆盖了整座山林，一点食物都找不到。为了帮助金丝猴们，杨叔叔他们想出了"冬季补食"也就是在冬天补充自然食物的这个好办法。可是金丝猴天生敏感胆小，要不是"大胆儿"敢第一个吃人为它们准备的苹果"点心"，它们还会集体饿肚子呢！现在啊，只要研究基地的叔叔、阿姨们学着它们"咦！"地招呼声，金丝猴们就会"叽叽喳喳"地围过来，争着抢着吃花生和苹果。

主持人：你们说，"大胆儿"的功劳是不是很大啊？现在，生活在神农架的金丝猴们冬天是饿不着了！这可是一个巨大的进步！我告诉你们，2005年，神农架大龙潭金丝猴的数量只有105只，现在已经有1282只了！两年多就增长了10倍多！

女　童：它是勇敢的猴子！它肯定会翻跟头！

（充满童趣的音乐）

主持人：哈哈，听这个小朋友这么一说，我倒想起来了，"大胆儿"还真像孙悟空一样会翻跟头呢，它一口气能翻六七个后空翻呢！平时啊，它在森林里常玩的一种游戏就是先爬到树顶梢上，使劲一个后空翻，从树梢上直线掉下来，眼看着就快要落地啦，它会突然伸出手，抓住最下面的一根树枝，一悠，又上树了，好惊险呀！

(孩子听故事的效果声音:啊! 真棒! 真跟孙悟空一样)

主持人:嗯!"大胆儿"它还会帮自己的猴子妹妹"打架"呢,它不许别的小猴子欺负自己的妹妹。可是,那么勇敢的"大胆儿",它也有害怕的时候。你们听,(加"呜嘎"声),这是金丝猴害怕时发出的声音。对金丝猴来说呀,"呜嘎"就是害怕的意思——

(金丝猴发出害怕的"呜嘎"声)

女　童:害怕了!

男　童:金丝猴怕什么呀?

女　童:不知道!

男　童:因为坏蛋来了。

男　童:偷猴子!

女　童:害怕怪物!

男　童:让它藏起来,藏树上,藏它的被窝里头!

主持人:你们什么时候会害怕呀?

女　童:我害怕黄鼠狼,它会放屁!

男　童:我头一回看见猴子就害怕。

主持人:但是,你发现猴子怕你了没有?

男　童:我发现猴子怕我。我怕它,它怕我!

主持人:那后来呢?

男　童:后来猴子逗我玩儿。

主持人:噢,它就不怕你了,是不是?

男　童:对!

主持人:那你想跟金丝猴成朋友吗?

男　童:跟狗、跟猫,还有猴子,还有其他动物都做朋友!

小朋友:我也想和它交朋友!

主持人:咱们大家都是金丝猴的朋友了,金丝猴是不是就不会害怕了?

小朋友:对,就不会害怕了。

主持人:如果"大胆儿"知道小朋友们都愿意跟它交朋友,它该多高兴啊! 现在杨叔叔已经是"大胆儿"的朋友了,金丝猴的朋友越来越多,它们肯定就不会再害怕了!

(充满希望的音乐)

主持人:小朋友们,其实在我们生活的这个地球上,还有很多动物,它们像"大胆儿"一样,都非常可爱。下次再讲给你们听。好了,词典博士,咱们该跟小朋友们说再会啦!

词典博士:小朋友们,咱们下回的《故事时间》再会吧!

主持人:再会!

(充满希望的音乐,扬起至完)

实例分析

中央人民广播电台的少儿节目《金丝猴"大胆儿"》堪称广播少儿节目中的佳作,它在第34届亚洲—太平洋地区广播发展机构年度会议上获得2008年度最佳少儿娱乐节目奖,这也是该届唯一获得此奖的广播节目。它的成功之处在于:

第一,自然、丰富的音响素材。广播是声音的艺术,而在所有的声音中,最具"表真"功能的又是环境音响。多年的学习和实践使主创人员知道,通过各种现场音效的合理运用,可以引领听众进入一个特定的空间范围,让听众置身其中、感同身受。这是广播节目制作的技巧,也是广播节目所要达到的传播效果之一。带着这种想法,《金丝猴"大胆儿"》的主创人员从一进入山谷开始,便打开采访机,开始记录周围环境里的自然音响——鸟叫虫鸣、流水风声、人的脚步和交谈声等等,将一切尽收"机底"。

在金丝猴的活动区域与参观区域之间有一条很深的壕沟。当工作人员说只允许一个人越过壕沟跟金丝猴近距离接触时,主创人员之一柳欣毫不犹豫地跨了过去,获得了更好的采访位置,获取了最佳的录音效果。从工作人员呼唤金丝猴,到金丝猴出现、抢食,整个采访过程中,柳欣一直都在跟猴儿们"对话",问它们"你叫什么?""你喜欢吃这个苹果吗?"猴儿们似乎听懂了她的问话,报以"咦、咦!"的回答。在她的眼里,那些精灵仿佛不是动物,而是可以平等对话的人。[①]

与金丝猴近距离接触得到的第一手采访素材,是最原始也最自然的音响。这一部分采访的内容,成了少儿节目《金丝猴"大胆儿"》最核心的内容。

第二,金丝猴"大胆儿"主线故事的确定。最初制作出来的《神农架金丝猴》播出后,反馈很多,反响良好。有关神农架金丝猴的介绍以及现场采录的金丝猴叫声等,被认为是生动有趣、不可多得的好内容。在这个背景下,主创人员产生了一个新的想法:对神农架金丝猴的采访音响等素材重新整合,做进一步的挖掘。通常,以金丝猴这种濒危物种为主题内容的节目,可以从科普的角度入手,也可以从环保的角度入手。这两个角度虽也不错,但科普和环保,无论在题材样式还是节目内容上,似乎都缺少新意。

在重温采访素材时,主创人员发现,有关金丝猴的采访素材都很鲜活、精彩,其中最鲜活、最吸引人的故事,是金丝猴"大胆儿"的故事。采访中他们得知,在神农架金丝猴保护研究中心启动的"给野生金丝猴补充食物"项目中,金丝猴"大胆儿"是一个特殊的角色,它相当于"第一个吃螃蟹的人"——它是第一只品尝人类给它们提供食物的金丝猴。那是一块削开的苹果,"大胆儿"尝过苹果以后,发现苹果很好吃,便单独享受了数天美味的苹果。榜样的力量是无穷的,后来,其他的金丝猴也开始吃苹果了。"大胆儿"只是采访小组意外获得的一个生动有趣的故事,可正是这个故事,让他们更加坚定了把"金丝猴"做成一个儿童节目的信心。因为故事性是少儿节目的核心特质之一。也正是"大胆儿"的精彩故事这个切入点,成了《金丝猴"大胆儿"》创作成功的关键因

[①] 参见:付纯 CNR 的博客《今天是个好日子 & 创作谈》(2008年7月22日)一文,http://blog.sina.com.cn/s/blog_4c2bca6d0100a0yz.html。

素之一。

第三,对孩子的积极调动以及主持人的灵活互动能力。《金丝猴"大胆儿"》,立意新颖,切入准确。通过一系列环境音响和现场同期声的展示,节目深入浅出地介绍了有关金丝猴的一些知识,引导孩子们认识金丝猴、喜爱金丝猴,进而帮助他们形成保护动物的良好行为习惯和意识。二度创作中,孩子们的加入,给这个节目加入了许多人文关怀的情节,充分体现了孩子们要和金丝猴和谐相处的愿望,使得节目的主题得到了进一步提升。尤其是节目中对金丝猴"大胆儿"外在形象拟人化的描述,活灵活现,充分体现了编辑和导演再创造的功力。节目中,主持人和金丝猴的互动、主持人和孩子们的互动、孩子们和金丝猴录音的互动等都用引人入胜的语言和小情节串联起来,使节目更显张力。

回顾整个创作过程,寻找主要线索是难点之一。没有主线,再好的内容也无法组织成好节目。《金丝猴"大胆儿"》的主线,也就是"大胆儿"的故事,串联起了整个节目,支撑起了节目的立意。"大胆儿"的故事,为结构这个节目勾勒出了很好的"形",也为这个节目的"神"增添了很多声音色彩。

《金丝猴"大胆儿"》通过各种声音的有机组合,把握了广播媒体语言的特点,充分发挥了声音的表意功能,体现了采访的音响特点,用声音来创意,使之成为名副其实的"声音的世界",给听众留下了深刻的印象。在这个节目里,各种音响的组合,给听众一种如闻其声、如临其境的感觉,将听众融入大自然的怀抱中,与生命同在、与自然同在,充分享受了自然的和谐,尽情体会了自然界与人类互相依存、休戚与共的关系。

在这个节目中,主持人维扬的参与度很高,完全把自己融入大自然与孩子们当中,形成了极强的伴随状态,并在语言上体现出直白易懂、自然亲切、极具启发性的特点,从而在节目结束之际实现了对主题的提炼与升华,深深打动了听众尤其是少儿听众。

训练与提示

夏洛的网(配乐童话)

怀 特

【训练提示】美国著名作家怀特的《夏洛的网》是与《精灵鼠小弟》齐名的少儿名著。如何把一本名著浓缩成一个广播故事,讲给收音机前的孩子们听,是对演播者极大的挑战。中央人民广播电台《小喇叭》主持人"郑晶姐姐"从少儿广播的特点出发,精心地对原著加以改编,倾情演播。该作品用"讲故事"的手法娓娓道来,把蜘蛛夏洛和小猪威尔伯之间的友情呈现在孩子们面前,是一个较成功的少儿广播作品。

第一集　　新朋友

春天,小姑娘芬恩家的母猪生下了一只比白鼠还小的小猪。芬恩的爸爸阿拉布尔先生觉得他太小、太弱,想把他杀掉,可芬恩就是不答应,因为她觉得一只小猪由于弱小而被杀掉,这实在是太不公平了。于是阿拉布尔先生只好把小猪交给芬恩喂养。芬恩很喜欢小猪,每天都用热好的牛奶喂他,陪着他玩儿,还给他起了个漂亮的名字,叫威尔伯。

威尔伯长到五个礼拜大的时候,阿拉布尔先生说他已经足够大了,可以拿出去卖钱了。芬恩一听,忍不住大哭起来,可阿拉布尔先生已经对这件事下定了决心。阿拉布尔太太说:"要不咱们把威尔伯卖到霍默舅舅的农场去,那样,你就可以经常去舅舅家看他了。"

很快事情就办妥了,威尔伯搬到了霍默舅舅家谷仓地窖的肥料堆里。这里又暖和又舒适,霍默舅舅每天给他吃足够的食物,谷仓里的其他牲畜对他也很友好。芬恩几乎每天都来看他,威尔伯觉得现在的生活真是称心如意极了。

这一天,下了整整一天的雨,芬恩没有来看威尔伯,其他牲畜也不和他玩。当夜幕降临的时候,威尔伯感到了一种深深的孤独,他觉得这是他一生中最糟糕的一天了。

这时候,黑暗中传来一个很细小的声音:"你需要一个朋友吗,威尔伯?我喜欢你,愿意做你的朋友。"

"可是我看不见你,"威尔伯跳起来说,"你在哪里?你是谁?"

"睡吧,"那声音说,"明天早上你就能看见我了。"

漫长的黑夜过去了,天亮时,威尔伯在门框上发现了一只灰色的大蜘蛛,她正朝威尔伯摆动着前腿,友好地向他打招呼呢!

"早晨好,请问你叫什么名字?"威尔伯很高兴地和这个新朋友说起话来。

灰蜘蛛愉快地自我介绍说:"我叫夏洛。"

威尔伯很佩服夏洛会织网,可当他知道夏洛靠捕捉苍蝇并喝他们的血为生时,感到十分难过。他在心里说:"我终于有一个新朋友了,可这友谊是多么冒风险啊!她又好看又聪明,可又是那么残忍,我到底该不该喜欢她呢?"

在农场里,初夏是一年当中最快活最美好的日子。天气越来越暖和,苹果树上开满了花,蜜蜂绕着苹果树飞来飞去。学校放假了,芬恩几乎天天上谷仓来看望威尔伯,威尔伯也一天比一天更喜欢夏洛了。

可这一天,一只老羊突然告诉威尔伯一个坏消息:"你知道人们为什么要把你喂胖吗?到了圣诞节,他们就会把你杀掉,用你的肉做熏咸肉和火腿!"

威尔伯一听,吓得跳了起来,他尖叫着跑来跑去,都快发疯了。这时,夏洛镇静地对他说:"放心吧,你不会死,我会想办法救你的。"

第二集　友谊地久天长

几天后的一个早晨,农场里发生了一个惊人的奇迹。谷仓门框上的蜘蛛网中央,居然整整齐齐地织着三个大字——"王牌猪"!整个农场顿时一片沸腾,人们奔走相告,消息一下子传遍了村庄。附近的人听说后,都赶来看威尔伯,他们在谷仓前站了很久,用无比敬仰的目光追随着他,并且喃喃地说:"我一辈子都没见过这么神奇的小猪!"

过了几天,蜘蛛网上的字又换了新花样,"王牌猪"变成了"了不起",后来又变成了

"光彩照人",人们越来越相信这只小猪是不同凡响的。霍默舅舅决定到夏末的时候带威尔伯去参加集市上的评比,好赢得一些奖金。

夏天眼看着要过去了,夏洛也快要产卵了。她本该待在农场里好好儿休息的,可为了帮助威尔伯得奖,她还是跟着大家一起去了集市。在评奖的前一天晚上,霍默舅妈用牛奶给威尔伯洗了个澡,而夏洛用整整一夜的时间织出了一张带有"谦虚"两个字的蜘蛛网。第二天当威尔伯全身雪白地站到大看台上去的时候,所有的人都鼓掌欢呼起来,人们纷纷说:"这真是一头谦虚的好猪啊!"最后,评委会发给霍默舅舅25块钱奖金,还把特等奖的奖章挂在了威尔伯的脖子上。

就在这个时候,夏洛产完了540颗卵后,累得浑身不能动弹了。她说:"威尔伯,我觉得很不舒服,恐怕我见不到孩子们出世了。"

威尔伯的眼里涌出了泪水:"第一次见到你的时候,我还以为你很残忍,可你却奋不顾身地为我做了一切……我怎么担当得起呢?"

夏洛回答说:"你一直是我的朋友,友谊本身就是一件了不起的事,因为我喜欢你。再说,生命到底是什么呢?我们出生,活上一阵子,然后死去。一生只忙着捕捉苍蝇是毫无意义的,帮助你也许可以让我的生命更有价值。"

第二天,夏洛无法和威尔伯一起回农场去,因为她实在太虚弱了。"再见,威尔伯!"她用尽了全身的力气,向威尔伯的背影挥动着她的一条前腿。不久,她就死去了。在来过集市的成千上万人当中,没有一个人知道一只灰蜘蛛曾对一头"神猪"的诞生起过那么重要的作用。在她死的时候,也没有一个人陪在她身边。

当春天再次来临的时候,夏洛的孩子们一个接一个地出世了,他们中的一些回到了农场,像他们的妈妈一样陪伴着威尔伯。年复一年,威尔伯过着快乐安宁的日子,可他永远都忘不了夏洛。他虽然很爱这些会织网的新蜘蛛,但他们谁也不能取代夏洛在他心中的位置。

长大做个好爷爷(童话)

【训练提示】这个作品倾注了播讲者极为丰富的真情实感。让小朋友听着娓娓动听的声音,联想着温馨美丽的画面,将小小熊和爷爷在一起的快乐幸福,变成了生动的连续形象,真切、鲜明地进入孩子们的头脑中。故事的前半部分演绎得轻松、快乐,故事的后半部分诠释得感人、煽情。透过童话,播讲者想告诉孩子:生命是一件珍贵的礼物,无论是谁,亲人的去世都是万分遗憾而无奈的。我们不应该只是感到恐惧,在生命的长河中,还充满着温馨、甜蜜、高远的梦想和精彩的旅程,只有充满美好的希望才能勇敢地面对新一天的开始。这篇故事起到了很好的慰藉及心理安抚的作用,让孩子勇敢地面对人生。

很久很久以前,有一个小小熊,他有一个很爱他的爷爷。
爷爷家的小房子是淡淡的蓝色,就像从高远的天空上裁下来的;
爷爷家的门前盛开着各种各样的鲜花;

每个星期五,小小熊都会去看爷爷。

爷爷总是老早老早就站在门口,等着迎接他最可爱的小小熊,小小熊背着小红书包高高兴兴地来,高高兴兴地冲着爷爷打招呼……

爷爷问:"我最可爱的小小熊,你好吗?"

"我很好,"小小熊说,"那我最可爱的爷爷,你好吗?"

"很好啊,就像一个好爷爷那么好。我老喽,这样子已经好得不能再好了。"爷爷回答。

每个星期五,他们都会一起喝茶,吃点心。小小熊喜欢透过窗户看爷爷的花园。花园里,有一棵很大很老的树,树上搭着一个摇摇晃晃的平台,爷爷管它叫"树屋"。

爷爷在树干旁架了一个梯子,这样,他和小小熊就能顺着梯子爬到树屋上去。

爷爷年纪很大了,走路少不了拐杖,可是他和小小熊爬树屋的时候,他却让小小熊骑坐在肩头。

屋里,餐桌上已经摆满了丰盛的茶点,爷爷又端来了一盘刚烤出的喷香的蛋糕,那双老花镜片后的小小眼睛,是多么慈爱地看着小小熊啊。

吃过茶点,爷爷和小小熊总会爬上树屋,并排坐下,看外面的世界。爷爷说:"小小熊,生命就像一件珍贵的礼物,千万不要浪费哟。"

小小熊回答:"爷爷,我会努力的。我会尽力做到最好。"爷爷说:"对,我一定要努力做到最好。"

从树屋上放眼望去,他们可以看到爷爷的花园,那里满眼都是绿色,树木长得很茂盛,爷爷管那儿叫"丛林"。

他们可以看到一座长满草的小山,山上有三块灰色的大石头。爷爷管它叫"三熊山"。

他们可以看到一条弯弯曲曲的小河,哗啦啦地流过山谷,河水还会随着天气的变化改变颜色。太阳落山时,河水看起来是金色的,爷爷管它叫"金发姑娘的河"。

他们还可以看到一座老工厂的烟囱。爷爷年轻时在那家工厂工作过,他管它叫"越来越老的工厂"。但现在,那座工厂的烟囱已经不再冒烟了。

爷爷和小小熊经常会爬到树屋上去,不管是阳光灿烂、风儿呼呼还是雨点滴答——当然,雨不能稀里哗啦下得太大。甚至白雪覆盖大地时,他们也会去树屋。带上硬纸板,铺在雪上,就可以坐了,当然不能坐得太久了。

每个星期五,当他们两个舒舒服服地坐在树屋上时,小小熊就会说:"爷爷,给我讲个故事吧。"爷爷就会讲起他年轻时的往事,小小熊静静地听着,觉得特别幸福。

"从前,有个金发小姑娘迷了路,来到森林里,误入三只熊的家……"

可是有一个星期五,小小熊来看望爷爷时,爷爷却说:"对不起,小小熊,今天我不能出去了。"爷爷坐在沙发里,抱着坐在沙发扶手上的小小熊,讲起他小时候的故事——那时候,爷爷也是一只小小熊。

接下来的那个星期五,小小熊没有去爷爷家,而是和妈妈一起去了医院。在医院里,小小熊看到爷爷躺在床上。小小熊说:"爷爷,你可真懒呀。"爷爷说:"是啊,我一整天都没起床啦。"

　　妈妈去找医生谈事情,小小熊就爬到爷爷的床上,拉着爷爷的手,请爷爷给他讲故事。爷爷说:"对不起呀,小小熊,我太累了,要不,换你给我讲一个吧?"于是小小熊就给爷爷讲故事:"爷爷,从前,有一只小小熊,他每个星期五都会去看望爷爷,他们一起爬上花园里的树屋,他们一起吃美味的食物,他们可以看到远处的小山、小河,美丽的一切……"

　　故事讲完了,小小熊问:"爷爷,你喜欢这个故事吗?"可是爷爷没有回答。妈妈进来了,她叫来护士,护士又叫来了医生。

　　妈妈告诉小小熊,爷爷睡着了,睡得很沉很沉……小小熊问:"爷爷什么时候醒来?"妈妈张开双臂,紧紧地搂着小小熊,说:"他不会醒过来了。"

　　小小熊和妈妈一起回到爷爷住的房子。

　　他们顺着梯子,爬上那个摇摇晃晃的树屋。他们坐在一起互相拥抱着,看着远处那些熟悉的景物,静静地哭了。

　　小小熊抽泣着说:"等我当了爷爷,我一定要做个好爷爷,就像爷爷那么好。"

　　"会的,小小熊。你一定会的。"妈妈说。

第八章 广播体育节目播音主持

■ **本章要点：**

1. 赛事转播的直接任务是为听众报道比赛，基本任务是为听众提供审美与娱乐，根本任务是塑造听众的价值观。

2. 体育解说的内容由描述和报道比赛、分析和评论比赛、背景资料的介绍、赛场外话题的讨论以及情感氛围的烘托几部分组成，它有相对固定的框架结构。

3. 体育解说的语言创作要求遵循一定的创作路径，具备吐字用声的特定要求，注意声音节奏与比赛节奏的配合，注意措辞组织中的要求和技巧。

从广义上讲，广播体育节目播音主持是体育信息在广播媒体中的传播；从狭义上讲，它是广播媒体中专业的体育调频。在今天，越来越多的人通过收听或收看赛事转播度过生活中的闲暇时光。到底如何才能胜任这项播音工作？在赛事转播的解说中，播音员需要向听众提供哪些内容的服务？该如何表达和传播这些内容？让我们先从广播体育节目播音主持的功能任务说起。

第一节 赛事转播的功能任务

在赛事转播节目中，有声语言是解说员的工具，但解说员在节目中的任务可不仅仅是"说话"，他必须完成节目本身所承载的任务。若要掌握体育解说员的创作技巧，需要先掌握赛事转播节目的传播任务，所谓的"技巧"，只是灵活运用有声语言，去实现这些任务而已。

一般而言，赛事转播具有三重任务，也就是报道比赛、提供审美与娱乐以及塑造听众的价值观。

一、赛事转播类节目的直接任务是为听众报道比赛

跨越广阔的空间，以几乎同时的速度向听众报道正在发生的事情，是广播自诞生之日起就具备的优势。当这种优势运用在竞技体育的领域中，也就形成了赛事转播类

节目的雏形。根据历史资料,在广播刚出现的一段时期,许多商业公司都以能收听到比赛赛况为卖点来推销收音机。听众之所以会打开收音机听赛事转播,是想知晓比赛的进程和结果。

报道比赛一般有三种形态。一是描述,也就是如实将比赛场上发生的情况,用生动鲜活的语言告知听众。二是解释,为听众分析比赛中的技术动作、战术打法,提供更多的背景资料,使听众对比赛实况有更深刻的认识。三是评论,为听众界定比赛的进程,对场上发生的事情进行定性的点评,针对比赛中的人和事传达某种态度和情感,引导听众形成正确的舆论。

二、赛事转播类节目的基本任务是为听众提供审美与娱乐

随着生活节奏的日益加快,都市里的人每天都要承受很大的精神负担。在繁忙之余,人们产生了进行娱乐或审美活动的愿望,大众传媒是现代社会满足人们这一需求的主要工具和手段。[①] 竞技体育是从以娱乐为主要目的的游戏发展而来的,现代竞技体育日益增强的竞争性,更大大加强了其可观赏性,观众可通过观赏竞技体育比赛,从日常紧张的工作和生活中解脱出来,获得一种特有的轻松感和美的享受。[②] 可见,满足人们娱乐和审美需求的目标使竞技体育与大众传媒结合在了一起。通过收听赛事转播,听众获得一种精神上的愉悦,使紧绷的神经放松下来,这实际上是人们关注赛事转播的动因。

单就赛事转播中的竞技体育而言,它带给听众的愉悦主要来自三个方面。第一,它给听众营造了一种悬念,并通过"悬念的揭示"使听众感到快乐;第二,人们习惯在比赛中选择其中一方作为"自我的化身"给予支持,当这一方运动队或运动员获得胜利时,支持者就会因胜利所带来的"认同感"而感到满足;第三,竞技比赛中时刻充满了精湛的技术动作和高深的智慧谋略,这些动作和谋略对观赏者而言也是一种享受。在竞技体育进入媒体后,媒体也会借助一些技术手段增加和强化竞技体育的娱乐性,比如活泼跳跃的字幕、赏心悦目的画面,解说员的声音和措辞在这一过程中也会成为增强比赛娱乐性的工具。

三、赛事转播类节目的根本任务是塑造听众的价值观

首先,竞技体育是人类文化的大舞台。每年有无数观众将目光聚集在竞技场中。于是人们会有意识地利用这一舞台,宣传不同的信仰、观念。比如在1968年墨西哥奥运会上,200米金牌得主托米·史密斯和铜牌得主约翰·卡洛斯在颁奖典礼上垂下头,举起带有黑色手套的拳头,借此抗议美国的种族隔离政策。如今,在意大利、西班牙等欧洲国家的足球联赛中,观众也时常可以看到运动员身着反种族歧视的T恤衫,

---

[①] 胡正荣等:《传播学总论》(第二版),清华大学出版社2008年版,第116页。
[②] 田麦久:《运动训练学》,人民体育出版社2000年版,第9页。

表达他们对实现种族平等的迫切愿望。

其次,竞技体育为价值观的塑造提供了大量榜样和事例。我们熟悉的许多运动员、运动队在媒体中都成为一种符号或象征,代表了某种价值取向。比如 NBA 运动员林书豪,代表了内心充满阳光、坚守信仰、刻苦奋斗的励志精神;阿根廷足球运动员马拉多纳,代表了不循规蹈矩、坚持真理的叛逆精神;中国女排,代表了艰苦奋斗、顽强拼搏的团结精神……这些运动场上的榜样和事例,对受众(特别是青少年)的价值观有直接的影响。

最后,竞技体育可以激发受众的情感,在"狂热"中塑造价值观。传播学理论指出,处于强烈情感体验中的人会更容易接受或排斥某种信息。竞技体育通过现场运动员的出色发挥,刺激受众产生强烈的情感体验,并借此放松受众对某些评论的警戒。这时,场内出现的字符、画面都会以相对较高的效率影响受众的价值取向。

竞技体育毕竟不是专门的宣传工具,各种信仰、观念及榜样和事例,只会较为随机地出现在竞技场内。而赛事转播作为大众传媒中的一类节目,需要对这些信仰、观念、榜样和事例进行筛选和包装,使其能有的放矢地影响受众。在这一过程中,解说员作为各种信息的"把关人",就显得尤为重要了。

第二节 体育解说的内容

赛事转播中的解说,俗称体育解说,是在赛事直播或录播过程中,体育播音员所进行的即兴的有声语言创作活动。著名体育播音员宋世雄说:"体育播音员所扮演的角色应该是一位出色的向导,把成千上万的'旅游者'带到欢乐的'足球世界'。"[1]这样的类比是非常贴切的。实际上,体育解说的工作就像观众和播音员一起坐在赛场的看台上,一边看比赛,一边相互聊天,为观赏比赛助兴,或者让观众对某些事物有新的认识。初学体育解说者往往会感到茫然:既然体育解说没有相对固定的稿件,在转播过程中,解说内容是否还有规定性要求呢?答案是肯定的。尽管同步转播的赛事不可能允许播音员按照事先准备好的稿件解说,在体育广播的历史上,也从没有形成针对体育解说内容的统一规定,但赛事转播的功能是客观存在的。为实现其功能,体育解说的内容也就具备了由功能所赋予的规定性。在本节中,我们将赛事转播中常见的解说内容归纳出来,分开进行介绍,以便初学者针对特定的解说内容进行练习。

相对于比赛进行期间,比赛开始前和比赛结束后的解说内容相对固定,比较好掌握。

体育播音员的解说往往要先于比赛开始。在比赛正式开始前,播音员可以对本场比赛的名称、时间、地点、参赛双方的首发阵容、现场环境(包括气温、风向等可能对比赛造成影响的自然环境及到场人数、现场气氛等人文环境)进行介绍。如果时间充足,

---

[1] 张颂主编:《中国播音学》,北京广播学院出版社 1994 年版,第 489 页。

还可以对本场比赛的看点、参赛双方的战术特点、对阵形势、赛前媒体的各种报道、更衣室中的花絮等进行一些介绍或点评,强化比赛前的悬念感。需要注意的是,比赛开始前经常会有奏国歌、升国旗的环节,此时出于尊重,播音员应该留白,直至音乐和仪式结束。

听众朋友,欢迎您收听 FM102.5 兆赫北京人民广播电台体育广播在青岛的国信体育馆为您直播的 2013～2014 赛季中国男篮职业联赛常规赛第 20 轮北京男篮在客场挑战青岛双星队。‖ 这已经到了联赛下半程的第三场、第四场球了,可以说对于北京男篮来说,已经接近了马布里的回归,当然小外援,另外一个替补的外援,达米恩·威尔金斯这两场比赛也是越打越好,但是可能在大家心中,马布里的位置仍然是无法撼动的,所以我们也是静静地等待着马布里的回归。今天来到山东青岛,马布里随队前来了,但是由于伤病还没有完全恢复,所以今天的比赛,老马还是没有办法出场。但是在 12 人的名单当中,20 号翟晓川已经被激活了,所以晓川,应该说他的脚踝扭伤已经好得差不多了,这个对于北京队来说是一个比较利好的消息。‖

今天比赛双方的先发阵容在北京金隅队方面是 6 号李学林,9 号孙悦,32 号莫里斯,33 号王骁辉和 51 号吉喆;而在青岛队方面是 2 号约什,6 号张骋宇,10 号杨庚霖,12 号张耀升和 24 号来自约旦的亚洲外援桑尼。‖ 在这场比赛之前,北京队的联赛排名是第 3 位,而青岛队的联赛排名是倒数第 1 位,也就是第 18 位。整个的前 20 轮比赛当中,青岛队只赢过 3 场球,主场赢过 2 场,客场赢过 1 场,所以这和他们 3 个外援的这种阵容的配备,还是发生了比较大的出入。当然在主场的比赛当中,应该说青岛队发挥得还是相对更好一些,虽然只赢了两场球,但是对于青岛队来说,有很多的比赛都打得非常胶着,比如打山东,比如打广厦,全都是相当胶着的比赛。所以说看得出来,这支球队在自己的主场还是能够发挥出一定实力的。而且北京金隅队往往有这样的毛病,打强队的时候发挥得会更好,打新疆、打广东的时候,可能会打得更好一些;但是往往打像天津、青岛这样的球队,可能排在联赛稍微靠后一点的球队,往往会打得比较粗心,在场上不太注意一些细节。‖

今天的比赛在青岛的国信体育馆。这个体育馆是 2009 年山东全国运动会的时候建造的,也是在这儿举办了乒乓球、羽毛球等比赛。体育馆非常好,也是一个场馆群。但是,确实,由于本赛季青岛男篮的成绩比较差,排在联赛的最后一位,所以目前的上座率应该说非常令人担忧。在这样一个场地进行转播也让我想起了在女篮联赛转播时的感觉,确实人是相对比较少的。这个在 CBA 联赛当中,在很多城市,比如和北京、广东这些城市一票难求的对比之下,确实显得冷淡了一些。我们还是把比赛注意力集中在场上……

这场比赛解说的开头可分为五部分(用"‖"隔开)。第一部分介绍了比赛的名称和转播台号。第二部分介绍了北京金隅队的伤病近况,特别提到了马布里(马布里是北京球迷关注的热点,这里提到马布里,也可视为对球迷关注的一种回应)。第三部分介绍了双方的首发阵容。第四部分分析了比赛前双方在联赛中的形势(即对阵形势),

播音员强调青岛队主场"发挥得还是相对更好一些",指出金隅队客场"往往会打得比较粗心",一方面可以增强因排名差距而减弱的悬念感,另一方面也可降低听众的预期,避免预期过高可能给球迷带来的负面影响。在第五部分,播音员对场馆及上座率进行了简单介绍,随即在比赛正式开始后,进入赛况的报道和解说。

可见,在体育解说的开头,播音员可以围绕一些相对固定的内容展开解说,选择内容的多少可视距离比赛正式开始的时间而定。特别需要指出的是,如果播音员是代表某一电台或电视台进行解说,则在解说开始时需要呼转播台的台号(比如"北京人民广播电台体育广播");如果播音员是代表组委会,为各台提供转播的公共信号,则在解说开始时不可以呼任何台号。

在比赛正式结束(包括半场或一节比赛结束)时,播音员要为解说收尾。在收尾中,播音员一般要播报比赛双方的胜负关系和比分,对比赛双方的表现进行简单点评,对比赛双方的赛后形势进行简单展望,还可以对比赛结束后的现场气氛进行烘托。解说的收尾速度要遵守导播的要求和转播台后续节目播出的要求。例如:

(全场结束的哨音响起)

好,这时候全场比赛结束,CBA 联赛第 20 轮北京男篮 116∶92 大比分战胜了青岛双星,也巩固了自己联赛前三名的位置,而青岛双星联赛前 20 轮比赛仍然只赢了 3 场。好,这场比赛是由晓亮在国信体育馆为您带来的现场转播评述,咱们下一场比赛的直播再见!

在该解说的收尾中,播音员播报了青岛和北京两支球队的胜负关系和比分,指出北京队在赛后"巩固了自己联赛前三名的位置",而青岛队则"联赛前 20 轮比赛仍然只赢了 3 场",随即结束了解说。

除去体育解说的开头和结尾,在比赛转播期间,解说内容相对不固定,也是最难掌握的部分。尽管在比赛期间说什么会因人而异,但主要内容基本都涵盖在如下几方面中。

一、对比赛进程的描述和报道

用大量的动词、形容词和副词对比赛现场的情况进行栩栩如生的描述,告知听众比赛现场发生的事情。

对比赛进程的描述和报道是赛事转播固有的内在属性。从诞生之日起,能够让听众即时听到现场的赛况,是体育广播的鲜明优势和特点。在广播中,由于听众无法直接看到画面,播音员需要用有声语言帮助听众构建一幅比赛现场的图景。这就对播音员提出了两点要求:第一,播音员的描述必须能跟上比赛的发展节奏,每过一段时间就要播报比赛的进展情况(暂停、换人或其他推动比赛进程的环节)、即时的比分以及胜负关系;第二,播音员的描述必须生动形象,使听众能清晰地想象出比赛现场的情形。

需要特别指出的是,尽管在电视媒体中,观众可以看到比赛画面,但这并不意味着对比赛的描述和报道就失去了存在的必要。从经验的角度讲,当前电视体育转播数量繁多,但任何一场转播的播音员都不能在解说中抛弃对赛况的叙述。因为叙述可以引导观众在转播中的关注点,可以表达一些画面中看不到的战术线路,还可以表达特定的内在语(比如,"骄傲的贝克汉姆没有将球传出来"和"勤奋的贝克汉姆没有将球传出来"可以表达播音员两种不同的情感态度),它的价值远远超越单纯的"叙述"。

……好,双方的第二节比赛已经回到了场上。听众朋友现在正在收听的是FM102.5兆赫北京体育广播在广州的天河体育馆为您转播的2013年斯坦科维奇洲际篮球冠军赛,中国男篮和尼日利亚队的比赛。目前比赛进行到了第二节,第二节比赛刚刚开场,场上比分中国队13∶20落后。‖中国队开场之后这个失误次数确实是比较多了一些,刚才王仕鹏运球时把球砸到了自己的脚上,这个传球又直接是穿了接球者的一个裆,还好对方碰到出了底线。中国队7号王仕鹏突破,没有机会,分到外线;12号张博转移到左侧,交篮下;11号阿联,快攻,打,晃不开对方;奥德杰,这个防守非常成功。‖奥德杰知道跟阿联拼身体拼不了,尤其是弹跳啊,所以无论阿联怎么点,怎么晃,奥德杰就是不起来,这个球如果易建联做假动作,奥德杰不吃晃的话,阿联还真的是很难打。

这是广播赛事转播中的一段解说。这段解说可以分为三部分:第一部分,播音员在第二节比赛开始后,对比赛进程(即时的胜负关系、比分)进行了播报;第二部分,播音员对比赛场上的情况进行了描述,注意播音员在这里使用的"砸""穿了……个裆""碰""突破""分到外线""转移""交篮下""晃不开"等都很形象;第三部分,播音员见缝插针地对刚才一次中国队的进攻进行了分析和点评,其中的"拼""点""晃""不起来""不吃晃"等词语,都有助于生动地勾画场上人物和情形。

二、背景资料的介绍

背景资料包括比赛规则、球员信息、教练及裁判信息、球场信息以及各种能够支撑某种观点或增强受众愉悦的信息。它的形式极为丰富多样:可以是说明性的文字材料,可以是权威人物的点评言论,可以是一堆统计数据,也可以是媒体上的某篇报道……

背景资料的介绍要求播音员在赛前做大量的准备工作,比如要埋首于大量的体育新闻报刊,到球队驻地观看几次球队的训练,和球员、教练、球探、队医、俱乐部官员或其他可能掌握资料的人员交谈等。相对于在网上容易找到的信息,那些经过记者挖掘后获得的新闻素材更容易吸引受众。但需要指出的是,在转播期间,播音员要避免过多地介绍背景资料,因为受众更关注的是比赛,过多地介绍背景资料会妨碍受众对比赛的关注,舍本逐末,反而会产生不好的效果。

……这个球裁判吹的是王德林两分有效,对方干扰球,两分有效,而且造成了对方的犯规,还将会执行一次加罚。这样是一个"2+1"。中国队队员已经是跑到半场来防守了,裁判这个时候又把中国队队员叫了回来。王德林来执行罚球。王德林,这也是中国冉冉升起的一颗新星,2.14米的身高,110公斤的体重,来自福建队,应该说这是中国目前,除了阿联之外,易建联之外,最有潜质,也是最有希望能够以后进入到NBA联盟当中的一个球员。对方在篮下,这是9号阿努那,1.90米的一个后卫,身高不是很高,刚刚我们向大家作了介绍,1.90米的身高,但是确实在场上打得很灵活,个人能力非常强。12号张博,右侧45度突破,造成对方11号犯规。张博这动作做得也很夸张。但中国队在前场最右侧越过边线来发界外球。

在这段解说中,播音员介绍了王德林的身高、体重等资料,也使受众更加注意王德林这位"中国冉冉升起的一颗新星"。值得注意的是,播音员在罗列球员的身高数据后,开始讨论中国队"在身高如此占优的情况下,居然没有在场上占据主动"的问题,而这些关于身高的数据,也成了播音员论证"身高如此占优"的论据。

三、关于比赛的分析和评论

播音员在转播过程中,需要对比赛中的一些现象进行深入分析,使受众不仅被直观的竞技场面所折服,更能通过了解现象背后所蕴含的胆魄和智慧而获得满足。播音员也需要对比赛加以适当的评论,评论的目的是保持受众健康观赛的心情,引导受众树立正确的价值观。

对比赛进行分析需要播音员具备相对专业的体育知识。在观看比赛时,能够发觉和意识到参赛双方竞技中的精妙之处,并能用简练、准确的语言为听众分析,使听众也能透过表象而看到其中的本质。一般来说,播音员可以从比赛当前的形势、竞技中的技术与战术以及比赛规则等方面展开分析。比赛当前的形势包括双方对阵的基本情形及原因(比如生理、心理、技术、战术、社会因素或其他方面的原因)。技术、战术及规则分析专业性比较强,当转播中有解说顾问时,播音员可引导顾问对这些方面进行分析。

评论对确立播音员在转播中的权威具有至关重要的作用。因此,播音员在进行评论时,务必要掌握足够的论据,保持适当的情感。特别是在对运动员表现或比赛结果作定性的判断时,必须要遵循严谨客观的原则。在评论时,播音员还应该体谅听众的心态和情绪,避免"火上浇油"。

在体育广播中,播音员的解说主要是对比赛的描述和报道,分析和评论在解说中的比例不如在电视转播中大。但分析和评论在广播赛事转播中仍然存在,而且发挥着重要的作用。例如:

播音员A:倒地放铲,抢先一步,将球传给了佳一,佳一超远距离的吊门!
播音员B:哎哟!
播音员A:方向是真准啊,直接奔着球门去了。但是这个弧度稍微低了一些,被对方的守门员得到。不过这球佳一啊一是观察能力比较强,二是真有想法。
播音员B:这个球中场因为卡努特给出来这个球啊,是在对方的脚下铲传,算是拼出来的一个球。佳一拿球直接一看对方门将站位比较靠前,在中线的位置上就是一脚吊射,在球到脚下之前,佳一就已经观察好对方门将的位置了,就是力量稍微小了那么一点点,弧线不错。

播音员 A: 武汉队在前场进攻,利用边路。面对国安队的防守也没有什么办法,把球再回敲到后卫的脚下。梅方,内切,国安队一对一,防守位置逼得比较紧。国安队还是回到中场。今天双方的主教练也是颇有渊源。图拔科维奇和斯塔诺,也算是昔日的师徒关系。武汉队,外围,晃动,本特利右边路拿球,扣回来,左脚,禁区里边给,头球蹭一下,危险!

播音员 B: 哎哟!

播音员 A: 在禁区后点,斯托扬诺维奇,停球这一下,稍微离得远了一点,周挺把球解围出来,在外围,又是武汉队柯钊打一脚远射,这球打飞了。

播音员 B: 刚才这个,应该说本特利的传中球,还是非常危险的。咱们前点虽然碰到了皮球,但这球没有顶实,放到了咱们的后点,差点让对方的外援32号斯托扬诺维奇(得手),这个能拿到球去打门,也就是周挺反应快了一些。

在这段解说中,我们可以看到,播音员对比赛的分析和评论是夹在对比赛的描述和报道之间进行的。两位播音员在国安队射门后,分析了邵佳一这脚射门的精彩之处不仅在于"方向准",更在于他在"球到脚下之前""就已经观察好对方门将的位置",并作出"观察能力比较强""真有想法"的评论。在武汉队一次进攻后,两位播音员结合国安队后卫的防守,对为何这次进攻颇具威胁进行了分析,指出问题在于"前点虽然碰到了皮球",但"球没有顶实,放到了咱们的后点"。通过分析和评论,点出这些在直观画面中看到的细节,可以让受众对比赛中的有趣之处有更多的认识,增进他们在欣赏体育赛事时的快乐。从这两位播音员的解说也可以看到,分析往往是评论的基础。

四、赛场外话题的讨论

在赛事转播中,大部分内容都是围绕比赛展开解说的,但播音员有时也会在比赛中提及一些和比赛关系不大的话题。

一方面,这些话题可能包含着娱乐价值。它可能是某位运动员的生活趣闻,也可能是更衣室里的幽默花絮。当比赛进行到"酣畅淋漓"之际时,这些内容就像美味的"下酒菜",可以让受众更满足。

另一方面,这些话题可能是播音员引导受众对某一事物,特别是体育界或社会上存在的问题,予以关注的途径。比如在中国足球队表现不佳时,播音员会提及中国足球的青少年教育问题。尽管这与比赛没有直接的关系,但受众却有可能会思考足球水平与青少年培养的关系,并进而去解决其中的问题。从传播效果的角度讲,这样看似与比赛没有关系的内容是值得在转播中存在的。

实际上,这些与比赛关系不大的话题可以强化解说的效果,是解说由点及面、在潜移默化中影响受众价值观的重要途径和手段。但播音员在确定是否将这些内容融入解说时,需遵循两条原则:第一,不能影响受众对比赛的欣赏;第二,不能过分追求传播效果而对他人造成侵害(比如为了强化娱乐效果,过分传播涉及他人隐私的信息)。

都说北京队的阵容不错,很豪华,但是在场上和很多"强硬派"的球队相比,缺乏一股狠劲。或许球队希望将这股狠劲留到季后赛更关键的时刻使,但是在常规赛如果让对方打得这么轻松的话,后边的比赛再一碰,可能就会让对方不怕你。在平时的比赛当中,需要运动员在场上使出这股狠劲。当然我们不是让运动员在场上恶意犯规,而是要在规则允许的范围之内,更强硬地去跟对方对抗。篮球本来就是一个对抗非常激烈的运动。可能有人会说篮球比赛比冰球比赛更容易受伤,冰球比赛虽然高速运动、高速运转,但是护具是很齐的。篮球比赛真的是在场上肉撞肉。好球!北京金隅队外线的 3 分,9 号孙悦!这样比分相差回到了 10 分以里,34∶43 了。

北京金隅队依靠第二局的努力,渐渐地把比赛追回了一些。唉!裁判员这时候吹罚球没有道理了!队员已经拿球打反击了,这不能这么吹!主场的裁判,确实在 CBA 联赛当中还是有所谓的这种"主场哨",这时候我们是默认的。但是哨不能这么吹,这个太慢了,说明裁判员的脑子里并不单纯在看着到底是谁犯规,一种可能是他本来反应就慢,不是一个合格的裁判,另外一方面来讲,他的脑子里正在飞速运转着自己在赛前承诺了什么,或者说了什么,以便在比赛场上应对。

对方球发过来,回线违例,很精彩的比赛,应该说足球、篮球这是受裁判员影响因素非常非常大的比赛,像乒乓球、羽毛球,包括网球、排球,这种隔网相对的比赛,可能没有身体对抗,这球只是一个出界不出界的判罚,而且像网球这样的比赛已经加入了鹰眼,所以可能相对于这种高对抗的比赛,它受裁判影响的因素相对比较小,但是足球、篮球,这是受裁判影响非常大的比赛。大家在其他赛场上很难有球迷能够叫出某个裁判的名字,但是在 CBA、中超,或者世界范围之内,有名的篮球、足球裁判有很多。比如说这个金哨韦伯或者科里纳,NBA 当中有很多这样的裁判——北京金隅队在说话间,在进攻的左侧 45 度命中了 3 分,李根!37∶45,北京队只落后 8 分了!

在这段评论中,"篮球比冰球更具备激烈对抗的属性"这一话题,本与正在进行的比赛关系不大,播音员之所以在这里抛出这一话题,是想借此进一步向听众强调北京金隅队的打法和风格,使听众认同和接受其观点。而播音员提出"足球、篮球是受裁判影响非常大的比赛"这一话题,则是为引起听众对"主场球"的关注,使听众意识到这种"主场球"给篮球运动带来的危害,并进而去纠正这样的问题。由于播音员需要对比赛进行描述和报道,因此这两个话题并没有完全展开。不过,我们可以看到,这些看似与比赛不相关的话题总是由播音员对比赛的评论延伸出来,又回到对比赛的描述和报道中去。

五、对现场情感氛围的烘托

朱光潜提出了"美在意象"的观点,即美感的世界纯粹是意象世界。[①] 受众在现场观

---

① 叶朗:《美学原理》,北京大学出版社 2009 年版,第 55 页。

看比赛,为场面所打动,产生了强烈的情感体验,这种体验不仅来源于物质世界的现场,更来源于观众经由移情为物质世界的现场赋予的一种情感色彩,这种感情色彩与物质现场相融合就形成了朱光潜所谓的"意象",观众通过对意象的审美进而产生愉悦。

在赛事转播中,受众不在现场,无法亲身感受现场的氛围,因而影响意象的产生。播音员通过有声语言调动受众的各种感受和想象,帮助受众建立与现场氛围近似的意象,引导未到场的人感受比赛所带来的强烈的情感体验,这就是对现场情感氛围的烘托。

播音员对现场情感氛围的烘托,与播音员自身情感的抒发存在一定区别。尽管为增强传播效果,播音员需要调动和运用自身情感,但烘托的目的是帮助受众营造意象世界,而不是让受众知道或强迫受众去感受播音员的情感和态度。无所顾忌的疯狂宣泄往往会适得其反。

从情感氛围烘托的角度讲,电视转播与广播转播并无本质上的区别。以中央电视台体育播音员贺炜在世界杯中的一段解说为例。

这场比赛德国队以3球的优势战胜了英格兰队,胜负既分,结局也已经确定了。英格兰同德国,他们永恒的对抗在世界杯历史上继续延续着。历史的篇章这一段已经写完。我们想想吧,在此时此刻,在柏林,在慕尼黑,在汉堡,在科隆大教堂,肯定有无数的德国球迷欢欣鼓舞;而在伦敦,在利物浦,在曼彻斯特,在泰晤士河边的小酒馆,肯定也有无数的英格兰球迷为之黯然神伤。不过,让我内心感到温暖的是,在生命如此有意义的一个时间节点,在今天晚上,电视机前的亿万球迷,我们大家一起来经历,共同来分享,这是我的幸福,也是大家的幸福。我是贺炜,观众朋友们,再见!

这是在比赛结束时的一段解说。贺炜提及德国和英国的一些著名城市,包括具有建筑美感的"科隆大教堂",以及富有英国情趣的"泰晤士河边的小酒馆",引导观众产生对这些城市、城市中的建筑、建筑中那些人物的表情进行联想,并将这种联想及由其所引发的情感转移到比赛现场的画面中,从而建立起一种超越赛场现实的意象世界,产生一种超越历史和空间的瞬时综合的情感体验。

以上就是体育解说中常见的五个方面。它们相互联系,相互融合,有机地形成一场比赛的解说。那么,这些内容是如何组合在一起的?下面我们就对体育解说的基本框架加以简单介绍。

六、体育解说的基本框架

无论比赛过程中出现哪些令人意想不到的情况,每场比赛均有特定的结构,有开始,有中间的休息,有结束。因此,尽管体育解说是即兴的有声语言创作活动,但它仍然依附于比赛而存在,有相对固定的创作框架。

(一)开头、结尾和间歇的赛况报告

前面已经提到,在比赛开始前和结束后,播音员要作开场和收尾的解说。而在比赛期间,播音员要按照一定的周期,重复对赛况(包括比分、形势以及对当前比赛进程的简单评论等)进行报道。这是因为,赛况是受众收听赛事转播最关注的事情,在解说中当然要反复提及。另一个更为重要的理由是,一场比赛会持续1~2个小时,期间可能随时会有刚刚打开收音机的听众,而他们最想听到的就是当前比赛的赛况。在一些转播操作很规范的电台、电视台里,播音员重复播报赛况甚至是一项硬性要求(至少需要间隔性地呼台号)。

重复报告赛况的周期可根据播音员的个人习惯、比赛进程的特点而定,比如每10分钟播报一次,或者在一节比赛结束、暂停间歇时播报。

(二)解说以对比赛的描述和报道为主线

听众收听赛事转播的直接目的就是关注比赛。在此期间,播音员的分析、评论、对背景资料的介绍、赛场外话题的讨论以及现场气氛的烘托都必须围绕比赛的进程展开。脱离了比赛进程,这些内容就会成为影响受众观赏比赛的障碍。因此,只有在对比赛进行描述和报道,满足受众对比赛进程的认知欲之后,再展开其他解说内容。对比赛的描述和报道,也就成为串联各方面内容的主要线索。

(三)其他方面内容是解说的支线

在对比赛进行描述和报道的基础上,当描述和报道提及某一个转换点(如某一人物、细节等),由这一转换点展开背景资料的介绍、对比赛的分析和评论、赛场外话题的讨论及现场气氛的烘托等。转换点因人而异,播音员可根据准备的材料预先设定转换点(比如当受众关注到某位运动员时,就结合背景资料对该运动员进行介绍),也可在比赛解说过程中经联想引出这些内容。由于受众关注的仍是比赛本身,因此这些内容在展开后要迅速回到描述和报道比赛的主线上。

由此,我们获得图1所示的结构框架:在比赛正式开始前,播音员作开场解说;在比赛正式开始后,播音员主要对比赛进行描述和报道,在这一过程中可通过预先设计或自由联想引申出对比赛的分析和评论、背景资料的介绍、赛场外话题的讨论以及现场气氛的烘托,在一定周期内,播音员需要重复播报比赛的最新赛况;在比赛结束时,播音员作解说收尾。

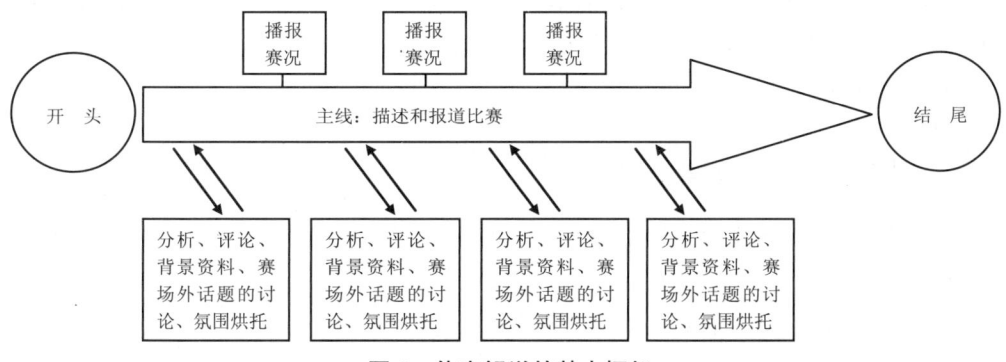

图1 体育解说的基本框架

在体育广播中，描述和报道比赛的主线主要承担着完成赛事转播直接任务的功能。分析、评论、背景资料的介绍、赛场外话题的讨论以及现场气氛的烘托则承担着赛事转播基本任务和根本任务的功能。不过，内容仅仅是实现赛事转播功能的一部分手段，在确定表达内容后，如何表达也会极大地影响传播效果。

第三节 体育解说的语言

体育解说是有声语言的一种即兴创作，有声语言的使用是否娴熟、技巧是否到位直接决定了体育解说的效果。

一、体育解说有声语言创作的基本路径

体育解说并不是简单的"照图说话"。它带有一定的传播功能，本质是有声语言的创作，因此要受这一功能和语言艺术创作内在规律的制约。在中国播音学理论中，无论是有稿播音还是无稿播音，有声语言创作都是一个"由内而外"的过程，即由思维中的意义、情感、态度转化为外在声音符号的表达。相对于有稿播音"理解稿件—具体感受—形之于声—及于受众"的创作路径，体育解说一般没有现成且完整的播报稿件，其感受也不是在稿件的基础上展开，而是由于比赛现场的刺激。但本质上，它也要经过一个内部创作的过程，即通过对现场比赛的感受，产生某种观点、情感和态度，再经过审慎的思想检验，确认这一观点、情感和态度可以实现赛事转播的功能，有传播价值，而后再将其转化为外部的有声语言符号，传播给受众。从这一过程看，体育解说创作的基本路径可以表述为"感受赛场—理清思路—形之于声—及于受众"。

这里要再次强调"理清思路"和"及于受众"的重要性。

在日常实践中，有些播音员在解说时会跳过"理清思路"的环节，直接将感受生成的观点、情感和态度"形之于声"，传播给受众。这种不假思索、脱口而出的解说可能会影响受众对比赛的观赏，影响赛事转播功能的实现，特别是对比赛的分析和评论，如果只是个人感受的肆意宣泄，会很容易造成舆论导向上的播出事故。还有些播音员，在赛事转播中只是"自说自话"或"看图说话"，在解说时不能形成对象感，不考虑受众在此种环境下对解说语言的反馈，因此所呈现出来的就是一种没有交流感的解说，有时甚至成为听众收听比赛的一种干扰。

二、体育解说中的吐字发声

受传播环境、创作要求及比赛时长的影响，体育播音员在解说时，其吐字发声要满足以下基本要求：

（一）快速吐字的清晰度

播音员需要不断向听众描述比赛的实况，其语言必须能跟上比赛的进程。在一些

整体节奏相对缓慢的比赛中,比如说网球、马拉松等,播音员的语言或许还能跟得上;但一些整体节奏比较快的比赛中,比如说手球、乒乓球等,需要快速描述比赛情况,这就对播音员快速反应场上的情况、快速组织简单准确的语言及快速吐字中的口腔控制提出了挑战。

赛场的环境与演播室不同,现场可能会非常嘈杂,各种人声、喇叭声、不文明的用语等不绝于耳;现场也可能会非常安静,比如受赛事文化传统的影响,台球比赛的现场需要保持绝对安静,甚至要求观众忍着咳嗽观看比赛。在不同的赛场中进行解说,或要使声音压过现场的嘈杂,或要使声音不破坏现场的安静,还要保证听众听清楚所解说的内容,这确实需要播音员具备在快速吐字中保持语音清晰的能力。

(二)宽广的音域和灵动的声音弹性

赛事转播要求播音员使用宽广的音域工作:或用高强壮实的声音为一个精彩的进球呐喊,或用温和柔美的声音形容一套体操动作的优雅动人。这种声音的变化不像舞台朗诵那样可提前进行设计,它在转播中往往是不可预估的,需要播音员根据现场的情况进行灵活的调整。体育播音员的用声与新闻类、社教类等节目的播音员相比,用声幅度的变化、对声音弹性的要求相对比较大。

竞技体育对观赏者内心情感的刺激往往都是较大的,且呈现跳跃性的特点。球迷可能刚刚还在为主队落后而感到紧张,下一秒就可能因为一个进球得分陷入狂喜。播音员在解说中不断接受比赛对内心的刺激,情感和声音也随着赛场上的各种变化上下起伏。如果没有宽广的音域,没有灵动的声音弹性,在场上出现某种情景时,播音员的语言无法承受情感起伏的带动,就有可能出现破音、失声等问题。在实践中,我们经常会听到一些播音员在比赛达到高潮时出现声音嘶哑、高音劈裂等情况,就是因情感变化超越用声极限造成的。可见,宽广的音域和灵动的声音弹性是做好体育解说工作的必备素质。

(三)用声的持久度

除了特殊的大型活动或新闻事件,体育赛事恐怕是转播时间最长的节目了。一般而言,有比赛时间规定的运动项目大都在 1 小时以上,而以比分或其他形式确定比赛结果的运动项目,其时长就更难确定了。因此,体育解说员时常面对这样的境况,即在 1~3 小时内,需要不断地对比赛进行报道,期间还可能因比赛中出现的精彩场面而呐喊。这对体育解说员的用声持久度提出了很高的要求。在实践中,一些播音员在比赛中出现声音嘶哑或咳嗽的状况,既影响解说的表达,也降低了赛事转播的质量。提高用声的持久度,需要播音员日常加强科学发声的训练,具备扎实的基本功。

在表达方面,播音员要注意声音的配合问题。所谓声音的配合问题,是指播音员有声语言所体现的情感、节奏要与比赛本身所呈现的情感、节奏相匹配。这就像一场交响乐,需要全部乐器的声音、情感、节奏相互配合,呈现和谐的状态,才能给受众以美的享受。具体而言,如果比赛呈现白热化的激烈场面,播音员的语言就不能平平淡淡,索然无味;如果比赛呈现文雅端庄的宁静场面,播音员的语言就不能大开大阖、铿锵磅礴。在足球比赛中，当足球在中场传递时，播音员的声音温和而理性；当足球进入禁区，距球门很近时，播音员的声音激情而疯狂。在篮球比赛中，播音员的声音甚至要与运动员运球时球触地的节奏配合上。美国体育播音员凯文·哈兰说："篮球的实况解说就像有节奏的敲鼓。"[①]在台球比赛中，播音员总在球员击球时保持沉默，随着击球后现场观众的掌声响起而进行解说。在田径比赛中，播音员在运动员起跑前默不作声，而当发令枪响后开始滔滔不绝地描述，直至运动员冲过终点。

三、体育解说中的留白

这里还要再提一下留白的使用。无论是播音员组织语言、用声换气，还是受众聆听和理解播音员的言语，都需要在解说中使用留白。留白的价值不仅在于生理和心理的需要，它也是呈现解说情感和节奏的重要工具。它是一种特殊的声音，和播音员其他的声音融合在一起，形成一段与比赛情感、节奏相契合的"旋律"。

四、体育解说中的措辞组织

相对于新闻播音，体育解说最大的一个特点就是它要求播音员现场组织词语进行表达，而不能依靠事先撰写的稿件。因此，在体育解说的有声语言创作中，措辞组织也是播音员需要修炼和提高的专业技能。

(一)词句的选择和排列

在遵循汉语语法规则的基础上，广播赛事转播中播音员受到种种局限，在词句的选择和排列上，要坚持以下原则：

1. 用词要精确、形象

宋世雄说："作为一个体育播音员最忌的是说糊涂话，最怕的是给听众、观众留下糊涂的影子。"[②]在广播中，听众完全根据播音员的描述构建比赛现场的画面。播音员如果用词不精确，或过于抽象，不便于受众展开想象，就会影响受众对比赛的欣赏。

2. 描述和报道的词句简单练达

赛场上的形势风云变幻，播音员用来描述和报道比赛的词句应尽量追求简练。唯有如此，播音员的语言才更易于追上比赛发展的节奏，避免上一个场景还没叙述完，下一个场景已经发生的情况。当然，我们不能形而上学地追求词句简练，降低语言的生动性和艺术性。在进行分析、评论，或烘托现场气氛时，播音员反而会使用一些华丽的辞藻，这与在描述和报道比赛时的简单练达并不冲突，甚至有些优秀的播音员会将简练与华丽融为一体，用精美的词句叙述比赛。

[①] 〔美〕汤姆·海德里克：《体育播音艺术——如何建立成功的职业生涯》，任悦、王群等译，中国广播电视出版社2008年版，第56页。
[②] 张颂主编：《中国播音学》，北京广播学院出版社1994年版，第489页。

3. 词句排列追求诗性美

当播音员的语言功力达到一定水平后,他往往可以用简单的字或词,传达出内蕴深远、极富美感的意境。这时他的解说就具备了诗性美,也实现了功能和审美的统一:既能用简单的词句表达几句话都未必说清楚的意思,又能通过这简单的词句引导受众建立一种美的意象。

要想提高语言水平,持久而广泛的阅读是一种比较好的方法。宋世雄曾表述过他在这方面对语言的思考和锤炼:"我读了老舍的《离婚》和《茶馆》。《离婚》中,马老太太在窗外的发话,《茶馆》中,人贩子和破产农民的对话,使我看到了老舍高超的语言技巧。他潜心思考、字斟句酌,让口语担负着对话、叙述和描写的任务,开阔了我的视野。后来,我在转播中下功夫学习了老舍用口语来刻画人物,用人物自己的话来表达人物感情的语言艺术。比如,在转播中介绍郎平时,报道了她对我的谈话:'我真想不干了,可我舍不得啊!'这 12 个字,没有慷慨激昂地发表为国争光的宏论,而是有提问,有自答,是深情含蓄的诗句,看出了人物的高尚的精神境界。又比如,报道中国女排队长孙晋芳鼓励新队员陈亚琼的那句话:'你紧张什么,无非是考虑个人得失,你要豁出去嘛!'这句话说得多么得体,口气、神态、音调、节奏,都是那么符合人物的身份、性格、年龄、特征。孙晋芳的这句话不是一般的豪言壮语和高谈阔论,而是自然地流露出她对新手的关心,反映出中国女排是个团结的战斗集体。"①

追求诗性美,是播音员主持人不断锤炼语言的目标。

(二)解说中常用的论述方法

人们对有声语言的接受和处理方式与阅读不同,因此简单抽象地叙述、分析和评论事物,往往不会实现预期的效果。在体育解说中,播音员要学会运用一些方法,以增进有声语言在叙述、分析和评论时的生动性、可听性,增强解说的传播效果。

1. 举例法

当播音员需要解释或发表某观点时,可以列举具有典型性的事例,使听众迅速理解抽象的解释或观点。例如:

居后插上是一种使用率非常高的战术,比如说,刚才××队员就多次在本方队员带球进攻时,偷偷地从后面插到了对方的禁区里。

2. 引用法

在分析和评论中引用知名人士的经典言论,可以提高分析和评论的权威性,也使分析和评论的内容更加丰富。例如:

现在比赛进入了关键时期。贝肯鲍尔曾经说:"比赛的前 15 分钟和后 15 分钟是

---

① 张颂:《中国播音学》,北京广播学院出版社 1994 年版,第 492 页。

最容易进球的时候",因此队员们都不能松懈。

3. 打比方

在描述、报道、分析、评论中,为了使语言更生动,播音员可以运用打比方的方法。例如:

对如此严重的冲突,裁判员竟然只向双方闹事的队员各出示了一张黄牌,不痛不痒,各打五十大板。

4. 比较法

通过与另一事物的对比,体现论述对象的变化、特点,也使听众对论述对象的印象更为深刻。例如:

尽管在这场比赛中多次被侵犯,但马拉多纳仍然很好地控制着自己的情绪,全身心地投入到比赛当中。这使人们几乎忘记了4年前他那脚不光彩的伤人动作。如今的马拉多纳已经具备了成为球王的全部素质。

5. 引申法

在讲解、评论体育活动时,对正在评述的现象进行更深入的挖掘,拓展解说的广度和深度。在实践中,对比赛的分析和评论以及对赛场外话题的讨论,经常通过这样的方式来连接。例如:

在比赛还剩下最后1分钟的时候,卡恩的失误将拜仁从天堂推向了地狱。生活就是如此的戏剧化。

6. 列数字

即在叙述、分析和评论中,罗列统计数据,使听众更加信服。

比赛已经进行了30分钟,××队的射门已经达到了14次,他们对这场比赛是志在必得。

(三)语言中的幽默

娱乐是赛事转播的基本任务之一。除赛场外话题可以为听众带来娱乐外,播音员在描述和报道比赛、分析和评论比赛、烘托情感氛围时,也可以通过措辞的组织、语气的变化来实现这种幽默。ESPN的解说员在解说英超时,就喜欢用滑稽的语言来描述赛场上运动员的动作。比如"加斯科因在场上奔跑着,腆着个肚子,还一颠一颠的",描述时播音员的语气也很夸张、风趣。在许多西方国家的赛事转播中,播音员的解说往往都带有些嘲讽式的幽默,这与那些国家、民族对竞技体育的价值认知有关。虽说我们不能生搬硬套他们的风格,但我国的体育解说也要尝试、探索属于中国听众的幽默,且和解说融为一体,为听众带来更多的欢乐。这就需要播音员思考和总结那些能够逗受众笑的语气和描述方式。

思考题

1. 体育广播经历了哪几个发展阶段?
2. 列举一个专业体育调频,看看各类节目在该调频一周中的比例,试分析其原因。各类节目是否存在内在联系?
3. 在赛事转播的三项任务中,哪项任务是在实践中最重要的? 试述原因。
4. 按照创作框架,尝试对某项赛事进行10分钟左右的解说。
5. 解说语言既强调简练,又强调华丽,两者能不能有机融合? 结合实践谈谈你自己的感受。

实例分析

以下是节选自北京人民广播电台2013～2014赛季中国男子篮球职业联赛的一场解说片段:

听众朋友,欢迎您收听FM102.5兆赫北京体育广播,来到北京首钢体育中心。我们现在正在为您转播的是2013～2014赛季中国男篮职业联赛常规赛第28轮,北京男篮在主场迎战吉林队。今天(的比赛)是农历新年之前的最后一场比赛了,下一场比赛将会在大年初六,也就是2月5日,北京主场打山东。而今天的比赛,我们对阵的是吉林队——吉林九台农商银行队。这场比赛本身看点可能并不是很多,因为只是一场普通的常规赛,而且我们的对手又是排名联赛第14位的球队,肯定是没有机会进入到季后赛了。但是在比赛当中,大家,很多球迷的注意力都会集中在一个人身上,达米恩·威尔金斯,在马布里受伤之后,这个救火队员替补加入到北京金隅男篮,已经为北京队打了将近20场比赛,这应该是他的第19场球。他受到了北京球迷的热爱、爱戴,所以今天应该是他在北京所效力的本赛季的最后一场比赛,那很多球迷来这儿也都是为了能在最后看看达米恩·威尔金斯打比赛,看看他在北京效力的最后一场球,今天我们也会着重地为大家介绍达米恩·威尔金斯在比赛场上的表现。好,双方的先发阵容,在金隅队方面,今天是9号孙悦,20号晓川,32号莫里斯,33号王骁辉和51号吉喆。而在吉林队方面是4号李安,7号田雨晨,13号道格拉斯,14号张彪和25号罗杰斯。张彪可以说是这个赛季吉林队突然崛起的一个球员,在比赛场上场均可以得到10分以上的一个分数,这个得分虽然不高,但是在国内球员当中,已经算是出类拔萃的了。14号张彪,出生于1990年,2米01的身高,体重105公斤,在场上打大前锋的位置。本赛季场均出场时间24分钟,也是拿到了将近11分,另外有将近4个篮板球和1次助攻。

(在开头部分,播音员呼了台号,向听众介绍了比赛的名称、地点、双方的出场阵容。除此之外,还预报了下一场比赛的日期和本场比赛中值得关注的点:威尔金斯的告别赛及吉林队新崛起的球员张彪。）

  北京金隅队篮下，莫里斯，强打，出手投篮，球不中，三不沾。这球由于是三不沾，所以进攻时间剩得不多了，虽然金隅队把球又控了下来，但进攻时间只剩5秒，莫里斯由底线再攻，造成了对方的犯规，这是吹给了对方的4号李安，上场之后主要来负责盯防莫里斯。4号李安身高是2米08，和莫里斯相比还是稍微有些吃亏，但是这一点对方在场下坐着还是有人，包括12号钟诚、大恶人鲍勒斯，这两个人在防守当中都还是，算是悍将级别的球员。

  （继续描述和报道比赛，描述得很细致。由犯规的李安谈到两人对抗的强弱，再由两人的对抗简单介绍吉林队在这个位置上的其他球员，使听众进一步了解这支球队。）

  这边金隅队在暂停之后换上李根，另外换上了朱西，把吉喆换了下去，所以主力阵容调整了两个人，看看上场之后会不会有一些改观，有一些成效。刚才李根投3分，投篮球不中，对方罗杰斯带球，前场大号3分球！喔，这球距离3分线应该在8米左右。CBA 3分线比NBA要短1米，但是刚才这个球，感觉（目测）应该比NBA 3分线还要远。34号王骁辉，外线的转移球，对方的这个联防防守非常好，王骁辉无奈之举，这时外线进攻队左侧45度，强行出手3分，投篮球不中，对方拿篮板，攻守转换打反击，进攻队右侧45度出手3分，又进了。这样对方连中两个3分球，比分来到了16∶2。北京金隅队第一节比赛打了快一半，刚得2分！这确实太不正常了。这次莫里斯在篮下强打，又被裁判员吹罚了走步。哦，北京金隅队这个时候要换人了，这又是大规模的换人，0号达米恩·威尔金斯上，张松涛上，换下莫里斯和骁辉。达米恩的最后一场比赛，达米恩被北京球迷亲切地称为"大民"，因为在电视剧当中，贫嘴张大民的形象给大家以老实忠厚的感觉，当然达米恩·威尔金斯也是少言寡语，给人很踏实、诚恳的感觉，又加上他的这个名字里有"达米恩"，所以很多球迷给他起了个外号，叫"大民"。这个外号在北京球迷范围之内，流传开来。今天是达米恩·威尔金斯在北京打的最后一场比赛了，而且他将不会在北京做过多的停留。据我的了解，明天他就会乘坐飞机返回美国，返回自己的家乡。所以，确实，今天很多球迷关注比赛应该就是为了看一看达米恩·威尔金斯，看看他在北京队最后的表演。当然今天吉林队在第一节比赛一上来有一点搅局，目前18∶2领先了！

  （重新回到对比赛的描述和报道，注意播音员在描述时使用了大量短句，特别是多次用到"投篮球不中"，用来描述场上经常出现的投篮没有投进去的情况，解说效率比较高。用数据描绘了罗杰斯与篮筐的距离，突显这名选手的远投之准。在达迷恩·威尔金斯上场后，播音员用一些背景资料，引导听众对这名球员的关注，并告知该球员离队的最新消息。当然，播音员也用"搅局"一词，提醒听众场上的比分在逐渐拉大。）

  20号晓川，对方篮下投了2分，目前比分来到了7∶20。北京金隅队在主场作战，7∶20，落后吉林队13分，不过这样的情况已经好了很多了，刚才最多的时候2∶18落后。北京金隅队在篮下强攻，20号翟晓川，在进攻队右侧底角，强行往里突，造成了对方的犯规。裁判员示意累计犯规次数还不够，所以北京金隅队——哦，刚才李根站到了底线外，已经准备发界外球了，但是裁判抬头看了一看，这累计犯规次数已经到了5

次,所以晓川被放到了罚球线上。这个时候闵指导要求换人,51号吉喆重新回到比赛场上。晓川第一罚偏得很多。今天的比赛确实一上来,感觉大家注意力不是很集中,希望这样的情况能在随后的比赛当中得到缓解。晓川,经过调整之后,两罚中一,比分来到了8∶20,北京金隅队8∶20落后。哦,北京队换人,这是一个很大胆的换人,换下了35号张松涛,换下了大树,场上是三后卫加两前锋这么一个阵容。场上没高个!这样移动是非常灵活的,两个内线朱西和吉喆,2米08和2米03,外线是李根、达米恩·威尔金斯,另外是晓川。这样平均身高其实并不矮,但是场上确实没有一个内线绝对的高度。而对方的主教练这个时候趁机换上了两个大个,12号钟诚和15号柳伟,所以也是以己之长准备攻北京队之短。罗杰斯,今天罗杰斯手感是非常火热,外线,套出了一个机会之后马上出手3分,又中了。8∶23,北京金隅队现在需要稳住军心,需要把球杀向篮下,要主动地得分。达米恩,在篮下,强攻,又拿2分!达米恩·威尔金斯,确实,还是可以在短暂的时间内充当马布里的角色的。不过对方的25号罗杰斯,反过来也攻了威尔金斯一个。莱昂·罗杰斯,身高2米,体重100公斤,1980年出生,本赛季为球队效力了16场球,场均27.8分,另外篮板球7.6个,助攻3次,是一个非常全面的球员。当然他给很多球迷的一个印象就是在罚球的时候距离罚球线非常远,好像我们看到麦蒂的罚球一样,距离罚球线基本上还有半米多一点的距离,就在罚球弧的这个弧线的位置,但是即便这样他的罚球命中率依然可以达到80%左右。

（连续描述了比赛中的几次攻防。罗杰斯今天的表现很抢眼,播音员说了一些背景资料,并特别指出罗杰斯"在罚球的时候距离罚球线非常远","命中率依然可以达到80%左右",将罗杰斯的特点活灵活现地展现在听众眼前,使听众感到这场比赛不仅有威尔金斯,还有罗杰斯,确实很好看。）

北京金隅队换上了吉喆,看看吉喆的发挥怎么样。达米恩·威尔金斯在外线投两分,球进了,威尔金斯今天的手感火热啊!北京金隅队看怎么来防,达米恩,选择绕前防守,对方返到篮下,这球——唉!这球朱西,朱西,朱西,朱西一个漂亮的封盖,这时被裁判员吹了犯规。北京金隅队全体队员都不干了,大家都是蹦着跳着冲向了裁判,这个球我们看一看慢镜头,返到篮下,朱西这球应该是没有犯规的,主裁判今天叫作……今天的主裁判叫作宋晓静,这是一个相对来讲比较陌生的裁判,这种吹罚确实是引起了在场球迷的不满,球迷们纷纷站了起来,当然北京在主场的安保措施做得还是很好的。给了罗杰斯两次罚球的机会,罚球命中之后,北京金隅目前12∶28落后吉林队16分了。

（在描述和报道比赛时,现场出现了意外情况。由于裁判的判罚,金隅队的队员集体冲向裁判。注意,此时播音员并没有对裁判进行过多的点评。因为播音员代表了北京人民广播电台的立场,在没有确凿的依据时,不能随意对场上出现的判罚问题过多发表带有倾向性的观点。）

北京金隅队后场运球,又被对方断了,对方前场以三打一,三打一,这边回来之后,变成了四打三,北京金隅队被对方轻松拿到2分。12号钟诚,在防守过程当中,造成了对方的犯规,我们看到有一些球迷,对裁判员的这种表现非常不满意。大家现在,站在底线的这些球迷啊,还在对裁判员不依不饶。北京金隅队请求换人,换下了晓川,换上了王骁辉。晓川今天在第一节比赛不是很兴奋,每得一分都感觉很别扭,所有的得分都很辛苦,不像上一场比赛,全队手感打那么顺。威尔金斯,一罚命中,这样比分来到了13:30。一节比赛让吉林队这样的球队拿了30分,而且还没打完,这确实太不像话了。而且自己得分就13分,罚球这个,这一轮两次罚球命中之后,也只得到了14分。14:30,北京金隅队罚球命中之后,全场紧逼,全场领防,但是这个防守确实没有给对方造成太大压力,回半场之后组成2-3联防,罗杰斯在篮下强攻,投篮球不中,唉——这球!说不中,但是在篮筐上蹦得很高,垂直弹了下去,竟然进了!这个球确实让我们没有想到。这边达米恩·威尔金斯沿底线突破,已经连续两次造成了钟诚的犯规。钟诚上场时间不长,但是领到了连续的两次犯规。莱昂·罗杰斯把翻译叫了过来,跟钟诚说了说,示意这球不能这么防。威尔金斯,获得了两次罚球的机会,目前14:32,北京金隅队14:32落后18分。大民一罚不中,达米恩·威尔金斯今天很兴奋,到目前为止已经是拿到了11分了。北京金隅队全队拿到了15分,大民一个人拿到了12分,这确实其他队友太不给力了。北京金隅队继续前场扩大防守,但是这样的扩大防守意义不是很大。让对方把球传到前场,轻松得2分,所以以现在的这种身高,平均身高,还不如不防,还不如退到自己的半场来防守。外线的3分,不容易啊,球进了!这球太不容易了,北京金隅队右侧底角命中3分,对方反过来又还了一个3分,球不能这么防啊!知道对方外线准,还要传出去。这球北京金隅队的防线缩得太小了,给对方外线无数投篮的机会。北京金隅队拼得很凶,吉喆,把球捡了回来,但是传球匆忙当中,出现了一次失误,这球是直着传回给了自己的半场,回线违例。今天北京金隅队,确实,全队上下好像第一节比赛很不顺,看着老马在旁边直龇牙,距离第一节比赛结束还有2分05秒,北京金隅队18:37大比分落后。对方外线的3分投篮,球不中,篮板球,又让对方抢走了,对方再交篮下,罗杰斯,转身,后仰跳投,两分,又进了。喔,这一节让吉林队拿了39分了,这个,太夸张了!北京金隅队这个比赛太不稳定了,和广东队这样的强队确实还是有差距。达米恩,自己突到篮下,避开了旁边的球员,但是不能依靠达米恩一个人得分啊,这样一个人得分,把这球员累死这比赛也赢不了。除非有科比那样的能力,一场得81分。罗杰斯外线3分,球不进,篮板球,好球,晓川一手扶人,一手捡篮板,把球抢了下来。达米恩·威尔金斯拿球一个360度陀螺转身造成了对方的犯规。北京金隅队,这个球,造成了对方的犯规,这样达米恩上了罚线。今天的第一节比赛打到目前为止,大民已经得到了14分。达米恩·威尔金斯在罚球线罚球,一罚命中了,21:39,比分差18分。这样的情况要是不得到改善的话,确实这个比赛后边很难打。一上来坑挖得确实太大了。很多球迷可能都觉得今天的比赛,北京赢吉林,这是手拿把攥,如探囊取物一般容易,但是目前的CBA联赛已经不像我们大家所想象的那样,广东可以在自己的主场输球,可以连续输给上海、输给佛山,北京也可以输给江苏这样的球队,确实,本赛季的CBA联赛弱队已经没有想象当中的那么弱了,强队的实力相对得到了弱化,所以已经渐渐有了强弱不是那么分明的感觉。我们看一下现在的排行榜,可以说排在联赛第5名的天津队是16场胜场,而浙江队12场胜场,也就是六七名的位置只差了三四场胜场。可以说竞争是非常非常激烈的,而且CBA联赛当中,这个常规赛轮次相对较少,只有34轮,所以每一场比赛,任何一个球队都会死拼的,不会给其他球队太多这种像放水啊、轻松赢球的机会。

(这一段随着比赛的激烈,播音员开始对比赛进行大量的描述和报道。可以听出此时播音员对北京金隅队能否赶超比分十分关注。在这一过程中,播音员已将自身融入到现场的情感氛围中,在言语上出现了焦急的情绪。这时,播音员仍然密切观察场内外的情况,比如"老马在旁边直龇牙",说得惟妙惟肖。在比分分差一直无法缩小的情况下,播音员暂时远离了对激烈赛况的描述,做了关于当前CBA联赛各队排名形势的分析和点评。这样做是说明各队之间的排名虽然有前有后,但水平差距其实很小,再次强调北京金隅队确实遇到了对手的顽强阻击,以稳定听众的情绪。)

说话间,第一节比赛还有最后的不到半分钟的时间,场上比分22∶40,北京金隅队已经让对方狂飙40分了。罚球命中之后,让对方拿了41分。北京金隅队只是22分,其中威尔金斯一个人拿了16分,也就是说剩余的其他球员,第一节比赛当中,只拿到6分。确实是威尔金斯的告别战,但是大家也不能用这种方式给他告别。应该每一个人都站出来,让他打得更轻松。外线吉喆出手两分,球还是不中,篮板球,还是没有,让对方抢走了。还给对方留了4秒钟,小心这球!这球一个封盖,然后对方最后一投,没有进。

这样第一节比赛,痛苦不堪的第一节比赛,终于结束了。北京金隅队22∶41落后吉林队19分,如果第二节比赛整体上攻防面貌不得到一个大规模的改善的话,这个比赛还是很困难的,但是我相信大家对北京男篮还是有信心的,所以大家不用太着急,老虎还有打盹的时候,大家还是给金隅队一些希望。这第一节比赛确实是本赛季打到目前为止,北京队打得最差的一节比赛了,让吉林队,让一个场均不到100分的球队,在单节当中飙了41分,这防守几乎是等于没有防守一样,四处漏风。所以看看第二节比赛,首先在进攻端北京金隅队能不能再积极一些,能不能突破的次数更多,而且减少在外围投篮的次数,先把自己的手打热了,莫里斯在篮下攻,包括孙悦、晓川在篮下突破,这种球打多一点,把自己的感觉打出来之后,外围再投,这是进攻端;在防守端,无论是闵指导选择联防,还是选择盯人,在防守端大家能不能联防时把步滑起来,在防守当中,互相呼喊,更加积极一些。今天金隅队的联防确实和本赛季球队的整体的这种感觉一样,联防防得不是很好。尤其是对外线,给对方太多的投篮机会。

好,第二节比赛开始了!

听众朋友,您现在收听到的是FM102.5兆赫北京体育广播正在北京首钢篮球中心为您转播的2013~2014赛季中国男篮职业联赛常规赛第28轮,也就是倒数第7轮,北京金隅队在主场迎战吉林九台农商银行队……

(在比赛即将结束时,播音员用列举得分数进行比较的方式,强调在这一节比赛中,球队其他4人对威尔金斯的支持不够,是导致落后局面的原因。当第一节比赛结束的哨声响起后,播音员开始为这一节比赛的解说收尾,用"痛苦不堪的第一节比赛"这样一个短语对金隅队在第一节比赛中的表现作了点评。其后播报了两队的比分,围绕预先设定的看点"威尔金斯的告别战"对队员的表现展开评论,并对接下来的比赛进行了分析,同时不忘缓和听众的情绪,鼓励听众继续为金隅队加油打气。接下来,播音员又开始了第二节比赛的解说。)

训练及提示

任意选择某项比赛中的场景,进行5～10分钟的描述,要求描述生动,感情充沛,语言准确,节奏合拍。

任意选择当前体育界的某个人物或某个事件,对其进行5～10分钟的分析和点评,要求分析和点评能与该人物或事件的背景资料结合起来,表达评述者鲜明的观点和坚实的依据,并运用各种论述方法,增添论述的可听性。

挑选有感觉的某画面,进行情感烘托,或者进行搞笑式描述。要求让听者明显感受到所烘托的情感氛围,并能为其所打动;或者让听者在搞笑描述的刺激下,发自内心地产生愉悦共鸣。

【训练提示】 体育解说不同于其他的播音形态,它没有既定的稿件可供练习。但我们仍可以通过对不同体育话题的即兴评述练习,来提高我们的解说水平。学习者可围绕以上练习,展开5～10分钟的即兴评述。练习时要注意以下几点:

(1)语言精练。评述时尽量做到言简意赅,不拖泥带水。整个评述要流畅清晰,口误较少,重复的词语也比较少。

(2)生动形象。在描述时,尽量能让所描述对象在听者的脑海里栩栩如生。在发声方面,要学会用声音展现对象的特点,针对"高""低""强""弱"等对象特点,能够用声音的高、低、强、弱将其模拟出来。比如足球中的"传高空球"和"传地面球",就可尝试用声音的高低来表现其差异;篮球比赛现场的喧闹氛围和射击比赛现场的安静氛围,可尝试用声音的强弱来表现其差异。

(3)论证有据。在评论时,务必使论点有确凿的依据,不能为表达观点而说"绕圈话"。在提出观点后,紧跟着用各种论述方法和依据,对其进行充分的论证。

(4)善于烘托。在有感情地评述时,可尝试用声音和措辞打动别人,为对方营造一种强烈的情感氛围,引起对方的共鸣。

第九章 广播广告播音

■ **本章要点**

1. 广播广告是以听觉形象为主体的广告作品。它制作简易、传播迅速、覆盖面广、受众广泛；它可以重复播放、经济实惠、收听方便。

2. 广播广告中的声音包括人声、音响、音乐，这三种声音被称为"广播广告三要素"。

3. 广播广告的听觉形象主要由广告播音所构建，它具有声音上的提示性、时间上的流动性、环境上的具体性、联想上的广阔性、气氛上的渲染性等特点。

4. 由于广告的创意不同、诉求方式不同、表现内容不同以及目标消费群不同，广播广告的表现类型五彩缤纷，广告播音的创作方法也随之多种多样。

电视、网络、手机的迅猛发展，使得广播的阵地不断被蚕食，也使得当今的广播广告与 20 世纪上半叶的辉煌时代不可同日而语。然而，"毋惧大鱼吃小鱼"，传媒市场是一个大鱼塘，广播以其自身独有的特点进行着顽强的抗争。在广播领域，新形式、新语态、新理念不断涌现，广播广告依旧对现代信息传播业有着极为深刻的作用和影响。

第一节 广播广告概述

广播广告是伴随着广播媒体的问世而风生水起的，并在广告领域表现得异常活跃，成绩斐然。

一、广播广告的发展

19 世纪末，无线电学从物理学中分离出来，成为一门独立的学科。1895 年，意大利科学家马可尼和俄国科学家波波夫分别通过各自的独立研究制作出了世界上最早的无线电接收机。

1920 年，美国匹兹堡西屋公司的工程师弗朗克·康拉德建立 KDKA 电台，成为历史上举世公认的第一座广播电台。同年 9 月 29 日，在此电台播出了第一支广播广告,内容是推销收音机。

美国的报业大王汤姆森曾说:"一张广播的营业执照就是印钞票的执照。"的确,广播一经诞生,就被当作赚钱的工具来使用。1924年,美国电台的广告收入只有400万美元。到了1929年,就增加到了4000万美元。

在整个20世纪三四十年代,报纸广告收入逐年递减,而广播广告收入则逐年递增。可惜,好景不长,电视的兴起使广播走入低潮,广播广告的收入逐渐落在了电视和报纸的后面。仍以美国为例,在全美广告总收入中,1950年广播广告占10.7%,电视广告只占3%,而到了1955年,广播广告下降到6.1%,电视广告却上升到11.2%。不仅美国如此,世界范围内,广播广告的状况大抵都是这样。

令人欣慰的是,随着对广播这一媒体潜力的挖掘开发,例如立体声调频以及音乐台、交通台、文艺台、教育台等系列电台的开设,再加上城市私家车数量的迅速猛增,广播又有了崛起之势。

我国的广播广告出现在20世纪20年代末30年代初。

1923年,侨居上海的美国商人奥斯邦在上海外滩大来洋行屋顶建立了中国第一座电台,但由于音质不良,3个月后就停播了。

1927年3月,上海新新公司高级职员邝赞在公司的六楼屋顶建立了一座电台,这是中国人自己办的第一座私营电台。电台每天播音4小时,节目内容多为商业广告。随后,中国出现了一批民营广播电台,例如上海亚美、大中华、国华、中亚等,这几十家民营广播电台主要靠商业广告的收入维持营业。

我国的人民广播事业创建于战争时期。1940年12月30日,延安新华广播电台进行了首次播音,标志着人民广播事业的诞生。

1949年,新中国成立以后,虽然广播节目逐渐丰富多彩,但是由于长期不重视发展商品经济,在"左"的思想影响下,认为广告是资本主义的产物,所以一直没有正式开播广告节目。1979年以前,我国的专业广告公司总共不超过十家,当时的电台以及电视台基本上都不经营广告业务。

1979年是中国广告市场恢复的元年。改革开放为我国的广告业注入了生机和活力,广告市场开始恢复,上海人民广播电台在全国广播电台中第一个恢复广告业务。1979年3月5日,上海人民广播电台制作播出了中国内地自"十年浩劫"之后的第一条广播广告"春蕾药性发乳"。

1979年,中央人民广播电台成立广告科,并在1980年元旦开始恢复商业广告的播出。自此,各地电台纷纷承接广告业务,中国的广播广告事业开始进入一个全新的时期。

二、广播广告的"三要素"

广播广告中的声音包括人声、音响、音乐,这三种声音被称为"广播广告三要素"。

（一）人声

人声主要是指人的语言,同时还包括人的歌声、情绪声、呼吸声和交谈声等。

(二)音响

音响指除了人声和音乐以外的一切声音。

音响一般包括人或动物行动时发出的声音；自然界中非人类所为的声音，如刮风、打雷、闪电、洪水等；还有人为的声音，如开动机器、马达的声响等。

音响是广播广告的主要表现手段之一，它在增强广播广告的真实感、提高广告的被注意度、增强广告的表现力和感染力方面有着不可忽视的作用。

广播广告的音响包括环境音响、产品音响等。

(三)音乐

音乐是一种抽象的艺术形式，是一种悦耳动听的特殊语言，具有强烈的情绪性，对于人的情感、态度、行为影响较大。

音乐在广播广告中能够起到引起兴趣、突出特性的作用，并使广告商标化，增强广告的感染力、吸引力和记忆度。

广播广告的音乐包括背景音乐和广告歌曲。

三、广播广告的播出类型

根据我国广播广告业目前的实际情况，业内人士约定俗成，将广播广告的播出类型分为提供节目广告、参与节目广告、插播广告、特约广告、专题广告、电台分类广告和公益广告七种。

(一)提供节目广告

指广告主提供广播电台某一时段的节目内容，并在节目中插播的广播广告。

这类广告一般费用较高，但声势也大，容易引起听众的注意，加深听众对企业及其产品的印象。

(二)参与节目广告

指在电台制作的某一节目中播出的广告。广告主不提供节目内容，也不能对节目内容有所干涉，只是在节目中适当的时间播放广告，并不得拒绝其他非竞争对象的广告主在同一节目中做广告。

(三)插播广告

指在两个广播节目中间播出的广播广告。

插播广告与上下节目没有内容或形式上的联系，所以收费比较便宜，播放也相对灵活。

(四)特约广告

指广告主在特约时间段内播出的广告。一般放在新闻节目、天气预报等受欢迎的栏目以及报时钟声的前后。

（五）专题广告

指由广告主提供资料，按广告主的要求精心编辑制作的3~5分钟甚至10分钟的专题节目广告。一般安排在固定的时间播出。

（六）电台分类广告

指在一个固定时间段连续播放多家广告主的广告。

这类广告时间固定，收费很低，有时广告之间会相互干扰，影响广告效果。

（七）公益广告

指不以营利为目的、为社会公共利益服务的广告。

它通过呼吁公众对某一社会性问题的注意，用合乎社会公益的准则去规范公众的言行举止，以达到培养良好的社会风尚的目的。

四、广播广告的制作

广播广告制作，就是把已经创作好的广播广告脚本或方案转化成声音作品直至播出的过程。广播广告的制作过程直接关系着广播广告的整体水平以及最终效果。

广播广告制作分为以下三个阶段：

（一）准备阶段

首先，是确定录音方案，或者说演播脚本。无论是兼职导演还是专职导演，都应该对广告脚本进一步分析，明晰广告创意，制定出广告语、音效、音乐以及整体风格的录音方案。

其次，选择与确定广播广告的演播人员。由于广播是以声音作为唯一载体的媒介，所以在演播人员的确定上，选择的标准也只是声音形象，而不是外观形象。声音形象是广播广告成败的关键。

最后，对音乐、音响资料进行收集与选定。

（二）录音阶段

提前将演播脚本交给演播人员，以便让他们熟悉广告语，同时导演应向演播人员阐释创作意图，进行充分沟通。

在正式录音以前，可以进行预录。一方面选取最为贴切的演播方式，一方面检查话筒等录音设备的效果，其中包括距离话筒的角度、远近等。一旦确定，便可以开始正式录音。对于演播的广告，可以多录几遍，给最终的挑选留出空间。

（三）合成阶段

这是广播广告制作的最后一道工序，也是最为重要的环节。

将人声、音乐、音效等分别录制的素材进行编辑合成，合成时要处理好各种声音的主次、轻重以及衔接、配合等，这需要高度的艺术性、技术性和经验性。广播广告能否实现广告主和导演的创作意图,很大程度上也依赖于合成阶段的控制与把握。

第二节 广播广告播音

广播有着众多极富个性的节目主持人,由他们演播的广播广告,容易给受众带来亲切感、信赖感。另外,广播携带便利、与听众互动便利以及成本低、效益好,并且可以随时插播最新信息等优势,都使得广播广告并没有走到穷途末路,更没有被淘汰。在传播媒体的领域里,它仍有一定的热度,也依然有着属于自己的一片天空。因而,如何促进广播广告的发展,如何提高广播广告的播音水平,依然是我们必须深入研究的课题。

一、声音塑造听觉形象

广播具有传播速度快、灵活性大、传播范围广、诉诸人的听觉、受众地区性强、受众群体比较稳定的特点;同时,广播又具有传播内容稍纵即逝、不可选择、受众处于非专注收听状态的特点。

黑格尔说:"美只能在形象中见出,因为只有形象才是外在的显现。"①从广告作品的角度看,形象指的是广告中所蕴含的生动具体的图景,这个图景是立体的,它由视觉形象和听觉形象构成。换言之,广告形象包括视觉形象和听觉形象。

广播广告是以听觉形象为主体的广告作品。它制作简易、传播迅速、覆盖面广、受众广泛;它可以重复播放、经济实惠、收听方便。另外,广播广告的播音亲切自然、高雅大方,加上真切动听的音响和节奏鲜明的旋律,使听众在听觉艺术的世界里既可以得到一种美的享受,同时还能创造出享用广告产品的美好生活氛围。

在广播广告中,可以没有音响,也可以没有音乐,但是不能缺少人声。因此,从某种意义上来说,广播广告的听觉形象主要是由广告播音构建起来的。它具有以下一些特点:

(一)声音上的提示性

广播和电视同属电波媒体,广播只有声音做元素,电视是声音加画面,应该说二者在很多方面都有共性。但在声音这个元素上,却有一个很大的区别,那就是广播中的声音具有提示性。

绿得饮料

(节奏鲜明的流行乐曲衬托着现代生活的韵律,一位年轻的妈妈手提"绿得"饮料兴冲冲地上场——)

女声: 我们小虎子最喜欢喝"绿得"饮料,您瞧——这八宝粥、马蹄爽、水蜜桃、菠萝汁,都是多品种、多口味,又是一色的天然饮品,别说是孩子,就是大人见了,又有谁不

---
① 〔德〕黑格尔:《美学》第一卷,朱光潜译,商务印书馆1979年版,第161页。

想尝一尝呢？嗯？

  男声："绿得"饮料系列——一个有滋有味的世界！

（乐曲渐收）

  若是电视广告，对于饮料的系列产品，可以用画面次第呈现，还可以摆放在一起"集体登场亮相"，真要如这般述说，就有种画蛇添足之感。但在广播里，只有通过人声的叙述，将产品的种类一一道来，才能让听众清楚系列产品的具体品种。

城市记忆篇

  男：什么是上海味道？

    是无敌的四大金刚？（叫卖声：卖粢饭糕～～～～～）

    还是弄堂口白兰花的清香？（叫卖声：栀子花～～白兰花～～～）

    是海关大楼钟声落在情人墙？（外滩海关大楼钟声）

    还是小时候牛奶瓶的叮叮当当？（光明牛奶瓶的碰撞声）

  男：经典玻璃瓶牛奶，小时候的上海味道。

    光明随心定，送奶到家服务，每天早上7点前玻璃瓶牛奶送上门。

    随心定，"瓶"尝上海味道……4008117117。

  这里，叙述性的语言起着提示性的作用。这种声音的提示性不但给听众以听觉形象，同时还可以帮助听众将听觉形象转化为视觉形象，使听众通过声音的提示更好地了解产品的特性与功能。

  (二)时间上的流动性

  从受众的认识规律来看，人们认识事物的过程，一般都是从直观到思维，从感性到理性，从具体到抽象。广播广告的播音总是用具体的事实、生动的材料以及真实可感的声音形式来说明抽象的道理，传递广告的信息。因为声音兼有上述的提示性，广播广告中的有声语言就更应该具有形象性。

  当然，倘若只是截取一瞬间的声音，自然难以领会整体的含义，因此，广播广告的播音在时间上的流动性使得听众无暇思索，很多时候，只有在听完整个广告之后才能明白广告的主题。

比亚迪F3·一溜烟篇

（汽车行驶过声1）

  男声1：瞧！一溜烟儿地过去了！（汽车行驶声2）

  男声1：呦～～，又一溜烟儿地过去了。（汽车行驶声3）

  男声1：瞧瞧，瞧瞧，还是一溜烟地过去了。（平稳的汽车行驶声）

  男声1：嗨～～这回是一溜～～过去了！

  男声2：啊？这烟呢？

女声: 没烟了啊!

比亚迪 F3DM 低碳版,新能源车型,无尾气,更环保!(平稳的汽车行驶声)

比亚迪,一溜～～过去了!

海尔无绳电话

(唢呐欢快的音乐声)

男声: 每年过年对我们海外游子来说最想听到的就是家人的声音——

(电话铃声)

男声: 老婆,我又不能赶回家过年了,你和儿子还好吗?

女声: 我们很好,不必担心。儿子会叫爸爸了,你听——

男声: 别,电话有细菌,这对孩子不好。

女声: 不怕,我刚买了一部海尔健康型无绳电话,有杀菌功能,既安全又方便,而且音质又清晰。孩子,快叫爸爸!

男童: 爸爸!

男声: 海尔健康型无绳电话让你无牵无挂!

在没有画面的情况下,在一维的时间进程中,听众往往只有在广告播出的最后时间才了解到产品的名称与功能。

(三)环境上的具体性

人们往往会有这样的体会,在一个语言环境中非常合情合理的语言挪到另外一个语言环境中就可能变得不合时宜。同样,在广播广告中,没有任何语言环境的产品介绍,只会给人带来生硬、突兀的感觉。因此,在广播广告的播音中,设计适当的语言环境,可以使广告信息传达得更加生动、自然。

黄山可乐

(林中鸟鸣)

男声: 丽丽,加油哇!

女声: 来了。

男声: 前面就到天都峰了。

女声: 来了,好美的黄山哪!我真不想再走了。

男声: 黄山当然美了,五岳归来不看山,黄山归来不看岳嘛。

女声: 啊,就是太累、太渴了。

男声: 来,给你饮料。

女声: 嗯,这么好喝的饮料,什么牌呀?

男声: 黄山牌啊。

女声: 黄山牌,黄山……哎,你知道我在想什么吗?

合声：要游名山安徽来，想喝可乐黄山牌。

嘿——咱们俩可是真想到一起了。

将"黄山可乐"的出现安排在登天都峰的途中，这个环境设计比较务实，也容易使听众明了产品的产地。在广告播音中，这个特别的环境是通过两位年轻男女的对话巧妙地表现出来的。随后因爬山而累而渴引出广告的产品就显得顺理成章、水到渠成。

亚运城

（广州亚运会会歌《重逢》，压混）

男：广州亚运会开幕前夕，亚运会运动员村在广州亚运城隆重开村。

（亚运村开村现场音响）

男：亚运会闭幕后，广州亚运城公开销售。

（售楼现场人声，小翔一家在选购亚运城住宅）

妈妈：小翔，这是亚运冠军住过的房子。

小翔：妈妈，就住在这儿吧，我长大了也要争冠军！

（歌声再扬起2秒，压混）

男：昨天亚运健儿村，今日寻常百姓家。

广州亚运城！

(四)联想上的广阔性

有人说，描述天下第一美女，最好用广播。广播媒体语言的最大魅力就是联想天地的广阔性与随意性。听众可以依据自己的理解感受、文化底蕴、经验积累等，在声音艺术的天地里，展开毫无束缚的想象和联想。

广之旅国际旅行社

男声：环游世界的梦想是从这里开始的，穿过巴黎凯旋门，登上埃菲尔铁塔，漫步夏威夷迷人的海滩，拥抱阳光、蓝天、热情的海风，到曼谷领略金色佛国的东南亚风情，或者留恋在维也纳森林和原野间，感受音乐之都的无穷魅力。

女声：大千世界尽收眼底，广之旅国际旅行社祝您美梦成真！

凯旋门、埃菲尔铁塔、夏威夷海滩，都没有画面的展示，然而，由于男声、女声给人听觉上的刺激，听众往往会展开丰富的想象，在头脑中勾画这些不同的景点，进而做出是否参加旅行的决定。

阿鲜汤圆

（风声起）

男　声：这天真冷啊，真想一步到家吃点热乎乎的。

女　声：啊，真冷啊，赶快回家，妈妈一定做好饭了。

(门铃声)

男女声：我回来了！我回来了！

妈　　妈：好，好，看，我给你们做什么好吃的了。

男女声：哇——

妈　　妈：这是阿鲜芝麻汤圆。

男女声：真好吃！

妈　　妈：这是阿鲜黑糯米汤圆。

男　　声：胃里真舒服啊！

妈　　妈：这是阿鲜豆沙汤圆。

女　　声：妈妈你真好！

妈　　妈：不是你妈好，是阿鲜好。

女　　声：我真的喜欢阿鲜哪！

女　　声：冬天有阿鲜，全家都喜欢。

男　　声：阿鲜汤圆祝你天天快乐！

"阿鲜汤圆"什么味儿？馅儿多不多？都有哪些馅儿？看不见实物，也看不见吃汤圆人的面部表情，但在男声、女声的对话中，在他们津津有味的谈论中，人们尽可以将其与从前曾经吃过的最好吃的汤圆联系起来，给"阿鲜汤圆"以糯软软、热乎乎的感觉。因为每个人对汤圆的感受不一样，所以赋予"阿鲜汤圆"的也必定是不同的口感。

(五)气氛上的渲染性

美国销售专家爱尔玛·赫伊拉说："不要卖牛排，要卖吱吱声。"因为烤牛排的吱吱声营造出了一种气氛，那声音、那气氛使人立即产生联想，脑海中便会出现香喷喷的牛排，也仿佛闻见了那诱人的香味。所以，卖的不是商品而是商品所具有的形象，这是广告创作中的一句名言。

在广播广告中，因为商品的形象无法用图像的方式让听众亲眼看到，所以用声音营造气氛是塑造商品形象的重要手段。

雪碧饮料

(蝉鸣起伏……)

男孩：渴，渴……

(闪烁的音响……)

女声：晶晶亮，透心凉……

(喝一口，吸干声)

男孩：哇——！

男声：哦，雪碧，当今生活，无论是宴会、旅游、运动……到处有你清凉的奉献！

(孩子笑声，青年欢乐声，摩托艇驶过，一个海浪，又一个海浪)

女声：雪碧——！

"雪碧"向来很注重产品形象的塑造,从最初的"晶晶亮,透心凉"到"我就是我",都极富个性。

广告的环境设计为夏日的海边。在广告气氛的渲染中,3段音乐和12段音响功不可没,而人声部分则在塑造产品的独特个性上起了重要作用:童声、女声、男声三种类型的声音形式,独白、旁白两种声音的表达方式,表现出这一广告最为关键的诉求——当今生活,处处有"雪碧";"雪碧"总是"晶晶亮,透心凉"。

年度最环保车型——自行车

男主持人:下面揭晓本年度最环保车型,请看大屏幕——(颁奖音乐起)
女声:这辆车,零油耗,油价升到7块多也不用心疼。
男声(南方普通话):它唯一需要的就是你的脂肪!(音效、哄笑声)
女声:这辆车,零排放,不污染大气,不破坏环境。(小鸟欢快的叫声)
男声(南方普通话):它最多帮你排排汗!(哄笑声)
女声:这辆车,全景式天窗,360度视野。(海浪声)
男声(南方普通话):它让你一切尽收眼底!(欢笑声、掌声)
女声:健身,省钱,环保!(自行车铃铛声)
男声:自行车——我的选择!(音乐止)

这是一支公益广告,以颁奖典礼的环境设计将广告的核心意义层层推出。选用了男女对播的形式,男声有意以南方普通话的语音面貌呈现,给人以风趣、亲切之感。众人的笑声、掌声以及小鸟、海浪、自行车铃铛的音效,都起到了营造现场气氛的作用。

声音可以塑造听觉形象,这个听觉形象能够给人的想象以更大的空间。但是,听觉形象最终是要转化为视觉形象的,并且视听结合才能给受众更直接的刺激、更完整的形象。声音转瞬即逝,在今天这样一个信息时代,现代人被迫记忆的信息已经到了令人精神压抑的程度,很多人为此患上了"慢性疲劳综合征",即便在听朋友倾诉时也常常心不在焉,更何况与他无关或者说关系不大的广告中的声音。

因此,广播广告要想在纷繁的信息中脱颖而出,给听众一个新鲜、深刻的印象,就必须在声音形式上简洁、明快、独特、有个性。

广播广告的播音是广播广告设计制作的"第二创意阶段",是一个极富创造性的过程,也是广告创意的最后体现,再好的广告创意也要通过这个再创造阶段才能实现。另外,倘若创意不是很突出,可在播音上加以修正。成功到位的播音,必定会弥补创意的欠缺,并给广告增色。

二、不同类型的播音创作方法

由于广告的创意不同,诉求方式不同,表现内容不同,目标消费者也不同,广播广告的表现类型五彩缤纷。因此,广告播音的创作方法也多种多样。

(一) 单刀直入型

单刀直入型,就是将广告所要传达的信息以直截了当的方式传达给听众。

这种方式对广告的播音要求较高,看似不加装饰,实则字字到位,清晰有力,诉求点非常明确。

双沟大曲酒

(竖琴声引出……抒情音乐混播)

"山不在高,有仙则名。水不在深,有龙则灵。"坐落在千里淮河下游与洪泽湖交汇之滨的江苏省泗洪县双沟酒厂,就因为生产名酒而名扬四海。

早在清宣统二年即1910年,双沟大曲酒在南洋劝业会上就被评为"名酒第一"而蜚声海外。在全国第三、第四届低度酒评比中,双沟牌低度大曲酒以其酒液冰清玉洁、气味浓香馥郁、口味醇厚柔绵的独特风格而独占鳌头!

诸君若能在节庆佳日、工作之余购得一瓶双沟牌低度大曲酒,慢饮细品,一定会为那色清、香浓、质醇的独特风格拍案叫绝!

(音乐渐止)

这则广告结构很紧凑,开宗明义,背景广阔。

播音应与配乐相辅相成。对叙述时夹带评论的部分,要有行家、专家的权威性和自信感,既能让人了解"双沟大曲酒"引以为傲的悠久历史,又恰如其分地介绍了产品的卓越品质。

(二) 对话型

生活中,人与人之间的交流方式多为对话。对话时的气氛最宽松,对话时的语气最自然。广告采用对话式,最大的好处就是可以避免听众对广告的逆反心理。

对话型广告往往由两位播音员采用对话的形式,展现产品特色或者服务特色。

对话型又可分为两种方式:问答式和交谈式。

1. 问答式

主要针对所遇到的困扰或问题,用一问一答的形式,提出解决问题的办法或是建议。在问答中,可以重复某些词句,如商标、厂家、产品性能等,以加深听众印象。

这种形式的广告播音,语气上可以随意些,但问句中的重音一定要与广告的产品直接挂钩,目的明确,通俗易懂。归根结底,广告毕竟是一种"遵命"作品。

多星牌暖水瓶电热器

(水开时汽笛响声的音响……)

甲:这是什么东西响?

乙:多星牌暖水瓶电热器。

甲:小赵,你看这多星牌暖水瓶电热器通电后4分钟就烧开了水,电费仅用3

分钱。

乙：哎，怎么不响了？
甲：多星牌暖水瓶电热器，水开后就能自动断电，有双安全保护装置，安全可靠。
乙：这是哪里生产的？
甲：淄博多星电器总厂。
乙：淄博多星，方便适用，省时又省工。

在这条广告中，产品的所有信息，都是由甲乙二人以一问一答的形式表现出来的。问时认真，答时耐心，多次重复产品的名称，为的是更好地加深听众的印象。

2. 交谈式

交谈式是由两位或多位播音员，以互相交谈的形式向听众介绍广告内容。他们可以扮演成各种身份，或师生，或同事，或夫妻，或父女……结尾处还可以齐播，听来亲切自然。

阿胶 888 超级口服液

（一个温馨的家，一对中年夫妇，一段徐缓、优美的音乐）

妻：哎，我说，看什么呢，这么入神？
夫：你看着，"补血上品——阿胶 888 超级口服液"。
妻：（凑上前）"联合国第四次世界妇女大会指定的唯一保健产品"。
夫：怎么样？是专为你们女士准备的，不试试？
妻：哎，你再看着，"阿胶 888 超级口服液"有三个品种：天字男宝、地字女宝、人字童宝，也有你们男士和孩子们用的呢！
夫：不错，那——咱们都试试？
妻：都试试！

一个普通的家庭，丈夫正聚精会神地看一张产品说明书，妻子忙着手里的活计，忙里偷闲向丈夫投去一束温情的目光。

妻子的第一句问话，说得轻柔些，带着甜蜜感。

丈夫的回答是读着说明书上的文字，要有"读"的感觉，用稍慢的语速。

紧接着妻子也以同样的语速读着说明书，这样的用意是展示产品地位，强调产品正宗。

妻子再次读说明书，是广告信息的进一步告知——阿胶是我国的传统中药，具有良好的补血功效，历来只是为女士所专用。由于配方的差异，"阿胶 888 超级口服液"共有三个品种，不仅为女士所用，还有专门适用于男士、小孩的"男宝"和"童宝"。

这条广告的播音，在语言表达上主要体现的是夫妻间的脉脉温情，因此语气上要柔和些、深情些，语速慢一些。

(三)呼应型

呼应型是由两位播音员用一呼一应的形式来阐述产品信息。整个广告词往往是一个大的段落,分由两人来说,一呼一应,互相联系又互相照应,往往起渲染气氛的作用。

呼应型广告的播音,要注意二人之间的声音衔接,使得语势上高低错落,语气上有呼有应,节奏上紧锣密鼓。播音时,只有默契的配合才能更好地表达广告主题。

双鹿干啤酒

(轻音乐……压低混播)

女声: 欢乐的时候我请您喝一杯双鹿干啤酒,

男声: 烦恼的时候我劝您喝一杯双鹿干啤酒,

女声: 相聚的时候大家畅饮双鹿干啤酒。

男声: 优质甘醇的双鹿干啤酒,

女声: 您喝,

男声: 我喝,

合声: 大家喝!

男声: 同喝双鹿酒,幸福人人有!

(四)戏剧小品型

小品原本是戏剧学院训练学生的一种教学方式,当它出现在综艺节目中时,却以始料未及的效果迅速赢得了受众的青睐。广播广告借用这种形式,使广告传播生动、形象,更具魅力。

这种形式通常是两位或两位以上的人物角色,以表演的方式,把听众带到一个特定的情境当中。这时的广告播音更像是广播剧的演播,在生动活泼、富有戏剧性的氛围里,向听众传达产品信息。

丛台酒

(河北民歌《回娘家》乐曲,缓缓推入)

女声甲: 唉,翠花嫂,你快点呀,车都快开了。

女声乙: 唉,唉,来了,来了。

男声甲: 呦,去娘家就这么两天,小两口还真难舍难分的呢!

(众人笑声)

男声乙: 哎,翠花,翠花等等,光急着回娘家,说好了给爹带的丛台酒都忘了。

女声乙: 喔——! 对对,丛台酒。

男声乙: 自从俺爹退休离开酒厂后,天天盼着丛台酒能出名,如今呢,俺厂的丛台酒荣获部优后,给他老人家报个喜。

女声甲：咦，看看人家这个女婿有多好啊！

（众人笑声）

（音乐减退）

这一广告的环境设计在农村，出场的人物较多，生活气息浓厚，像超短广播剧。

播这则广告时，应该注意口语化、生活化、农村化以及略带乡音的表达；语气上是活泼的，音强上选中、高音量；不同人物的音色应该有所区分；人物对话应该真实、亲切；用形象、逼真的角色化语言营造出性格鲜明的对话，构建出形象、生动的生活场景。

(五)戏曲型

戏曲型广播广告就是运用我国传统的戏曲形式，如京剧、地方剧、评书、相声等表演形式和艺术手段，由演员进行唱段和道白的表演，目的当然是为了广告信息的传达。

这种广告类型的广告播音，因为表现形式的专业性，所以一般多选用戏曲演员、评书演员或相声演员等，有时也选用功底深厚、多才多艺的播音员。

满福楼酒家(评书)

话说当今的火锅城满城都是，可要说好吃还得是人家满福楼的肥牛火锅。锅烫、肉嫩、片薄、料足、味正，特一级厨师料理。那原料可是从北京那儿大老远运来的，中德合资华安肉联公司的上等货色。酒店徐经理让我给您捎个话儿，他们在那儿恭候您呢。花个二三百块钱吃顿肥牛火锅，哎，上算！

满福楼在哪儿？惠工广场您知道吗？东面100米，门脸古香古色。

哎，我这揣着订餐电话呢：8807932。

哎，上满福楼别忘了叫着我啊！

据这条广告的制作者介绍，当时沈阳城里正流行涮羊肉，基于满福楼的原料来自北京，涮肉的吃法也源自北京，因此他们想用一种源自北京的艺术门类作为广告的表现方式。起初，他们想到了京韵大鼓，但"唱"这一形式，不易让听众直接接受，后来才选用了评书这一形式。

(六)诗歌型

诗歌是最常见的文学样式，它精练概括，形象性强；它词句优美，极富韵律。选用诗歌这种文体制作广告，适应了人们对美的追求，并能够创造一种意境，为枯燥的产品信息注入语言的活力。

昆明旅游总公司

男声：当祖国北方还是银装素裹的时候，

女声：这里已是春暖花开的季节。

男声：祖国的少数民族儿女在这里最多，

女声：流传着古老独特的风土人情。

男声：听见了阿诗玛姑娘动人的歌喉，
女声：又看那苍山下蝴蝶泉的美景。
男声：别具风味的过桥米线、汽锅鸡，
女声：醇香的美酒为朋友送上美好的滇味。
男声：美丽的西双版纳，
女声：欢乐的泼水节里，
男声：傣家的小卜哨满怀敬意，
女声：向朋友们洒来了吉祥、幸福之水……
男声：看不够千姿百态的石林奇观，
女声：笑迎五百里滇池奔来眼底。
男声：假日里在这里消遣最得意，
女声：蜜月在这里度过多么富有诗意。
男声：朋友，千里之行，始于足下，
女声：昆明旅游服务公司在期待着您。
男声：愿在各位朋友的足下，
女声：也有一个美好的春城之行！

众所周知，"诗贵乎情"。高尔基在《给青年作者》中说："真正的诗——往往是心底的诗，心底的歌。"诗歌型的广告播音，无论是抒情诗还是散文诗，在表达方式上都应该适当运用诗朗诵的技巧，但不可忘记的依旧是广告信息的准确传达：代广告倾吐心声；把听众引入诗境；含蓄而不晦涩；明朗而不直露；抒情而不做作；将诗中蕴含的广告信息饱含情感又准确无误地表露出来。

(七)现身说法型

现身说法型是选择一位有权威、受人尊敬的人，或是一位普通消费者讲述自己使用产品时的感受。这种方式可以避免听众对广告的逆反心理，可信度较高，说服力较强。

播音时，注意选取与广告中人物的身份、性格、职业相匹配的声音形式和语气节奏。

衡水老白干

哎，我说朋友，您喝过衡水老白干吗？说起这衡水老白干啊，那可是有年头了。过去走亲访友少不了拎上两瓶，就连电影里头，不是也常出现咱老白干的台词吗！如今哪，衡水酒厂酿造的老白干又进了一大步，国际上还拿了金奖！怪不得会喝酒的都夸咱衡水老白干好喝呢！不信？您尝尝，喝着那才叫过瘾，还不上头。我说朋友，您可记住了，要说喝酒呀，那还得是衡水老白干！

现身说法型广告的播音，尽量以说的方式，表达生活些、自然些。像是对着老朋友叙述，节奏快慢自如，音量时强时弱，语气中一定要有一种亲身用过、经历过的感受，饶

有兴致,有滋有味。另外,适当地加些"水词儿",可以更显生活气息,也才可能将产品的特色真正传达出来,使受众在"你"的"言传身教"中真正信服。

第三节 广播广告播音应注意的问题

在广播广告的播音创作活动中,借助其他因素的配合对于提高广播广告作品的整体表达效果是至关重要的。这些因素就是音乐和音响。音乐和音响的加盟,会大大增添广告的吸引力和感染力,加强广播广告的整体效果。

但是,由于语言本身具有的优越性,即语言音义之间的关系是一种约定俗成的固定关系,使得有声语言在广播广告中成为一种最重要的手段。音乐、音响则由于它们表义上的模糊性,从而只能作为辅助手段出现。

因此,一支广播广告,可以没有音乐和音响,但不可以没有人声。只要人声部分引人入胜,符合听觉规律,切中消费者的心理需求,即使没有音乐和音响,照样是一个好的广告。

广播广告播音应该注意以下几点:

一、"对话"时,求得生动

现在,广告创意者总是很注重煽情。于是,故事型、生活片段型广告多了起来,在广告播音时,人物之间的对话也跟着多了起来。广播没有画面,人长得什么模样,听众看不见,只有全凭声音塑造。倘若播音时平板、单调,缺乏热情,人物角色必定是毫无光彩的。有声语言表达方式的失败,必定导致广告效果的减弱。

播"对话"时,首先要明确自己所扮演角色的身份,找出角色的性格特征。因为性格是一个人思想和行为方式的折射。有了角色的性格特征作依据,再找准人物的语言基调。即使广告不过1分钟,即使人物语言不过几句话,它也应有一种相对稳定和统一的语气节奏。

广播广告篇幅短小,不可能像广播剧那样交代出人物的来龙去脉、用情节铺陈与性格有关的特点。因此,必须在广告词所提供的极其有限的线索中去用心寻找,结合自己的人生经验、社会阅历和想象联想,将角色的外貌、内心、行为和动作活化于心。

知晓与对话者之间的关系是选取表达方式的必要条件。尽管广播广告没有广播剧中那么复杂的关系结构,但是,同事关系、邻里关系、父子关系、母女关系、姊妹关系、夫妻关系等等这样一些客观存在的人物关系,同样也会在短小的广告词中表现出来。清楚关系、明晰亲疏远近,才能找准对话基调,选准表达方式,这样的"对话"才可能让人物生动起来、鲜活起来,也才能够胜任传达产品信息的重任。

北京飞利浦音响

(荷兰风格的音乐起,压混)
男孩: 爷爷,您怎么了?

老人：（从沉思中惊醒，感慨地）哦，这是爷爷当年在荷兰留学的时候最喜欢听的曲子，那时候，我用的是荷兰飞利浦音响，它伴随着我度过了多少思乡之夜啊！

女儿：爸爸您说的荷兰飞利浦音响已经在北京安家落户了，咱们现在听的就是北京飞利浦音响。

男声：北京飞利浦，唤起您温馨的回忆！

这支广告，采用了情感诉求的方法。通过爷爷对留学荷兰听飞利浦音响排解乡愁的回忆以及女儿的旁白，使听众对世界名牌音响赋予了特殊的感情，较好地传达了产品历史悠久、品质高尚的特点。

广告中的人物共有三位：小孩、爷爷、女儿。这里的人物关系是有着血缘关系的父女、母子和爷孙。爷爷是位知识型的老者，曾经出国留学，应该是饱经沧桑；女儿的职业不详，但在众多的音响品牌中单单选择了与父亲经历有关的"荷兰飞利浦音响"，足见得她对父亲的关心和体贴。

这是一条全部由对话组成的广告，对话在三代人之间展开——

孩子的问话，天真、稚嫩，语气中有些小心翼翼。给人的感觉是，爷爷正坐在客厅里听着音响，神态有些凝滞。孩子的好奇心使得他上前询问，但又唯恐惊扰了爷爷，所以音量较轻。

爷爷的回答，有一种正沉浸在曲子中的感觉，语速舒缓，语气中带着对过去生活的深深回忆，音色沉稳、成熟。

最后女儿的一番话，看似是对爸爸伤感情绪的安慰，实际上点出了广告的主题，音色偏亮，语气中透着喜兴。

二、"标题"时，求得个性

一般的报刊广告都有标题，由于标题字体大于正文，因而在视觉上容易引起注意。调查表明，一般读者阅读标题的概率是正文的5倍，报刊广告文稿作用的50%～70%取决于标题。广播广告恰恰没有这个优势，因为广播只有听觉没有视觉。然而，广播广告有广告口号。从某种意义上可以说，广告口号就是广播广告的标题。

广告口号的特点是：简短易记，便于传诵，突出了品牌或企业的特色，并且号召性强。

为广告口号播音，最为重要的是要有个性，要有分别。在音色、音量、语气、节奏以及用声状态上——

或形成对比——高低、明暗、强弱、宽窄；

或造成变化——松紧、厚薄、提沉、前后；

或水到渠成——语气节奏上衔接自然；

或画龙点睛——重音、停顿精心设计。

总之，要与前面的播音有所区别，有所变化，要有些"跳"的感觉。只有这样方可抓住听众的耳朵，引起听众的注意，使得听众即使记不住广告内容，也能够记住广告口

号,一如阅读报刊广告时正文记不住却记住了标题一般。例如:

飘洒中华芳香,
深藏民族自豪,
孔府家酒。
———孔府家酒(深沉、浑厚)

昨天亚运健儿村,
今日寻常百姓家。
广州亚运城!
———广州亚运城(深情、温馨)

声声不息,
德劲收音机!
———德劲收音机(风趣、轻松)

泸州大曲酒,
您的好朋友。
———泸州大曲酒(热情、豪爽)

晶晶亮,
透心凉。
———雪碧(圆润、活泼)

百年兰茶坊,
天下普洱香。
———兰茶坊(醇和、舒缓)

《北京青年报》
每天的一份惦念。
———《北京青年报》(宽厚、亲切)

三、"反复"时,求得变化

对于印刷媒体来说,文字的重复往往就等于信息的多余,成了累赘。广播广告却是个例外。广播广告的时间短,听众又一般处于非专注状态,要使他们记住有关产品或服务的信息不容易。有研究表明,在广播中,对诉求重点的反复,能够使所谓的"多余信息"转化为受众的"实得信息"。所以,恰当地运用反复,通过反复使听众形成记忆,是广播广告播音的一项重要技巧。

广播广告对品牌诉求有其特殊的要求。尤其是当新产品刚刚推出,品牌处在市导入期时,若是 1 分钟广告,品牌播报不应少于 3 次,30 秒广告一般不应少于两次。

2011 年地球关灯日主题公益广告

(教室里,下课铃响)

男 1:嘿!别忘啦,3 月 26 号,周六,晚上 8 点半开始哦!

女 1:知道啦,一定参加!

(家中,电脑声,MSN 音效,敲键盘音效)

女 1:亲爱的,3 月 26 号,周六,晚上 8 点半开始,可别忘啦!

女 2:放心吧,忘不了!

(家中,炒菜声,电话铃声)

女 2:妈,3 月 26 号,周六,晚上 8 点半,您可别忘啦!

女 3:忘不了,我跟李大妈她们都说啦,她们啊,都参加!

旁白:3 月 26 号,周六,晚上 8 点半开始,和我们一起,为地球充电,关灯一小时……嘿,别忘了!

(关灯音效)

在不到 1 分钟的广告时间里,"3 月 26 号,周六,晚上 8 点半"这个公益主题反复出现了 4 次。从广告词创作的角度,完全是为了将所谓的"多余信息"转化为受众的"实得信息"。

然而,广告词上的反复给广告播音带来一定的难度,处理不好,往往给人的不是信息,而是噪音。因此,必须有所设计、有所变化,也就是找准每次这个主题出现时人物对话的角色定位——同学、家人——在语气、节奏上加以区分,以多次友善提醒的方式真正达到"地球关灯一小时"的目的。

反复,一般是对关键词的反复,比如品牌名称、企业名称、联系方式、公益主题等,多用在广告结尾处。

值得注意的是,反复一定要适度,这个适度还需要技巧,以使得反复中有所变化。否则,用一种声调、一种音量、一种语气反复播着同样一句话或一个词,不仅让人感觉单调,也必定有多余、累赘之感。

反复的变化,主要从语势上和音高、音量上入手。在语势的高低、升降、曲直上变化;在音量的强弱、轻重、大小上变化;还可以在情感程度的浓淡上加以变化。

四、建立立体化

《列子》上说:"眼如耳,耳如鼻,鼻如口,无不同也。"这话说的是七窍可以相通。心理学上把这种"通感"叫作"联觉",就是一种感觉会引起另一种感觉,然后联合成为一种比较完整的感觉。广播广告如果能够发挥视听联觉的作用,利用通感的规律,充分发挥各种语言表达技巧,把广告语中的叙述、描写、议论、抒情等交错在一起,将产品的特征、场景、形象等,绘声绘色地表达出来,便可以使听众从听觉的感受中获得视觉感受、触觉感受、嗅觉感受以及味觉感受。

这可以叫作有声语言的立体化。

有声语言的立体化,能使听众有一种身临其境之感,好像被带入到了现场。耳边听到的是声音,脑子里获得的是产品信息的视觉形象,是一幅幅运动着的画面。有专家认为,一个好的广播广告应该能够帮助听众认出说话者,并且"看到"他的长相、他的穿着,知道他是站着还是坐着。①

那么,播音时,怎样建立有声语言的立体化呢?对于广告语中的有些关键词,比如动词、数词、形容词、感叹词等,一定要精雕细刻,寻求每个字的真正目的,并在声音的外在形式上描摹出原词汇所蕴含的形状、色调、质地以及内涵等。例如:

古汉养生精

(中国古代音乐起,筝箫合奏,琵琶、笙等伴奏)

女声: 1973年,湖南马王堆古汉《养生方》出土。

1986年,衡阳中药厂"古汉养生精"问世。

男声: 人参　　四钱二分

黄芪　　一两四钱

金樱子　　七钱五分

白芍　　六钱

枸杞

黄精

(压混:心血九斗　　白发三千丈　　智慧十二分　　无数春秋造就)

淫羊藿

(渐隐)

(音乐止)

男声: 古汉养生精。

充满文化感、历史感,具有深厚的人文色彩,树立一面现代中医药学的大旗,是这则广告创意的用心所在。广告以戏剧为表现手段,药方中的数字成了广告播音中最为重要的创作因素。

选用一个成熟、干净、略显沧桑的男声说这些原本枯燥的数字,因为语气中有着"传道授业"的意味,还显现着中药铺老药师的一份权威,再混以拨打算盘的效果声,于是,便产生了一定的空间感,使听众在心理上创造出视觉想象;紧接着在念读药方声中压混入主观意象的广告主题词:"心血九斗　　白发三千丈　　智慧十二分　　无数春秋造就",并且在语言结构上与药方类同,声音形式上更显深沉、沧桑,于是,又形成一个时间上的纵深跨度。

---

① 参见周建梅、路盛章、董立津:《电波广告·平面广告》,中国物价出版社1997年版,第269页。

就这样,枯燥的数字因为声音的再现,形成了一种层层递进的情感渲染,传达出广告产品"古汉养生精"历经沧桑的传奇色彩和深刻的文化内涵。

当然,这支广告的音乐和音响都运用得很好。音乐采用的是中国民乐演奏的古曲,与产品的形象合拍,同时也平添了一份历史的凝重感;音响用的是拨打算盘的声响,营造的是环境感和空间感。可以说,人声、音乐、音响三者的有机结合,张弛有度、雍容大方的气势,坚定地树立起了"古汉养生精"的产品形象,有效地实现了广告创意。

五、把握分寸感

广告播音不同于消息和评论播音,也不同于通讯播音,在表达上,它的技巧更丰富,它的声音更生动,它的创作空间更为自由。从严格意义上说,它更接近于演播。没情绪、缺情感、少情境的表达,只会在声音形式上造成刻板、呆板、死板的效果。有专家评委在全国优秀广播广告节目评选报告中指出:"有的演播人员没有好好领会创作意图,找不到感觉,当任务播完了事;有的明显是在念稿。"

不过,我们也要防止这样一种情况:情绪过于饱满,情感过于泛滥,广告播音成了街边小贩的吆喝,几近声嘶力竭。这样的声音无疑给听众的只是一种噪音,令人反感。

在广告播音的创作过程中,在调动情绪、激发情感、营造情境的过程中,把握好"情"的分寸感,才能与广告的表现形式相贴合,与广告的主题相吻合。

思考题

1. 请举例说明声音在广播广告播音中的地位与作用。
2. 对话型是广播广告播音中最为常见的一种方式,结合实际说说它容易出现的问题以及需要注意的事项。
3. 试述人声与音响、音乐的配合关系。
4. 对于诉求重点的反复,如何在声音的形式上避免单调、重复?
5. 请连续一周收听某一个电台的广告,对其广告播音进行较为全面的分析,并写出分析报告。

实例分析

实例 1

为了您可以喝到更纯净的水,
乐百氏不厌其烦,
每一项都经过严格净化,
二十七层!
您会喝得更放心。

——乐百氏纯净水

——真正符合卫生标准的矿泉水、纯净水都要经过过滤净化这道工序。"乐百氏"找准这个切入点,以陈述句的形式,直截了当地说出自己的工序、流程,既显得与众不同,又回答了消费者最为关心的水的质量问题。

广告播音时的语气自然也是陈述式的,肯定、自信,语调虽平直,但仍蕴含着播音者的态度与感情。

实例 2

在 300 多年前,浙江宁波府有个走街串巷的卖药郎中,名叫乐尊育,正是他在公元一千六百六十九年创建了同仁堂。

数十年后,同仁堂的药剂以配方独特、选料上乘、工艺精湛、疗效显著获得了向清皇室供应药品的特权。

同仁堂的近百种传统中成药,以"不省人工,不减物力"、货真价实、制作精细的传统特点在众多的百姓中极负盛誉。

如今百年老号同仁堂更以讲药德、重人工、守信誉的美称而名扬四海,享誉八方。

——同仁堂

——名扬四海的同仁堂已有 300 多年的历史,为什么它能长盛不衰呢?

这条广告说到了从前,说到了它的创建人,说到了它与其他药房的不同之处,还说到了它极负盛誉的好名声。

在古朴的宫廷乐曲的背景下,播音者深沉而自豪的诉说能把听众的思绪带到漫漫的历史长河之中,为听众翻开同仁堂由小到大的一幅幅历史画卷,使听众由衷地体会到同仁堂之所以愈老愈有名,是因为它"讲药德、重人工、守信誉"的结果,从而增强了听众对同仁堂的信赖感。

实例 3

为什么我会对你情有独钟呢?
不仅是你那酸甜适度的好口味紧紧吸引我,
更主要的是你令我感到轻松——
因为以山楂、胡萝卜和蜂蜜为主原料的你,
能使我摄入的营养得以充分消化吸收,
不至于浪费。
尤其是在同类果茶中,
你是唯一用矿泉水调制而成的,
所蕴含着的各种微量元素协调我的全身心。
正由于你将天然性、营养性、功能性复合于一体,
才令我一见倾心。

——华旗果茶

——这里,开头是以设问的方式提出问题,并且这个问题是消费者对这一产品最

为关心的;接下来的回答,篇幅较长,详细说明了产品的特别功能。

播音时,语气平稳中带着自信,和缓中渗透张扬,显示出一份非同寻常、一份舒心愉悦。

实例 4

(音乐声起:轻轻地捧起你的脸,为你把眼泪擦干……)

女孩:爸爸,为什么血是红的?

爸爸:因为红的血是生命的热望。

女孩:那为什么血又是热的呢?

爸爸:因为热的血充满温暖与爱意。

女孩:哦,那我们献血就是把温暖、爱意献给别人喽?

爸爸:对,献血还把生命的热望献给我们的同胞。

(音乐声起:不需要更多的语言,紧紧地握住你的手……)

画外音:无偿献血是每个公民神圣的职责!

——无偿献血公益广告

——在日常生活中,祈使句的句式有命令、请求、建议三种。命令句通常将对方置于被领导者的地位,明确地表达自己的意愿,并且要求对方按照自己的意愿采取某种行动,这当中包含强迫的意味,因此语气强烈、肯定、不容置疑。

广告没有任何权力命令受众应该怎样或是不应该怎样,所以,一般的商业广告基本不使用这种句式。但是,在一些含有规劝意味的公益广告当中,则可以带有鲜明的命令语气。

实例 5

女声:什么? 灰指甲? 真难看! 那脚上呢? 也是? 怎么都有哇?

男声:灰指甲多发于脚上。

女声:哦,相互传染。怎么治呀?

男声:先把病甲剪掉,再用药水涂抹。

女声:什么药?

男声:神奇的帕特药盒,迅速去掉病甲,斩断手足癣的病源。

女声:怎么样?

男声:神啦!

旁白:贵州神奇。

——神奇帕特药盒

——这里,句式短小、口语平实的特点体现得较为充分。开篇的女声问话实际上是两问两答:"这是什么?""那脚上呢?"都将回答省略;一贯而下的语言链条显示出浓郁的口语色彩和简洁的句式结构。

实例6

男声：我是个庸庸碌碌的上班族，不过在平淡的生活中，我倒有一样法宝——PUMA。

星期一，我喜欢走仁爱林荫道来公司，借以平和我的"星期一忧郁症"；

星期二，故意挑公司后的小巷道，多绕些路，只为了听听附近住家起床号的声音；

星期三，我会从小学旁经过，看看年轻的生命活力，顺便感怀一下我自己消逝的天真童年；

星期四，我索性来一段慢跑……

（人声渐弱）

旁白：快乐的走路族——PUMA——彪马运动鞋。

——彪马运动鞋

——这则广告成功地引入了一个广告信息的传播主体——男性上班族，并且通过它直接指明了广告的诉求对象——中青年男性上班族。

第一句话便交代了"我"的身份，并且明示了商品的品牌。随后，采用广告主人公日记体的方式以及极生活化的舒缓语气，描述出一个上班族在上班路上的行走方式。这是一个充满青春活力的上班族，在一成不变的忙碌生活中，创造出非常个性化的生活情趣，也带来每天不同的那份惊喜。

这里，虽然没有对品牌名称进行重复，但是对广告诉求的重点——彪马运动鞋适用于上班族的日常生活——做了生动而真实的阐述。有声语言的表达也很自然地显露出使用者轻松、自如的感受。最后的广告语恰如画龙点睛，再一次突出了PUMA这一品牌。

训练及提示

【训练提示】广播广告的独特之处就是通过声音来传递广告信息，声音是它唯一的创作载体。广播广告中的声音包括人声、音响和音乐。

根据广播广告的语言特点，在进行广告播音时，应该注意以下几点：

通俗易懂。广告播音必须口语化，广告的信息量和表达方式要与听众的语言感知能力和接受能力相吻合，一定要符合一般听众的说话特点和听觉习惯。

用词简洁。广告播音应该追求明快，一方面为音乐和音响留出空间，有助于整体的气氛营造；另一方面，也让鲜明的节奏感和韵律感为广告播音注入吸引力和感染力。要快而不乱，简而清晰。

形象生动。广告播音应当在词义再现和修辞手法的表达上，利用想象和联想，塑造一个立体化的情境。

1. 英特尔奔腾处理器

一部高效率的超级个人电脑，必须具备高性能的快速处理器，才能得"芯"应手地将各种软件功能全面发挥出来。Intel 现率先为您展示这项科技成就,隆重推出跨时代的奔腾处理器,它的运算速度是旧型处理器的 8 倍,能全面缩减等候时间,大大增加您的工作效率。

除此之外,它能与市面上各种电脑软件全面兼容,从最简单的文字处理器到复杂的 CD-ROM 多媒体技术应用,它均可将这些软件的工作效率发挥得淋漓尽致,而它的售价却物超所值。若想弹指之间完成工作,您的选择必然是奔腾处理器。

英特尔奔腾处理器,给电脑一颗奔驰的"芯"!

2. 高乐高

妈妈:孩子们每天都在争取做到更好,但成绩的取得要靠不断地努力。做妈妈的更应关心孩子的健康,帮助他们获得成功。大家都知道,牛奶对孩子的健康是很重要的,很多营养学家建议孩子每天要喝一杯牛奶。可我的孩子不太爱喝牛奶,为此,我请教营养学家,他建议在牛奶中加"高—乐—高"。因为"高乐高"中含有多种维生素、钙、磷等成分,加在牛奶中使牛奶的营养更加丰富,尤其是那鲜美的味道,孩子特别喜欢。

现在每天早上,我都给孩子喝牛奶加"高乐高",这样啊,我的心里就踏实多了。其实,"高乐高"冲起来非常简单,放两勺"高乐高",加少量牛奶搅匀,再倒满牛奶搅拌就可以了。瞧,孩子喝得多开心!

男童:"高乐高"——棒极了!

3. 密山葡萄酒

(抒情调音乐扬起,由远而近……)

在莽莽苍苍的完达山下,烟波浩渺的兴凯湖畔,有一座青山环抱的县城——密山。

密山,甜蜜的山!每当金秋季节,漫山遍野熟透了的山葡萄、紫梅、金梅,万紫千红,美不胜收。以野生山葡萄和各种山果为原料酿成的葡萄酒,更是盛名传南北、香飘万人家。

近年来,密山县葡萄酒厂的味可思、双瑰酒在全省评比中质压群芳,名列榜首。

饮一杯密山葡萄酒吧,您会感觉到密山人炽热的情怀;喝一口密山葡萄酒吧,您会感谢完达山的奉献!啊,朋友,当您在喜庆的筵席上祝酒的时候,当您在节日欢聚的气氛中干杯的时候,请别忘了,完达山下兴凯湖畔,诚挚好客的密山人,回味绵长的密山酒……

(音乐渐隐……)

4. 孔府家酒

孙女:爷爷,您回台湾带这么多的东西呀!

爷爷:对,好圆圆,快别动,快别动,这箱子里全是爷爷的宝贝呀。

孙女:我是您的宝贝,我要看看箱子里是什么宝贝。

爷爷:嗯……

孙女:要看,要看,要看嘛!

爷爷：好好好，乖圆圆，看吧——

（晶莹、梦幻般的音乐）

孙女：孔……孔……

爷爷：孔府家酒。

孙女：全是孔府家酒吧！

5. 剪羊毛机

（音乐起）

爷　爷：（梦）嗯，是它，是它……

孙　子：爷爷，您醒醒，是什么啊？

爷　爷：哦，是剪羊毛机。

孙　子：爷爷，您总算想通了，好爷爷，早该试试了。

爷　爷：昨天我用大剪子，剪得我手都肿了，可我还没有你快呢。

孙　子：喏，我让您试试剪羊毛机，您就是不听，我已经还给卡塔尔了。

爷　爷：唉，没事，走，我们自己去买一台。

孙　子：好呀！

（音乐扬起，混入羊群的叫声）

爷　爷：嘿，卡塔尔！卡塔尔！

卡塔尔：哦，亚卡尔大叔，我知道您会来找我的。走，剪羊毛机给您买了，快试试吧。

爷　爷：好！

（羊叫声）

爷　爷：这剪羊毛机上写的是什么呀？

孙　子：写的是"新疆牧业机械厂"。

爷　爷：新疆牧业机械厂。

孙　子：爷爷，就是说剪羊毛机是新疆牧业机械厂生产的。

爷　爷：哦，好！

卡塔尔：亚卡尔大叔。怎么样？带劲吧？

合：　哈哈……

6. 易初莲花

男：（电话效果音）喂，我老婆在你那儿吗？

女：不在，不在。我不和你多说了。我赶着去易初莲花买东西。（"啪嗒"，挂电话声）

（音效：手机声）

男：（电话效果音）喂，我老婆和你在一起吗？

女：（超市背景中）没有，没有。我正在易初莲花抢购，下回再聊啊！

（音效："嘟……"电话挂断声）

[音效:手机声(与前次有区别)]

男:(电话效果音)喂,我老婆在你那儿吗?

(超市背景衬底)

女(笑声):这么怕老婆跑啦?

男:(电话效果音)她一早出去,现在都快晚上了,还不见她。

女:别急,她和我在一块采购呢!

男:喂,喂,你们在哪里呢?

旁白:易初莲花超市让人流连忘返,如果你太太出去很久,也许你应该去易初莲花找找看。

(音效:门铃声)

女:(兴奋)老公,看看我买了什么!

7. 广州奥林匹克花园·放学篇

(放学铃声响起,小学生们涌出教室)

男生:班长! 明天星期六,我们去你家玩好吗?

班长:(为难地)我那儿没什么好玩的……

女生:不如到我家去,那里有大泳池、攀岩馆、乒乓球馆,还有武术学校。我们还能与奥运冠军交手呢。

男生:哇! 那是什么地方啊?

女生:广州奥林匹克花园,运动就在家门口。

众声:Yeah! 我们一起去广州奥林匹克花园!

8. 广州奥林匹克花园·周六篇

女童:妈咪,今天我要去冬冬家里玩,那里好漂亮啊! 上星期老师带我们去那里学游泳,还有武术学校、国际乒乓球学校……

妈妈:囡囡,你还想去广州奥林匹克花园?

女童:妈咪,我们一起去,爸爸也要去。

爸爸:囡囡,我们还要做冬冬家的邻居呢!

一家同声(女童略快):广州奥林匹克花园,运动就在家门口!

9. 沈阳双马汽车

(效果声:汽车鸣笛、鸡叫、停车声)

孙　女:(高喊)奶奶!

奶　奶:哎!

孙　女:奶奶,奶奶,快来看哪,我爸买来汽车啦,双马牌130的。

奶　奶:呦,这汽车可真好哇,锃亮锃亮的,能照进人去呀……

大　叔:(高声地)老嫂子,还是你们家富贵能干哪!

奶　　奶：可不是。

富贵妻：大叔，瞧您说的，要不是落实了党的富民政策，他再能耐，还能买得起汽车？

大　　叔：还是他媳妇说得对。

富　　贵：大叔，您看我这车怎样？

大　　叔：嗯，样子嘛，不错！（发现什么似的）嗬，这驾驶楼子还两排座呢！

富　　贵：大叔，这是客货两用车。

大　　叔：客货两用车？哎，是哪儿出产的？

富　　贵：这车呀，是沈阳农用汽车制造厂生产的，是专门为城乡搞运输设计的。大叔您看，这车可抗造啦，车座坐着也得劲儿。

大　　叔：嗯。

富　　贵：这车在全国农用汽车行业评比中还获得第一呐！

大　　叔：好哇，回头，让你老兄弟也来看看，让他铆铆劲儿，秋后也买上它一辆。到时候，还得请你帮忙啊。

富　　贵：大叔，您放心吧，这忙，我一定帮！

大　　叔：好咧。

10. 天宁牌驱蚊灵

孩子：妈妈，蚊子又来咬我来了！

妈妈：别闹，妈妈这有新式驱蚊武器，看！

（喷雾声）

孩子：妈妈，这是什么？

妈妈：这是常州农药厂生产的"天宁牌高级驱蚊灵"。它没有毒性，也无油腻感，喷洒在皮肤上，随便到哪儿都不怕蚊虫叮咬了。它的有效防护时间达7小时以上，妈妈单位里不少人买了都说效果很好。

孩子：妈妈，它还很香呢！

妈妈：嗯，好香。

孩子：妈妈，蚊子不咬我了，驱蚊灵真灵！

妈妈：是啊，真灵！

11. 白天鹅宾馆

（飞机上乘务员声音："各位旅客，本次航班马上就要降落在广州白云国际机场，请各位旅客系好安全带。"）

男声：嗨，你看白天鹅！

女声：白天鹅？在哪儿呢？

男声：你往前看，中间那一幢高楼就是白天鹅宾馆。

女声：真漂亮！

（汽车刹车声）

男声：啊，到家了，到家了。

女声：太美丽了，迈克，看，宾馆里还有瀑布！

男声：嗯，是故乡水。

女声：对，瀑布的岩壁上写着"故乡水"，这三个字我认识。

男声：玛丽，快过来，照张相。爷爷在我们回来之前呀特别嘱咐，要我们在故乡水边照张相，带回美国去给他老人家看看。

女声：太好了！

（照相机"咔嚓"声）

男声：缱绻故乡水，
　　　　美丽白天鹅。

12. 菊花电扇

（音乐起，压混）

男声：听众朋友，养花人都知道，菊花有三千年的栽培历史，两千多个品种。

女声：精明人都了解电扇有多种牌子，菊花电扇备受青睐。

男声：文人雅士对菊花有千种赞美，

女声：行家里手对菊花电扇百般信赖。

男声：菊花是"花中隐士"，高雅的象征，

女声：菊花电扇将电脑技术应用于电扇控制中，独树一帜。

男声：诗人笔下的菊花，

女声：顾客心目中的菊花电扇，

男声：都将给您的生活增添无限的美。

（音乐止）

13. 美加净护手霜

小时候，妈妈的手最温柔。
美加净护手霜，
能使这种温柔永久保留。
今天，我们都成熟了，
又想起了妈妈的手。
美加净护手霜，
像妈妈的手温柔依旧。

14. 飞利浦真柔灯泡

子夜，灯一盏一盏熄了

浓密的夜色淹没了初歇的灯火
万物俱眠
怎舍得未归的人
独自在黑夜赶路
且点上一盏灯
点上家的温暖与期待
让晚归的人儿
不觉孤独
——飞利浦真柔灯泡
为晚归的人点上一盏温馨的灯

15. 青岛双星鞋

男声：穿上双星鞋，好运自然来，
女声：穿上双星鞋，潇洒走世界。
男声：青岛双星集团公司是中国最大的制鞋集团，
女声：青岛双星集团公司是驰名世界的鞋王。
男声：双星，中国鞋业的明星，
女声：双星，国际鞋业的名牌。
男声：双星，高精质量的标志。
女声：穿上双星鞋，潇洒走世界。

第十章 媒介融合与广播播音主持

■ **本章要点**
1. 媒介融合的定义与内涵。
2. 媒介融合态势下新广播媒介的发展形态。
3. 媒介融合态势下广播节目制作的特点。
4. 媒介融合态势下广播播音主持业务的拓展。

第一节 媒介融合与广播媒介概述

一、关于媒介融合的概念

"媒介融合"(Media Convergence)的概念最早在20世纪七八十年代的美国产生,美国麻省理工学院伊契尔·索勒·普尔(Ithiel De Sola Pool)提出:"媒介融合是指各种媒介呈现出多功能一体化的发展趋势",并指出,"数码电子科技的发展是导致历来泾渭分明的传播形态聚合的原因。"一言以蔽之,就是将彼此不同的传播媒介结合在一起使用,而扭结和实现这种结合的便是不断成熟的互联网技术。媒介融合研究有着足够的动力关注当今人们信息需求的变化,这大体反映在两个方面。

(一)细碎化信息内容需求

实际上,这是受众对于信息提供类型的精准化、个人化、定制化需求的描述,传统媒体借助新的传播技术而实现的媒介融合可以具有类似信息集纳的优势。例如网络广播的音频点播,就是网络和电信融合的产物;传统广播节目的在线同步视频,就是广播与网络融合的结果。

(二)集成化信息终端需求

信息接收终端方式的集成化可以极大地满足信息接收的实时性和便携性需求。平板电脑、手机等便携式终端接收装置同时具备上网、看电视、听广播和阅读等跨媒体功能,这也同时意味着一台电脑、一部手机,或是一部交互式数字电视就能满足多格式信息的媒介集成化消费,这一装置也正是对受众的"一站式"媒介接触愿望的满足。

二、媒介融合的定义与内涵

关于媒介融合的定义,有观点认为多个媒介的整合和聚合就是媒介融合;也有人认为媒介融合指的就是一种技术,一种高科技装置,是一种功能强大的专业化工具,它既能播放音频,又能播放视频,还可以传输文字等等。本教材侧重大众传媒口语传播的教学和研究,所以更加关注媒介融合态势下具体传播内容的变化以及由此带来的对于传播实务的影响,所以我们认为:

媒介融合是指当代以信息的数字化技术为基础,使用数字通讯技术和数字广播技术,兼容音频、视频、文字、图像以及动画等多种信息格式,结合不同传播环境中各种新型显示终端的实际应用,进行以新闻资讯为主的,用以满足信息化时代受众集成化接收以及交互性需求的传播媒介系统。传播者的传播方式和传播策略会因传播环境的现实状况和信息接收终端的各自特点,尤其是受众使用这一终端接收信息时的实际状态而产生的适应性调整和变化,因此,对其传播实际业务的要求必定更加精准和多样,体现基础业务状态下灵活适应变化的传播特点,呈现出多种传播类型和方式的交叉配合,灵活转化,综合应用,最终实现效能增值的融合态势。

总之,这场"融合"的变革覆盖了由硬件到软件、从技术到理念的所有传播领域。首先,电信、互联网、广播电视、电影、出版产业出现了交叉与渗透,边界变得模糊,界限在逐步消失,呈现出"你中有我,我中有你"的前景和格局;其次,传媒产业将其他产业的信息直接整合成传媒产品传至受众,从而使得传统产业的生产和消费、产品和服务紧密地结合起来,也使自身功能带有鲜明的服务化特色;最后,在传统媒介、数字化媒介以及传统媒介之间的相互融合过程中,媒体角色也在悄然发生着转变,原来媒体播出机构的角色由于传输渠道和终端的增多而被分化,"内容生产商"成了融合形态下传统媒介依托自身的固有资源,在新的传媒产业链中寻找到的新角色。

以广东人民广播电台的跨媒体运营平台的建构为例:[①]

---

① 转自广东广播在线,http://www.radio-gd.com/。

广东人民广播电台属下广播频率	广东卫星广播 FM91.4	广东卫星广播(原广东人民广播电台新闻台)是广东省唯一一家通过"亚洲二号"卫星传送的电台,覆盖地区除国内外,东到太平洋,北到东欧、俄罗斯,西到非洲大部分地区,南到澳大利亚、新西兰,覆盖人口达到20多亿。卫星广播同时使用FM及AM频率播出,并通过国际互联网http://www.fm914.com实时广播,节目内容以新闻为主干
	珠江经济台 FM97.4	1986年成立,是国内第一家经济电台,拥有良好的品牌效应。频率有效覆盖广东省及广西壮族自治区、海南省、湖南省、香港特别行政区、澳门特别行政区等周边地区,以新闻资讯为主要特色,为听众提供高品质资讯节目,为华南地区最大型、最权威的经济类电台
	音乐之声 FM99.3	是专业音乐电台,其节目在突出欣赏性、娱乐性的同时,兼具新闻、体育、社会生活等各类资讯。24小时播出,覆盖范围除广东省及港澳地区外,还覆盖湖南省、江西省、福建省、海南省、广西壮族自治区,覆盖人口达7200万。同时通过国际互联网实现同步24小时实时广播,使身处世界任何地方的人们均可实时收听到该频率的节目
	城市之声 FM103.6	是一个充满活力、充满文化内涵的都市型电台。覆盖广州市及珠江三角洲城市群,覆盖人口接近4000万。节目以丰富多样和都市色彩为特征,24小时播出,力求多角度、多层面地为广大听众提供高品位的节目
	羊城交通台 FM105.2	以宣传交通、促进交通文明建设为办台宗旨的新型专业电台,24小时粤语播音,覆盖广州市及珠江三角洲地区。全天60多次播出市区和各高速公路交通消息,并随时插播交通事故及海、空交通信息。同时,还播出交通法律法规节目以及通俗歌曲、流行音乐、相声、笑话等娱乐节目
	南方生活广播 FM93.6	前身为广东电台健康之声,24小时播音,覆盖珠江三角洲及粤西、粤北部分地区3000万人口。南方生活广播以生活为依托,以健康为亮点,传播"品味生活,享受人生"的时尚理念
	股市广播 FM95.3 AM927	成立于1993年4月,前身为珠江人民广播电台股市台,是全国第一家SCA副讯道加密播出的证券专业电台。该台作为广东省唯一的股市专业电台,以其权威、快捷、参与性强等特点深受投资者的欢迎。"财经927"现24小时播出,覆盖广州市及珠江三角洲地区
	文体广播 FM107.7	24小时广播,有效覆盖广州、番禺、佛山、南海、顺德、东莞、珠海、中山等珠江三角洲城市群及湛江、茂名等地,覆盖人口近4000万。将文化娱乐与体育相结合,是一家具有鲜明文化、体育特色的专业电台,为听众提供最新、最快的文化、体育、生活、娱乐、音乐等信息
	南粤之声 FM105.7	2004年8月20日正式播出,是原国家广电总局批准的全国第一个专门面向港澳地区、服务港澳地区的广播频率。立足深圳,以新闻和综合信息为节目的重要支柱,以文化娱乐和市场消费为节目文化内容,以健康、时尚、明快为总体风格,是全球首家使用SRS5.1环绕立体声广播设备的电台。其流行文化节目《十分流行十分Q》与亚洲最大的实时通信服务商——腾讯公司(QQ),携手打造南中国最有公信度的流行音乐排行榜,QQ的5500万用户可在网络上收听和参与这个节目

续表

广东人民广播电台属下电视频道	广东邮轮旅游频道	南方广播影视传媒集团属下的电视频道之一。作为南方广播影视传媒集团、广东人民广播电台产业向纵深发展的标志,是全国第一家省级电台开办的电视频道。该频道于2006年4月11日在广东省有线电视数字网开播,2006年9月16日起在广东省模拟网同时播出,信号在覆盖全省的基础上还逐渐覆盖北京、上海等主要城市
	广东开心购物频道	是由南方广播影视传媒集团、广东人民广播电台倾力打造的全天候专业电视购物频道,提供即时互动的电视购物和值得信赖的消费资讯节目,为观众提供时尚的消费指南、丰富的商品资讯、优惠的购物选择,满足观众购物和获取消费资讯的需求
广东人民广播电台网络广播	广东广播在线 http://www.radio-gd.com/	广东人民广播电台的门户网站,提供广东人民广播电台9套广播节目的在线实时直播和点播,介绍南方广播影视传媒集团、广东人民广播电台各广播频率的动态新闻,设有国内、国际等板块,提供视频点播
	广东青少年网络电台 http://www.youngd.com	简称Youngd网,于2007年4月27日开播,由广东人民广播电台和共青团广东省委员会联合开办。作为专门针对青少年群体的多媒体网络电台及互动社区,Youngd网以"学生办网"为特色,充分发挥大学生群体的主观能动性,让高校学生参与到Youngd网的策划和运营中来。内容上结合年轻人的需求与喜好,推出独具特色的"潮营""网络电台""播客"及"资讯"四大板块,利用自身丰富的娱乐资源,为年轻人提供最新、最全的各类资讯与个性化的互动体验
广东人民广播电台所属报纸	《声报》	前身是《广东广播报》,已有40多年的历史。周报,全国范围发行。《声报》目前是集广播影视、音像娱乐、时尚消费为一体的家庭消闲类报纸,向读者提供广播、影视方面的节目预告和介绍。《声报》还在广东广播在线上提供电子版
	《投资快报》	由广东人民广播电台创办、广东媒体出版的唯一一份投资操作型专业大报。经原国家新闻出版总署批准,编入全国统一刊号,国内外发行。宣传国内外经济形势、国家经济法律法规;及时报道中国市场和投资环境的发展态势;每天报道产股权交易、证券、外汇、期货、保险市场的行情、信息,提供操作指导
其他	太平洋影音公司	成立于1979年1月3日,由广东省广播电影电视局投资开办(现主营单位为广东人民广播电台),是经国家工商行政管理局核准,免去行政区域名称的法人企业。是集制作、出版、生产、发行为一体的多元化的现代化音像企业,出版发行了大批弘扬民族主旋律的优秀音像制品,许多音像制品荣获国家级和省级奖项
	广东省珠江广播电视广告公司	广东人民广播电台下属的经营部门,是全面代理广东人民广播电台下属9个电台和2份报纸广告业务的主力军。设计、制作、发布、代理国内外各种广告业务,提供文化娱乐活动的策划、咨询服务,进行广告宣传品的设计、制作
	广东天天精彩传播有限公司	广东人民广播电台下属的子公司。以策划组织大型企业活动、文艺演出、社会公益活动见长,成功将企业的宣传、产品的促销与高品位的文化活动有机地结合在一起,同时大大繁荣了本地的文化市场

国外，从 BBC 进驻 YouTube 到福克斯牵手 Verizon Wireless；国内，从广东人民广播电台的扩张、上海文广集团的成立到北广传媒的挂牌，不论是广播电台还是电视台、报社、杂志社都在已经到来的媒介融合大战中上演着"充分扩张，合纵连横"的集团化大戏。广播在媒介融合形态层面的整合和演化主要表现为：

一是将传统广播电台的播出内容直接上传至网络接受点播，表现为电台节目借助网络路径播出的"内容陈列"方式的传播形态，这是当前大多数广播电台节目实现网络传播的普遍方式；

二是根据网络信息传播的特点，将既有的电台节目重新进行数字化编辑和网络化改造，然后再通过网络播出的"改造使用"方式的传播形态，体现着"广播为体，新媒为用"的媒介融合理念，例如北京交通广播的知名栏目《1039 交通服务热线》（网络版），这是当前电台节目与网络深度结合的典型方式；

三是完全依照网络信息传播规律和特征，生产专属网络的专业化网络电台和节目内容，实质意义上实现网络传播的"融合新媒"的传播形态，例如 2011 年 8 月正式上线开播的北京广播网"菠萝台"，由于需要大规模投入的完整形态媒介改造，这在当今的广播媒体经营中还处于带有前瞻性质的探索阶段。

不仅仅是媒介形态层面发生着变化，之后的连带效应更可延伸至媒介生产的内容、流程、方式，乃至从业人员的挑选、培养和使用等层面。可以看出，在技术推动和资本拉动的驱使下，传统媒介寻求到了一块新的增值地带，在这样一个边界混沌的融合地带，传统的报纸、杂志、广播、电视、电影与新兴的网络、数字媒体融合在了一起，目标只有一个，那就是除了继续保持、利用原有的媒介生产效能外，还要根据媒介融合产业链的需求制造新的增量，在未来的媒介市场更大蛋糕的切分中赢得优势，获得新的上升空间。

第二节　媒介融合态势下新广播媒介的发展变化

分析具体播音主持业务的需求和变化，必须先认识广播媒介的具体样态发生了哪些改变。

"新媒体"的概念是区别于传统媒体而言的，在现阶段，认识新广播媒介可在以下两个层面上进行：

一、广播与其他媒介的组合(convergence)

利用数字技术在传统广播媒介基础之上升级换代，保留传统广播媒介的根本属性，通过与数字化技术的联结，扩大其应用领域，弥合与其他媒介的差异边界，产生出与传统广播并无本质差异的新型广播媒介，我们称之为"媒介的组合形态"。

对于广播媒介而言，媒介的组合形态表现为在媒介融合态势下同其他媒介的组合,是指广播借助数字和网络技术同其他媒介形式的联合状态,从技术角度上讲,彼此介入和渗透的程度较浅。在此意义上也可以说,新广播媒介实际上是传统广播的数字化升级和改造。主要表现形式为:

(一)网络视频直播(音频+视频)

简而言之,广播节目的网络视频直播指的是通过网络平台将电台直播室内的节目现场视频实时上传至网络的播出形态,此类节目主要是用一个摄像头拍摄直播室的直播画面。这对于以有声语言表现见长的广播节目,尤其是对大量在电台直播间进行的语言访谈类节目,是一种及时有效的补充。

(二)网络广播[①](音频+网络)

所谓网络广播(internet broadcast),是指经过IP协议、通过互联网、以计算机为终端的音频传播业务,主要是以互联网为传播媒介,向受众提供音频服务的广播。它是传统广播媒介和网络媒介联姻的产物。稍纵即逝、难以保存是传统广播的一大弱点,网络广播的点播方式恰恰弥补了这一缺陷。不仅如此,基于流媒体技术的网络广播还具有多重优势,如传播范围广,多媒体复合,实时互动,精确检索等。

目前网络广播主要有两种形式:

一是直播,也称即时播音,与传统广播类似,就是按照固定的节目时间表播出广播节目,只不过接收装置换成了计算机网络。其优点是时效性强,亲切生动,受众可在第一时间获取消息。该方式适用于一些有意义的重大活动和突发事件的在线即时报道。

二是点播,也称随选播音,在网站中存放广播节目,听众可以按照自己的喜好随时点播。这种播放形式具有节约资源的优点,而且选择性和针对性较强,能够更合理地满足受众的要求。

从发展趋势看,传统广播媒体开办的音频网站将继续占据主导地位。因此,我们研究的重点是以正规的广播电台建立的网站为平台,将节目传递至这一平台的广播形态。

二、广播与新技术的聚合(integration)

完全脱胎于数字技术,在传播信息、传播速度、传播方式上适度融合传统广播媒介,又在以上各方面具有鲜明而独立的"互联网基因"和"网络品性",完全迥异于传统广播的新型媒介,我们称之为"媒介的聚合形态"。

(一)数字广播[②]

数字广播是一种有别于传统的AM、FM,将音频、视频以及各种数据信号,在数字

[①][②] 参见石磊:《新媒体概论》,中国传媒大学出版社2009年版。

状态下进行编码、调制、传递和接收等的数字技术。一般说来,数字广播包括 DAB 和 DMB 两种形式,二者各自经历了不同的发展历程。

DAB(digital audio broadcasting)即数字音频广播,无线广播的数字化传播形式,广播信号基本接近 CD 音质,并具备无与伦比的抗干扰能力,而且数字技术信号除了能传送音频信息外,还能承载文字、图片信息。[①]

DMB(digital multimedia broadcasting)即数字多媒体广播,是在数字音频广播技术基础上发展起来的,这一技术与前者不同的关键在于:DMB 广播不再是单纯的声音广播,而是一种能同时传送多套声音节目、数据业务和活动图像节目的广播。

数字广播的出现,让广播专业化的内涵和功能都发生了变化,这一变化直接影响到广播节目的专业化制作。同时也促使两种不同功能的分化:一种纯消遣、娱乐,类似于有线数字广播的音乐、文艺频率的功能;一种纯服务的功能,数字传播技术事实上提升了这种服务的品质,为广播服务的细分提供了可能。

(二)手机广播[②]

所谓"手机广播"即 CMMB,是英文 China mobile multimedia broadcasting(中国移动多媒体广播)的简称。是指利用具有收音和上网功能的智能手机收听广播的一种新兴传播方式,内容发布者通过无线通讯平台向手机用户提供实时收听、延时收听、点播、下载等多种语音服务,同时用户可通过手机的通话、短信、彩信等功能随时随地进行互动和反馈。

综前所述,多种媒介融合形式之下的广播媒介已经是一个全新的媒体,它的传播目标根据它的定位加以确立,由媒体和受众共同完成。当前我国广播媒介的融合趋势正是集合了以上众多的媒介形态,逐渐形成了庞大的"媒介帝国",未来的广播媒介竞争将是以"媒介综合体"出现的媒介集团之间的竞争。

下列图表展示了当今国内广播多种形式的媒介聚合现实:

电台名称	使用技术	启用时间	作用/传播内容	使用范围
北京人民广播电台	北京外语广播网络电台	2008 年	外语广播频率(AM774)所有节目全部实现网络实时在线收听,并打造了 9 档面向网络的直播节目,每天直播时间为 11 个小时。首页还设置了直播聊天室,网友通过键盘输入文字就可以与主持人实现互动;另外网络电台还设有国内先进的英语学习软件,供网友、听众练习英语发音	全球

---

① 参见 http://gd.news.sina.com.cn,2005 年 11 月 30 日。
② 参见石磊:《新媒体概论》,中国传媒大学出版社 2009 年版。

续表

电台名称	使用技术	启用时间	作用/传播内容	使用范围
北京人民广播电台	青檬网络电台	2005年	是我国第一家面向青少年群体的网络电台,由北京团市委、北京人民广播电台共同创办、联合建设。拥有两个频道:青檬音乐台、青檬校园台,奥运期间还开通了青檬奥运志愿者网络电台。除了可以通过官方网站收听外,还可以通过QQ插件、MSN插件、手机等进行收听;同时,在众多合作网站、客户端中也可以收听	全球
	1039新媒体机	2008年	是公众信息服务平台,可以传输政务、新闻、实时路况等即时信息,还可以提供信息阅读、上网冲浪以及数码功能服务。GPS智能导航仪具备实时收看DAB数字电视的功能	北京市
	DAB/DMB	2006年	通过手机、笔记本电脑,就能收看、收听CCTV新闻频道、北京电视台一套、北京人民广播电台、中央人民广播电台和中国国际广播电台的节目。可以获取政务信息、交通路况、航班信息、天气预报等多种实时信息	北京城区六环以内90%的区域
	数字广播	2005年	拥有6套数字广播节目。数字收音机、笔记本电脑、掌上电脑、手机等移动设备,都可以接收到通过数字广播传输的多媒体节目	北京市
	数字化操作系统	1999年	AIR2000费用较低,中文界面,符合我国广播电台的实际使用需求,实现了系统数字化、播出自动化、制作网络化 ISDN具有可覆盖全球、双向传输、传输质量高、安全可靠的特点,可以在全球范围内任何两个地域之间实时双向传输专业音频质量的信号,且不受环境条件的限制	电子科技大学在此基础上所研发的AIR2000系统在我国广播媒介市场上占有70%以上的市场份额,全国共有3家国家级电台、4家副省级电台、9家省会城市电台和200多家地市级广播电台采用
中央人民广播电台	中国广播网	1998年	目前我国最大的广播网站,使用10种语言进行传播,拥有37个专业频道,实现中央人民广播电台9套节目的网上直播、270个重点栏目的在线点播	全球
	数字广播	2003年	已开办中国音乐、古典音乐、评书连播、相声小品4套节目,最终达到12套节目的播出能力	全国
	手机广播	2005年	同联通和闪易互动合作,在CDMA手机上开通手机广播。手机广播已开办新闻、娱乐、信息3个频道	全国
	银河网络电台	2005年	在播5套节目,24小时不间断播出,同时开通了"播客"服务,让声音、图像、文字以网络电台的形式进行传播。银河网络台现在独家拥有中央人民广播电台的多媒体节目库	全球
	硬盘自动播出	2006年	中央人民广播电台10套节目全部采用硬盘自动播出,实现节目制作、播出和节目资料归档存储全流程网络化	台内

续表

电台名称	使用技术	启用时间	作用/传播内容	使用范围
中国国际广播电台	央广视讯	2007年	与中国移动共同开发的手机视频业务，囊括了音乐、教育、娱乐、体育、影视等种类音视频内容	全国
中国国际广播电台	国际在线	2005年	国际在线已发展成由43种文字、48种语言音频节目组成的网站，成为世界上文种最多、音频语种第二的国际互联网站，访问者分布在160个国家和地区	全球
中国国际广播电台	手机广播	2007年	联合中国联通推出的CRI手机广播电视业务，集合了中国国际广播电台的广播、电视、互联网以及多语种信息资源优势，为手机用户提供音频、视频节目点播和下载服务	全球
SMG上海文广	手机广播	2005年	我国首个手机广播电台，提供双向互动语音服务。上海本地手机用户拨打相应的特服号码，就可以收听到不同栏目的广播节目	上海市
SMG上海文广	DMB	2006年	提供2～3套新闻、2套体育赛事、2套财经及2套娱乐等视频节目，提供多套音频信号，同时还可以传送气象、股票及财经等数据信息	上海地区室外95%和室内80%的DMB信号覆盖率
广东人民广播电台	网络广播	1996年	省级以上的广播电台基本上都实现了在网广播	全球
广东人民广播电台	IBM	2008年	广东电视（珠江频道、体育频道、新闻频道）、1个自办综合频道、广东人民广播电台等的节目	在珠江三角洲地区初步覆盖，将广州、深圳、珠海、佛山、中山、东莞等6个城市作为业务发展重点区域，2009年完成对广东全省的覆盖

第三节　媒介融合态势下的广播播音主持业务

数字技术不仅仅是技术基础，会改变媒介变革的格局，促成媒介融合的事实，最终也会改变人们对于媒介的利用方法，改变人们对于媒介边界的认识，改变新闻信息的生产流程和生产方式。媒介融合对广播节目制作环节的影响是全方位的，其间既有对传统广播节目制作理念的继承和发展，又有全新技术条件下对以往广播节目制作研发经验的颠覆和创新。从媒介产业角度来认识，当今的广播节目无论是从业态格局，还是生产流程、制作方式，直至市场布局都被推向了一个全新的阶段。

一、媒介融合态势下广播节目制作的特点

(一)服务定制化

广播节目制作服务定制化使媒介的注意力从受众数量上转移开，着眼于为特定的受众群提供有特色的、投其所好的服务。大众传播的"一点到多点"的全覆盖式传播终

于被媒介融合的现实打破,很多人愿意为这样的个性化服务埋单。服务定制化的广播节目里,在大众传媒中无差异的广大受众就这样被分割成了兴趣相投的小众甚至个体,媒介不仅仅是受众的"舆论领袖",更是"信息管家"和"贴身顾问",[①]各种各样的信息随处可得。

(二)接收移动化

移动性以及随之而来的强伴随特点是广播媒介自身固有的特征和优势,当前广播重新走向强势,所适应的正是那些移动中的人们的信息需求。车载、手机、平板电脑等终端与广播的融合所要争夺的正是移动中的人们的注意力与时间缝隙,使得广播的这种优势更加凸显。广播节目应当在制作阶段就充分考虑受众接收移动化的规律,调整内容结构、传播节奏,注意受众移动状态下与信息的结合方式、心态、环境等因素,综合考量,精心打造。

(三)单元微型化

广播媒介的融合式发展,对广播节目制作的内容形式(patterns)提出了新的适应性要求。当广播受众有可能从四面八方的海量信息中选取自己所需的内容时,移动式的接收环境、碎片式的接收时段、非专注的接收心态、高耗散的接收方式都迫使广播机构调整其传统的信息服务的内容形式,以适应变动中的媒介发展。形式简短、单元微型、内容聚合、边界清晰的信息内容构架,成为广播媒介的发展方向。单元微型化的内容制作不仅仅是考虑受众的接收便捷问题,也是数字化媒介时代内容生产集成化,便于组合、转换、通用、兼容、储存的技术要求。

(四)交互实时化

"交互实时化"的含义是:信息发送者和接收者之间的信息流动是实时双向的,每个人既有"听"的机会,也有"说"的条件,参与个体在信息交流过程中都拥有相应的控制权。媒介融合之下传播内容的交互实时化需求就是建立在这样大的时代背景之下的。交互实时化的重要意义不仅仅在于受众实现了直接参与着大众传播的全过程,更在于因其交互的及时跟进,使得整个媒介内容因为受众的参加倍增了新的循环和内容。特定的信息在传播过程中,每接触一次信息终端,都可以产生新的信息,并以更快的速度进入新一轮的传播,这被称之为媒介融合中"互动信息传播的边际效用"。[②]

二、媒介融合态势下广播媒介播音主持业务的拓展

播音员主持人的有声语言,是广播媒体进行信息处理的主要方式,广播播音员主持人是整个广播媒介传播活动的起点,是传播活动的中心,也是语言传播的主要实施者,更是媒介融合态势下广播媒介节目制作革新性变化的主要体现者和执行者。纵观

[①] 〔日〕佐藤卓己:《现代传媒史》,北京大学出版社2004年版,第233页。
[②] 周笑:《重构中的媒介价值》,复旦大学出版社2008年版,第229页。

媒介融合态势下广播媒介自身传播内容制作的发展变化,播音主持业务也在随之发生着调整和改变,这时播音员主持人提出以下四个方面的适应性拓展需求。

（一）传播跨界需求

所谓跨界需求,就是播音主持业务为了适应媒介融合下新广播媒介的发展变化,针对播出平台"融合"与"多元"的现实,播音员主持人的语言传播必须突破以往单一渠道、一贯形态的广播播出业务状态,面对多样化播出路径,强调兼容化综合适应性能力的口语传播要求。其目标是有效应对媒介融合态势下传播渠道的多样化和受众接触媒介途径的多元化,以原有的大众传播支配模式的广播媒介为基本点,以各类形态的新媒体播出为拓展点,以适应碎片化状态的受众空间为诉求点,结合多样化的制作模式,运用多态化的语言传播技能,最大化地建立与受众的接触,争夺受众的注意,将广播的影响力向不同阶层的受众群体延伸。

这意味着对播音员主持人口语传播业务的跨界要求,主要体现在如下方面：

1. 主持人综合驾驭多媒介跨界播出的内容编辑能力

对于广播而言,播音员主持人是整个节目中最可以发挥能动作用的人,对节目成败的影响至关重要。面对媒介融合,他们要深刻了解在线视频广播、网络广播、数字广播、手机广播等新广播媒体的传播特性,更加深入到节目事件中去,提高采编播一体化程度,以达到传播内容的多媒体共享和终端一体化要求。

国外广播节目是主播中心制,策划、选题、组织前后期采访编辑、节目审核都由主播负责,主播起核心和领导作用,这样的传媒制作体制便于同当今媒介融合的现实顺利对接和升级。目前国内无论电视节目还是广播节目还都没有真正意义上的主播,但是主持人地位已经凸显,媒介融合的现实将会推动更多的广播节目主持人参与到节目进程中,参与策划选题和最后的采访播出,主持人综合驾驭多媒介跨界播出的内容编辑能力要求更加关键。

2. 实时信息的处理能力和突发事件的点评能力

媒介融合态势下由于互联网技术的全程应用,实时信息的处理更是常态。实时信息处理能力是指主持人有选择地利用信息工具,第一时间有效地获取、分析、运用信息,这是一种信息整合创造能力。

评论是媒体的旗帜、舆论引导的手段,历来为媒体所看重。有一句话今天听来并非言过其实,"当今的媒介时代就是评论时代"。每天都有海量信息的发布,无所不包的网络使得每个普通人都可以成为信息的发现者和推送者,但对这些信息进行良性的具有建设意义的甄别、判断和评价却并非人人皆力所能及,这恰恰是播音员主持人应有的责任和能力——具备较高的理论水平和政策水平,具有丰富的背景知识,广播业务娴熟,具备一定的语言表达能力,在话筒面前流畅自如、准确精练地发表评论,形成导向。评论也是凸显主持人风格的重要途径,如今主持人的即兴点评已经渗透到各类节目的制作中,智慧点评、即席点评为媒介融合时代的各种媒介所看重。

3. 突破媒介形态限制的播音主持业务的综合掌握能力

传播内容和接收方式的跨界决定着语言传播业务的跨界。伴随着传媒技术的发展,车载、手机、平板电脑等多媒体终端的出现,广播节目主持人将会突破传统"只闻其声,不见其人"的传播方式,转而向音视频共同传播方向发展,形成网络点播、视频收看、音频收听的多种传播格局。据《北京人民广播电台节目主持人专项调研报告》显示:87.1%的听众可以接受广播节目主持人进入电视领域,并表示希望看到更多自己喜欢的广播节目主持人主持电视节目。这说明广播节目主持人主持电视节目将会是一个全新的尝试,是广播节目主持人拓宽发展道路的一种方式,这种尝试会赢得大多数忠实听众的支持。对广播节目主持人的调查结果显示,大部分广播节目主持人愿意尝试主持视频类节目,认为这样可以互相借鉴、取长补短,对于广播品牌的打造也更有意义。既然广播直播的网络视频使电台播音员主持人发布信息的过程"前台化""视频化",播音员主持人的语言传播就不能只考虑广播规律,需兼顾电视播音主持的相关业务,做好出镜准备。但"代偿≠取代",这并不意味着广播播音主持完全等同于电视播音主持,关键在于保持广播播音主持业务主体性前提下的一种"兼顾"和"跨界"的业务拓展,这就对广播播音主持业务训练提出了"综合化"的拓展需求。

(二)语境细分需求

语境细分实际上就是面对媒介融合下渠道和平台众多的局面,播音员主持人要认真分析传播通道异质化所带来的语境差异,有甄别地分析受众接收环境和行为特征,制定最佳的口语传播方案,达成直接的语用传播目的。

这里的语境,不是指文本研究中的"上下文"语境,而是指广义的口语传播的实际媒介环境(包括受众的接收环境)。美国传播学者乔舒亚·梅罗维茨的媒介理论的要点是:由媒介造成的信息环境同样重要,在确定语境的界限中应把接触信息的机会当作关键因素。决定人们互动性质的,并非仅有自然环境(场所)本身,而是信息流通的形式(patterns),后者才是问题的关键所在。梅罗维茨认为,"真正不同的行为需要真正不同的情景",正是不同情境的分离使得不同行为的分离成为可能。新的情境要求人们采取新的行为,因为行为必须适合具体的情景。[①]

广播播音主持业务要适应媒介融合下对语言传播提出的语境细分需求,需从以下方面入手:

1. 联系异质化媒介传播样态,区分语境特征,制定适合的语言传播策略

广播播音员主持人尤其应当重视对媒介融合态势下移动终端接收装置(车载、平板电脑、手机)以及特定空间媒介装置(楼宇电视、地铁电视等)传播语境的细分研究,受众移动化的接收状态所适宜语境是怎样的?受众空闲时段碎片式接收的语境又当

---

① Meyrowitz, Joshua, *No Sense of Place: The Impact of Electronic Media on Social Behavior*, New York: Oxford University Press, 1986, pp. 35—38;张咏华:《大众传播社会学》,上海外语教育出版社 1998 年版,第 68 页。

如何？语境研究的细分化程度已经到了非常细微的程度,就像广播新闻的标准播音语速应当是 240 字/分钟,原因必定不是偶然的,一定有其内在的规律。北京师范大学语音专家周同春教授的研究表明,对于日常生活中非常熟悉的语言,在短时间内(几秒钟内),人耳的接受程度可达每秒七八个字,甚至更多;一般情况下,人耳的接受程度,即辨析率是每秒四五个字,即每分钟 240~250 字。超过这个速度,听者理解辨析就会有一定困难。而且听者的接受程度会因年龄、文化程度、语言理解,尤其是接收状态的差异略有不同。相对于收听广播,人们对标准普通话的辨析率要高于每分钟 240~250 字,可以达到 280 字左右,如果按照兼顾大多数的原则,则选择每分钟 250~260 字的播音速度是比较适宜的。同样,成年人在安静状态下注意力集中的时间是 40 分钟左右,中学生 30 分钟左右,小学生 20 分钟左右。楼宇电视媒体形态的推出,就是因为人们在等候电梯时大约有 2 分钟的空闲时间碎片,这也同样界定了人们在那个状态下的注意力集中时间。那么,人们在接触移动媒介的时候注意力的时间又是多少呢？一般认为会远小于静坐时的接收时间,大概为 3 分钟。对于广播而言,在这样的时长里,人们移动状态下愿意并适宜收听的节目长度和形态又是什么呢？播音员主持人在这样的节目中又该以怎样的语篇结构、语气节奏、表述方式甚至声音形态完成有效传播呢？这都成为媒介融合态势下对于广播媒介语境细分需求的重要原因。

2. 研究新型媒介的传播特性,探索新颖的语言传播语境,尝试相应的传播方案

媒介融合下的新广播媒体有着前所未有的传媒形态,延展出新型的传播关系,锻造了全新的媒介传播环境,由此产生与之适应的语言传播方案则势在必行。国外对这一学术逻辑的研究和关注值得借鉴。美国传播学界著名的女学者、"媒介系统依赖论"的创始人桑德拉·鲍尔—洛基奇和另一位传播学者卡思琳·里尔登,于 20 世纪 80 年代后期展开了新型传播形态与传统传播形态的比较研究,并以"独白、对话和电子对话"为题发表其研究成果,这两位学者所探讨的问题是:正在形成的以数字技术和信息技术为核心的信息传播技术究竟是意味着现存的社会传播形态即人际传播或大众传播形态的延伸,还是意味着人类传播的第三种社会形态的出现？她们开创性地提出：根据信息流通的方式,大众传播的话语样式是独白式的传播形态,人际传播的话语样式是对话式的传播形态,而以信息新技术为手段的话语传播样式则是一种全新的"电子对话式"的传播手段。她们认为,电子对话式的话语传播形态尚处在一种"胚胎"状态,亦即尚未发展为稳定的传播系统,但是总体来说,"电子对话式的话语传播样式既显示出某些人际传播形态的特点,又显示出某些大众传播形态的特点,但是将电子对话式的传播形态视为人际传播和大众传播形态的'混合物'并不能解释这种新兴的传播形态同后两种传播形态的整体区别形式(pattern)"。接着,两位学者分别从"传播有效距离""反馈性质""潜在的互动性""控制全方位潜在的平等""内容特征",以及"对软硬件技术的依赖"等方面对新型媒介引发的新型话语传播形态进行比较研究。最后她们指出,就像既定类型的大众传播长期以来已通过自我调节来适应每种新的类型那

样,当代大众传播系统也可能进行自我调节以适应电子对话式的话语传播形态。① 虽然这样的新型话语传播形态尚未被广泛认同,但其核心思想是根据媒介融合时代的新型电子媒介多样化介质和一体化终端所产生的具体语境来设定媒介语言传播的特征和方式。

广播媒介的融合发展向播音主持业务提出了语境细分化的要求,其意义更在于传媒利益的最大化。这需要从媒介产业战略上去认识:构建全息而多样的传播语境,是基于成熟的媒体运营模式和商业回报价值的战略行为,是在寻求生活密集区最大限度的传播覆盖,它突破了传统媒体的空间限度,致力于打造在生活与非生活、工作与非工作的过程空间或非自主滞留环境中的传播强效性,尤其注重拓展对消费者(受众)的不确定意识状态中的确定性传播,此举将建构立体化、无缝化、精确化、严密覆盖受众生活情景的强传播模式,大大提高对受众的综合影响力和投资回报率。

(三)语用互文需求

"互文性"一词在1966年由后结构主义学者朱丽娅·克里斯蒂娃(Julia Kristeva)提出,是指文本的意义由其他的文本所构成,作者将其他的文字借用和转译到创作之中,或者读者在阅读时参照其他的文本。互文性(intertexuality)也有人译作"文本间性"②。

媒介融合态势下播音主持业务的语用互文需求指的是,播音员主持人为适应媒介内容制作数字化和接收终端集成化的趋势,针对不同类型的媒介特征,在数字化媒介内容生产阶段语言传播的具体形态和实际应用具备"广泛对接"和"兼容共用"的普适化功能,实际上是站在产业化和战略性的高度对口语传播"规范化""标准化"的进一步要求。语用互文的需求正是适应媒介产业化和媒介融合态势下传播内容生产标准化制作、通用化配置而提出的,有其产生的内在逻辑。

首先,媒介融合的全功能技术具有颠覆性和替代性,集网络、电视、广播、通讯、手机、报纸于一体。通过现代数字技术将网络的实时性、电视的直观性、广播的覆盖性、通讯的快速性、手机的便携性和报纸的信息性融为一体,形成了全新感觉的数字融合新媒体。融合媒介兼有多种功能,但不是这些功能的简单拼加,而是这些功能和规范协议框架内各媒体的内容、形态、工具、手段等的兼容通用,这样形成了统一的数字平台,通过这一平台,改造后的网络、电视、广播、通讯、手机、报纸按照标准和协议的要求得到协调和规范,同时为融合媒介的内容、形态和功能的扩大留下容纳空间和技术接口。其中,规范和标准的内容生产是进入媒介容纳空间和实现技术对接的前提。

---

① Ball—Rokeach, Sandra and Reardon, Kathleen (1988), "Monologue, Dialogue, and Telelog: Comparing an Emergent Form of Comunication with Traditional Forms", In Robert P. Hawkins et al. (eds.), *Advancing Communication Science: Merging Mass and Interpersonal Processes*, Newbury Park, California: Sage. pp. 157~158.
② "文本间性"通常被用来指示两个或两个以上文本间发生的互文关系。它包括两方面的含义:两个具体或特殊文本之间的关系(一般称为 transtexuality);某一文本通过记忆、重复、修正,向其他文本产生的扩散性影响(一般称作 intertexuality)。

其次，媒介融合改变了内容的生产模式与传播模式。融合媒介意味着不同类型的媒介从各自独立经营转向多媒体联合经营，以最大限度地降低生产成本，一种新的信息模式"融合资讯"(multiple-journalism)产生了。融合资讯与传统的单一媒介的资讯传播活动有着巨大差异，其主要特点是设立统一的信息汇总机构"多媒体新闻总编辑"，将多种媒体的新闻传播活动进行整合和规范，采用多媒体、多渠道的方式传播资讯。不同的媒体，例如报纸、电台、电视台、网站及手机等，被集中在一个信息操作平台上，统一策划，相互协调，取长补短，根据各自媒体和受众的特点对信息进行分类加工，发挥各自的传播优势，有针对性地传播给特定受众。

最后，不仅仅是媒介，无论何种融合方式，其目的都是通过协同效应的实现来获取最大效率与效益。"协同效应"(synergy effects)这一术语源自医学，即两个因素的合力所产生的效果大于两个因素单独运作的效果之和。这个比喻要说明的是，一个单元内部的不同部门应该相互联系，提供更多交叉推广和交叉支持的机会，以使总能大于两个部门作用可能产生的效能之和。然而正如规模化经济必然导致产品规格的标准化和生产过程的流水线一样，媒介集团内部要实现不同媒介之间的交叉推广和交叉支持，就要保证原始内容生产的标准化和规范化，只有这样才能使其内容最有效率地适配于任何媒介传播，这对于常处于动态变化中的千姿百态的语言传播的规范性要求更具意义。

为适应语用互文的需求，播音主持业务的适应性拓展训练应从两个方面进行：

1. 坚持语言传播的"规范化"标准，强化播音主持业务的基本技能训练

"规范化"标准是指播音员主持人的语言运用要符合国家通用语言文字法的要求，普通话水平达到国家《普通话水平测试实施办法》的标准。张颂教授将语言传播中的规范化分为三个层次，即"对不对""准不准"和"美不美"。[①] 要解决规范化问题，首先就是要确保准确，包括语音准确、用词准确、语法准确。在准确的基础上力求清晰，包括吐字清晰和语义清晰。这是大众传播中播音主持业务的基本要求，是适应媒介融合中标准化传播内容生产的重要前提。

要实现语言传播的规范化，"字正腔圆"是主要的训练目标和手段。"字正"，即语音准确；"腔圆"，即吐字圆润饱满。"字正腔圆"的要求既可以满足快速语流中信息传播准确、清晰的任务，又能体现汉语口语四声调和、乐音居多、抑扬起伏、中和圆融的美学特征，给人以愉悦的听觉享受。所以播音主持业务针对媒介融合状态下语用互文需求的适应性拓展训练应当首先从"字正腔圆"开始。

2. 认真执行"规范化"标准的前提下，谋求语言传播岗位的"多栖化"发展

(1) 不同媒介类型的多栖化发展

广播播音员主持人在立足本职岗位的基础上，且已在广播领域出类拔萃、具备一定受众基础的前提下，向电视、平面媒介（杂志、报纸等）、网络等不同媒介领域拓展进步。

---

① 参见张颂：《〈普通话语音学教程〉序》，《语言传播文论》，北京广播学院出版社1999年版，第226页。

(2) 不同节目类型的多栖化发展

广播播音员主持人在广播媒体内部尝试不同类型的节目。

从现代广播节目的发展趋势来看,节目类型的划分界限并不十分明显:新闻节目需要娱乐元素,娱乐节目也需要主持人融入自己的观点和评论。因此,主持人如果能够尝试主持不同类型的节目,将是一个很好的锻炼机会。但主持不同风格的节目会有一定难度,如专业知识不够、阅历不够丰富、与搭档需要磨合、风格难以突破和创新等,需要主持人进一步学习。

(3) 不同职业类型的多栖化发展

融合化媒介中播音员主持人的主控地位得到了强化,其职能从信息采集、播报(记者型采访、专访)发展到信息整合(编辑阶段),随之转向更高阶段即播音员主持人对于信息的分析评论(评论员阶段)。受众对于主持人在信息传播方面的职能和角色期待也由"听其说什么"(信息本身)到"听其怎么说"(信息处理方式),再到更高阶段的"听其自己说什么"(播音员主持人的个人见解)。这就要求播音员主持人具备对于社会和新闻事件的洞察与判断能力,能够自己采访,在掌握大量信息的基础上形成自己的思考和判断,同时具备记者、编辑、评论员三种角色和功能。

综上,播音员主持人语言传播规范化和标准化带来的语用互文效应,会在多个方面对于媒介融合传播优势的发挥产生积极意义:一是可以最大限度地扩大受众覆盖面;二是可以大幅度地降低传播成本;三是可以提高信息传播效率;四是可以综合利用媒介资源;五是可以充分满足受众需求;六是可以提高媒体的抗风险能力。

(四) 语效增值需求

"语效",即语言传播活动的实际效果。媒介融合态势下媒介内容的规范化生产及多媒介渠道的分发方式本身就是一种"效用增值"的产业化行为。语效增值需求要求语言传播在多维度上展开价值增值需求,这就要求播音员主持人自身严格锤炼语言传播技能,提升语言在信息传递中的附加值。语效增值是建立在媒介融合带来的产业化整体效能增值基础上的。

首先,媒介融合首当其冲就是内容融合,内容融合的目的就是实现内容增值。内容增值的实现有两个阶段:一是在内容的生产环节,借助媒介进行通用性生产,降低内容生产的成本,极大地释放内容生产力,使内容生产具有更高的效率;二是在内容的使用环节,同一内容或大致相同的内容在多个不同的终端上使用,通过内容产品的多层次利用来提高内容产品的使用效率。在数字技术产生以前,传媒产品主要是文字和图片,广播是音频,电视是视频,这些不同的产品形态是不能直接兼容的。数字技术的产生打破了这些内容产品在技术上的壁垒,不同介质的内容产品都可以进行数字化处理和传输,内容生产逐渐融合,实现一次性生产、多层面加工、多载体(渠道)传播、多功能服务。

其次,媒介融合的价值增效更能直观地体现在应用领域。借助数字技术,传统的广播电台或电视台能够从单纯的新闻和娱乐报道转变为综合的资讯平台。所谓资讯平台,是指借助数字技术的支持,以受众的工作、生活等日常需求为核心,设置和提供各类生活信息服务,如政务、股票、饮食、交通等,从而使广播等媒介成为用户家庭生活的重要信息平台。这主要包括:分类广告——提供与生活息息相关的服务信息,如餐饮和景点介绍等;远程服务——如银联结算、电子交易等;资讯内容经营——运营商通过对所掌握资讯的加工整理,做成信息产品,创造价值,如路透社在全球有 100 多个信息中心,其收入已经成为路透社的主要经济支柱;数据库经营——数字广播的每一个用户的信息都在运营商的掌握之中,这样就形成了一个庞大的用户数据库,随着用户数量的增加,其经济价值也将日益显现。①

媒介融合态势下语言传播实现语效增值的需求可在以下几个方面得到体现:

从受众对语言传播的反馈来看,可以将语效对应三个层面加以分析:心理层面、时效层面和范围层面。

在心理层面,语效包含着受众被影响程度"从信息接收至采取行动"由浅入深的三个层级:

(1)认知效果——作用于思想领域,通过语言传播信息,受众对所接收到的重要的或感兴趣的信息内容做到明晰知晓并引起关注。在这样的传播效果里,往往表现为"获知和认识"的行为趋向,属初级的语效层级。

(2)情感效果——作用于情绪领域,借助更有效的语言传播,受众的固有态度和感受得到明显改变。基于此,就可以进一步产生"喜欢和偏爱"的行为趋向,属较高级的语效层级。

(3)行为效果——亦称意愿效果,作用于动机领域,由于语言传播的完美高效,受众会产生强烈的导向欲望和行动意愿。行为趋向也表现为"相信并采取行动"的理想效果,属最高的语效层级。

显然,传统意义上的大众传播会更多地将目标定位在认知效果的达成上,媒介融合时代充满定制化、个性化服务的新媒体,这些新媒体将更大程度地促成对受众情感和行为层面上传播效果的实现。

在时效的层面,语效包含着受众被影响强度"从当下作用至持久维系"由近及远的两个层级:

(1)短期效果——语言传播效果有限,仅满足受众单一或浅层的信息需求,具有当下、浅表的特征。

(2)长期效果——语言传播效果长远,适应受众多重及深层的复合需求,具有持久、深远的特点。

实践中,不应当满足于语言传播的短期效果,要努力拓展语言自身承载的文化含量和审美情趣,戒除一味迎合、泥沙俱下的语言传播现象。比如,为吸引受众注意,制造与众不同的效果,有的节目里主持人在表达时追求所谓的"各色",于是乎,南腔北调有之,乡言俚语有之,甚至国骂洋骂亦有之……再如娱乐节目里,为满足人们排遣休闲

---

① 娄二鹏:《传统电视的新媒体发展策略》,《广告大观》2007 年第 9 期。

的需要，出现浅薄低俗的乐、过眼烟云的乐，而不是品格略高的乐、余味悠长的乐。长期效果才是语言传播获得持久生命力的"百年大计"。媒介融合状态下受众对于个性化新媒体的依赖和忠诚度都会加强，只有树立"持续效应"的理念，完善语言传播"精、准、美"的追求，才有可能被受众永久添进"收藏夹"。

在范围的层面，语效包含着受众被影响广度"从目标受众至广泛受众"由一至众的两个层级：

（1）个体效果——语言传播目标固定，虽然效果产生迅速，但是由于受小众群体特征的限制，语言在形式与内容等方面表现得不够丰富，影响了语效范围的扩展。

（2）群体效果——在语言传播的目标选择上，着眼于相对广泛的受众群体，注重对整个传播环境的适应和引导，但是由于兼顾各方，容易导致语言传播风格的单一和内容的泛化。

以"点对点"技术支撑的新媒体传播理念，似乎更加天然地强调传播过程中个体效果的实现，从而忽视了对更大规模和范围受众的引领。两者的结合必须适度，做到从个体效果向群体效果的层级推进，这才是真正的大众传播——"以期在大量的、各种各样的传播对象中唤起传播者预期的意念，并施以影响"。[①] 为了实现以上的目标，就要求传者在语言方面先从大众传播的社会整体效果出发，严格规范明晰的语言要求，再从目标受众的个体效果入手，体现独特的个性化因素，同时不忘提升受众的愉悦感与审美。

"过去大众传播效果的研究，长时间以来一直沉迷于短期的群体态度情绪的影响，直到最近才开始把注意力转移到较长期的对大众意愿行动层面的影响。"[②]上述三种基于不同层面探讨的语效层级，与其说是关于语言传播效果的，不如说是关于语言传播策略的，理解起来并不艰深，关键是我们要重视语言传播"行为效果""长期效果"的实现和"群体与社会效果"的兼得互动。它们既是检验传者语言功力最为显见的标准，也是对"语言传播属于创造性劳动"的肯定和尊重。

通过以上的分析，我们可以得出结论，内容融合绝不只是简单的技术变革，它从根本上改变了以前内容生产上的各自为政，变单一的线性生产为大规模的内容生产融合、内容形态融合和内容应用融合所构成的数字化生产方式，从而引起内容生产方式和传媒组织结构的变革，在内容融合中提升传媒内容的加工、生产能力和增值服务能力。

媒介作为一种强大的功能机制，是一个社会有力的中介者和控制者，它负载的信息作用在人们身上，从语言方式、行为方式到思想方式对其产生全面的影响。伴随着媒介融合的传播现实，人类的传播能力更是得到了飞速提升，而成就这一传媒神话的，归根结底是因为有了语言这个基础性的传播手段，它使传播的内容在范围上和深度上都有了极大的潜力，据此，媒介融合态势下针对大众传播关键领域的播音主持业务的研究一定还会继续加强和深入。

---

① 〔美〕威尔伯·施拉姆、威廉·波特:《传播学概论》，新华出版社1984年版，第2页。
② 〔美〕德弗勒、鲍尔·洛基奇:《传播理论之应用》，台北中正书局1988年版，第181页。

思考题

1. 什么是媒介融合?
2. 对照实例,媒介融合态势下广播媒介的具体形态有哪些种类?
3. 媒介融合对广播节目的制作会产生怎样的影响?广播节目制作会呈现出怎样的特征?
4. 广播播音主持业务应当如何适应媒介融合的实际需求?
5. 广播播音主持在应对媒介融合需求的业务拓展中该怎样看待继承与发展的关系?
6. 广播播音主持业务在适应媒介融合的发展前景中应当注意哪几个方面的问题?

参考文献

方汉奇主编:《中国新闻传播史》,中国人民大学出版社 2004 年版。
陆晔、赵民主编:《当代广播电视概论》,复旦大学出版社 2006 年版。
郑超然、程曼丽、王泰玄:《外国新闻传播史》,中国人民大学出版社 2000 年版。
张海鹰编著:《网络传播概论新编》,复旦大学出版社 2008 年版。
张颂:《播音主持艺术论》,中国传媒大学出版社 2009 年版。
柴璠:《当代广播有声语言的创新空间》,中国传媒大学出版社 2006 年版。
《当代中国》丛书编辑委员会:《当代中国的广播电视》(上、下),中国社会科学出版社 1987 年版。
赵玉明、王福顺主编:《广播电视辞典》,北京广播学院出版社 1999 年版。
郭宝新主编:《中国广播电视新闻奖 2001 年度社教佳作赏析》,新华出版社 2003 年版。
胡正荣、曹璐、雷跃捷主编:《广播的创新与发展》,北京广播学院出版社 2004 年版。
曹璐著:《广播新闻理念与实务创新研究》,中国广播电视出版社 2007 年版。
董旸编著:《广播节目策划与制作》,中国传媒大学出版社 2007 年版。
〔美〕威尔伯·施拉姆、威廉·波特著:《传播学概论》,何道宽译,中国人民大学出版社 2010 年版。
张凤铸等主编:《中国当代广播电视文艺学》,中国传媒大学出版社 2004 年版。
杜桦:《广播节目编导》,中国传媒大学出版社 2009 年版。
刘习良主编:《中国广播文艺精品系列》,中国国际广播出版社 1998 年版。
张颂主编:《中国播音学》,北京广播学院出版社 1994 年版。
陈雅丽主编:《实用播音教程》第三册,北京广播学院出版社 2002 年版。
吴郁主编:《播音学简明教程》(修改版),北京广播学院出版社 2004 年版。
高蕴英:《教你播新闻》,中国广播电视出版社 2005 年版。
李岩:《广播学导论》,浙江大学出版社 2005 年版。
何梓华主编:《新闻理论教程》,高等教育出版社 1999 年版。
王文科:《广播新闻报道》,浙江大学出版社 2002 年版。
曹璐、罗哲宇编著:《广播新闻业务》(第 2 版),中国传媒大学出版社 2010 年版。
中国传媒大学播音主持艺术学院编:《广播电视播音主持业务》,中国传媒大学出版社 2005 年版。
方汉奇、张之华主编:《中国新闻事业简史》(第 2 版),中国人民大学出版社 1995 年版。
郭镇之:《中外广播电视史》(第 2 版),复旦大学出版社 2008 年版。
仲富兰:《广播评论——功能、选题与语言艺术》,复旦大学出版社 1997 年版。

毕征主编:《播音文体业务理论》,北京广播学院出版社1989年版。
刘冰:《新闻报道写作:理论、方法与技术》,南方日报出版社2011年版。
刘志宣:《新闻写作技艺:新思维·新方法》,复旦大学出版社2005年版。
〔美〕威廉·C.盖恩斯:《调查性报道》(第二版),刘波,翁昌寿译,中国人民大学出版社2005年版。
王灿发主编:《新闻作品评析教程》,中国传媒大学出版社2007年版。
廖雪琴、郑贵兰主编:《优秀新闻作品选读》,华中科技大学出版社2009年版。
〔美〕彼得·阿内特:《我怎样采访本·拉登》,南方日报出版社2008年版。
〔美〕里奇:《新闻写作与报道训练教程》(第五版),傅玉辉改编,中国人民大学出版社2009年版。
〔美〕梅茨勒:《创造性的采访:以提问方式采集信息者的指南》(第三版),傅玉辉改编,中国人民大学出版社2010年版。
〔美〕莱特尔、哈里斯、约翰逊:《全能记者必备——新闻采集、写作和编辑的基本功能》(第七版),张金玺改编,中国人民大学出版社2010年版。
魏伟:《国际广播电视体育史》,中国广播电视出版社2012年版。
魏伟:《体育解说教程》,人民体育出版社2012年版。
〔美〕汤姆·海德里克:《体育播音艺术——如何建立成功的职业生涯》,任悦、王群等译,中国广播电视出版社2008年版。
王群、徐力:《电视体育解说》,中国传媒大学出版社2005年版。
鲁威人:《体育新闻报道》,中国传媒大学出版社2005年版。
王喆:《电视体育解说论纲》,百花文艺出版社2008年版。
李辉:《中国体育的电视化生存》,学林出版社2007年版。
杨波主编:《中央人民广播电台简史》,北京广播学院出版社2000年版。
郭庆光:《传播学教程》,中国人民大学出版社2002年版。
丁俊杰、康瑾:《现代广告通论》(第2版),中国传媒大学出版社2007年版。
刘英华:《广播广告理论与实务教程》,中国传媒大学出版社2006年版。
樊志育:《最新实用广告》,中国友谊出版公司1995年版。
曾志华:《广告配音教程》,北京大学出版社2007年版。

编写说明

播音与主持艺术专业"十二五"规划教材吸纳了播音主持艺术教育50年的优秀成果,并持续关注传媒业界发展,创新理论,总结经验,注重实践性和指导性。

本系列教材由中国传媒大学播音主持艺术学院集体编写,教材凝结了历代播音主持艺术教育工作者的智慧结晶,体现了年轻教育工作者的思考和探索,同时也吸纳了传媒业界播音主持艺术工作者的宝贵经验。

本册《广播节目播音主持》的编写工作由栾洪金、陈雅丽统筹,陈雅丽审定,执笔人由校内专业教师和传媒业界专家组成。

具体分工如下:

第一章　广播播音主持概论,由柴芦径执笔;

第二章　广播社教节目播音主持,由王青执笔;

第三章　广播文艺节目播音主持,由陈雅丽执笔;

第四章　新闻播音,由栾洪金执笔;

第五章　新闻评论节目播音主持,由李洪岩执笔;

第六章　广播现场报道,由柴芦径执笔;

第七章　广播少儿节目播音主持,由郭杰执笔;

第八章　广播体育节目播音主持,由徐力执笔;

第九章　广播广告播音,由曾志华执笔;

第十章　媒介融合与广播播音主持,由刘楠执笔。

本系列教材拟将继承与创新相结合,理论与实践相结合,高校与业界相结合,未尽之处,敬请指正。

中国传媒大学播音主持艺术学院

2015年3月

图书在版编目(CIP)数据

广播节目播音主持/中国传媒大学播音主持艺术学院编著.--北京：中国传媒大学出版社，2015.10(2025.7重印)

播音与主持艺术专业"十二五"规划教材

ISBN 978-7-5657-1389-7

Ⅰ.①广…　Ⅱ.①中…　Ⅲ.①广播节目—播音—节目主持人—工作—高等学校—教材　Ⅳ.①G222.2

中国版本图书馆CIP数据核字（2015）第126395号

播音与主持艺术专业"十二五"规划教材

广播节目播音主持

GUANGBO JIEMU BOYIN ZHUCHI

编　　　著	中国传媒大学播音主持艺术学院
责 任 编 辑	李水仙
装帧设计指导	吴学夫　杨　蕾　郭开鹤　吴　颖
设 计 总 监	杨　蕾
装 帧 设 计	徐　源　宋学敏
责 任 印 制	秦　英
出版发行	中国传媒大学出版社
社　　址	北京市朝阳区定福庄东街1号　　邮　编　100024
电　　话	010-65450532　65450528　　传　真　65779405
网　　址	http://cucp.cuc.edu.cn
经　　销	全国新华书店
印　　刷	北京印刷集团有限责任公司
开　　本	787mm×1092mm　1/16
印　　张	17
字　　数	352千字
版　　次	2015年10月第1版
印　　次	2025年7月第13次印刷
书　　号	ISBN 978-7-5657-1389-7　　定　价　48.00元

本社法律顾问：北京嘉润律师事务所　郭建平